Entdecken und Verstehen

Arbeitsbuch für
Geschichte und Politik in Hamburg

Herausgegeben von
Dr. Thomas Berger-v. d. Heide
Prof. Dr. Hans-Gert Oomen

Band 1

Herausgegeben von
Prof. Dr. Hans-Gert Oomen

Bearbeitet von
Dr. William Boehart
Petra Bowien
Angela Drescher
Hans-Jürgen Kaiser
Karl-Heinz Müller
Prof. Dr. Hans-Gert Oomen
Dr. Dieter Potente
Hans-Otto Regenhardt
und Manfred Thiedemann

Beratende Mitarbeit
Dr. Rüdiger Articus
Gerd Bartosz

Cornelsen

Verlagsredaktion: Johannes Völker
Umschlaggestaltung: Katrin Nehm
Layoutkonzept: Simone Siegel
Technische Umsetzung: Mike Mielitz

Das Umschlagbild zeigt ein Modell vom Alsterhafen 1497 aus dem Museum für Hamburgische Geschichte.

http://www.cornelsen.de

Die Internetadressen und -dateien, die in diesem Lehrwerk angegeben sind, wurden vor der Drucklegung geprüft (Stand: April 2004). Der Verlag übernimmt keine Gewähr für die Aktualität und den Inhalt dieser Adressen und Dateien oder solcher, die mit ihnen verlinkt sind.

1. Auflage
Druck 4 3 2 1   Jahr 07 06 05 04

Alle Drucke dieser Auflage sind inhaltlich unverändert und können im Unterricht nebeneinander verwendet werden.

© 2004 Cornelsen Verlag, Berlin

Das Werk und seine Teile sind urheberrechtlich geschützt. Jede Nutzung in anderen als den gesetzlich zugelassenen Fällen bedarf der vorherigen schriftlichen Einwilligung der Verlages. Hinweis zu § 52a UrhG: Weder das Werk noch seine Teile dürfen ohne eine solche Einwilligung eingescannt und in ein Netzwerk eingestellt werden. Dies gilt auch für Intranets von Schulen und sonstigen Bildungseinrichtungen.

Druck: CS-Druck CornelsenStürtz, Berlin

ISBN 3-464-64136-8

Bestellnummer 641368

Gedruckt auf säurefreiem Papier,
umweltschonend hergestellt aus chlorfrei gebleichten Faserstoffen.

Liebe Schülerinnen und Schüler!

In diesem Schuljahr habt ihr nun Geschichte/Politik als eigenes Fach. Sicherlich habt ihr euch schon vorher in der Schule mit Geschichte beschäftigt: Ihr kennt vielleicht die Geschichte eures Stadtteiles, Gebäude, Straßen und Menschen, die für die Geschichte eurer Region von Bedeutung sind.

In diesem Band geht es um:
- eine Einführung in das Fach Geschichte,
- das Leben und Überleben in der Urzeit,
- die Welt der Griechen,
- das Weltreich der Römer,
- die Völkerwanderung,
- das Leben im Mittelalter und zur Zeit der Hanse.

Danben könnt ihr euch mit dem Zusammenleben in der Familie früher und heute beschäftigen.
Da wir auf unterschiedlichen Wegen Geschichte und Politik erkunden können, findet ihr in den Kapiteln viele Bilder, Karten und Grafiken. Auch die Texte sind unterschiedlich gestaltet. Die folgenden Erklärungen sollen euch helfen die unterschiedlichen Möglichkeiten, die euch das Buch bietet, zu erkennen:

Einführung in das Thema
Jedes Kapitel beginnt mit einer „Auftaktdoppelseite". Sie will euch neugierig auf das kommende Thema machen und zu Fragen anregen. Mit ihrer Hilfe könnt ihr auch zusammentragen, was ihr schon wisst.

Themendoppelseiten
Auf jeder Doppelseite berichten die Autoren in einem zusammenhängenden Text über die geschichtlichen und politischen Ereignisse. Die Überschrift auf dem oberen Seitenrand bezeichnet das Thema.

Quellen
Q1 Manchmal lassen die Autoren die damals lebenden Menschen selbst zu Wort kommen, wenn ihre Texte aufbewahrt wurden. Diese Berichte nennen wir Quellen. Ihr erkennt sie an der Überschrift und an dem seitlichen Balken, der sie kennzeichnet. Auch die Abbildungen, Gemälde und Fotos sind historische Quellen, aus denen ihr wichtige Informationen entnehmen könnt.

Materialien
M1 Texte von Geschichts- und Politikwissenschaftlern, Berichte anderer Forscherinnen und Forscher und weitere Materialien sind mit der Überschrift „Materialien" und durch einen Balken markiert.

Die Randspalte
Jede Seite ist mit einer farbigen Randspalte versehen. Je nach Bedarf findet ihr hier:
- die Erklärung für schwierige Begriffe, die im Text mit einem Sternchen (*) versehen sind,
- wichtige Jahreszahlen und Ereignisse oder auch
- Zusatzinformationen zu den Themen, die auf der Seite behandelt werden.

Aufgaben
1 In den Arbeitsaufgaben werdet ihr dazu angeleitet, aus den Texten und den Quellen Informationen zu entnehmen und einen Sachverhalt mit ihrer Hilfe zu besprechen.

Zum Weiterlesen
Die Seiten „Zum Weiterlesen" enthalten Auszüge aus spannenden Jugendbüchern. Weitere Tipps für Bücher findet ihr im Anhang am Ende des Buches.

Methode
Die Seiten „Methode" leiten euch an, mit den Materialien in diesem Buch umzugehen. Sie helfen euch aber auch weiter gehende Informationen zu finden.

Werkstatt Geschichte
Auf den Seiten „Werkstatt Geschichte" findet ihr Vorschläge für eigene Nachforschungen, für Spiele, Rätsel, Werkstücke oder Basteleien.

Geschichte vor Ort
Was geschah im Mittelalter im Norden Deutschlands? Inwieweit sich historische Ereignisse an Örtlichkeiten bei uns festmachen lassen, könnt ihr hier erkunden.

Zusammenfassung
Die umfangreichen Kapitel werden durch eine Zusammenfassung abgeschlossen, die noch einmal das Wichtigste des Themas enthält.

Das Register
Im Anhang findet ihr ein Register. Mit dem Stichwortverzeichnis könnt ihr schnell herausfinden, wo zum Beispiel etwas über die Neandertaler berichtet wird.
Wenn ihr Fragen habt oder eure Meinung zu diesem Buch sagen wollt, schreibt uns:
Cornelsen Verlag
Mecklenburgische Straße 53
14197 Berlin

Inhaltsverzeichnis

1. Auf den Spuren der Geschichte   6

Blick in die Vergangenheit   8
Werkstatt Geschichte:
Herstellung einer Zeitleiste   10
Veränderungen in der Zeit   14
Geschichte vor Ort:
Unsere Stadt verändert sich   18

2. Leben in der Frühzeit   20

Die Frühzeit des Menschen   22
Leben in der Altsteinzeit   28
Werkstatt Geschichte:
Werkzeuge und Höhlenbilder   34
Methode:
Informationen sammeln   36
Die Jungsteinzeit   38
Methode:
Rollenspiel   41
Methode:
Besuch eines
   archäologischen Museums   46
Die Metallzeit   50
Methode:
Kartenarbeit   54
Zusammenfassung   55

3. Die Welt der Griechen   56

Das antike Griechenland   58
Die griechische Polis   60
Kulturelle Gemeinsamkeiten
   der Griechen   62
Zum Weiterlesen:
Olympische Helden   66
Der Kriegerstaat Sparta   68
Demokratie in Athen   70
Die Perserkriege   72
Die Blütezeit Athens   74
Zum Weiterlesen:
Die griechische Familie   81
Zum Weiterlesen:
Das Athen des Perikles   82
Die Griechen
   und ihre Nachbarn   86
Methode:
Arbeit mit Textquellen   90
Werkstatt Geschichte:
Das Griechenland-Quiz   92
Zusammenfassung   93

4. Das Weltreich der Römer   94

Von der Stadt zum Weltreich   96
Die Eroberungen
   verändern Rom   104
Das römische Kaiserreich   110
Der Alltag der Römer   118
Zum Weiterlesen:
Römische Thermen   122
Die Sicherung
   des Römischen Reiches   126
Werkstatt Geschichte:
Bauen mit den Römern   130
Christentum im
   Römischen Reich   132
Werkstatt Geschichte:
Ein römisches Mosaik   136
Zusammenfassung   137

5. Die Völkerwanderung   138

Das Leben der Germanen   140
Geschichte vor Ort:
Römer und Germanen   142
Werkstatt Geschichte:
Wir basteln eine Fibel   145
Römer gegen Germanen   146
Das Ende
   des Römischen Reiches   148
Zum Weiterlesen:
Feuer am Limes   152
Zusammenfassung   153

Inhaltsverzeichnis

6. Vom Frankenreich zum Deutschen Reich — 154

Das Frankenreich entsteht	156
Karl der Große und das Frankenreich	158
Zum Weiterlesen:	
Sachsen als Geiseln	159
Vom Frankenreich zum Deutschen Reich	165
Geschichte vor Ort:	
Haithabu	168
Das arabische Weltreich	170
Die Kreuzzüge: Kriege im Namen Gottes	176
Methode:	
Texte aus früheren Zeiten	181
Zum Weiterlesen:	
Der Kreuzzug der Kinder	182
Zusammenfassung	183

7. Das Leben im Mittelalter — 184

Der Aufstieg der Ritter	186
Das Leben auf der Burg	192
Werkstatt Geschichte:	
Das Ritter-Rätsel	195
Das Leben in den Klöstern	196
Das Leben der Bauern	200
Alltag einer Bauernfamilie	204
Geschichte vor Ort:	
Der Kampf mit dem Meer	210
Die deutsche Ostsiedlung	212
Zum Weiterlesen:	
Neues Land wird urbar gemacht	216
Werkstatt Geschichte:	
Ernährung im Mittelalter	218
Zusammenfassung	219

8. Städte im Mittelalter — 220

Alltag in einer mittelalterlichen Stadt	222
Von der Siedlung zur Stadt	224
Geschichte vor Ort:	
Die Anfänge Hamburgs	226
Städte erkämpfen ihre Freiheit	228
Die Bevölkerung in den Städten	230
Der Kampf um das Stadtregiment	236
Das Leben in der Stadt	238
Gotische Kirchen wachsen in den Himmel	244
Fernhandel und Städtebünde	246
Geschichte vor Ort:	
Hamburg in der Hansezeit	248
Die Macht der Handelshäuser	254
Methode:	
Recherche im Internet	256
Zusammenfassung	257

9. Zusammenleben in der Familie — 258

Meine Familie und ich	260
Kinderleben heute	262
Kinderleben früher	264
Alltag in der Familie früher	270
Rollenbilder im Wandel	272
Gleichberechtigung geht uns alle an	276
Familien in anderen Regionen	278
Zum Weiterlesen:	
Fidan – ein langer Weg ...	280
Zusammenfassung	281

Geschichtsfries	282
Gewusst wie ... arbeiten mit Methode	286
Jugend- und Sachbücher	288
Lexikon	290
Register/Verzeichnis der Worterklärungen (*)	295
Quellenverzeichnisse	301

1. Auf den Spuren der Geschichte

Geschichte umgibt uns, wohin wir auch gehen. Selbst bei einem Ausflug, hier zum Beispiel nach Schwerin, können wir immer wieder Zeugnissen der Vergangenheit begegnen. Sehr oft sind das alte Gebäude oder Statuen, und wir fragen uns: „Wer hat das gebaut? Von wann stammt das? Wen stellt das dar?" Und wenn wir genau hinsehen, können wir Dinge entdecken, die schon vor langer Zeit passiert sind. Doch für eine erste Begegnung mit der Geschichte müssen wir gar nicht so weit zurückgehen. Wir können gleich bei uns beginnen …

Blick in die Vergangenheit

1 Familienbild 1915.

2 Schulanfängerin mit Schultüte. Foto, 1932.

Geschichte*:
Darunter wird der zeitliche Ablauf allen Geschehens verstanden. Geschichte ist auch die Aufzeichnung dieses Geschehens.

Zeitzeugen*:
Wichtige Ereignisse wurden früher häufig mündlich überliefert und über Generationen weitergegeben. Einiges wurde später aufgeschrieben und ist z. B. als Sage erhalten geblieben. Auch wenn heute Menschen über Ereignisse aus ihrer Vergangenheit berichten, erfahren wir etwas über die Geschichte und das Leben in der damaligen Zeit.

Jeder hat seine eigene Geschichte

Jeder Tag, der vergangen ist, gehört streng genommen zur Geschichte*. Doch wir empfinden das etwas anders. Wir brauchen in der Regel etwas Abstand, um zu sagen: „Das ist jetzt Geschichte!" Wir meinen dann damit, dass ein Zeitabschnitt zu Ende gegangen ist. Das gilt zum Beispiel für das vorige Schuljahr, aber auch die Zeit in der Grundschule ist jetzt für euch Geschichte.
Wenn ihr über eure Geschichte in der Grundschule erzählen wollt, was ist da nicht alles zu beachten: die Schule, die Mitschülerinnen und Mitschüler, Lehrerinnen und Lehrer, der Unterrichtsstoff ... Aber auch: die Stadt, das Dorf, der Schulweg. Da fällt euch gleich eine Menge ein. Ihr merkt, ihr müsst auswählen und überlegen, was wichtig ist. An anderer Stelle wüsstet ihr vielleicht gern mehr, könnt euch selbst aber nicht mehr genau erinnern.

Oder wisst ihr noch genau, was in eurer Schultüte war? Kennt ihr noch die Namen aller Mitschüler und Mitschülerinnen? Ihr braucht Informationen. Helfen können euch alle Zeitzeugen*, also alle Menschen, die eure Grundschulzeit miterlebt haben. Dazu gehören eure ehemaligen Lehrer und Mitschüler, aber auch eure Eltern. Sie können mit ihrer Erinnerung aushelfen. Ganz sicher gibt es auch Material aus dieser Zeit, beispielsweise Bilder, vielleicht sogar Videoaufnahmen. Und was ist mit Zeugnissen, Schulheften und ...?

1 *Tragt zusammen, was ihr noch von eurer Grundschulzeit wisst. Dazu könnt ihr Gruppen bilden. Wer sich von der Grundschule her kennt, sollte zusammenarbeiten.*
2 *Entscheidet, was ihr der Klasse über eure Grundschulzeit mitteilen wollt. Was ist euch besonders in Erinnerung geblieben?*

Begegnungen mit Geschichte

3 **Urgroßmutter, zwei Großmütter, Mutter und Kind.** Foto, 1982.

Epoche:
bedeutender Abschnitt in der Geschichte; zum Beispiel das Zeitalter des Absolutismus.

Überlieferung:
das Weitergeben von Kenntnissen, Fertigkeiten und auch Moralvorstellungen auf die Nachkommen.

Als Geschichtsforscher in der Familie
3 *Vergleicht die Abbildungen 1 und 3 und stellt dar, was euch auffällt.*
4 *Erklärt, was die Bilder nach eurer Meinung über das Leben der Menschen zeigen.*

Bei der Betrachtung der eigenen Geschichte beschäftigt man sich ganz von selbst auch mit der Familie. Aber natürlich reicht die Geschichte der Familie viel weiter zurück als eure eigene Erinnerung. Jede Generation* hat ihre eigene Geschichte. Fragt eure Eltern, an was sie sich vor allem erinnern, wenn sie an ihre Kindheit denken.
Wenn die Großeltern noch leben und erreichbar sind, können sie direkt von alten Zeiten erzählen. Wie war es, als die Großeltern zur Schule gingen? Wie wurden früher Familienfeste gefeiert? Gab es auch Geschenke? Vielleicht ist es euch aber auch möglich, noch weiter in die Vergangenheit zurückzugehen. So kann es sein, dass sich die Großeltern an Geschichten erinnern, die sie selbst erzählt bekommen haben.
Aber auch sonst gibt es die Möglichkeit, über ältere Fotos oder andere Dokumente noch weiter in die Vergangenheit zu kommen. Aber Achtung: Je weiter ihr zurückgeht in die Vergangenheit, desto schwieriger wird es, sichere Erkenntnisse zu erlangen. Viele Geschichten werden beim Erzählen von Generation zu Generation immer mehr abgewandelt. Sie sind nicht mehr völlig zuverlässig. Und je weiter ihr in eurer Familiengeschichte zurückgeht, desto seltener gibt es schriftliche Dokumente, die euch Auskunft geben.
5 *Seht euch zu Hause Familienbilder an und lasst euch vom Leben der Eltern und Großeltern erzählen.*
6 *Bringt Bilder und Gegenstände mit, die über die Vergangenheit berichten. Ordnet sie dem Alter nach und macht eine Ausstellung. Wer kommt am weitesten zurück in die Vergangenheit?*

Bilder erklären
Zur Erklärung der Bilder braucht ihr Antworten auf folgende Fragen:
– Wer hat das Bild aufgenommen?
– Wann und wo war das?
– Was ist darauf zu sehen?

Generation:*
die Gesamtheit der Menschen, die innerhalb eines bestimmten Zeitabschnittes lebt. Eine Generation umfasst die Zeitspanne, bis Kinder wieder Kinder bekommen. Das sind ungefähr 25 Jahre.

Werkstatt: Herstellung einer Zeitleiste

1 Brittas Zeitleiste.

Lauter alte Bilder aus dem Fotoalbum

Marc hat auf dem Dachboden ein sehr altes Familienfoto gefunden. „Guckt mal, was da draufsteht: Foto Tischner – 1914. Das da muss meine Urgroßmutter als Baby gewesen sein. Wie komisch die da angezogen waren!"

Die anderen Kinder zeigen die Fotos aus ihrer Familie. Ayse hält ein Bild hoch und sagt: „Das ist noch nicht so lange her: Hier bin ich in der Grundschule." Ali erklärt sein Foto: „Schaut mal, das ist mein Großvater, als er 1964 nach Deutschland kam. Damals ist er zum Arbeiten hergekommen." Britta berichtet zum Foto, das sie mitgebracht hat: „Meine Oma hat mir oft erzählt, wie ihre Familie 1945 aus Schlesien geflohen ist. Das ist schon sehr lange her. Meine Mutter war noch nicht geboren."

1 *Schaut die Bilder genau an und erzählt, wovon sie berichten.*
2 *Überlegt, was diese Bilder über das Leben der Menschen aussagen.*

Familiengeschichte wird sichtbar: die Zeitleiste

Wenn ihr zu Hause in euren Fotoalben blättert, werdet ihr auf Bilder aus eurer Vergangenheit stoßen. Nicht an alles werdet ihr euch erinnern. Zu manchen Bildern können euch nur eure Eltern oder Großeltern etwas erzählen.

Eure Fotografien sind wichtige Bildquellen eurer eigenen Geschichte. Wenn ihr sie zeitlich ordnet, könnt ihr mit ihnen eure Lebensgeschichte und die Geschichte eurer Familie darstellen. Hier hat Britta begonnen eine Zeitleiste mit ihrer Familiengeschichte herzustellen.

Werkstatt: Herstellung einer Zeitleiste

Und so geht's ...

1. Schritt:
Bilder und Fotos sammeln
– Sucht zu Hause Bilder von eurer Familie.
– Lasst euch dazu von euren Eltern und Großeltern aus deren Leben erzählen.

2. Schritt: Material ordnen
– Sortiert ähnliche Bilder aus und macht Fotokopien von den ausgewählten Bildern.
– Schreibt zu jedem Bild auf, aus welchem Jahr es stammt.
– Berechnet, wie viele Jahre seitdem vergangen sind.

3. Schritt: Zeitleiste anlegen
– Nehmt eine Tapetenbahn und zeichnet darauf einen Zeitstrahl.
– Unterteilt den Zeitstrahl auf der Tapetenbahn in mindestens zehn gleiche Abschnitte.
– Schreibt von rechts nach links unter die Markierungen die Jahreszahlen 2000, 1990, 1980 ...
– Markiert dann die Jahreszahl des jetzigen Jahres.

4. Schritt: Zeitleiste gestalten
– Legt euer Bildmaterial auf und probiert verschiedene Gestaltungsmöglichkeiten aus.
– Klebt die Bilder auf und beschriftet sie.

3 Erkundigt euch, welche Ereignisse in den Orten, aus denen ihr und eure Familien kommt, besonders wichtig waren.
4 Fragt, wann diese Ereignisse stattgefunden haben. Tragt diese Ereignisse mit Zeitangaben in die Zeitleiste ein.
5 Fragt bei einer Zeitung nach, ob ihr dort Bilder zu diesen Ereignissen bekommen könnt. Klebt sie auf eure Zeitleiste auf.
6 Erstellt eine Zeitleiste zur Geschichte eures Ortes.

Geschichte lernen

Schichten einer Ausgrabung:
Ganz oben ein heutiger Kellerfußboden, darunter mittelalterliche Münzen und Tonscherben, römisches Mauerwerk, eisenzeitliche und jungsteinzeitliche Funde.

Quellen*:
alle Zeugnisse und Überlieferungen aus der Vergangenheit. Wir unterscheiden drei Quellenarten: **Sachquellen, Bildquellen und Schriftquellen.**
Hinzu kommt die mündliche Überlieferung z. B. durch Zeitzeugen (Eltern, Großeltern …).

1 **Grabhügel auf dem Archäologischen Wanderpfad Fischbeker Heide.** Foto, 2001.

2 **Die Waldemarsmauer am Danewerk.** Foto, 2001.

Geschichte und Gegenwart
Wenn wir uns mit der Vergangenheit der Menschen beschäftigen, dann lernen wir auch etwas über unsere Zeit. Wir sehen, dass die Menschen auch anders leben können, als wir es gewohnt sind. Vielleicht finden wir Wege, heutige Schwierigkeiten zu überwinden. Oder wir verstehen besser, wie das Zusammenleben in unserer Gemeinde, unserem Land, unserem Staat geregelt wird.

Woher wissen wir, was früher war?
Alles Wissen über die Vergangenheit ist an das Vorhandensein von Zeugnissen aus früherer Zeit gebunden. Diese Zeugnisse aus der Vergangenheit nennt man Quellen*, weil aus ihnen die Kenntnis über die früheren Zeiten fließt. Alle überlieferten Quellen, ob Bilder, Schriften oder Gegenstände, bedürfen der Auslegung, damit man erkennt, was sie aussagen. Sie müssen immer wieder neu befragt werden. Dies gilt auch für die neue Art von Quellen, die in den letzten Jahrzehnten entstanden sind: Video, Film, Radioberichte usw. Sicher wird manche Quelle in 50 Jahren anders gedeutet werden als heute. Auch der Schulbuchtext gibt nur die Kenntnisse wieder, die die Wissenschaft heute von der Vergangenheit erarbeitet hat: „Irrtum eingeschlossen".

3 **Denkmal von Till Eulenspiegel in Mölln.** Foto, 1999.

12

Geschichte lernen

4 Gebäude im Freilichtmuseum Groß-Raden. Foto, 2001.

6 Das Nordertor in Flensburg. Foto, 2001.

5 Volksschulzeugnis.

7 Banknoten. Deutsches Reich 1919–24. Foto.

1 Betrachtet die Quellen (Abbildungen 1–7) und prüft, wovon sie berichten.
2 Seht euch besonders das Schulzeugnis an. Es ist wie die anderen Abbildungen eine Quelle. Stellt fest, wie alt das Zeugnis ist.
3 Prüft, was auf dem Zeugnis anders ist als auf euren Zeugnissen.
4 Aus dem Zeugnis könnt ihr erfahren, wann der Schüler zur Schule gegangen ist.
5 Ordnet die Abbildungen folgenden Begriffen zu: Schriftquelle – Bildquelle – Sachquelle.

Zu den schriftlichen Quellen zählen wir:
Tagebücher, Inschriften, Verträge, Briefe, Urkunden …

Zu den Sachquellen gehören:
Gefäße, Werkzeuge, Knochen, Baudenkmäler …

Bildquellen sind z. B.:
Fotografien, Karten, Zeichnungen, Grafiken …

Veränderungen in der Zeit

Die Lebensuhr

Menschen gibt es nicht nur seit einigen 100 oder 1000 Jahren. Menschen gibt es seit mindestens 2 000 000 Jahren. Noch viel älter ist die Erde, ungefähr 5 Milliarden Jahre alt. Unter diesen Zahlen kann man sich eigentlich nichts vorstellen. Etwas leichter fällt uns dies, wenn wir diese Zeit in den 12 Stunden eines Zifferblattes darstellen:

*Wie man früher die Zeit angab:
Im alten Ägypten wurden die Jahre nach den Regierungszeiten der Könige gezählt.
Für die Römer galt das Jahr der Gründung Roms als Beginn ihrer Zeitrechnung.
In den islamischen Ländern beginnt die Zeitrechnung heute noch mit dem Tag, an dem der Prophet Mohammed aus Mekka auszog. Nach unserer Zeitrechnung war das der 16. Juli 622 nach Christus.*

Um 0 Uhr entstand die Erde – vor 5 Milliarden Jahren.
3 Uhr 30: Im Wasser regt sich das erste Leben – eine einzige Zelle, kleiner als ein Stecknadelkopf.
10 Uhr 34: Im Wasser entstehen die ersten Algen.
11 Uhr: Jetzt gibt es Korallen und Tintenfische.
11 Uhr 15: Große Wälder sind herangewachsen. Sie versinken später im Sumpf und werden zu Kohle.
11 Uhr 30: Die ersten Säugetiere treten auf. Es ist dies die Zeit der mächtigen Saurier sowie des Urvogels.
11 Uhr 53: Jetzt tauchen die ersten Menschenaffen auf.

Es war 11 Uhr, 59 Minuten und 50 Sekunden, 10 Sekunden vor 12 Uhr: Da lebten die ersten Menschen. Allein von diesen 10 Sekunden auf der großen Lebensuhr will dieses Buch berichten.

Von der Steinzeit zum Computerzeitalter

Von dem Leben der Menschen in diesen 10 Sekunden auf der großen Lebensuhr erfahren wir etwas in den Ausstellungen der Landesmuseen oder der vielen Heimatmuseen. Im Landesmuseum werden alle Funde aufbewahrt, die für die Geschichte des eigenen Bundeslandes von Bedeutung sind. Häufig handelt es sich dabei um Werkzeuge, Töpfe, Schmuck, Bilder, Trachten, technische Erfindungen usw. Darunter stehen dann Hinweise wie beispielsweise „Faustkeil aus der Altsteinzeit", „Dolch der Bronzezeit", „Erfindung im Industriezeitalter".

Aber nicht nur im Museum stoßen wir auf Zeugnisse der Vergangenheit. In vielen Städten und Dörfern gibt es alte Häuser, Kirchen, Stadtmauern, Fabrikgebäude, aber auch hochmoderne Bauten aus Stahl und Beton.

Am meisten erfahren wir jedoch über die Vergangenheit durch das, was die Menschen aufgeschrieben haben – sei es, um über sich selbst zu berichten, sei es, um zu berichten, was man über frühere Zeiten herausgefunden hat.

1 *Sammelt Material zum Thema: Die Geschichte unserer Stadt, unserer Gemeinde. Ihr könnt dazu Bilder aus Prospekten, Kopien aus Büchern und Fotografien zusammenstellen, die ihr selbst gemacht habt.*

Unsere Zeitrechnung

Um erkennen zu können, welche Entwicklung die Menschheitsgeschichte genom-

Veränderungen in der Zeit

Die Geschichte des Lebens auf der Erde.

men hat, müssen wir alles in die richtige Reihenfolge bringen, was wir über die Vergangenheit wissen. Wie für die Familiengeschichte brauchen wir also auch hier eine Zeitleiste.

Ihr wisst, dass die Zeit in gleiche Abschnitte eingeteilt wird. Einige Möglichkeiten gibt die Natur vor: die Dauer eines Jahres, eines Mondwechsels, eines Tages. Den Tag kann man rechnerisch unterteilen: in Stunden, Minuten, Sekunden. Es gibt aber auch größere Einheiten: Jahrzehnte, Jahrhunderte und Jahrtausende.

In der Zeitleiste unten lassen sich nur die großen Zeiteinheiten darstellen. Es stehen dort 2 cm für 1000 Jahre. Damit können wir aber nur 12 000 Jahre abbilden. Die über 2 000 000 Jahre der Menschheitsentwicklung findet ihr durch ein Knäuel veranschaulicht. Wir hätten sonst für die Zeitleiste nach unserem Maßstab eine Länge von 1500 cm = 15 Meter nehmen müssen. Wir zählen die Jahre von Christi Geburt* an mit der Benennung „n. Chr." = nach Christus. Das sind die Zahlen, die auf der Leiste vom Geburtsjahr aus rechts stehen. Die Jahre vor der Geburt von Jesus Christus stehen links und werden mit der Benennung „v. Chr." = vor Christus gezählt. In diese Leiste könnt ihr jetzt die Zeitpunkte einordnen, die ihr aus der Geschichte kennt.

2 Fertigt für euer Klassenzimmer eine Zeitleiste an. Verwendet dazu das Material, das ihr zu Arbeitsauftrag 1 gesammelt habt.

Geburt von Jesus Christus*:
Der Abt Dionysius Exiguus legte im 6. Jahrhundert n. Chr. mit alten Texten das Geburtsjahr Jesu fest. Heute wissen wir, dass er sich dabei um sieben Jahre verrechnet hat. Der „Stern von Bethlehem" erschien bereits 7 v. Chr. am Himmel.

Geschichte erforschen und bewahren

Archäologen*:
Wissenschaftler, die mithilfe von Ausgrabungen und Bodenfunden alte Kulturen erforschen. Vieles wird zufällig entdeckt und dann sorgsam ausgegraben.

Archäologin

Grabungstechniker

Restauratorin

Zeichner

Sammlungsverwalterin

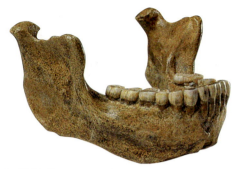

1 „Heidelberger Unterkiefer".
Alter: ca. 600 000 Jahre.

Der Heidelbergmensch

„Hait haww isch den Adam gefunne", verkündete am Abend des 7. Oktober 1907 der Sandgrubenarbeiter Daniel Hartmann in Mauer bei Heidelberg. Schon Jahre vorher hatte der Altertumsforscher Otto Schoetensack die Arbeiter in der Sandgrube immer wieder besucht und ihnen erklärt, dass die Knochen, die sie im Sand fanden, von längst ausgestorbenen Tieren stammten. Er bat sie, beim Graben genau aufzupassen und ihn jedes Mal zu benachrichtigen, wenn sie Knochen fanden.

Daniel Hartmann hatte einen menschlichen Unterkiefer gefunden, den Prof. Schoetensack untersuchte. Er fand heraus, dass der Unterkiefer von einem Menschen stammte, der vor etwa 600 000 Jahren gelebt hatte, dem „Heidelbergmenschen".

1 Vergleicht die Abbildung 1 und den Text.
2 Prüft, was das Bild allein aussagt.
3 Stellt eine Liste von Fragen auf, die beantwortet werden müssten, damit man den Unterkiefer des Heidelbergmenschen erklären könnte.
4 Überlegt, wer bei der Beantwortung der Fragen helfen kann.

Die Arbeit der Archäologen

Funde aus der Vor- und Frühgeschichte bis in die Frühe Neuzeit sind das Forschungsgebiet der Archäologen*. Sie bearbeiten oberirdisch noch sichtbare und im Boden verborgene Kulturdenkmäler.
– Sie suchen und sammeln Funde.
– Sie sichern Spuren aus der Vergangenheit.
– Sie vergleichen mit anderen Funden.
– Sie legen für ihre Funde eine zeitliche Ordnung fest.
– Sie ziehen Schlussfolgerungen.
– Sie versuchen zu rekonstruieren.

2 Ausgrabungen an der Hamburger Bleichenstraße, 1988/89. Foto.

Geschichte erforschen und bewahren

3 Kunstobjekt: „Fund aus dem Jahr 4013". Foto.

Das 20. Jahrhundert wird „ausgegraben"
25. Mai 4013 – European Intersat Pressedienst: Sensationelle archäologische Funde aus dem 20. Jahrhundert geben Rätsel auf. Vorläufige Untersuchungsergebnisse:
Der runde Metallbehälter war ein damals weit verbreitetes Trinkgefäß, das ein zuckerhaltiges Getränk enthalten hat. Auf den Resten der Rotlackierung sind drei Buchstaben zu erkennen: „ola". Der beschädigte Buchstabe davor könnte ein L oder ein C gewesen sein. Die Bedeutung der Buchstabenkombination ist noch unbekannt.
Das schwarze, aus Gummi bestehende Reifenteil diente als federnde Verkleidung der Metallräder so genannter Autos. Das waren metallene Fahrkästen, in denen sich die Menschen fortbewegten. Rätselhaft ist das grüne Flaschenbruchstück aus Synthetikmaterial. Das Gefäß enthielt eine Chemikalie, deren Verwendungszweck noch nicht zu erklären ist.
Der vierte Fund stellt einen mechanisch betriebenen Zeitmesser dar. Er wurde von einem komplizierten Räderwerk angetrieben und scheint nach bestimmter Voreinstellung Schrilltöne abgegeben zu haben.
5 *Vergleicht die Abbildung 3 und den Text.*
6 *Überlegt, welche Schwierigkeiten bei der Forschung im Jahr 4013 wohl zu überwinden waren.*
7 *Erklärt aus eurer Kenntnis die im Bericht nicht geklärten Fragen.*

Geschichtsschreibung heute
Alle Quellen, die über die Vergangenheit Aufschluss geben, werden in Archiven und Museen aufbewahrt. Geschichtswissenschaftler untersuchen diese „Zeugen" der Geschichte. Sie betrachten und prüfen Gegenstände, sie lesen Urkunden, Briefe, Dokumente und andere Schriften, sie werten Bilder, Fotografien, Filme und Tonquellen aus. Die Ergebnisse ihrer Forschungen machen die Historiker dann in Ausstellungen oder Büchern interessierten Menschen zugänglich.
8 *Erkundigt euch, welche Archive und Museen in der Nähe eures Heimatortes zu finden sind.*
9 *Befragt die Verwaltungsangestellten und die Leiter eurer Schule, was im Schularchiv aufbewahrt wird, und überlegt euch, wozu diese „Quellen" benötigt werden.*
10 *Schaut im Internet nach, welche Museen in Hamburg ihr virtuell besuchen könnt (www.museen.de).*

4 Freilegen eines Bohlenweges in der Harburger Schlossstraße. Foto.

Internettipps:
www.helmsmuseum.de (Helms-Museum)

www.archaeo-centrum.de (Archäologisches Zentrum Hitzacker)

www.archaeologie-online.de

Wichtige historische Museen in Hamburg:
- Museum für Hamburgische Geschichte, Holstenwall
- Helms-Museum, Harburg
- Museum der Arbeit, Barmbek
- Museum für Völkerkunde, Rothenbaumchaussee
- Geologisch-Paläontologisches Museum, Bundesstraße
- Altonaer Museum, Museumsstraße

# Geschichte vor Ort: Unsere Stadt verändert sich

1 Die Landungsbrücken um 1930. Foto.

Orte ändern ihr Gesicht

1 Vergleicht die Abbildungen 2 und 3 und stellt die Unterschiede in einer Liste zusammen.
2 Stellt Vermutungen über die Gründe für die Veränderungen an.
3 Überlegt, zu welcher Zeit ihr lieber dort gewohnt hättet. Begründet eure Meinung.

Die Stadtteile Hamburgs und die Dörfer und die Städte in der Umgebung von Hamburg haben im Verlauf ihrer Geschichte immer wieder ihr Gesicht verändert: Häuser wurden gebaut und wieder abgerissen, Märkte geschaffen und wieder aufgegeben, alte Grenzen wurden verändert, Straßen neu angelegt oder verbreitert. In jüngster Zeit entstanden in vielen Ortschaften Gewerbeparks oder Fußgängerzonen, neue Kaufhäuser oder Einkaufszentren, die das Ortsbild verändert haben. Trotz dieser Neuerungen haben viele Orte Altes bewahrt, und wer mit offenen Augen durch seinen Heimatort geht, wird auf zahlreiche Spuren der Vergangenheit stoßen: Burgen oder Schlösser, Fachwerk- oder Backsteinbauten, Stadtmauern, Denkmäler oder Friedhofssteine. Viele Orte verfügen zudem über ein Heimat- oder Stadtmuseum, über Archive, Büchereien oder Fremdenverkehrsvereine, die weitere Zeugnisse und Informationen zur Ortsgeschichte bereithalten: historische Funde, Zeichnungen, Karten, Ortschroniken oder Prospekte zur Ortsgeschichte.
4 Tragt zusammen, was ihr über die Geschichte eures Heimatortes/ Stadtteiles wisst. Notiert auch, woher eure Informationen stammen.
5 Besorgt euch Informationsbroschüren und Bücher über die Geschichte eures Heimatortes bzw. Stadtteiles. Stellt in der Klasse einen Ausstellungstisch auf, wo ihr alle Materialien sammeln und zeigen könnt, die mit der Geschichte eures Ortes/Stadtteiles zu tun haben.

Geschichte vor Ort: Unsere Stadt verändert sich

2 / 3   Der Jungfernstieg 1936 und 1996. Fotos.

Projektvorschläge zum Thema: „Die Geschichte unseres Ortes"

A Unser Ort früher und heute
- Vergleicht Stadtpläne aus verschiedenen Zeiten. Sucht nach Gründen für die Veränderungen und stellt das Wachstum eures Ortes in einer Karte dar.
- Sammelt ältere Abbildungen von Straßen und Plätzen (Ansichtskarten, Heimatbücher). Verdeutlicht an Beispielen, wie sich die Nutzung der Häuser, von Gebäuden, Straßen oder Plätzen verändert hat. Geeignete Beispiele könnten sein: der Marktplatz, die Einkaufsstraße, eure Wohnstraße.
- Sammelt Broschüren der Stadtverwaltung und Zeitungsartikel über Bauvorhaben an eurem Ort.
- Dokumentiert eure Ergebnisse auf einer Wandzeitung zum Thema: „Unsere Stadt baut!".

B Spielend durch die Heimatgeschichte
- Entwerft ein Spiel, bei dem eure Mitschüler historische Sehenswürdigkeiten in eurem Heimatort aufsuchen und erkunden.

C Gebäude erzählen ihre Geschichte
- Fotografiert alte Häuser, Höfe, Fabriken, Kirchen, Denkmäler, Brücken. Notiert die Namen. Zeichnet Einzelheiten von alten Gebäuden ab: Inschriften, Türen, Gitter, Maschinen usw. Erkundigt euch nach dem Entstehungsjahr und erforscht ihre Geschichte.
- Gestaltet mit eurem Material Plakate für eine Ausstellung oder eine Broschüre.

2. Leben in der Frühzeit

Wie unsere Vorfahren vor 10 000 oder vor gar 100 000 Jahren gelebt haben, wissen wir nicht genau. Es gibt weder Bilder noch Berichte. Wissenschaftler und Wissenschaftlerinnen sammeln und untersuchen seit ungefähr 160 Jahren Skelettreste und Geräte unserer Vorfahren, die sich in der Erde erhalten haben. Mit ihrer Hilfe befragen sie die Frühzeit der Menschheit: Wie haben die ersten Menschen ausgesehen? Wie haben sie zusammen gelebt? Wovon haben sie sich ernährt? Gab es Erfindungen, die ihr Leben veränderten? Antworten findet ihr auf den nächsten Seiten. Zunächst könnt ihr herausfinden, wann die ersten Menschen entstanden sind …

Die Frühzeit des Menschen

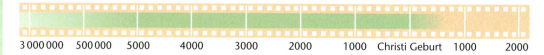

| 3 000 000 | 500 000 | 5000 | 4000 | 3000 | 2000 | 1000 | Christi Geburt | 1000 | 2000 |

So haben die Lebewesen vermutlich ausgesehen, deren Spuren in Laetoli gefunden wurden. Rekonstruktionszeichnung.

Spuren in Laetoli

Das folgende Ereignis ist 3,6 Millionen Jahre her. Es geschah an einem Ort, der heute Laetoli heißt und im afrikanischen Staat Tansania liegt:

Schon seit längerem hatte es im Innern des Vulkans rumort. Nun stieß er eine Wolke feinen Staubes aus und Asche legte sich über das Land ringsum. Es begann zu regnen. Doch schon bald schien wieder die Sonne, denn die Regenzeit hatte noch nicht richtig begonnen. Da kam ein etwa 1,40 m großes, sich aufrecht auf zwei Beinen bewegendes Lebewesen und ging über die feuchte Asche.

Kurze Zeit darauf folgten zwei Lebewesen der gleichen Art – das eine setzte seine Füße genau in die Fußstapfen des vorangegangenen, das andere, etwa 1,20 m groß, lief hinterher oder voraus. Einmal hielt es an und drehte sich nach links um. Vielleicht hatte ein Tier seine Aufmerksamkeit erregt. In den nächsten Tagen stieß der Vulkan neue Asche aus, die alle Fußspuren zudeckte. Woher wissen wir das alles? Seit vielen Jahren wird in Forschung und Wissenschaft nach Fossilien (versteinerte Knochen) der frühen Menschen gesucht. Bei Laetoli wurde 1976 eine versteinerte Schicht aus Vulkanasche ent-

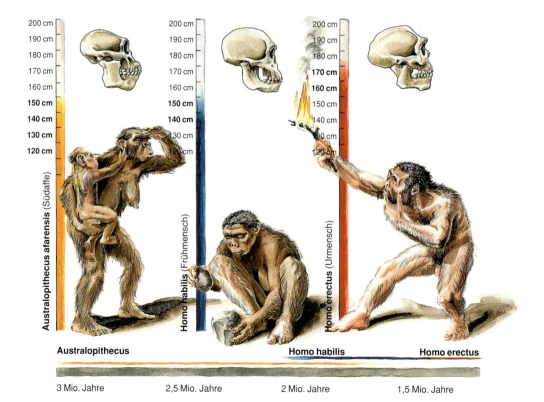

| Australopithecus | Homo habilis | Homo erectus |
| 3 Mio. Jahre | 2,5 Mio. Jahre — 2 Mio. Jahre | 1,5 Mio. Jahre |

Vormensch – Australopithecus (Südaffe), 1,10–1,50 m, keine Werkzeugherstellung, vor allem Pflanzenkost, Afrika

Frühmensch – Homo habilis (geschickter Mensch), bis 1,50 m, einfache Werkzeuge, gemischte Kost, Ostafrika

Urmensch – Homo erectus, (der aufrecht gehende Mensch), bis 1,80 m, Faustkeilkultur, gemischte Kost, siedelte erstmals in Europa und Asien

Die Frühzeit des Menschen

deckt. Als man diese Schicht genauer untersuchte, fand man die Fußabdrücke. Sie konnten nur von Lebewesen stammen, die aufrecht auf zwei Beinen gingen. Von der Größe der Fußabdrücke und der Schrittlänge schloss man auf die Körpergröße. Aus den Knochenfunden versuchte man die Lebewesen zu rekonstruieren (Abbildung in der linken Randspalte). Ob sie wirklich so ausgesehen haben, ist ungewiss. Für die Wissenschaft sind die Lebewesen von Laetoli noch keine Menschen. Ihr Kopf ist noch sehr affenähnlich, aber sie konnten schon auf zwei Beinen gehen.

Die ersten Menschen

Aber auch die ersten Menschen entwickelten sich in Ostafrika. Ihr aufrechter Gang ermöglichte einen vielseitigen Gebrauch der Hände. Das Gehirn hatte sich wesentlich vergrößert und in seiner Form verändert. Die frühen Menschen lernten das Feuer zu beherrschen, konnten Werkzeuge aus Stein herstellen und lebten in kleinen Gruppen. Im Laufe der Zeit wanderten sie von Afrika nach Europa und Asien. Bei Heidelberg wurde im Jahr 1807 der Unterkiefer eines Urmenschen gefunden (vgl. S. 16). Sein Alter wird heute auf 600 000 Jahre geschätzt. Nicht ganz so alt sind die Spuren der Urmenschen, die bei Bilzingsleben im Nordosten Thüringens gefunden wurden.

1 *Beschreibt den Urmenschen (Homo erectus), wie er auf der Abbildung dargestellt ist. Überlegt, wodurch er sich vom heutigen Menschen unterscheidet.*

Ein Neandertaler in der U-Bahn?
1856 wurden im Neandertal bei Düsseldorf Teile eines Skeletts gefunden. Das Alter wurde auf etwa 60 000 Jahre geschätzt.
1957 beschrieben zwei englische Forscher den Neandertaler als ein Wesen, das uns ähnlicher ist, als man bisher geglaubt hatte:
„Wenn es möglich wäre, dass er wiederauferstünde und in einer New Yorker Untergrundbahn führe, würde er – vorausgesetzt man hätte ihn gebadet, rasiert und in moderne Kleidung gesteckt – vermutlich kaum mehr Aufsehen erregen als ein anderer Bürger."

Die frühesten Zeugnisse menschlichen Lebens in Schleswig-Holstein stammen vom Neandertaler und sind etwa 120 000 Jahre alt: ein Faustkeil, einige Schaber und Kernsteine.

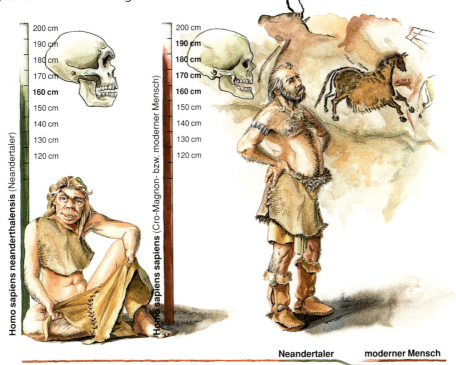

Neandertaler – Homo neanderthalensis, 1,60 m, viele Werkzeuge, gemischte Kost, an die Kälte angepasst, in Europa ab 130 000 v. Chr., vor ca. 30 000 Jahren ausgestorben

Jetztzeitmensch – Homo sapiens sapiens, seit 150 000 Jahren in Ostafrika, etwa seit 40 000 Jahren in Europa, bis 1,85 m, erfindungsreich, Schöpfer von Kunstwerken, weltweit verbreitet

Von der Entwicklung des Menschen

1 Schädelrekonstruktion eines Neandertalers. Die Knochenreste wurden richtig angeordnet. Fehlende Teile wurden in grauem Farbton hinzugefügt. Foto.

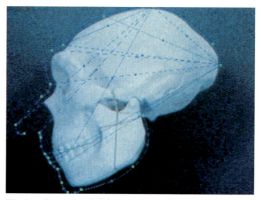

3 Am Computerbild eines Neandertalerschädels werden Punkte festgelegt, die die vermutliche Körperoberfläche anzeigen. Foto, 1996.

Rekonstruiertes Gesicht eines Neandertalers.

Der älteste Hamburger?
1977 fand man am Elbstrand gegenüber Hahnöfersand einen Teil eines menschlichen Schädels. Zunächst wurde angenommen, dass der Mensch vor 36 000 Jahren gelebt hat. 2001 wurde mithilfe neuerer Untersuchungsmethoden festgestellt, dass das Schädelteil „nur" 7500 Jahre alt ist.

2 Der Fund aus dem Neandertal. Die Knochenreste wurden so geordnet, wie es ihrer Position im vollständigen Skelett entspricht. Foto, 1996.

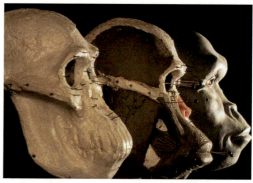

4 Am Gipsabguss eines Urmenschenschädels zeigen Metallstifte die festgelegten Punkte. Knorpel- und Muskelteile werden aus Kunststoffmasse rekonstruiert, bis die Kopfform wieder hergestellt ist. Foto, 1995.

1 Stellt fest, welche verschiedenen Teile von Neandertalern gefunden wurden (Abb. 1 u. 2).
2 Beschreibt die Arbeitsweise der Archäologen mithilfe von Abbildung 3.
3 Betrachtet die Neandertaler-Gesichter (linke Randspalte; Randspalte S. 23) und erfindet eine Geschichte: „Ein Neandertaler im Linienbus".

Fund – Befund – Rekonstruktion

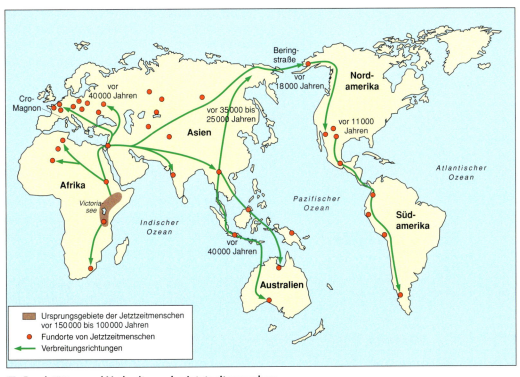

5 Fundstätten und Verbreitung des Jetztzeitmenschen.

4 Stellt fest, wo wir Jetztzeitmenschen herkommen und wie wir uns ausbreiteten (Abb. 5).
5 Schaut euch Abbildung 6 an. Was wollte Andrea Searcy mit ihrer Verwandlung zeigen?

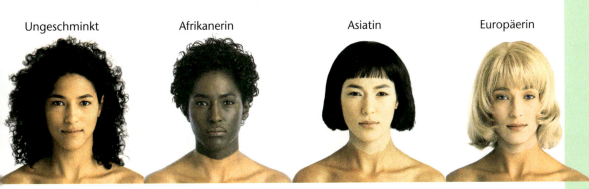

6 **Der moderne Mensch.** Die Afroindianerin Andrea Searcy verwandelte sich mithilfe von Perücke, Make-up und Kontaktlinsen in Angehörige verschiedener moderner Völker. Fotos, 1993.

Eiszeiten und Warmzeiten

1 Europa in der letzten Eiszeit.

Eiszeiten*:
Durch den weltweiten Rückgang der Temperaturen kam es in verschiedenen Epochen der Erdgeschichte zum Vorrücken von Gletschern. Von Nordeuropa kommend, schoben sich die Eismassen immer weiter nach Mitteleuropa. Die Zeiträume zwischen den Eiszeiten nennt man Warmzeiten.
Nach dem Abschmelzen der Gletscher am Ende der letzten Eiszeit vor etwa 13 000 Jahren wanderten große Herden von Rentieren und Wildpferden in die Steppenlandschaft in Norddeutschland ein. Ihnen folgten Gruppen von Rentierjägern.

Vor 225 000 Jahren war die Eisdecke über dem heutigen Hamburg 300 bis 500 Meter dick.
Als die Gletscher der letzten Eiszeit vor ca. 13 000 Jahren abschmolzen, schuf das Schmelzwasser das breite Tal der Elbe.

heute. Es gab Abschnitte, in denen es in ganz Europa deutlich kälter war. Über Jahrtausende lag die Durchschnittstemperatur im Juli bei +5 °C und im Winter sank die Temperatur auf bis zu –40 °C.
Diese Zeitabschnitte nennen wir Eiszeiten. Während einer Eiszeit schneite es in Nordeuropa auch im Sommer. So wuchs von Jahr zu Jahr die Schneedecke immer höher. Unter dem Druck der Schneemassen bildeten sich dicke Eispanzer bis zu 3000 m Stärke.
Bis nach Norddeutschland reichten die riesigen Gletscher. Auch die Alpen waren vom Eis bedeckt. Vor den Gletschern taute der Boden auch im Sommer kaum auf. Steppen, Tundren und Moore entstanden.
Ivar Lissner, ein deutscher Schriftsteller, berichtete über die heutige Landschaft der Tundra in Sibirien:

M … Tundra – das ist der ewige Kampf der wachsenden Natur gegen den Tod der Kälte. Tundra – das ist Wald, Hunderte von Meilen niedrig dahinkriechend, verhungert, erfroren, dann wieder im Sumpf erstickt. Meist sind die Bäume verkrüppelt, weil der Sommer so kurz ist und der Winter so lang. Tundra – das ist Not und Verderben, Stechfliegenplage und mückenbrütender Sumpf. Tundren sind meilenweit ungangbare Gebiete, wo kein Baumstamm einen ansehnlichen Durchmesser gewinnen kann. …

Lebensbedingungen in der Eiszeit*
1 Beschreibt nach der Karte 1 die Verbreitung des Eises.
2 Benennt die Auswirkungen einer Eiszeit auf Pflanzen, Tiere und Menschen. Vergleicht dazu auch Abbildung 1 auf der Seite 28.

Nicht immer waren in Deutschland die Sommer warm und die Winter mild wie

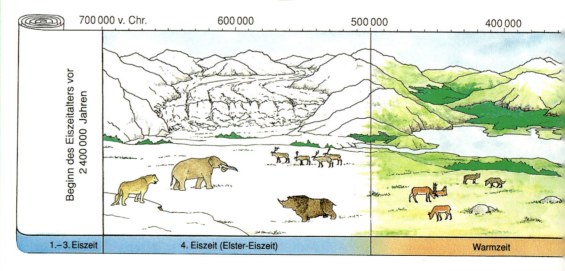

Eiszeiten und Warmzeiten

Tiere der Eiszeit

Mammut

Wollnashorn

Wollnashörner, Riesenhirsche, Moschusochsen, Auerochsen und Wisente lebten in der letzten Eiszeit im Gebiet des heutigen Hamburg.

2 **Die Tundra im Norden Kanadas.** Luftaufnahme.

So wie die sibirische Tundra sah wohl auch ein großer Teil Mitteleuropas in den Eiszeiten aus. Näher an den Gletscherrändern hörte der Baumwuchs ganz auf. Flechten und Moose bedeckten den Boden. Die Tiere, die nicht an die Kälte gewöhnt waren, zogen fort oder starben aus. Andere, wie das Mammut, der Höhlenbär oder das Ren, breiteten sich aus.

Gegen Ende einer Eiszeit wurde es wärmer. Das Eis schmolz allmählich ab. Nun setzte eine Warmzeit ein. Von Südeuropa breitete sich fast überall in Deutschland wieder Wald aus. Tiere und Pflanzen, die wärmeres Klima brauchten, kehrten zurück.

3 *Erläutert mithilfe des Textes die Grafik (Abb. 3). Achtet auf die Zeiten.*
4 *Informiert euch z. B. im Eiszeitmuseum in Bordesholm über die Eiszeiten.*

Findlinge
Mit dem Vordringen der Gletscher aus Skandinavien wurden auch große Felsblöcke nach Norddeutschland transportiert. Viele wurden in steinzeitlichen Großsteingräbern (siehe S. 33), als Fundamente im Kirchenbau oder als Gedenksteine benutzt. Der Düvelsteen bei Großkönigsförde wiegt ca. 200 Tonnen. Der größte bisher entdeckte Findling in Norddeutschland ist der Buskam vor der Insel Rügen. Der Stein mit einem Umfang von 40 Metern wiegt 1600 Tonnen.

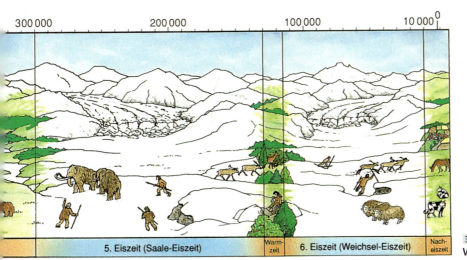

3 Eiszeiten und Warmzeiten.

Leben in der Altsteinzeit

Die typische Jagdbeute der Menschen der Nacheiszeit:

Hirsch

Reh

Elch

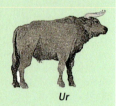
Ur

1 Jäger bei der Rückkehr von der Jagd während einer Warmzeit. Gemälde.

Die Nahrungsbeschaffung
Überleben konnten die frühen Menschen nur in kleineren Gruppen. Ihr Leben war durch die Sorge um die tägliche Nahrung ausgefüllt. Der Großteil der Nahrung wurde gesammelt. Früchte, Beeren, Nüsse und Pilze essen wir auch heute noch. Doch die Frühmenschen verschmähten auch Wurzeln, Insekten und Kleingetier nicht. Die Nahrung konnte noch nicht für längere Zeit konserviert werden. Fleisch gab es nur nach erfolgreichen Jagden, solange die gebratenen Stücke ausreichten und genießbar waren.

Mit den einfachen Waffen aus Stein, Holz oder Geweih war die Jagd sehr schwierig und sicher sehr gefährlich.

1 *Tragt zusammen, was die Menschen auf der Abbildung 1 alles für das Leben ihrer Gruppe tun.*

Fundstellen
In Hamburg und Umgebung haben Archäologen bis heute nur vergleichsweise wenige Hinweise für die Anwesenheit früher Menschen gefunden. Möglicherweise haben die riesigen Gletscher, die Norddeutschland in den letzten beiden Eiszeiten unter einer dicken Eisschicht begruben, alle Spuren verwischt. Die Pfeilspitzen, Feuersteine, Tierknochen und Faustkeile, die man z. B. in Ahrensburg fand, stammen erst aus der Zeit zwischen 11 000 und 9000 v. Chr. Ein Wissenschaftler schreibt:

Die Menschen als Jäger und Sammler

Die typische Jagdbeute der Menschen der Nacheiszeit:

2 Skelett eines Auerochsen, der von späteiszeitlichen Jägern erlegt wurde. Fund auf der Talsandinsel „Schlaatz" im Nuthetal bei Potsdam. Foto.

Braunbär

Wildschwein

Wolf

Luchs

M ... Noch bedeckte das Eis den östlichen Teil Schleswig-Holsteins, da lebten bereits Menschen in der Tundra vor dem Eis. ... Seit längerer Zeit war bekannt, dass man südlich von Ahrensburg ... in Mengen Feuersteinspitzen und -schaber finden konnte, die von steinzeitlichen Menschen hergestellt sein mussten. Besonders deutlich traten solche Funde auf frisch gepflügtem Ackerland nach Regen zutage. ... Knochen von 72 Rentieren sowie von vielen arktischen Vögeln (Schneehuhn, Schwan, Gans und Ente) wurden bei Grabungen zutage gefördert, alles Beute eiszeitlicher Jäger ... Man fand Knochen, in denen noch die Pfeilspitze steckte oder die Einschusslöcher aufwiesen, durchbohrt von einem Pfeil oder einer Harpune, die aus dem Span eines Rengeweihs geschnitzt worden war. Bei der weit überwiegenden Zahl der Geweihe waren mit Steinwerkzeugen Späne herausgeschnitten worden zur Herstellung von Waffen und Arbeitsgerät. Nahezu alle Röhrenknochen waren des Marks wegen aufgeschlagen worden. ...

2 Informiert euch z. B. im Helms-Museum, im Archäologischen Landesmuseum in Schleswig oder im nächstgelegenen Heimatmuseum über frühgeschichtliche Funde in eurer Region.
3 Überlegt, wie sich das Leben der Jäger und Sammler in einer Warmzeit von dem in einer Kaltzeit unterschied.
4 Vermutet, wie und warum sich die Jagdmethoden in der Warm- und Kaltzeit änderten.

Leben in der Altsteinzeit

Altsteinzeit*:
Vor etwa 2 Millionen Jahren begann die Altsteinzeit. Sie endet mit der letzten Eiszeit um 8000 v. Chr.
In dieser Zeit lebten die Menschen ausschließlich als Jäger und Sammler.
Sie zogen in familienähnlichen Lebensgemeinschaften von etwa 20 bis 30 Personen umher.
Ihre Geräte und Waffen stellten sie aus Steinen, Knochen und Holz her.

Mit der allmählichen Erwärmung nach der letzten Eiszeit breitete sich Wald aus. In der **Mittelsteinzeit** vor etwa 10 000 Jahren lebten die Menschen in Norddeutschland den Jahreszeiten gemäß von der Jagd, dem Fischfang und dem Sammeln von Nahrung. Sie lagerten bevorzugt am Waldrand, an Ufern von Flüssen und Seen sowie auf Inseln.

Nördlich von Hamburg hat man Überreste eines Lagers von nomadisierenden **Rentierjägern** gefunden. Flintspitzen und Hornharpunen stammen aus der Zeit zwischen 11 000 und 8000 v. Chr.

1 Rekonstruktion der Bekleidung aus der Altsteinzeit*. Nach dem Grabfund von Sungir bei Moskau. Foto.

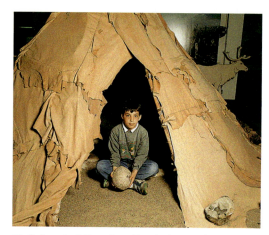

2 Rekonstruktion eines Rentierjägerzeltes im Helms-Museum. Foto.

Kleidung, Wohnen und Feuer

Aufschlüsse über Kleidung und Wohnung in dieser frühen Zeit geben nur wenige Funde. Wahrscheinlich stellten die Frauen die Kleidung her, während die Männer auf der Jagd waren. Am Ende der Altsteinzeit bestand die Kleidung vermutlich aus einer parkaähnlichen Jacke, einer Hose und Schuhen, manchmal auch einer Mütze (Abb. 1).

In einigen Höhlen wurden Feuerstellen gefunden. Vor Höhlen und im Schutz der Felsen konnten Überreste von Lagerplätzen festgestellt werden. Von Fundstellen wissen wir, dass die Jäger und Sammler in Zelten aus Fellen wohnten (Abb. 2).

Die Menschen kannten aber auch schon andere Wohnstätten. Bei einer Grabung wurde neben dem Feuerplatz eine Wohngrube gefunden. Sie hatte einen runden Grundriss mit ungefähr 2,50 m Durchmesser und war bis 1,70 m tief in den Boden eingegraben. Die Grube war wahrscheinlich mit einem Dach aus Zweigen und Fellen bedeckt.

Der Feuerplatz hatte Raum für 8 bis 10 Personen. Einen Meter von der Feuerstelle entfernt befand sich ein Haufen unverbrannter Mammutknochen: das aufgestapelte Feuerungsmaterial.

Das Feuer bedeutete für die Menschen Wärme, Licht, Schutz vor wilden Tieren und die Möglichkeit, das Essen zuzubereiten. Es wurde in den Wohnplätzen sorgsam gehütet.

War es einmal ausgegangen, musste man es mühsam neu entzünden (Abb. 3). Auf den Wanderungen wurde die Glut mitgenommen. Am neuen Lagerplatz konnte dann schnell ein neues Feuer entfacht werden.

1 Wiederholt, welche Bedeutung das Feuer hatte.
2 Überlegt, wie auch das Wohnen die Menschen zwang, in Gruppen zu leben.
3 Gebt Gründe dafür an, warum die Lebensweise der Jäger und Sammler den Bau fester Häuser nicht zuließ.

3 So machen Ureinwohner in Australien heute noch Feuer. Foto.

Leben in der Altsteinzeit

Die Werkzeugherstellung

Der Archäologe F. Behn schrieb über die Entwicklung der Werkzeuge*:

M … Die ersten Werkzeuge des Menschen waren seine Körperteile, voran Arme und Beine. Ihre Wirkung zu steigern … war das Ziel … frühester Erfindertätigkeit der Menschen. Die Reichweite des Armes konnte durch einen abgerissenen Ast, der Schlag der Faust durch einen aufgehobenen Stein verstärkt werden. Der nächste Schritt … bestand darin, dem Rohstoff eine Form zu geben, die ihn für bestimmte Handlungen geeigneter machen konnte. … Das wichtigste Gerät der ersten Zeit hat Mandelform, man hat es Faustkeil genannt. Es konnte für … alle Zwecke verwendet werden. Wir können seine Entwicklung an Tausenden von Exemplaren … verfolgen. … Der schwere Faustkeil wird ständig kleiner und endet als zierliche Handspitze. An die Stelle des allein verwendeten Werkzeuges tritt nun eine lange Reihe von Spezialformen: Schaber, Messer, Bohrer, Kratzer … Außer Holz und Stein stand den Menschen der Eiszeit noch ein weiterer Rohstoff zur Verfügung, der Knochen. …

4 Ordnet die Werkzeuge (Abb. 4) nach dem Alter. Begründet die Reihenfolge und erklärt, warum neue Werkzeuge erfunden wurden.
5 Beschreibt die Herstellung eines Werkzeugs nach Abbildung 5.

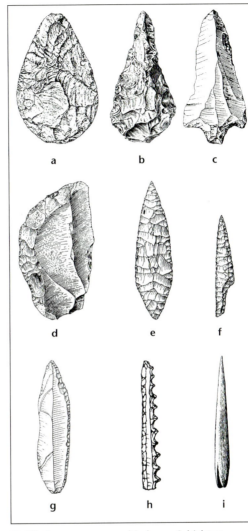

4 Werkzeuge aus verschiedenen Schichten. Rekonstruktionszeichnung.

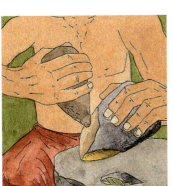 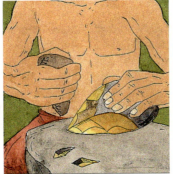 

5 Herstellung eines Werkzeugs. Rekonstruktionszeichnung.

Werkzeuge*:
Die Menschen der Altsteinzeit stellten ihre Werkzeuge und Waffen aus Steinen, Knochen und Holz her. Ihr wichtigstes Gerät war zunächst der Faustkeil. Im Laufe der Zeit entwickelten sich zahlreiche Werkzeuge mit Spezialformen für die unterschiedlichsten Aufgaben: Schaber, Messer, Bohrer, Kratzer …
Der in Maschen gefundene Faustkeil ist ca. 40 000 Jahre alt.

Feuerstein war die wichtigste Gesteinsart für die Herstellung von Werkzeugen. Er wurde vorwiegend in Steinbrüchen abgebaut. Feuerstein ist durch Druck oder Schlag spaltbar. Dabei entstehen messerscharfe Kanten.

Exkursionstipps:
Archäologisch-Ökologisches Zentrum Albersdorf (AÖZA) (Internet: www.albersdorf.de)

Archäologisches Zentrum Hitzacker (www.archaeo-centrum.de)

Archäologischer Wanderweg Fischbeker Heide

Frauenfiguren aus der Steinzeit

Frauenkopf aus Elfenbein, Frankreich, um 8000 v. Chr.

Venus von Véstonice, geformt aus Ton und Knochenmehl, um 15 000 v. Chr.

Internettipps:
Höhle von Lascaux:
www.culture.fr/culture/arcnat/lascaux/en

Der tanzende Zauberer. Höhlenmalerei.

Woran glaubten die Jäger und Sammler?

1 Malerei in der Höhle von Lascaux, Frankreich. Um 15 000 v. Chr. Foto.

Jagdzauber und Höhlenmalerei

1 *Betrachtet die Abbildung 1 und beschreibt, was ihr erkennen könnt.*

1940 entdeckten vier Jungen die Höhle von Lascaux in Südfrankreich. Wände und Decke waren mit Hunderten von Tierbildern bedeckt. Die Malereien sind nicht zufällig angeordnet, sondern scheinen einen Zusammenhang zu haben. Also eine Bildergeschichte, deren Sinn wir nicht ganz deuten können. Andere Höhlenmalereien in Südfrankreich und Spanien lassen vermuten, dass es sich um eine Art Jagdzauber handelte.

Ein Vorgeschichtsforscher berichtet über seinen Besuch in einer eiszeitlichen Höhle:

M1 … Wir zünden unsere Lampen an und dann geht es in die Höhle. Der Boden ist ganz feucht und glitschig. Es geht hinauf und hinab. … Dann kommt der Tunnel. Der ist nicht viel breiter als meine Schulter und auch nicht höher. Die Arme dicht am Körper, so kriechen wir auf dem Bauch vorwärts. Der Gang ist stellenweise nur 30 cm hoch. … Meter um Meter muss so erkämpft werden, 40 m insgesamt. Es ist grausig, so dicht über dem Kopf die Decke zu haben. Riesig ist der Saal – und da sind auch die Zeichnungen. Eine Wand ist bedeckt mit Bildern. … Da sieht man alle Tiere, die damals in der Gegend lebten: Mammut, Rhinozeros, Bison, Wildpferd, Bär, Rentier …, Hase, Schneehuhn und Fische. Überall sieht man Pfeile, die auf die Tiere zufliegen. Sie zeigen Einschusslöcher. Das richtige Jagdbild also, das Bild des Zaubers der Jagd. …

Über den Bildern erkennt man in 4 m Höhe einen Steinzeitjäger, der als Zauberer in seinem Tanz die Jagd beschwört (Abb. in der Randspalte links).

Der Forscher berichtet weiter:

M2 … Auf dem Kopf trägt er das Geweih des Rentiers, an den Händen die Pfoten des Bären, er hat … den Schweif des Pferdes. Das ist der Herr der Tiere. …

An diesem Platz versammelten sich die Jäger vor der Jagd, zeichneten Pfeile in die Tierleiber und tanzten. Sie wollten damit den

Woran glaubten die Jäger und Sammler?

2 Von Schülern nachgebautes Hünengrab* vor der Thorsberg-Hauptschule in Süderbrarup. Foto, 2001.

3 Steinkistengrab aus der Jungsteinzeit. Ähnliche Bestattungen gab es schon in der Altsteinzeit. Foto.

Hünengräber*: übliche Bezeichnung für Großsteingräber. Sie wurden in der Steinzeit aus großen Steinblöcken oder -platten errichtet und waren ursprünglich mit einem Erdhügel bedeckt. Von einst ca. 5000 Großsteingräbern in Schleswig-Holstein sind heute nur noch etwa 300 mehr oder weniger gut erhalten.

Geist der Tiere beschwören, um sich eine gute Jagd zu sichern.
Auch in Sachsen gibt es Zeugnisse des Jagdzaubers. In Groitzsch bei Erlenburg wurde ein Lager ausgegraben, das von Wildpferdjägern stammte. Auf einer Schieferplatte fand man drei Wildpferdköpfe mit jeweils einem Einstich am Hals. Vermutlich sollte damit das Pferd gebannt und ein Jagderfolg herbeigezaubert werden.

Grabsitten in der Altsteinzeit
Durch eine Reihe von Funden wissen wir, dass schon die Jäger und Sammler die Toten beerdigt haben.
Otto Hauser, ein Archäologe, berichtet:
M3 … Es war ein unvergesslicher Moment, als ich mit bloßen Händen die Erde sacht abhob und das Schädeldach bloßlegte. … Alle Anzeichen sprachen dafür, dass die alte Höhlenhorde den 16- bis 18-jährigen Mann ehrfurchtsvoll bestattet hatte. Wegzehrung in Form gebrannter Bisonkeulen, schöne Feuersteinwerkzeuge lagen bei der Hand. Eine Grabstätte aus grauferner Zeit. …

Die Jäger und Sammlerinnen betteten die Toten in Gruben, oft in unmittelbarer Nähe ihrer eigenen Wohnstätte. Schmuck, Werkzeuge und Lebensmittel wurden mit ins Grab gegeben. Sie glaubten offensichtlich an ein Weiterleben nach dem Tod. Wie sie sich das Leben nach dem Tod vorstellten, wissen wir nicht.
Es ist anzunehmen, dass sich die Menschen gegenüber den Naturgewalten hilflos fühlten und Angst vor Blitz und Donner, Krankheit und Tod hatten. Sie werden sich gefragt haben, woher das alles kommt.
Beim Nachdenken über diese Fragen kamen die damaligen Menschen vermutlich auf den Gedanken, dass übernatürliche Kräfte, Götter und Geister ihr Leben beeinflussten.

2 Fasst zusammen, was ihr über die Grabstätten in der Altsteinzeit erfahren habt. Überlegt, inwieweit sie sich von unseren heutigen Vorstellungen unterscheiden.
3 Stellt selbst Höhlenzeichnungen her. Beachtet hierzu die Hinweise auf Seite 35.

Ein Mammut in der Falle. Höhlenmalerei um 12 000 v. Chr.

Von Pfeilen getroffener Wisent. Höhlenmalerei um 15 000 v. Chr.

Ein Mammut versinkt im Sumpf. Rekonstruktion, Eiszeitmuseum Bordesholm.

Werkstatt Geschichte: Werkzeuge und Höhlenbilder

1. Ein Jäger braucht ein neues Werkzeug

Auf der Jagd ist ein Faustkeil verloren gegangen.
Ein neuer muss hergestellt werden.

- Sucht euch dazu geeignete Steine, am besten Feuersteine.
- Probiert, welche Steine sich am besten bearbeiten lassen.
- Sammelt mehrere Steine von der Art, die sich gut bearbeiten lässt.
- Legt einen Stein von der passenden Größe auf einen festen Untergrund und versucht durch vorsichtige Schläge mit einem anderen Stein kleine Splitter abzuschlagen. Gebt so eurem Werkzeug eine handliche und spitze Form.
- Schärft nun die Spitze und die Kanten, indem ihr mit einem kleinen Stein Splitter vom Rand abschlagt.
- Prüft, ob man die abgeschlagenen Splitter als Werkzeuge benutzen kann.
- Sucht die heraus, die sich als Messerklingen oder als Schaber eignen.

Vielleicht findet ihr auch einen spitzen Splitter, mit dem ihr Löcher in ein Fell bohren könnt. Diese Bohrer brauchten die Jäger, wenn sie aus mehreren Fellen eine Zeltdecke zusammennähen wollten.

2. Nichts darf verloren gehen

– Wozu konnten die Steinzeitmenschen ihre Jagdbeute verwenden? Nahrung, Kleider, Fäden, Schnüre, Waffen, Schmuck, Geräte, Werkzeuge, Zeltdecken, Heizmaterial …
– Zeichnet die Grafik ab und tragt die Verwendungszwecke in eure Zeichnung ein.

Wenn man Steine gegeneinander schlägt, springen Splitter ab, die weit fliegen können. Deshalb müsst ihr bei der Bearbeitung der Steine eine Schutzbrille tragen!

1 Faustkeil von Maschen, Landkreis Harburg. Foto.

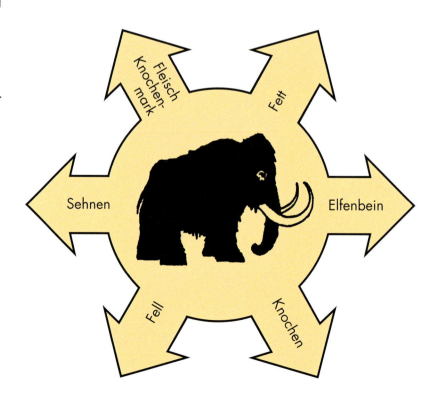

34

Werkstatt Geschichte: Werkzeuge und Höhlenbilder

2 Höhlenmalerei. Rekonstruktionszeichnung.

3. Höhlenbilder selbst gemacht

Die Maler der Steinzeit zeichneten mit Holzkohle geheime Zeichen oder die Umrisse wilder Tiere auf die Felswände. Dann trugen sie mit einem Stück Fell oder mit gebündelten Blättern Farbe aus zerriebenen Mineralien auf. Solche Felsmalereien könnt ihr auch selbst herstellen.

Das braucht ihr:
– farbige, pulvrige Materialien: Erde, Mehl, Sand, Tee- oder Kaffeesatz, Gewürze (Paprika, Curry …), Sägemehl oder Ähnliches
– Tapetenkleister
– ein großes Einmachglas, möglichst verschließbar
– feste Pappen und Zeitungspapier
– Pinsel oder Löffel

So geht es:
1. Seht euch Höhlenmalereien aus der Steinzeit an. Motive findet ihr auf der Seite 32 oder in einem Lexikon.
2. Rührt Tapetenkleister in dem Einmachglas an.
3. Vermischt euer Pulver mit dem Kleister.
4. Zerknüllt euer Zeitungspapier. Bestreicht es dann mit Kleister und klebt es auf die Pappe. Klebt das Papier so auf, dass kleine Berge und Täler entstehen (so wie die Oberfläche einer echten Felswand).
5. Jetzt könnt ihr euer Bild malen: Tiere, Landschaften, Geheimzeichen …; die Farbe könnt ihr mit dem Finger, einem Löffel oder einem Pinsel auftragen.

Methode: Informationen sammeln

1 Informationen gewinnen wir häufig aus Büchern. Foto, 1996.

2 Schülerinnen und Schüler suchen Bücher am alphabetischen Autorenkatalog. Foto, 1996.

Interessanten Fragen nachgehen

In diesem Kapitel erfahrt ihr nur einen kleinen Teil dessen, was über die Steinzeitmenschen bekannt ist. Wenn ihr mehr erfahren wollt, könnt ihr euch auf anderen Wegen Informationen beschaffen. Am häufigsten suchen wir uns zusätzliche Informationen in anderen Büchern. Wir finden sie in Büchereien oder Bibliotheken. Die meisten Schulen haben eine Schülerbücherei, in jeder Stadt gibt es eine Stadtbibliothek. Aber auch die Pfarrgemeinden haben Büchereien.

1 *Erkundigt euch nach den Büchereien und Bibliotheken in eurer Umgebung, sammelt ihre Adressen und Telefonnummern und fragt nach, ob es dort Jugendbücher über die Steinzeit gibt.*

Die Stadtbibliothek besuchen

In eurer Stadtbibliothek werdet ihr Jugendbücher über die Steinzeit finden. Die Angestellten helfen euch sicher gerne bei der Suche. Ihr könnt aber auch nach den folgenden Arbeitsschritten vorgehen:

1. Schritt:
Besuchstermin vereinbaren
Vereinbart einen Termin für einen Besuch in der Bibliothek. Wenn ihr euch zum ersten Mal mit der ganzen Klasse anmeldet, vereinbart ihr am besten eine Führung.

2. Schritt:
Im Katalog suchen
Ihr könnt selbst nach den Büchern suchen. Dazu müsst ihr in den „Katalog" schauen. Der Katalog ist ein Verzeichnis, in dem alle Bücher der Bibliothek notiert sind. In einigen Bibliotheken ist es ein Schrank mit vielen Schubladen, in denen Tausende von Karteikarten stecken, in anderen Bibliotheken müsst ihr an einem Bildschirm arbeiten. Stets findet ihr aber einen Autoren- und einen Schlagwortkatalog.

Der Autorenkatalog hilft euch, wenn ihr schon wisst, von welchem Autor ihr ein Buch haben wollt. Der Schlagwortkatalog ist für den Anfang besser. Hier könnt ihr beispielsweise unter dem Stichwort „Steinzeit" oder „Eiszeit" nachsehen, aber auch unter vielen anderen Schlagworten. Fallen euch schon welche ein?

3. Schritt: Bücher ausleihen
Im Katalog findet ihr zu jedem Buch eine Buchstaben- und Zahlen-

Methode: Informationen sammeln

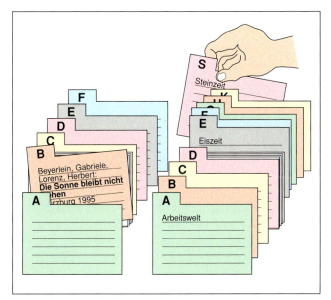

3 Kataloge zum Suchen von Büchern in einer Bibliothek: alphabetischer Autorenkatalog und Schlagwortkatalog.

4 Bei der Anlage einer Dokumentation. Foto, 1996.

kombination, die so genannte Signatur. Notiert die Signatur, den Namen des Autors und den Buchtitel und fragt nun die Angestellten, wie es weitergeht. Entweder lassen sie das Buch aus dem Magazin holen oder sie zeigen euch die Stelle im Regal, an der das Buch steht.

Noch ein paar Tipps ...
In den Regalen stehen die Bücher oft nach Themengebieten sortiert. Wenn ihr also die Stelle mit den Steinzeit-Büchern gefunden habt, entdeckt ihr dort meistens noch eine Anzahl weiterer Bücher. Wenn ihr euch zwischen den Regalen umschaut, lernt ihr die Ordnung der Bibliothek bald kennen und findet euch auch in anderen Themengebieten zurecht.
Wenn ihr ein Buch zu eurem Thema kennt, schaut ruhig noch einmal im Autorenkatalog nach. Autoren schreiben oft mehrere Bücher mit ähnlichen Themen ... Meistens dürft ihr die Bücher für eine bestimmte Zeit ausleihen. Das ist natürlich sehr bequem, es sei denn, das Buch ist bereits ausgeliehen. Dann könnt ihr das Buch vorbestellen und abholen, wenn der vorherige Benutzer es zurückgegeben hat.

4. Schritt:
Eine Dokumentation anlegen
Ausgeliehene Bücher müsst ihr nach einiger Zeit zurückgeben. Wenn ihr trotzdem wichtige Informationen behalten oder wenn ihr eure Mitschülerinnen und Mitschüler über euer Thema informieren wollt, müsst ihr diese Informationen auswählen und festhalten. Das heißt: „eine Dokumentation anlegen".
In einem Hefter sammelt ihr Fotokopien von Bildern und Texten aus den ausgeliehenen Büchern. Einige Bilder könnt ihr auch selbst zeichnen.
Wichtige Informationen aus langen Texten lassen sich besser kurz mit eigenen Worten zusammenfassen. Auf jedem Blatt solltet ihr als Überschrift das Thema festhalten, um das es geht.
Am besten nummeriert ihr die Seiten durch, wenn eure Dokumentation abgeschlossen ist.
2 *Wählt euch verschiedene Spezialthemen aus der Steinzeit aus, beispielsweise „Tiere in der Steinzeit" oder „Werkzeuge der Urmenschen". Sammelt dazu Informationen und tragt sie in einer Dokumentation zusammen.*

Die Jungsteinzeit

Jungsteinzeit*:
In dieser Zeit (ca. 8000 bis 3000 v. Chr.) gingen die Menschen zum Ackerbau und zur Viehzucht über. Sie wurden sesshaft und lebten in Siedlungen.

Exkursionstipp:
Steinzeitdorf Kussow, Kussower Weg, 23948 Kussow.

Spuren einer ersten festen Besiedlung im Hamburger Raum lassen sich für das 4. Jahrtausend v. Chr. nachweisen. Wichtige Fundplätze sind u. a.: Meiendorf (Lager von Rentierjägern), Wellingsbüttel (Männergrab), Boberg, Sülldorf und Rissen (stein- und bronzezeitliche Grabhügel), Farmsen (eisenzeitliche Siedlung), Bramfeld (Siedlung des 4.–8. Jahrhunderts n. Chr.), Lohbrügge (Kinderurne).

Nomaden*
(übersetzt: Hirten- oder Wandervölker): Die Jäger und Sammler der Altsteinzeit mussten dem wandernden Wild nachziehen und Gebiete aufsuchen, in denen es ausreichend pflanzliche Nahrung gab. Deshalb hatten sie keine festen Wohnsitze und lebten als Nomaden.

1 Bau eines Hauses in der Jungsteinzeit. Die verschiedenen Arbeitsgänge – Errichten der Tragpfosten in Gruben, Aufbau der Dachkonstruktion, Herstellen der Flechtwände, Decken des Daches mit Schilf und Verputzen der Wände mit Lehm – werden hier zu gleicher Zeit gezeigt; damals wurden sie nacheinander ausgeführt. Rekonstruktionszeichnung aufgrund von Fundergebnissen.

Eine erschreckende Entdeckung

Der junge Steinzeitjäger Dilgo – so heißt es in einer erfundenen Geschichte – möchte in den Kreis der Erwachsenen aufgenommen werden. Dazu muss er eine Probe ablegen, nämlich fernab vom Lager vier Wochen lang sich allein im Wald durchzuschlagen. Dabei macht Dilgo eine Entdeckung, die ihn zutiefst erschreckt:

M Vorsichtig bog Dilgo, auf der Erde liegend, die Zweige der Hecke auseinander und spähte hindurch. … Das Erste, was er aus seiner Lage heraus sehen konnte, waren der Zaun und dahinter die Dächer. Dilgo schloss die Augen und öffnete sie zögernd wieder. Er hatte halb und halb erwartet, das Bild würde verschwunden sein, aber nein, es war Wirklichkeit. So riesige Dächer waren doch nicht denkbar. Er richtete sich auf, da sah er die ganzen … ja, was eigentlich? Das waren keine Hütten, wie Dilgo sie kannte. Diese Gebäude hatten riesige Ausmaße. … Fünf solcher ungeheuren Gebäude konnte Dilgo erkennen und ein sechstes, unfertiges. Dieses beeindruckte ihn am meisten, denn es zeigte, wie unglaublich schwierig es sein musste, dieses Gebäude zu errichten.

1 Beschreibt die einzelnen Tätigkeiten auf Abbildung 1. Welche Dinge waren für Dilgo völlig neu? Achtet auf die Werkzeuge, die Kleidung, Dachbedeckung usw.

Die Menschen werden sesshaft

Vor etwa 8000 Jahren endete die letzte Eiszeit. Im Vorderen Orient kam es in dieser Zeit zu reichen Regenfällen. Gerste und Weizen, die hier schon lange wild wuchsen, breiteten sich dadurch rasch aus. Bald gab es mehr Wildgetreide, als die Menschen während der kurzen Reifezeit verbrauchen konnten. So begannen sie die Getreidekörner in Erdgruben aufzubewahren. Mit diesen Vorräten konnten sie ihre Ernährung für mehrere Wochen oder Monate sichern. Sie mussten also in dieser Zeit nicht mehr als Nomaden* umherziehen, um Nahrung zu suchen.

Aus Jägern werden Bauern und Viehzüchter

Bei der Aufbewahrung der Getreidekörner in den Erdgruben machten die Menschen vermutlich die Beobachtung, dass das Korn auskeimte und sich daraus neue Pflanzen entwickeln konnten. Von dieser Beobachtung bis zur planmäßigen Aussaat war es

Die Ausbreitung einer neuen Lebensweise

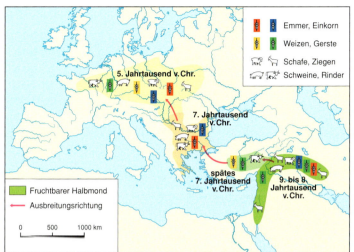

2 Die Ausbreitung der bäuerlichen Lebensweise.

nur noch ein kleiner Schritt. Bald entdeckten sie, dass sie mehr ernteten, wenn sie den Boden auflockerten und den Samen von den größeren Ähren nahmen. So züchteten sie aus den Wildformen ertragreichere Getreidesorten. Dazu aber mussten sie sesshaft werden.

Da sie nun längere Zeit an einem Ort lebten, lohnte sich für sie auch der Hausbau. Dies geschah im Vorderen Orient um 8000 v. Chr. Etwa in der gleichen Zeit lernten die Menschen in dieser Gegend auch Schafe und Ziegen, später Schweine und Rinder zu zähmen und zu züchten. So waren sie nicht mehr auf das Jagdglück angewiesen.

2 Erklärt Abbildung 3.

Die Ausbreitung der neuen Lebensweise

Durch den Ackerbau und die Viehhaltung wurde die Ernährung für die Menschen sicherer. Es gab mehr zu essen. Die Bevölkerungszahl nahm rasch zu. Im 7. Jahrtausend v. Chr. reichte das fruchtbare Land nicht mehr aus, um alle Menschen zu ernähren. So machten sich ganze Gruppen auf die Suche nach neuem Land, das sie bebauen konnten. Auf Schiffen, die groß genug sein mussten, um neben allen Familienangehörigen auch Nahrungsvorräte, Saatgut und Haus-tiere aufzunehmen, fuhren sie die afri-

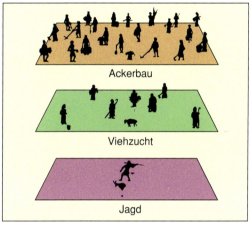

3 So viele Menschen konnten auf 1 km² ernährt werden.

kanische Nordküste entlang oder setzten über nach Griechenland und kamen so auch nach Westeuropa. Wo sie fruchtbaren Boden fanden, ließen sie sich nieder. Nachkommende Gruppen mussten dann weiterziehen. Beliebte Zugwege waren vermutlich Flusstäler. In unserem Raum siedelten die ersten Bauern um etwa 4000 v. Chr.

3 Beschreibt Karte 2. Auf Seite 54 findet ihr dazu einige Hilfen.

4 Bauern und Hirten treffen bei ihrem Zug in unserem Raum auf dort lebende Jäger und Sammler. Überlegt, wie sich beide Gruppen dabei verhalten haben könnten (siehe S. 40).

Bandkeramiker:
Die ersten Bauern in Mitteleuropa nennen wir aufgrund ihrer Muster auf Keramikgefäßen Bandkeramiker. Sie verzierten ihre Gefäße mit bandähnlichen Mustern und Wellenlinien.

Gefäße der Bandkeramiker.

Begegnung von Jägern und Sesshaften

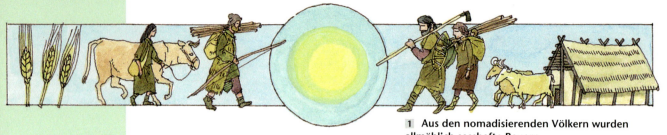

1 Aus den nomadisierenden Völkern wurden allmählich sesshafte Bauern.

2 Eindringende Siedler überzeugten durch ihre Lebensweise die nomadisierenden Völker.

3 Die Siedler verdrängten die Nomaden gewaltsam und nahmen das Land für den Ackerbau in Besitz.

Erklärungsversuche des Übergangs vom Nomadenleben zur Sesshaftigkeit. Rekonstruktionszeichnungen, 1999.

Rollenspiele – warum?

1 *Diskutiert über die Erklärungsversuche für den Übergang zur Sesshaftigkeit (Abb. 1–3).*

Wie Menschen in der Geschichte in bestimmten Situationen gefühlt, gedacht und gehandelt haben, wissen wir nicht genau. Das gilt besonders dann, wenn Überlieferungen nur sehr dürftig sind oder ganz fehlen. In einem Rollenspiel können schwierige Situationen nachgespielt werden, um über Lösungen eines Problems nachzudenken. Es kann Ergebnisse der Forschung nicht ersetzen, bietet aber die Möglichkeit, sich in die Lage der Menschen aus der Vergangenheit zu versetzen.

Versucht einmal, euch in die Zeit zu versetzen, als die Jäger und Sammlerinnen allmählich zu sesshaften Bauern wurden. Bei der Organisation eines Rollenspiels zu diesem Thema helfen euch die folgenden Arbeitsschritte.

Methode: Rollenspiel

1. Schritt:
Die Ausgangslage beschreiben
Auf der Situationskarte wird festgehalten, welcher Zustand nachgespielt werden soll. Die Ausgangslage wird kurz beschrieben. Welche Personen sind an dem Spiel beteiligt? Welche Probleme gibt es? Ein Beispiel für eine Situationskarte findet ihr auf dieser Seite; weitere Anregungen sind links dargestellt.

2. Schritt: Rollen verteilen
Auf den Rollenkarten werden die spielenden Personen beschrieben: Beruf, Eigenschaften, Verhalten und ihre Ziele. Diejenigen, die eine Rolle übernehmen, müssen sich an die Vorgaben ihrer Rollenkarten halten. Sie dürfen auch eigene Vorstellungen von der darzustellenden Person einbringen, sofern sie den Vorgaben nicht widersprechen.

3. Schritt: Spiel vorbereiten
Die Spielerinnen und Spieler hängen sich ein Schild mit ihrer Rollenkennzeichnung um. Sie besprechen die Situation (Situationskarte) und die Rollen (Rollenkarten) untereinander.

4. Schritt:
Spiel beobachten und auswerten
Sinnvoll ist der Einsatz von Spielbeobachtern, die sich während des Spiels Notizen zu den einzelnen Rollen machen. Sie sollen das Spiel bewerten und ihre Meinung begründen. Wurden die Rollen glaubhaft gespielt? Welche Argumente wurden genannt? Passten sie in die Situation und die Zeit? Was war gut, was könnte verbessert werden?

Situationskarte
Stellt euch vor, ihr wäret Siedler. Um eure Siedlung zu vergrößern, rodet ihr gerade einen Wald, der bisher von einem Stamm der Jäger und Sammler als Jagdgebiet genutzt wurde. Die Jäger sind empört. Ihnen droht ein Teil der Nahrungsgrundlage verloren zu gehen. Denn wenn die Wildtiere verdrängt würden, müssten sie über große Entfernungen weiterziehen. Um die Situation zu besprechen, kommen einige Siedler und eine Abordnung des Jäger- und Sammlerstammes zusammen.

Rollenkarte 1
Der Dorfälteste
Er ist 40 Jahre alt und ein Bauer mit großem Besitz. Er möchte die Siedlung vergrößern. Die jungen Leute in seinem Dorf drängen aber darauf, mehr Land zu bekommen, damit sie ihre Familien ernähren können.

Rollenkarte 2
Der Anführer des Jäger- und Sammlerstammes
Er ist 25 Jahre alt, schnell und kräftig. Er sieht überhaupt nicht ein, dass er und sein Stamm das Gebiet verlassen sollen. Schließlich waren sie schon lange vor den Bauern in der Gegend. Je nach Jahreszeit und Tierbestand verlegten sie ihren Rastplatz in diese Umgebung.

Rollenkarte 3
Ein Töpferhandwerker
Er wohnt in der Siedlung und sieht in den Jägern und Sammlern neue Käufer für seine Töpferwaren.

Rollenkarte 4
Ein Jäger
Er ist 35 Jahre alt und Spezialist für das Aufarbeiten von Tierfellen. Er bewertet das Auftauchen der Siedler eher positiv. Schließlich könnte er in Notzeiten seine Felle gegen getötete Tiere der Bauern eintauschen.

Rollenkarte 5
Eine Frau, die sammelt
Sie ist 20 Jahre alt und Mutter von zwei Kindern. Ihr gefällt das Leben der Bäuerinnen besser, weil sich diese mehr um ihre Kinder kümmern können. Sie möchte lieber in einem Haus wohnen und nicht mehr umherziehen.

Neue Techniken

Wagen der Jungsteinzeit. Rekonstruktionszeichnung. Um schwere Lasten zu transportieren, erfand man das Rad, die Achse und den Wagen.

1 Töpferwaren aus einem jungsteinzeitlichen Dorf. Foto.

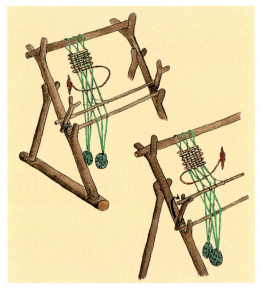

2 Skizze: Steinzeitliches Weben.

Töpfern und Weben

In allen ausgegrabenen Siedlungen der Jungsteinzeit fanden die Frühgeschichtsforscher Töpferwaren. Wann und wo die Töpferei erfunden wurde, ist nicht genau bekannt, aber die einwandernden Bauern und Hirten kannten schon gebrannte Tonwaren. Die gebräuchlichste Technik war, dass von einem Stück gekneteter feuchter Tonerde ein flacher Boden hergestellt wurde. Aus kleinen Klumpen formten die Menschen Rollen und drückten diese dann ringförmig übereinander auf den Bodenrand. So entstand die Wand des Gefäßes. Nachdem die Wände glatt gestrichen waren, mussten die Gefäße an der Luft trocknen. Sie wurden anschließend im Feuer gebrannt. Dadurch wurden sie hart. Man hatte Gefäße für viele Zwecke, z. B. für die Aufbewahrung des Korns, zum Kochen und zum Trinken.

Die Funde von Spindeln beweisen, dass die Menschen in der Jungsteinzeit schon Garn gesponnen und Stoffe gewebt haben. Dazu verwendeten sie Flachs und Wolle.

1 *Beschafft euch Ton und formt Gefäße.*
2 *Erkundigt euch, wie heute Tongeschirr geformt und gebrannt wird. Berichtet darüber.*
3 *Vergleicht die Nutzung von Tongeschirr in der Steinzeit und heute.*
4 *Beschreibt nach Abbildung 2, wie ein Stoff gewebt wird.*

3 **Grabstock, Spaten und Pflug.** Rekonstruktionszeichnung.

Vom Grabstock zum Pflug

Auch für die Bearbeitung des Bodens hatten die Jungsteinzeitmenschen Werkzeuge entwickelt. Die Abbildung 3 zeigt eine Entwicklungsreihe.

5 *Erklärt, wie man mit den Geräten arbeiten kann.*
6 *Beschreibt die Vorteile, die der Spaten gegenüber dem Grabstock und der Pflug gegenüber dem Spaten brachte.*

Neue Techniken

4 **Steingeräte der Jungsteinzeit.** Foto

5 **Schleifen von Steingeräten.** Modellversuch.

6 **Bohren von Steinen.** Modellversuch.

Steinbearbeitung

7 *Vergleicht die Geräte auf der Abbildung 4 mit den altsteinzeitlichen Geräten der Abbildung 1 auf Seite 31.*

In der Jungsteinzeit erfanden die Menschen das Schleifen und Bohren. Damit konnten sie bessere Beile herstellen, die für die vielen Holzarbeiten sehr nützlich waren.
Die grobe Form des Beils wurde aus einem Stein herausgeschlagen. Mithilfe von Sand und Wasser konnte dann die Oberfläche des Beils glatt geschliffen werden.
Schwieriger war das Bohren eines Loches für die Befestigung des Stiels.

8 *Erläutert mithilfe des Textes die Abbildung 5.*
9 *Erklärt die Arbeitsweise der Bohrmaschine in Abbildung 6.*

Als Bohrstab diente ein Stück Rundholz. Auf das fertig geschliffene Beil wurde Sand gestreut, der immer wieder angefeuchtet wurde. Darauf drehte sich der Bohrstab und schliff so allmählich ein Loch in den Stein. Man hat in Versuchen festgestellt, dass es etwa 100 Stunden dauerte, bis ein 4 cm dicker Stein durchbohrt war.
Die Suche nach einem schnelleren Verfahren führte dann zur Erfindung der „Hohlbohrung". Hierzu benutzte man keinen Vollholzstab, sondern einen Röhrenknochen. Nun blieb beim Bohren der „Kern" stehen. Mit dieser Technik konnte man einen 4 cm dicken Stein schon in 67 Stunden durchbohren.

10 *Überlegt, was es bedeutet, wenn die Herstellung eines Steinbeils so lange dauerte.*
11 *Versucht einen Stein mithilfe von Wasser und Sand auf einer Steinunterlage glatt zu schleifen.*

Erntemesser und Mahlstein. Rekonstruktionszeichnung. Zwei wichtige Geräte für die Menschen der Jungsteinzeit.

Grabkeramik der Jungsteinzeit aus Hamburg-Fischbeck.

Jungsteinzeit*:
In dieser Zeit (10 000 bis 3000 v. Chr.) gingen die Menschen zum Ackerbau und zur Viehzucht über. Sie wurden sesshaft und lebten in Siedlungen.

Vorderer Orient*:
Länder des östlichen Mittelmeerraumes, z. B. Libanon, Syrien, Israel.

Jungsteinzeitliche Weizenarten:
Einkorn, Zwergweizen, Emmer, Saatweizen; zum Vergleich eine heutige Weizenähre.

In einem Dorf der Jungsteinzeit

**Das Leben
in jungsteinzeitlichen Dörfern**
Über das Zusammenleben in den Dörfern der Jungsteinzeit können wir nur Vermutungen anstellen. Dies hat auch der Maler getan, der die Bilder dieser Doppelseite erstellt hat. Nachdem er viele Funde gesehen und sich über die Forschungsergebnisse informiert hatte, hat er versucht die Menschen der Jungsteinzeit bei der Arbeit darzustellen.

**Wir beobachten die Menschen
bei ihrer täglichen Arbeit**
Aus den Bodenfunden wissen wir, dass die Menschen in Dörfern zusammengelebt haben. Diese lagen fast immer an einem Bach oder einem Teich.
Jede Familie baute ihre Nahrung an. Sie fertigte fast alle Geräte, die Werkzeuge und die Kleidung selbst. Die Frauen arbeiteten mit auf dem Feld, töpferten, spannen und webten, nähten die Kleidung; sie rieben auf einem Reibstein das Getreide zu Schrot und bereiteten die Mahlzeiten.
Die Männer machten Boden urbar, bearbeiteten den Acker, bauten Häuser, stellten Werkzeuge her, hüteten das Großvieh und gingen auf die Jagd.
In Dörfern haben in einem Haus wohl mehrere Familien zusammengelebt und gearbeitet. Wenn neue Äcker kultiviert, ein neues Haus gebaut oder der Wall ums Dorf erneuert werden musste, dann werden sie wohl eine enge Gruppe gebildet haben.
In den Familien lebten und arbeiteten alle zusammen. Die Kinder gingen mit Vater oder Mutter und sahen ihnen bei der Arbeit zu, solange sie klein waren. Wurden sie größer, dann halfen sie bei allen vorkommenden Arbeiten. So konnten sie alles lernen, was zum Leben nötig war.
Nur wenige Menschen erreichten ein hohes Alter. Sie lebten weiter in der Gemeinschaft, halfen, soweit sie noch konnten, und wurden von den Jüngeren versorgt. So lebte die ganze Familie von dem, was sie gemeinsam erwirtschaftet hatte.

1 **Gebrannte Tongefäße werden aus dem Ofen genommen.** Rekonstruktionszeichnung.

In einem Dorf der Jungsteinzeit

1 Beschreibt die Tätigkeiten und die Werkzeuge, die auf den Abbildungen bei der Arbeit benutzt werden.
2 Erstellt eine Liste der Tätigkeiten. Unterscheidet dabei nach Arbeiten, die
a) von der einzelnen Familie,
b) von der Dorfgemeinschaft
ausgeführt wurden.
3 Auch heute wird Getreide gemahlen und der Boden gepflügt. Gebrannte Gefäße müssen aus dem Brennofen genommen werden. Erkundigt euch, wie das heute geschieht. Beschreibt die Unterschiede.

2 **Das Mahlen der Getreidekörner.** Rekonstruktionszeichnung.

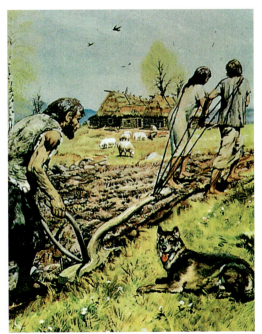

3 **Das Pflügen mit dem Hakenpflug war sehr anstrengend.** Rekonstruktionszeichnung.

Spindel zum Spinnen. Der Spinnwirtel am unteren Ende sorgt für die Rotation (Schwung) der Spindel, damit aus dem Wollknäuel ein Faden herausgezogen wird und sich um die Spindel wickeln kann. Foto.

Methode: Besuch eines archäologischen Museums

1 Brot backen im Sommerferienprogramm des Helms-Museums. Foto, 2002.

Was ist ein archäologisches Museum?

Sicherlich habt ihr schon einmal ein Museum besucht. Ihr wisst, dass es verschiedene Arten von Museen gibt, z. B. Heimat-, Stadt- oder Landesmuseen, historische, naturkundliche oder technische Museen, Uhren-, Spielzeug- oder sogar Schulmuseen und viele andere mehr.

Museen sammeln und bewahren Gegenstände aus der Vergangenheit auf, erforschen diese und stellen sie für die Öffentlichkeit aus. In einem archäologischen Museum werden vorwiegend Funde aus der Vor- und Frühgeschichte präsentiert, die von den Archäologen ausgegraben, erforscht und restauriert worden sind.

In dem 1898 als Heimatmuseum für Harburg gegründeten Helms-Museum werden heute die Ur- und Frühgeschichte Hamburgs und Norddeutschlands sowie die Geschichte Harburgs dargestellt. Das Museum besitzt eine der größten Sammlungen archäologischer Objekte Norddeutschlands. In der Dauerausstellung steht die Entwicklung der Menschen unserer Region von den ersten Anfängen bis zum Mittelalter im Mittelpunkt.

Besonders anschaulich wird diese in den 17 Schaubildern des „Panoramas der Jahrtausende". Spuren eiszeitlicher Rentierjäger, Beigaben aus Hünengräbern der Steinzeit, Schatzfunde und Gräber aus der Bronzezeit und nicht zuletzt germanischer Schmuck aus der Zeit der Römer lassen vergangene Zeiten lebendig werden.

Wie kann man ein archäologisches Museum erkunden?

Ein Museumsbesuch löst sicherlich nicht bei allen Schülerinnen und Schülern eures Alters Begeisterung aus.

Museen gelten häufig als langweilig und öde. Das muss aber nicht so sein. In einem archäologischen Museum kann man oftmals selbstständig auf Entdeckungsreise gehen, an Modellen und Nachbildungen selbst ausprobieren, wie z. B. ein jungsteinzeitlicher Steinbohrer oder Webstuhl funktionierte, oder versuchen das Bogenschießen zu erlernen und so wichtige Informationen über die Vor- und Frühgeschichte seiner Heimat zu sammeln. Wie interessant und spannend ein Museumsbesuch aber wird, hängt von einer überlegten und geplanten Durchführung ab.

Methode: Besuch eines archäologischen Museums

1. Schritt:
Die Erkundung vorbereiten
- Das Ziel auswählen und evtl. Anreise und Kosten klären.
- Einen Termin für die Besichtigung/Führung vereinbaren.
- Das Thema, z. B. „Bei den Menschen der Jungsteinzeit", vorbereiten und einen Fragebogen entwerfen bzw. entsprechende Arbeitsmaterialien beim Museum anfordern.
- Arbeitsgruppen mit bestimmten Aufgabenstellungen einteilen, z. B.: Wie sahen die Häuser damals aus? Welche Bestattungssitten und religiösen Bräuche gab es bei den Menschen der Jungsteinzeit? Was machten die Frauen und Kinder?
- Klären, wie die Ergebnisse festgehalten werden sollen, z. B. Notizen, Skizzen, Fotos oder Videofilm (falls erlaubt).

2. Schritt:
Die Erkundung durchführen
Bei größeren Museen wird man durch die Fülle der Ausstellungsstücke eher verwirrt oder verliert sogar die Lust an einer Besichtigung. Man muss sich deshalb auf bestimmte Bereiche konzentrieren. Museen sind entweder zeitlich oder nach bestimmten Themen aufgebaut. Einen Gesamtüberblick findet ihr zumeist im Eingangsbereich des Museums. Danach geht es ins Detail. Deshalb:
- Bei einer Führung möglichst alle vorbereiteten Fragen stellen.
- Gegebenenfalls Arbeits- oder Fragebogen ausfüllen.
- Wenn möglich und erlaubt: Skizzen anfertigen, Fotos machen, Werkstücke herstellen, Videofilm drehen …
- Wenn nötig: Spontane Fragen stellen, weitere Informationen sammeln, unerwartete Beobachtungen festhalten.

3. Schritt:
Die Ergebnisse auswerten und dokumentieren
- Das gesamte Material sichten, ordnen und feststellen, ob alle wichtigen Fragen beantwortet sind.
- Wenn nötig, weitere Informationen zusammenstellen oder beschaffen (Museumsführer, Arbeitsmaterial des Museums, Internet, Lexika, CD-ROM).
- Festlegen, wie die Ergebnisse dokumentiert werden sollen. Möglichkeiten: Erkundungsbericht, Museumsrätsel, Wandzeitung, Ausstellung …

 Feuer machen im Sommerferienprogramm des Helms-Museums. Foto, 2002.

Der Mann aus dem Eis

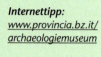

Internettipp:
www.provincia.bz.it/
archaeologiemuseum

Im Hochgebirge ermordet

Eisig fegte der Wind über die Felsen, die Herbstsonne verschwand hinter riesigen, grauschwarzen Wolken. Wie schnell sich doch im Gebirge das Wetter ändern konnte! Ein schwer bepackter Mann stieg keuchend den Berg hinauf. Besorgt blickte er zu dem immer düsterer werdenden Himmel. „Ich hätte mich früher nach einem Unterschlupf umsehen sollen", schoss es ihm durch den Kopf. „Ich finde den Weg nicht. Diese verdammten Wolken! Man sieht ja keinen Pfeilschuss weit", murmelte er verzweifelt.

Der Mann hatte sich vorgestern in einem Dorf lautstark mit einem Jäger gestritten. Er hatte das Gefühl, dass er verfolgt wurde. Die rettende Landmarke, die ihm den Weg über den Berg weisen sollte, kam nicht in Sicht. Plötzlich ein lauter Schrei. Der Mann fällt blutüberströmt zu Boden. Ein Pfeil steckt in seinem Rücken. Unter einem windgeschützten Felsvorsprung versucht er sich vor seinem Feind und dem tobenden Schneesturm zu schützen. Stöhnend bricht er den Pfeil ab, die Pfeilspitze steckt noch in seiner linken Schulter. Vor Erschöpfung und durch den starken Blutverlust fallen ihm bald die Augen zu. „Nicht einschlafen", sagt er immer wieder zu sich selbst, „nicht einschlafen …" – denn dies wäre der sichere Tod.

Eine archäologische Sensation

Was wirklich an jenem Tag geschehen ist, lässt sich nur vermuten. Ziemlich genau 5300 Jahre später, am 19. September 1991, stießen Bergwanderer am Rande eines Schneefelds auf 3200 Metern in den Ötztaler Alpen auf den im Eis tiefgefrorenen Leichnam des Mannes. Der tätowierte Tote, der nach seinem Fundort „Ötzi" genannt wird, war 1,60 Meter groß und etwa 35 bis 40 Jahre alt. Er hatte eine Pfeilspitze in der linken Schulter. Sie steckte sieben Zentimeter tief in seinem Körper und hatte nur knapp die Lunge verfehlt. Der Mann war mit Leder, Pelz und Schilfgras gekleidet, er trug ein Kupferbeil, einen Dolch mit Steinklinge, einen Bogen (ohne Sehne) sowie einen Lederköcher mit 14 Pfeilen (aber nur zwei schussfertig gefiedert) bei sich. Zu seiner Ausrüstung gehörten ferner ein ledernes Gürteltäschchen mit Feuersteinklingen, einer Knochenahle und einem Stück Zunderschwamm.

Fast 100 Wissenschaftler untersuchten den Gletschermann. Aus den Untersuchungsergebnissen wurde deutlich, dass er am Ende der Jungsteinzeit lebte, aber – wie das Kupferbeil beweist – in Berührung mit höher entwickelten Menschen jenseits der Alpen gekommen sein musste.

Wer war „Ötzi"? War er ein Jäger, ein Almhirte oder gar ein Händler? Aus welcher Gegend stammte er? Fragen, auf die Wissenschaftler heute eine Antwort suchen.

1 *Versucht den Zweck der Ausrüstungsgegenstände Ötzis zu erklären.*

Steinzeitkulturen heute

Aborigines – Ureinwohner Australiens

Die Aborigines sind eines der etwa 70 eingeborenen Naturvölker*, die es noch heute auf der Erde gibt. Bis vor wenigen Jahren haben sie sich ihre Lebensweise als Jäger und Sammler wie vor 40 000 Jahren erhalten.
Ein Schriftsteller berichtete über eine Tageswanderung mit Aborigines um 1975:

M1 … Vorweg gehen die Männer, nicht übermäßig schnell. Die Frauen und Kinder folgen und sammeln dabei, was sie an Essbarem und an Grassamen finden. …
Plötzlich stoppt die Spitze. Alle bleiben wie angewurzelt stehen. Kein menschlicher Laut ist zu hören. Die Männer teilen sich und bilden einen eigenen Halbkreis. Warum? Sie haben ein Känguru entdeckt. Für alle gerade das richtige Nachtmahl. Immer volle Deckung nehmend, schleichen sich die Männer an das Tier heran, das sich durch dauerndes Aufrichten sichert. Doch es merkt nichts gegen den Wind. Als sie bis auf 30 Meter heran sind, werfen zwei Jäger … zu gleicher Zeit zwei Speere auf das Tier ab.
Nach wenigen Metern bricht es tödlich getroffen zusammen. Gleich an Ort und Stelle wird es mit einem Steinmesser aufgeschlitzt, Herz, Leber und Niere herausgenommen und noch körperwarm von den Männern verzehrt. Mit dem erlegten Känguru auf den Schultern eines der Männer geht es weiter bis zu einer Wasserstelle mit brackig-warmem Wasser. Endlich eine Gelegenheit, den Durst zu löschen. …

Heute sind die Aborigines und ihre Kultur durch unsere Vorstellung bedroht, diesen in unseren Augen „primitiven" Menschen unsere Zivilisation* und den technischen Fortschritt aufzuzwängen.
Vor ungefähr 200 Jahren haben weiße Eroberer ihr Land in Besitz genommen und ihnen nur ganz wenige unfruchtbare Gebiete als Reservate* gelassen. Es sind meist Wüsten oder Land, das in der Regenzeit überschwemmt ist. Doch auch hier besteht schon wieder die Gefahr, vertrieben zu werden, weil dort wertvolle Bodenschätze entdeckt wurden, die die Weißen abbauen wollen.

1 Neben einem Sonnenkollektor, der die Energieversorgung im Lager ergänzen soll, unterrichtet ein alter Aborigine Kinder in der Kunst des Fährtenlesens. Foto.

Etwa 300 000 Aborigines lebten früher in Australien, heute sind es nur noch 50 000. In den letzten Jahren rückte ihr Schicksal immer stärker in das Blickfeld der Weltöffentlichkeit. Bei den Olympischen Spielen von Sydney 2000 gewann Cathy Freeman als erste Frau, die von Aborigines abstammt, die Goldmedaille im 400-m-Lauf.
Die „Süddeutsche Zeitung" berichtete 1996 über die Aborigines heute:

M2 … Zehntausende von Kindern wurden bis vor wenigen Jahren ihren Eltern weggenommen und in weiße Pflegefamilien gegeben. Dort sollten sie lernen, wie die Weißen zu leben und zu denken. Das ist nicht gelungen. Sie fühlten sich heimatlos und entwurzelt.
Die Aborigines sind heute ein krankes Volk. 88 von 100 sterben vor ihrem 45. Geburtstag. … Krank macht sie die Lebensform der Weißen. Sie ernähren sich falsch und viele gehen an Alkohol zugrunde. …

2 Fasst die heutige Situation der Aborigines zusammen und vergleicht sie mit der in M1.
3 Informiert euch über die Lebensbedingungen von Naturvölkern, die es heute noch gibt, z. B. die Pygmäen auf Papua-Neuguinea.

Naturvölker*:
Völker, die ohne größere technische Errungenschaften im Einklang mit, aber auch in Abhängigkeit von der Natur leben, wie z. B. die Eskimos (Inuit) in den Polarregionen der Arktis oder die Janomami-Indianer in Südamerika.

Zivilisation*:
Gesamtheit der durch den Fortschritt von Wissenschaft und Technik geschaffenen verbesserten Lebensbedingungen des Menschen in einer natürlichen Umwelt.

Reservat*:
Rückzugsgebiet, das unter besonderem Schutz steht.

Die Metallzeit*

Metallzeit*:
Um 3000 v. Chr.:
Die Verarbeitung von Bronze setzt sich im östlichen Mittelmeerraum für Werkzeuge, Waffen und Schmuck durch (Bronzezeit).

Um 800 v. Chr.:
Beginn der Metallverarbeitung in Norddeutschland. Beginn der Eisenzeit in Europa. Waffen, Küchengeräte und Werkzeuge werden nun aus Eisen hergestellt.

Bronzewagenmodell von Eiche, Stadtkreis Potsdam.

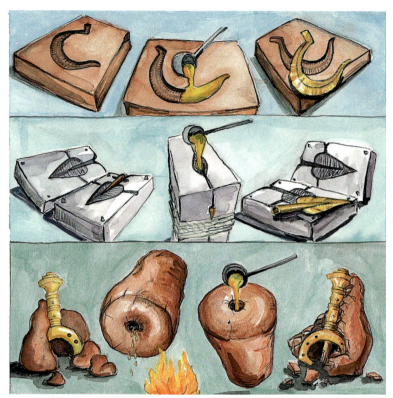

1 Die verschiedenen Verfahren der Bronzeherstellung. Unterschiedliche Gusstechniken. Rekonstruktionszeichnungen.

A Der offene Herdguss.

B Der Schalenguss*.

C Der Guss in der verlorenen Form*.

Die Bronze- und Eisenzeit

Die ältesten Metallgeräte stammen aus dem Raum des östlichen Mittelmeeres und sind aus Kupfer. Doch Kupfer ist sehr weich und war deshalb den Steinwerkzeugen nicht überlegen. Erst mit der Erfindung der härteren Bronze (9 Teilen Kupfer wurde 1 Teil Zinn zugesetzt) trat das Metall seinen Siegeszug an. Wir sprechen deshalb auch von der Bronzezeit, die in Mitteleuropa um 2000 v. Chr. begann und etwa 1000 Jahre dauerte. Dann setzte sich ein noch besser bearbeitbares und verwendbares Metall durch: das Eisen.

Wie Bronze hergestellt wurde

Viele bronzezeitliche Bergwerke sind ausgegraben worden. Man fand z. B. in Spanien in einer Kupfergrube 20 tote Bergleute aus der Bronzezeit, die während einer Arbeitspause von niederstürzendem Gestein erschlagen worden waren. Kleidung, Geräte, Werkzeuge und Lampen sind von diesem, aber auch von anderen Schächten bekannt. Daher wissen wir, dass die Bergleute damals hauptsächlich im Tagebau arbeiteten. Lagen die Erz führenden Schichten aber zu tief, gruben sie einen Schacht und erweiterten ihn unten, wo die Erze lagen, zu großen Räumen. Behauene Bäume dienten als Treppen; mit einer Winde und Seilen wurden die Körbe mit Erz herausgefahren.

Mit starkem Feuer erhitzten die Bergleute die Gesteinswand, dann schütteten sie kaltes Wasser dagegen. Dadurch wurden die Steine spröde und brüchig. Nun konnte das Erz aus dem Stein herausgeschlagen werden.

Über Tage wurde das Erz weiterverarbeitet und in „Hochöfen" ausgeschmolzen. Dazu schichteten die Menschen abwechselnd Erz und Holzkohle zu einem mannshohen Haufen auf, den sie mit Lehm abdeckten. Je ein Loch im Lehmmantel oben und unten

Das Metall – ein gewaltiger Fortschritt

2 Bronzezeitlicher Bergwerksbetrieb (Kupfermine). Rekonstruktionszeichnung.

3 Bronzezeitlicher „Hochofen". Rekonstruktionszeichnung.

sorgte für den Durchzug. Außerdem führten sie mit einem Blasebalg Frischluft zu, um die Temperatur im Ofen zu erhöhen. Das geschmolzene Metall floss unten aus dem Ofen in vorbereitete Formen aus Lehm und erkaltete. Jetzt waren die Barren fertig. Um Geräte oder Waffen herzustellen, wurden Zinn und Kupfer zusammengeschmolzen, dadurch erhielt man Bronze. Diese wurde dann in Formen gegossen.

1 Beschreibt die Arbeitsgänge, die nötig sind um eine Bronzesichel, eine Speerspitze und eine Bronzefigur herzustellen.

2 Vergleicht die Arbeitsvorgänge in den verschiedenen Techniken. Welche mag man für Massenwaren benutzt haben?

4 Funde aus der Bronzezeit. Foto.

So arbeitete man mit einer Bronzeaxt. Die Schäftung wurde mit Schnüren an einem gebogenen Holzstiel befestigt.

Schalenguss*:
Zwei gleiche Formen werden aneinander gefügt, in den Hohlkörper wird von oben flüssige Bronze eingegossen. Diese Technik ermöglicht eine Formgebung auf beiden Seiten des hergestellten Geräts.

Gießen in der verlorenen Form*:
Aus Wachs wird ein Modell des Gegenstands, der hergestellt werden soll, geformt und mit Ton umkleidet. Dann wird die Form erhitzt, das Wachs ausgegossen und die Form gebrannt. In diese Form wird Bronze gegossen. Um an das gegossene Bronzestück zu gelangen, wird der Tonmantel nach dem Erkalten zerschlagen.

Neue gesellschaftliche Gruppen

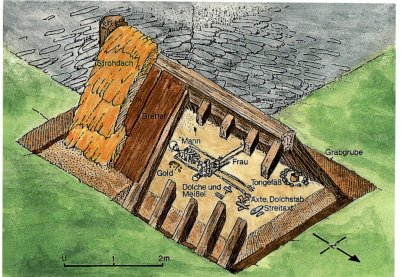

1 Das Totenhaus von Leubingen bei Erfurt (etwa 1500 v. Chr.). Rekonstruktionszeichnung. Im Grab von Leubingen fand man die Überreste eines Mannes und einer Frau, die beide lang ausgestreckt lagen. An Geräten wurden gefunden: reicher Goldschmuck, Äxte, Dolche und Meißel aus Bronze, Streitäxte aus Stein und Tongefäße.

Arbeitsteilung*:
Wenn ein Mensch mehr produzieren kann, als er selbst für seine Ernährung braucht, kann es zur Arbeitsteilung kommen; die einen arbeiten z. B. in der Landwirtschaft, die anderen als Spezialisten im Handwerk oder als Händler usw.
Mit der Arbeitsteilung und der Möglichkeit, Besitz anzuhäufen, kam es zu einer immer stärkeren Gliederung der Bevölkerung in verschiedene Gruppen.

Die Menschen teilen die Arbeit*

Seit die Bronze bekannt war, wollten immer mehr Menschen Werkzeuge, Waffen und Schmuck aus dem neuen Metall haben. Das führte dazu, dass sich an vielen Stellen die Bronzeherstellung oder -bearbeitung als regelrechtes Handwerk entwickelte. Viele Geräte, z. B. Sicheln, wurden in ganzen Serien gegossen. Die Handwerker lösten sich weitgehend aus der Landwirtschaft. Sie tauschten ihre Erzeugnisse gegen Lebensmittel. Aber sie stellten auch mehr Produkte her, als in ihrer Siedlung benötigt wurden. So fanden sich Männer, die mit den Bronzewaren über Land zogen und sie gegen andere Waren eintauschten. Zum Beispiel war Salz sehr begehrt, ebenso Bernstein. In einigen Grabstellen wurden sogar griechische Weingefäße gefunden. Die Händler konnten Besitz ansammeln.

1 Überlegt, was es für die Bauern bedeutete, dass ein Kilogramm Kupfer einen Wert von 20 Arbeitstagen hatte.

„Fürstinnen und Fürsten"

In den Gebieten, in denen die Bronze verarbeitet und benutzt wurde, entdeckte man Gräber, die mit großen Reichtümern ausgestattet waren. In ihnen fand man neben anderen Gütern kostbaren Goldschmuck, wertvolle Bronzewaren, sogar Glasperlen aus Ägypten. Es wird angenommen, dass aus der Reihe der Großbauern einige zu Häuptlingen wurden und dass sie genügend Lebensmittel produzierten, um zusätzlich Männer auf dem Hof beschäftigen zu können. Mit diesen konnten die Häuptlinge, die man auch „Bauernfürsten" nannte, die Dörfer und ihre Umgebung vor räuberischen Überfällen schützen, aber auch selbst auf Beute ausziehen. In den Gebieten, in denen die „Fürsten" für Schutz sorgten, gewannen sie nach und nach auch politische Macht. Ebenso üppig ausgestattete Frauengräber wurden gefunden. Daran konnte man erkennen, dass auch Frauen über großen Reichtum verfügten. Ob sie aber selbst Macht ausübten, lässt sich nicht feststellen.

2 Erklärt die Veränderungen, die sich von der Stein- zur Metallzeit vollzogen.
3 Beschreibt die gesellschaftlichen Gruppen der Bronzezeit und erklärt, wie sie voneinander abhingen.

Neue gesellschaftliche Gruppen

2 Eisengewinnung aus Raseneisenerz. Rekonstruktionszeichnung.

Die Metallzeit in Norddeutschland

Bereits in Gräbern der späten Steinzeit kommen Beigaben aus Bronze vor, die auf Handelswegen aus Südosteuropa in den Norden gelangten. Um 1800 v. Chr. begann die eigentliche Bronzezeit im Norden mit Metallerzeugung und -verarbeitung. Abgesehen von einigen kleinen Kupfervorkommen (z. B. auf Helgoland), musste der überwiegende Teil der Bronze importiert werden. Der Transport über weite Entfernungen lässt auf einen entwickelten Fernhandel schließen. Hinweise dafür sind die Funde von Wagen, Rädern und Bohlenwegen*. Gussformen hat man an vielen Stellen gefunden. Bronzeschwerter und Goldgefäße, meist mit Spiralen und Wellenlinien verziert, sind Zeugen hoher Kunstfertigkeit.

Während der Bronzezeit änderten sich die Grabsitten. Anfangs erfolgte die Beisetzung in Baumsärgen unter Erdhügeln; später wurden die Toten verbrannt und ihre Asche in Urnen der Erde anvertraut.

Die Eisenzeit

Um 800 v. Chr. tritt in unserem Bereich erstmals das Eisen auf – die Eisenzeit beginnt. Dieses neue Metall ist für Waffen besser geeignet als die spröde Bronze. Ein besonderer Vorteil aber ist, dass Eisen im Lande selbst aus Raseneisenerz, das unter den Geestböden in Mengen vorkommt, gewonnen werden konnte. Reste von Schlacken und von Brennöfen zum Verhütten des Erzes kommen an vielen Stellen vor, z. B. in Schmedeby – der Name ist ein Hinweis auf das alte Handwerk. Der große Bedarf an Holzkohle führte zu einer teilweisen Entwaldung der Geest und einem Vordringen der Heide.

Eisenzeitliche Wohnplätze hat man an vielen Stellen freigelegt, vor allem aber eine Vielzahl von Urnenfriedhöfen mit bisweilen Hunderten von Urnen.

Pferdegeschirr und Reitausstattung in den Gräbern wohlhabender Personen belegen eine wichtige Veränderung der damaligen Zeit: die Entdeckung des Pferdes als Reittier.

4 Stellt dar, wofür Metalle heute verwendet werden.

5 Überlegt, inwieweit das Pferd das Leben der Menschen damals verändert hat.

*Aus Schleswig-Holstein sind annähernd 30 000 Grabfunde der Eisenzeit bekannt, ganz überwiegend **Urnengräber**.*

***Bohlenwege*:**
Wege aus dicken Brettern oder auch geteilten bzw. kleineren Baumstämmen (siehe S. 17).

Methode: Kartenarbeit

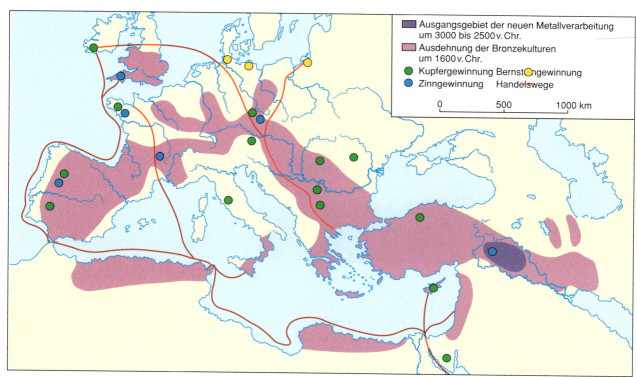

Bodenschätze und Handelswege der Bronzezeit.

Neben den geographischen Karten, die ihr aus dem Erdkundeunterricht kennt, gibt es auch Geschichtskarten. Um eine Karte richtig „lesen" zu können, muss man sich vor allem die beigefügten Erklärungen (= Legende) ansehen.
Eine Geschichtskarte will immer auf ganz bestimmte Ereignisse und Zusammenhänge hinweisen. Um eine Geschichtskarte richtig zu verstehen, sollte man daher immer folgende Fragen stellen:

Welche Einzelangaben finden sich auf der Karte?
- Bodenschätze und Handelswege beispielsweise
- Ausgangsgebiete der neuen Metallentwicklung
- Ausdehnung der Bronzekulturen

Welcher Raum ist dargestellt?
- Welche Flüsse, Meere, Gebirge oder Städte sind eingetragen?
- Welche heutigen Länder oder Städte liegen in dem dargestellten Raum?
- Welche Ausdehnung hat der dargestellte Raum? (Achtet auf den Maßstab.)

Welchen Zustand (welche Zeit) oder welche Entwicklung zeigt die Karte?
- Welche Zeitangaben finden sich in der Legende oder in der Karte?
- Welche Veränderungen werden sichtbar? (Achtet auf die Farbgebung.)

Mithilfe dieser Karte könnt ihr folgende Aufgaben lösen:
1 Verfolgt den Weg eines Händlers, der Zinn von Südengland nach Zypern bringen möchte. Überlegt, auf welchem Weg er seine Ware transportieren könnte. Messt nach, wie viele Kilometer der Händler jeweils ungefähr zurücklegen muss.
2 Vergleicht diese Karte mit der Karte auf Seite 39 und berichtet darüber, wie sich das Leben der Bauern durch den Bronzehandel veränderte.

Zusammenfassung

Der Mensch als Jäger und Sammler
Die ältesten Spuren der Menschen auf der Erde sind rund zwei Millionen Jahre alt.
Das Leben der Menschen war ein ständiger Kampf um Nahrung und Kleidung. Sie jagten Tiere und sammelten pflanzliche Nahrung. Die Jäger und Sammler lernten das Feuer zu benutzen. Sie mussten dem wandernden Wild nachziehen und Gebiete aufsuchen, in denen es genügend pflanzliche Nahrung gab. Deshalb lebten sie als Nomaden.

Der Mensch als Ackerbauer und Viehzüchter
Vor 12 000 Jahren begann eine umwälzende Veränderung bei den Jägern und Sammlern im Vorderen Orient. Den Menschen wurde bewusst, dass sie sich besser ernähren konnten, wenn sie selbst Pflanzen anbauten, und dass man umso mehr erntete, je besser man den Boden bearbeitete. Deshalb erfanden sie neue Arbeitsgeräte: den Grabstock, den Spaten und den Pflug. Die Menschen lernten auch Tiere zu züchten: Hunde, Schafe und Ziegen, bald auch Rinder und Schweine. Damit wurde die Fleischversorgung sicherer. Die Menschen wurden sesshaft. Dort, wo die Äcker angelegt wurden, bauten sie sich Häuser. In den Dörfern lebten sie in Familien und Sippen zusammen. Die neue Wirtschaftsform dehnte sich langsam auch nach Mitteleuropa aus. Etwa um 4000 v. Chr. erreichte sie unsere Gegend. Nun gab es genügend Nahrung und einzelne Menschen konnten sich als Handwerker spezialisieren. Neue Techniken wurden entwickelt.

Beginn der Metallzeit in Europa
Vor 5000 Jahren begann die Metallzeit. Die Menschen lernten im Laufe der Zeit aus Kupfer und Zinn Bronze herzustellen. Funde aus der Bronzezeit deuten darauf hin, dass Bauern und Hirten mehr Lebensmittel produzierten, als sie selbst verbrauchten. Dafür konnten sie wertvolle Metallwaffen und -geräte, aber auch Schmuck eintauschen.

Zum Nachdenken
Ein Wissenschaftler hat einmal folgende Behauptung aufgestellt: Der heutige Mensch könne unter den Lebensbedingungen der Neandertaler nicht überleben. Umgekehrt wäre es wohl denkbar, dass ein Neandertaler ein zuverlässiger Vorarbeiter oder Abteilungsleiter in einem Betrieb werden könne.

1 *Erklärt diese Behauptung.*

Vor ca. 2 000 000 Jahren

In Afrika entwickelt sich der Mensch.

Vor ca. 1 500 000 Jahren

Der Frühmensch wandert in Europa ein. Die Menschen der Altsteinzeit lebten als Jäger und Sammler.

Vor ca. 12 000 Jahren

Erster Getreideanbau und erste Viehzucht; Beginn der Jungsteinzeit im Vorderen Orient

Vor ca. 5000 Jahren

Beginn der Metallzeit in Europa

3. Die Welt der Griechen

„Werke von unsterblichem Ruhm" werde man errichten, so soll schon der athenische Staatsmann Perikles (443–429 v. Chr.) gesagt haben, als er auf der Akropolis seiner Heimatstadt Tempel und Gebäude errichten ließ, deren Ruinen heute noch Millionen Menschen jedes Jahr bewundern.

Aber auch bei uns finden wir viele Bauwerke aus später Zeit, die die Säulenbauten der griechischen Tempel nachahmen: Museen, Theater, Kirchen und sogar Regierungsgebäude. Selbst unsere Sprache ist vom Griechischen beeinflusst worden. Begriffe wie Politik, Demokratie oder Polizei sind ebenso griechischen Ursprungs wie die Namen vieler Unterrichtsfächer, z. B. Biologie, Geographie, Musik oder Physik. Aber auch das Wort „Pause" (griech. pausa = Rast, Ruhe) stammt aus dem Griechischen. Die bedeutendsten sportlichen Wettkämpfe unserer Zeit, die Olympischen Spiele, haben die Griechen als Erste veranstaltet.

Was die alten Griechen gedacht und erfunden haben, gilt für die Europäer seit etwa einem halben Jahrtausend als beispielhaft. Woher sie kamen, wie sie lebten, worüber sie sich den Kopf zerbrachen und was sie entwickelten, warum sie heute noch als Vorbilder gelten, das könnt ihr auf den nächsten Seiten erkunden.

Das antike Griechenland

1 Das antike Griechenland.

Hellenen*:
antike Bezeichnung für die Bewohner Griechenlands (Hellas).

Polis*
(griech. = Burg, Stadt): Bezeichnung für den politisch selbstständigen und wirtschaftlich unabhängigen griechischen Stadtstaat; von ihm abgeleitet der Begriff „Politik", die Angelegenheiten, die alle Bürger angehen.

Um 2000 v. Chr.:
Aus dem Norden wanderten Volksstämme in Griechenland ein. Sie gründeten Siedlungen und bildeten Kleinstaaten (Poleis).

Lesetipp:
Das alte Griechenland, Reihe „Sehen – Staunen – Wissen". Gerstenberg, Hildesheim 1999.

Im Verlauf des 2. Jahrtausends vor Christus drangen von Norden her kriegerische Volksstämme nach Griechenland ein: erst die Achäer, dann die Ionier und Dorer. Nach einem kleinen Stamm in Hellas (Thessalien) nannten sie sich Hellenen*. Dieser Name unterschied sie von allen Fremden und von der Urbevölkerung, die sie auf dem Festland und auf den Inseln der Ägäis unterworfen hatten. Die Bezeichnung als „Griechen" tauchte erst später bei den Römern auf.

Die Eroberer kamen in ein Land mit meist kleinen, unfruchtbaren Ebenen, umschlossen von hohen Gebirgszügen und Hunderten von Inseln, die der Küste vorgelagert waren. Jedes Tal, jede Insel bildete eine in sich abgeschlossene Welt. So zersplitterte die Bevölkerung in zahlreiche, meist kleine, voneinander getrennte Gemeinschaften. Im Schutz stark befestigter Burgen, auf denen Fürsten oder Könige herrschten, entstanden städtische Siedlungen, in denen sich Großgrundbesitzer, Händler und Handwerker niederließen. Die Bauern lebten auf dem Land, das die Siedlungen umgab. So entstand in Griechenland kein großes Reich mit einer Hauptstadt. Vielmehr bildete jede Stadt einen eigenen Staat für sich, einen Stadtstaat, den die Griechen Polis* nannten.

1 Beschreibt mithilfe der Karte 1 die griechische Landschaft.

2 Erklärt mithilfe der Karte 1 und des Textes, wie die Landschaft das politische Leben der Griechen bestimmte.

Die minoische Kultur

2 Der Palast von Knossos. Rekonstruktionszeichnung.

Die frühen Hochkulturen, die wir bisher kennen gelernt haben, waren an Flüssen entstanden. Seit der Mitte des 3. Jahrtausends v. Chr. entwickelte sich auf der Mittelmeerinsel Kreta ebenfalls eine Hochkultur, nach dem sagenhaften König Minos auch „minoische Kultur" genannt. Die Bewohner Kretas betrieben, begünstigt durch die gute Lage der Insel, einen lebhaften Seehandel und konnten ein bedeutendes Reich aufbauen. Geschützt von einer starken Kriegsflotte durchfuhren die Kreter mit ihren Handelsschiffen das östliche Mittelmeer und tauschten Waren in Ägypten, Zypern und Syrien. Sie entwickelten sogar eine eigene Schrift, die so genannte Linear-A-Schrift, deren Entzifferung erst vor wenigen Jahrzehnten gelang.

Ungeheurer Reichtum sammelte sich auf der Insel. In Knossos, der einstigen Hauptstadt des Reiches, die zu ihrer Blütezeit um 1600 v. Chr. rund 50 000 Einwohner hatte, ließen sich die Könige einen herrlichen Palast bauen. Die Anlage bedeckte nahezu eine Fläche von 30 000 m² und besaß eine Vielzahl von Räumen, die den Menschen, vor allem den fremden Besuchern, wie ein Irrgarten, ein Labyrinth, vorgekommen sein muss. Vorratskammern, Werkstätten, Kulträume, Wohnräume für die Diener und mit prächtigen Wandfresken geschmückte Gemächer für die Herrscherfamilie gruppierten sich um einen geräumigen Innenhof. Dort fand an hohen Festtagen, an denen man weiblichen Gottheiten huldigte, das Stierspringen statt. Der Stier war das heilige Tier der Kreter; junge Männer, aber auch Mädchen sprangen im Salto über die heranstürmenden Tiere – ein gefährliches Spiel, das viele mit dem Leben bezahlen mussten. Ähnliche Stierspiele sind heute noch in Portugal üblich, im Gegensatz zu den blutigen spanischen Stierkämpfen.

Um 1450 v. Chr. fand die minoische Kultur ein plötzliches Ende. Vom griechischen Festland her drangen die kriegerischen Achäer gegen die Insel vor, brachen den Widerstand ihrer Bewohner und zerstörten die unbefestigten Städte und Paläste. Die minoische Kultur ging unter, es begann die mykenische Kultur auf Kreta.

Wie Heinrich Schliemann im 19. Jahrhundert Troja ausgegraben hatte, so haben den Briten Arthur Evans griechische Sagen nach Kreta geführt. In zwei Ausgrabungsphasen (1900–14 und 1922–32) legte er in Knossos systematisch eine Fläche frei, die durch ihre unglaubliche Größe Erstaunen hervorrief. In einem vierbändigen Werk dokumentierte Evans das Ergebnis seiner Arbeit.

3 Beschreibt die auf Abbildung 2 dargestellte Szene.

Etwa 2000 bis 1450 v. Chr.: Minoische Kultur.

Lesetipp:

Hans Baumann: Flügel für Ikaros. dtv, München 1993.

Clifford Wells: Die Gefangenen des Minos. Arena, Würzburg 1984.

Die griechische Polis

1 Die Lage Athens auf der Halbinsel Attika.

Akropolis*:
hoch gelegener, geschützter Mittelpunkt (Zufluchtsplatz, Festung, Herrschersitz, Tempelbezirk) zahlreicher griechischer Städte der Antike.

Exkursionstipp:
Antikensammlung in der Kunsthalle zu Kiel (Internet: www.uni-kiel.de/klassarch/antisa.htm)

Entstehung der Polis von Athen

Der athenische Geschichtsschreiber Thukydides (460/455 bis um 400 v. Chr.) berichtet über die Gründung der Polis:

Q ... Unter Kekrops und den ersten Königen bis zur Zeit des Theseus wurde Attika in vielen einzelnen Gemeinden bewohnt, die Ratsherren und eine Regierung hatten. ... Aber als Theseus König geworden war, löste er die Rathäuser und Regierungen der anderen Gemeinden auf und schloss die Gemeinden alle zur jetzigen Stadt [Athen] zusammen, indem er ihnen ein einziges Rathaus und eine Regierung zuwies. Und wenn er auch jeder Gemeinde die Verwaltung wie vorher beließ, so zwang er sie doch, die Stadt als einziges Gemeinwesen anzusehen, die dadurch groß wurde, dass alle für sie Steuerbeiträge leisteten. ...

1 Fasst zusammen, wie es zur Gründung der Polis Athen kam.

Die Polis als Heimat

Eine Polis umfasste aber nicht nur das Gebiet einer Stadt, sondern auch die vielen Dörfer ihrer Umgebung mit den dort lebenden Menschen. So gehörte z. B. zur Polis Athen die Stadt mit der gesamten Halbinsel Attika. Im Mittelpunkt jeder Polis stand meist die Burg als Herrschaftssitz, die Akropolis*. Bald entwickelte sich unterhalb der Burg eine Stadt mit den teilweise bis heute typischen Kennzeichen: Marktplatz, Regierungsgebäude, Tempel, Schulen, Theater und Wohnviertel. Geschützt wurde sie durch Stadtmauern, die sich im Fall Athens als „lange Mauern" bis zum Handels- und Kriegshafen Piräus erstreckten. Sparta, Theben und Korinth waren weitere bedeutende Stadtstaaten. Für die Bürger war ihre Polis die Heimat, das Vaterland, für dessen Unabhängigkeit und Freiheit man kämpfte.

2 Beschreibt mithilfe der Karte 1, welches Gebiet die Polis Athen umfasste.
3 Nennt die politischen, religiösen und kulturellen Einrichtungen einer Polis.
4 Überlegt, ob es auch heute noch „Stadtstaaten" gibt.

Die Kolonisation

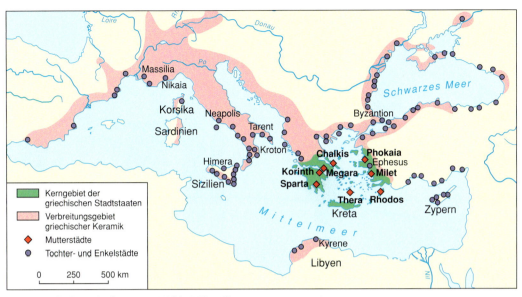

2 Die Welt der Griechen um 750 bis 550 v. Chr.

Griechen wandern aus

Einige Stadtstaaten litten aber schon bald unter Überbevölkerung und Hungersnot, in anderen waren manche Bürger mit ihren Herrschern unzufrieden und wurden politisch verfolgt. Vor allem vielen Bauern ging es wirtschaftlich sehr schlecht; sie waren hoch verschuldet, sodass ihnen die Schuldknechtschaft drohte. Deshalb entschlossen sich zahlreiche Griechen, ihre Heimat zu verlassen und ihr Glück in der Fremde zu suchen. Vor ihrer Abreise befragten die Auswanderer aber das Orakel, wo günstige Siedlungsplätze zu finden seien. Schiffe wurden ausgerüstet, und man bestimmte einen Anführer, der die gefährliche Expedition leiten sollte.

Zwischen 750 und 550 v. Chr. wurden so an den Küsten des Mittel- und des Schwarzen Meeres neue Tochter- und Enkelstädte, so genannte Kolonien*, gegründet, die aber weiterhin eine enge Verbindung mit ihren Mutterstädten hielten. Das Gefühl der Zusammengehörigkeit blieb bestehen: Man sprach die gleiche Sprache, verehrte dieselben Götter und nahm an den Olympischen Spielen und anderen Festen in Griechenland teil. Vor allem ein reger Handel entwickelte sich zwischen Mutter- und Tochterstädten, die dadurch immer reicher und mächtiger wurden.

Wo die griechischen Auswanderer siedelten, beeinflussten sie mit ihrer Kultur und Zivilisation auch die Lebensweise der einheimischen Bevölkerung. Sie führten unter anderem neue Pflanzen und handwerkliche Techniken ein. So wurden z. B. in Sizilien und Spanien Ölbäume angepflanzt und griechische Vasen waren in Frankreich, Italien und Nordafrika in Gebrauch. Deshalb verlief die Kolonisation auch meist unkriegerisch, weil sich für beide Bevölkerungsgruppen durch Handel, Waren- und Kulturaustausch Vorteile ergaben.

Erst um 550 v. Chr. kam die Auswanderungswelle zum Erliegen, als im Westen die Konkurrenz Karthagos und Roms, im Osten der Gegendruck des sich ausdehnenden Persischen Großreiches immer stärker wurde.

5 Erklärt den Ausspruch eines griechischen Gelehrten: „Wir sitzen um unser Meer wie die Frösche um einen Teich."

6 Stellt anhand der Karte 2 und mithilfe eurer Atlanten eine Liste der heutigen Länder auf, in denen es griechische Kolonien gab. Entschlüsselt einige der Städtenamen.

---

*Kolonien**
(abgeleitet aus dem lateinischen Wort „colonus" = Bebauer, Ansiedler): Zahlreiche Stadtstaaten litten unter Überbevölkerung und Hungersnöten. Deshalb wanderten seit 750 v. Chr. viele Griechen aus. Sie besiedelten die Küsten des Mittelmeeres und des Schwarzen Meeres und gründeten dort neue Städte (Kolonien).

Kolonisation: Auswanderung von Griechen und Besiedlung des Mittelmeerraumes (750–550 v. Chr.).

Seit dem 7. Jahrhundert v. Chr. gab es in Griechenland **Münzen**. Das abgebildete Geldstück stammt aus Sizilien, von der Kolonie Leontinoi (Leo = Löwe). Es zeigt einen Löwenkopf mit vier Gerstenkörnern.

Kulturelle Gemeinsamkeiten der Griechen

Standbild des Zeus im Heiligtum von Olympia.
Die 12 Meter hohe Figur war mit Gold und Elfenbein belegt und galt als eines der sieben Weltwunder.

1 Zeus.

2 Poseidon.

3 Hades.

Der Olymp*
(griech. = Olympos): Der Olymp ist ein Gebirge in Griechenland an der Grenze Thessaliens und Makedoniens.
Es ist bis 2917 m hoch. Nach der Vorstellung der alten Griechen lebten auf den Gipfeln des Olymps die griechischen Götter.

Die Götter – eine große Familie

Überall in Griechenland gab es prächtige Tempel und heilige Stätten, an denen man die Göttinnen und Götter verehrte. Dem Glauben der Griechen nach lebten die Götter auf dem hohen, meist von Wolken umgebenen Gipfel des Olymp*. Hier wohnten sie als große Familie zusammen, ganz wie die Menschen, nur mit mehr Luxus, mächtiger und unsterblich. Vom Zusammenleben der Götter berichtet eine griechische Sage:

Q1 … Zeus wollte wieder einmal seine Kinder und Geschwister beim Göttermahl vereint sehen. Daher ließ er Hermes, den Götterboten, zu sich kommen und befahl ihm: Ziehe deine Flügelschuhe an und rufe mir deine Brüder und Schwestern herbei. Ich will mit Hera, meiner Frau, ein Göttermahl geben.
Hermes flog zuerst zu Hephaistos, dem Gott des Feuers. Der schmiedete großartige Waffen. Seine Frau war die schöne Aphrodite. Sie warf noch einen Blick in ihren Spiegel und machte sich dann auf den Weg zum Olymp. Ihr hinkender Mann konnte mit ihr nicht Schritt halten.
Athene, die Lieblingstochter des Zeus, traf Hermes in jener Stadt an, deren Einwohner sie zur Schutzgöttin erwählt hatten. Sie nahm Lanze und Schild und eilte zu ihrem Vater.
Zuletzt fand Hermes den Gott des Krieges, Ares. Wie er ihn antraf – mit Schild und Lanze –, so brachte ihn Hermes zu seinen Geschwistern auf den Olymp.
Auch die Brüder des Zeus waren gekommen: Poseidon, der Gott des Meeres, und Hades, der Gott der Unterwelt. Er verließ seinen Richterstuhl, um der Einladung zu folgen. Kerberos, den mehrköpfigen Hund, ließ er als Wächter der Unterwelt zurück.
Am Kopf des Tisches hatten neben Zeus und Hera die beiden Brüder Poseidon und Hades Platz genommen. Bei Nektar und Ambrosia unterhielten sich die Götter und teilten Zeus ihre Sorgen und Nöte mit. …

1 Zeigt den Olymp auf der Karte, Seite 58.
2 Beschreibt mithilfe der Abbildungen 1–3 und Q1 die griechischen Götter.
3 Die Götter handelten und fühlten, so die Vorstellung der Griechen, ähnlich wie die Menschen. Sucht für die Behauptung Beweise in der Sage.

Die olympischen Götter

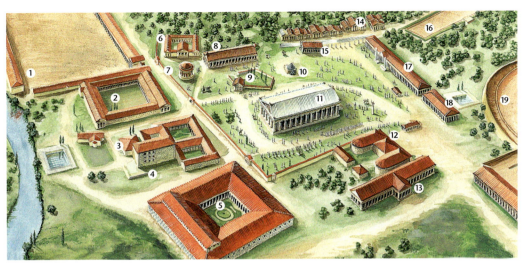

4 **Die Anlage von Olympia im 5. Jahrhundert v. Chr.** Rekonstruktionszeichnung, 1995. **1** Gymnasion, **2** Ringerschule, **3** Amtssitz der olympischen Priester, **4** Werkstatt des Bildhauers Phidias, **5** Gästehaus, **6** Amtssitz hoher Verwaltungsbeamter, **7** Grab des Königs Philipp, **8** Heratempel, **9** Grab des Königs Phelops, **10** Zeusaltar, **11** Zeustempel, **12** Buleuterion (hier wurde der olympische Eid abgelegt), **13** Südstoa, **14** Schatzhäuser, **15** Tempel der Kybele, **16** Stadion, **17** Echohalle, **18** Ostbäder, **19** Pferderennbahn.

Tempel und Orakelstätten*

Die Griechen brachten Opfer und Gaben dar, damit die Götter sie vor Krankheiten bewahrten oder ihnen gute Ernten bescherten. Vor den Tempeln stand der Altar. Auf ihn legte man seine Opfergaben nieder, wie beispielsweise die Erstlingsfrüchte der Felder oder Tiere, die man zu Ehren der Gottheit geschlachtet hatte. Im Innern der Tempel befand sich das Standbild des Gottes oder der Göttin, die man verehrte. Heilige Orte waren auch die Orakelstätten. Hier konnte man den Rat und die Vorhersagung der Götter einholen. Aus Schriften wissen wir, welche Fragen die Menschen stellten, etwa: „Soll ich Fischer werden?" „Soll ich das Geschäft abschließen?" „Soll ich heiraten?" Griechische Städte schickten bei Rechtsstreitigkeiten oder vor Kriegserklärungen ihre Boten zu den Orakelstätten. Ein Priester oder eine Priesterin waren das Sprachrohr der Götter. Gegen eine Gebühr erteilten sie die Weissagungen der Götter.

4 Menschen haben sich schon immer um ihre Zukunft Sorgen gemacht und sich „Orakeln" zugewandt. Benennt Beispiele dafür, die aus unserer Gegenwart stammen.

Religiöse Feiern und Wettkämpfe

Bei allen großen religiösen Feiern fanden Wettbewerbe von Athleten statt. In Olympia wurden alle vier Jahre sportliche Wettkämpfe zu Ehren des Göttervaters Zeus abgehalten. Hieran nahmen Sportler aus allen griechischen Stadtstaaten teil. Den Sinn der Spiele erklärte um 380 v. Chr. der athenische Gelehrte Isokrates in einer Festansprache:

Q2 … Wir versammeln uns alle an einem Ort, nachdem wir alle Feindseligkeiten eingestellt haben. Während des Festes bringen wir gemeinsam unsere Opfer dar, verrichten gemeinsam Gebete und werden uns dabei unseres gemeinsamen Ursprungs bewusst. Alte Freundschaften werden erneuert, neue Freundschaften werden geschlossen. So lernen wir uns gegenseitig besser zu verstehen. …

5 Gebt in eigenen Worten wieder, welche Bedeutung die Olympischen Spiele nach Meinung des athenischen Bürgers hatten.

Orakelstätten*:
Hier befragten die alten Griechen ihre Götter. Gegen eine Gebühr erteilten Priester – im Auftrag der Götter – Voraussagen über die Zukunft.
Delphi gehörte zu den berühmtesten Orakelstätten in Griechenland. Die hier gemachten Weissagungen ließen mehrere Deutungen zu.
Orakel nannte man die Weissagungsstätte und die Weissagung selbst.

Olympische Spiele

Olympische Spiele*:
sportliche Wettkämpfe, die zu Ehren des Gottvaters Zeus in Olympia veranstaltet wurden.
293 Mal – von 776 v. Chr. bis 393 n. Chr. – konnten die Spiele in ununterbrochener Reihenfolge stattfinden.
Danach wurden sie durch den römischen Kaiser Theodosius verboten.
Der Franzose Baron de Coubertin rief sie erst 1896 wieder ins Leben.

1 **Wagenrennen.** Der Wagenlenker gehört zu den wenigen Athleten, die bekleidet sind.

2 **Weitsprung aus dem Stand.** Zwischen 1,5 und 4,5 kg schwere Gewichte aus Stein, Blei oder Eisen verstärken den Vorwärtsschwung.

3 **Langstreckenlauf.** (Die Bilder auf dieser Seite sind Vasenmalereien aus dem 4. und 5. Jahrhundert v. Chr.)

Die olympischen Wettkämpfe

Die ersten Olympischen Spiele*, von denen wir sicher wissen, fanden im Jahr 776 v. Chr. statt. In einer heutigen Darstellung heißt es:

M … Im Frühling eines olympischen Jahres machten sich drei heilige Boten auf den Weg und suchten jeden Winkel von Griechenland auf, um die bevorstehenden Spiele anzukündigen. Man forderte die Teilnehmer auf mindestens einen Monat vorher zu erscheinen um unter der Aufsicht der Kampfrichter zu trainieren.
Andere kamen zu Zehntausenden, wann und wie es ihnen beliebte – Zuschauer, Lebensmittel- und Getränkehändler, Abgesandte vieler griechischer Städte, Bettler, Blumenhändler und die Sänger, Tänzer und Redner, die das „Rahmenprogramm" bestritten – kurz, der ganze bunte Haufen, der sich überall bei großen Rennen und auf Jahrmärkten einfindet. …

Zwischen 30 000 und 40 000 Zuschauer waren zugegen, wenn die Wettkämpfe durchgeführt wurden. Sie dauerten fünf Tage:
1. Tag: Feierliche Eröffnung, die der Grieche Pausanias im Jahr 175 n. Chr. folgendermaßen beschreibt:

Q … Die Zeusstatue im Rathaus hat den Beinamen „Schwurgott" und hält in jeder Hand einen Blitz. Bei ihr müssen die Athleten und ihre Väter und Brüder und auch die Lehrer schwören, dass sie sich keinen Verstoß gegen die olympischen Wettkämpfe zuschulden kommen lassen werden …

Die Athleten leisten dazu noch den Schwur, dass sie sich insgesamt zehn Monate nacheinander der sorgfältigsten Übung hingegeben hätten.
2. Tag: Wettstreit der Trompeter vor der Echohalle. Wagenrennen, Fünfkampf: Diskus, Weitsprung, Speerwurf, Ringen und Stadionlauf (192 m).
3. Tag: Festprozession zum heiligen Bezirk. Am Altar vor dem Zeustempel: Opferung, Gesänge, Flötenspiel und Gebete. Abends: Opferschmaus.

Olympische Spiele

4. Tag: Schwerathletische Kämpfe: Ringen, Faustkampf und Waffenlauf über 400 m.
5. Tag: Siegerehrung im Tempel mit Dankopfern zu Ehren des Zeus. Festessen der Sieger im Rathaus von Olympia. Abends: Die Sieger laden ihre Freunde zu einem festlichen Mahl bei Gesang und Musik ein.

Auszeichnungen und Ehrungen

Die Athleten wollten bei den Wettkämpfen keine Rekorde aufstellen. Sie wollten Erste sein, besser sein als alle anderen. Zweite oder dritte Plätze gab es nicht. Es gab nur einen Sieger und die Verlierer. Dabei war es völlig gleichgültig, ob man mit einem relativ schlechten Ergebnis gewonnen hatte. Von den Siegern wurden Standbilder angefertigt, die man in Olympia aufstellte. In ihrer Heimatgemeinde erhielten sie ein Leben lang kostenlose Verpflegung und Befreiung von den Steuern.

Auszeichnungen und Ehrungen führten seit dem 4. Jahrhundert v. Chr. dazu, dass immer mehr Berufssportler an den Olympischen Spielen teilnahmen; vereinzelt kam es auch zu Bestechungsversuchen, um den Sieg zu erkaufen.

1 Vergleicht die Bilder auf dieser Doppelseite. Welche Gemeinsamkeiten könnt ihr feststellen, welche Unterschiede fallen euch auf?
2 Erkundigt euch, wie die Olympischen Spiele heute ablaufen und fertigt dann eine Tabelle an:

Die Olympischen Spiele	
damals	heute
...	...
...	...
...	...
...	...

4 Finalrennen der 4 x 400-Meter-Staffel der Frauen. Goldmedaille für die USA in Sydney 2000. Foto.

5 Johann Mühlegg wurde bei den Olympischen Winterspielen von Nagano Siebenter des 50-km-Langlaufs. Foto, 1998.

6 Heike Drechsler (Gold) und Marion Jones (Bronze) bei der Medaillenverleihung in der Disziplin Weitsprung in Sydney 2000. Foto.

Berühmte Sieger der Olympischen Spiele:

Weitsprung: Chionis aus Sparta (664)

Wagenrennen: Kimon aus Athen (532, 528, 524)

Fünfkampf: Hieronymus von Andros (492)

Pferderennen: Hieron, Alleinherrscher von Syrakus (476)

Pankration: Euthymos aus Lokroi (460)

Faustkampf der Knaben: Antipatros aus Milet

Wettlauf: Ergoteles aus Himera (470)

Langlauf: Sotades aus Kreta (384)

Stadion- und Doppellauf: Astylos aus Kroton

Wagenrennen: Theron, Alleinherrscher von Akragas (476)

Zum Weiterlesen: Olympische Helden

Das Wagenrennen. Rekonstruktionszeichnung.

Sportliche Wettkämpfe

Die griechischen Stadtstaaten legen großen Wert darauf, dass sich bereits die Kinder in den verschiedenen Sportarten üben. Sportliche Wettkämpfe, zu denen die Besucher in Scharen herbeiströmen, finden in den Städten und in den großen Heiligtümern statt, dem des Zeus in Olympia und dem des Apollon in Delphi.

Der bekannteste Sport ist der Ringkampf, der vom zehnten Lebensjahr an ausgeübt wird. Eine besondere Form des Ringkampfes ist das Pankration: Hier ist alles erlaubt, nur nicht dem Gegner die Augen auszukratzen! Die Kämpfer wälzen sich im Schlamm (die frisch umgepflügte Erde wird vorher mit Wasser besprengt) und verdrehen einander brutal die Glieder. Der Kampf ist beendet, wenn einer der beiden erschöpft den Arm hebt.

Auch das Boxen ist eine beliebte Sportart bei den Griechen; man wickelt sich dazu Lederriemen um die Hände. Die Kinder lernen Weitsprung, indem sie Hanteln aus Stein oder Metall in den Händen halten, die die Kontrolle über die Armbewegungen erleichtern. Eine beliebte Disziplin ist auch das Diskuswerfen. Der Diskus kann bis zu vier Kilogramm wiegen. Auch der Speerwurf gehört zu den von den Griechen ausgeübten Sportarten. Doch am beliebtesten ist der Wettlauf im Stadion, der über unterschiedliche Strecken, meist über 200 Meter, geht. Das Fest von Olympia – die Olympischen Spiele – findet alle vier Jahre beim Heiligtum des Zeus auf dem Peloponnes statt. Hier sind sogar Sklaven als Zuschauer zugelassen, nicht aber Frauen. Dieses Fest zieht alle berühmten Sportler Griechenlands an, darüber hinaus aber auch Wetter, die vor allem die Pferderennen sehen wollen. Reiche Griechen wie Alkibiades besitzen Reitställe und können dadurch viele der großen Wagenrennen gewinnen. Im Jahr 416 v. Chr. lässt Alkibiades in Olympia neun Quadrigen (Vierspänner) starten, mit denen er den ersten, zweiten und vierten Platz gewinnt. Die Olympiade dauert sieben Tage und endet mit einer feierlichen Prozession, einem großen Festmahl und der Bekanntgabe der Resultate durch den Herold. Die Sieger, Olympioniken genannt, werden in ganz Griechenland berühmt und wie Helden verehrt.

Weitere interessante Informationen über das Leben der Griechen finden sich in dem Band von Pierre Miquel: So lebten sie im alten Griechenland. Tessloff, Hamburg 1982.

Zum Weiterlesen: Olympische Helden

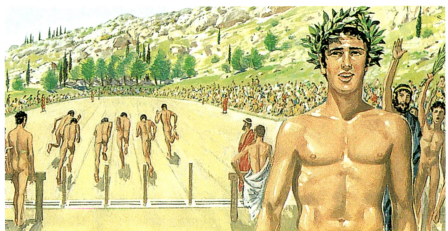

Die ersten sechs Läufer sind soeben zum Wettlauf gestartet. Die Griechen kennen noch keinen Tiefstart mit einem Knie auf der Erde, sondern warten das Startsignal stehend ab, die Füße nah beieinander und den Körper vorgebeugt. Der Sportler vorn im Bild, der einen Kranz aus Ölbaumzweigen trägt, freut sich, weil er gerade den Sieg im 400-Meter-Lauf errungen hat. Dieser Wettbewerb geht zweimal über die Länge des Stadions.

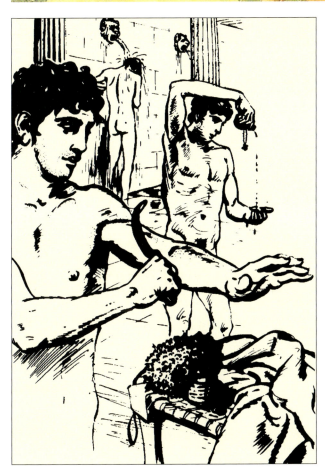

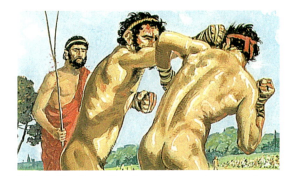

Diese beiden Boxer kämpfen erbarmungslos gegeneinander. Der Kampfrichter überwacht die Einhaltung der Regeln. Hände und Unterarme der Boxer sind mit Lederriemen umwickelt, in die auch Bleistücke eingearbeitet sein können. Jeder Schlag ist gefährlich für den Gegner, und der Kampf ist erst beendet, wenn einer der beiden aufgibt oder erschöpft zur Erde fällt.

Zur Ausrüstung der Sportler gehören ein Schwamm zum Waschen und ein Kännchen mit Öl zum Einreiben des Körpers. Nach dem Wettkampf wird der Staub, der sich fest auf die eingeölte Haut gelegt hat, mit einem Bronzeschaber abgekratzt.

Um bessere Weiten zu erzielen, trainieren die Weitspringer mit Hanteln, die bis zu fünf Kilogramm wiegen können. Der Athlet Phayllos von Kroton soll mithilfe solcher Hanteln 16 Meter weit gesprungen sein!

Der Kriegerstaat Sparta

1 **Kampf schwer bewaffneter Krieger in Reihen.** Korinthische Vasenmalerei, um 650 v. Chr.

Spartiaten*:
adlige Herrschaftsschicht in Sparta mit gemeinsamer Abstammung, Landbesitz und staatlich geregelter militärischer Erziehung.

Heloten*:
Zwangsarbeiter, die für die spartiatischen Herren das Land bebauten. Als Sklaven gehörten sie dem spartanischen Staat.

Periöken*:
Bewohner der Städte, die auf spartanischem Staatsgebiet „um Sparta herum" lagen. Sie waren keine Sklaven, hatten aber weniger Rechte als die spartanischen Bürger.

Um 800 v. Chr.:
Gründung Spartas.

Sparta – ein Staat der Gleichen?

Um 900 v. Chr. ließen sich die Vorfahren der Spartaner auf der Halbinsel Peloponnes nieder. Sie unterwarfen die dort lebende Bevölkerung und gründeten um 800 v. Chr. den Stadtstaat Sparta.

Jeder Spartiate* erhielt durch Los ein Landgut, das er weder verkaufen noch unter seinen Söhnen aufteilen durfte. Damit wurde der Lebensunterhalt jedes Spartiaten und seiner Familie gesichert. Alle Bürger hatten etwa gleich viel Besitz. Die Spartiaten nannten sich deshalb selbst die „Gleichen".

Kein Spartiate bewirtschaftete sein Landgut selbst. Zu dieser Arbeit wurde die unterworfene Bevölkerung gezwungen. Man nannte diese Zwangsarbeiter Heloten*. Sie wohnten auf dem Land, bearbeiteten die Felder und lieferten einen bestimmten Teil der Ernte an ihre Herren ab, die in Sparta wohnten. Sie hatten keinerlei politische Rechte und waren den Spartiaten ganz und gar ausgeliefert. Es kam zu wiederholten Aufständen, die aber alle niedergeschlagen wurden. Besser gestellt als die Heloten war die Bevölkerung, die in den Randgebieten des Stadtstaates in eigenen Städten wohnte. Man nannte sie Periöken*, d. h. die „Umwohnenden". Periöken konnten ihr Land bestellen, ohne Abgaben leisten zu müssen. Viele waren auch als Handwerker oder Händler für die Spartaner tätig. Denn Handel und Gewerbe zu treiben war den Spartanern verboten, damit sie sich ganz der Sicherung ihres Staates widmen konnten. Periöken mussten Heeresdienst leisten, hatten aber ebenfalls keine politischen Rechte.

1 Erklärt mithilfe von Abbildung 2 den gesellschaftlichen Aufbau Spartas.

2 Führt aus, ob Sparta wirklich ein „Staat der Gleichen" war.

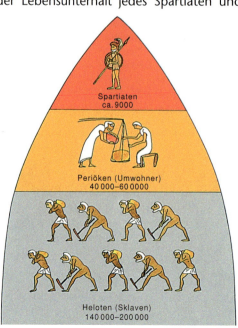

2 **Die Bevölkerung Spartas.** 5. Jahrhundert v. Chr.

68

Der Kriegerstaat Sparta

Erziehung zum Kampf

Ständig lebten die Spartiaten in der Furcht vor einem Aufstand der Heloten. Daher mussten sie alles tun, um ihre Macht zu sichern.

3 *Erklärt die Furcht der Spartiaten vor einem Aufstand der Heloten.*

Der griechische Schriftsteller Plutarch (46 bis 120 n. Chr.) berichtet:

Q … Wenn ein Kind geboren wurde, musste es der Vater zu den Ältesten der Gemeinde bringen; diese untersuchten das Kind. Wenn es wohl gebaut und kräftig war, gaben sie dem Vater den Auftrag, das Kind aufzuziehen. War es aber schwächlich und missgestaltet, so ließen sie es zu der so genannten Ablage an einem Felsengrund bringen. Sie meinten, für ein Wesen, das von Anfang an nicht fähig sei gesund und kräftig heranzuwachsen, sei es besser nicht zu leben.
Die Ammen erzogen die Säuglinge dazu, nicht wählerisch beim Essen zu sein, keine Angst zu haben im Dunkeln und nicht weinerlich zu sein. Sobald die Jungen das siebente Lebensjahr erreicht hatten, mussten sie das Elternhaus verlassen. Jetzt übernahm der Staat die Erziehung.
Die Jungen wurden in Horden eingeteilt. Sie erhielten alle die gleiche Erziehung und Nahrung und gewöhnten sich an gemeinsames Spiel und gemeinsames Lernen. … Lesen und Schreiben lernten sie nur so viel, wie sie brauchten, die ganze übrige Erziehung bestand darin, pünktlich zu gehorchen, Strapazen zu ertragen und im Kampf zu siegen …

4 *Nennt die Grundsätze, nach denen die Jungen in Sparta erzogen wurden. Was haltet ihr von dieser Erziehung?*

5 *Auch heute noch spricht man von einer „spartanischen Erziehung". Erklärt, was ihr darunter versteht.*

Nachdem die jungen Spartiaten diese militärische Erziehung erfolgreich durchlaufen hatten, lebten sie bis zu ihrem 60. Lebensjahr in weiteren Gemeinschaften der Män-

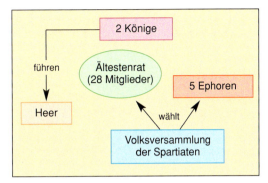

3 Die Verfassung Spartas.

ner. Sie gingen auf Jagd, übten sich an den Waffen und kämpften als Hopliten* nebeneinander in der Phalanx*. Bei ihren Familien verweilten sie selten. Als Krieger lebten sie in der ständigen Vorbereitung auf den Krieg, und ihre höchste Ehre sahen sie darin, der Vaterstadt zu dienen und für sie zu sterben.

Sparta wird Führungsmacht

Die vollen Rechte und Pflichten als Staatsbürger erwarben die Spartiaten mit 30 Jahren; nur sie trafen die politischen Entscheidungen.
Alle Spartiaten gehörten gleichberechtigt der Volksversammlung an, die über Gesetze, Bündnisse, Krieg und Frieden entschied. Zwischen den Versammlungen lenkte ein „Rat der Ältesten" zusammen mit fünf Oberbeamten, den Ephoren, den Staat und überwachte das Leben der Bürger. Brach ein Krieg aus, dann lag der Oberbefehl bei zwei Königen, die aus den angesehensten adligen Familien stammten. Diese Verfassung* des spartanischen Staates sorgte zwar für stabile politische Verhältnisse, schloss aber den größten Teil der Bevölkerung von der Herrschaft aus.
Seine militärische Stärke und innere Stabilität machten Sparta zur Führungsmacht im Süden Griechenlands. Sparta bildete damit den Gegenpol zum anderen mächtigen Stadtstaat Griechenlands: Athen.

6 *Erklärt mithilfe von Abbildung 3 die Verfassung Spartas mit eigenen Worten.*

Um 500 bis um 370 v. Chr.: Sparta als mächtigster Stadtstaat im Peloponnesischen Bund. Der Städtebund verpflichtete sich nach gefasstem Bundesbeschluss zu gemeinsamer Kriegführung.

Hopliten* (griech.): Fußsoldaten, ausgerüstet mit Panzer, Helm, Schild, Schwert und Stoßlanze.

Phalanx* (griech.): mehrfach gestaffelte Schlachtreihe.

Verfassung*: Eine Verfassung legt fest, welche Aufgaben und Rechte die Bürger haben und wer den Staat regiert.

69

Demokratie in Athen

Solon:
athenischer Gesetzgeber (ca. 640–561 v. Chr.). Er wurde 594 zum Schlichter der sozialen und politischen Kämpfe zwischen dem Adel und den Bauern gewählt. Er verringerte die Belastungen der Bauern und gliederte die Bürgerschaft in vier nach dem Einkommen gestufte Klassen.

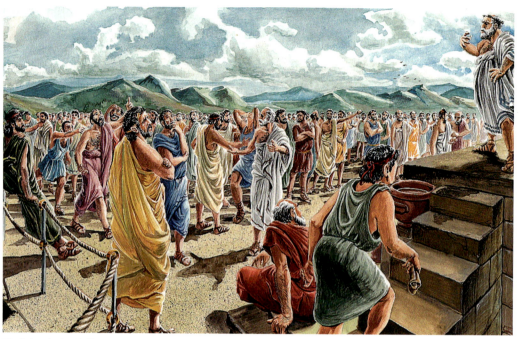

1 Athenische Volksversammlung. Rekonstruktionszeichnung. Die größte Breite des Platzes betrug 80 m, die größte Tiefe 40 m.

Demokratie*:
Die alten Griechen unterschieden drei Staatsformen:
– die Demokratie, die Herrschaft des Volkes,
– die Aristokratie, die Herrschaft „der Besten" (des Adels),
– die Monarchie, die Herrschaft des Königs.
Die Demokratie ist in Athen entstanden. In der Volksversammlung (siehe S. 71) wurden alle politischen Entscheidungen per Mehrheitsbeschluss getroffen.

Der Stadtstaat Athen

In Athen hatte seit dem 7. Jahrhundert v. Chr. die Herrschaft in den Händen von Adligen gelegen, die das Königtum abgeschafft hatten. Nach langwierigen Auseinandersetzungen zwischen dem Adel und den übrigen Bevölkerungsgruppen kam es im 5. Jahrhundert v. Chr. zu einer Regierungsform, die die Athener selbst als Demokratie* bezeichneten.

Der berühmteste Politiker Athens im 5. Jahrhundert v. Chr. war Perikles, den die Bürger von 443 bis 429 v. Chr. ununterbrochen in das höchste Staatsamt wählten. Seiner Ansicht nach sollten alle Bürger die gleichen politischen Rechte besitzen, da sich alle ohne Unterschied in der Vergangenheit immer wieder für die Verteidigung der Stadt eingesetzt hatten.

Nach dem Bericht eines griechischen Geschichtsschreibers soll Perikles im Jahr 429 v. Chr. folgende Rede gehalten haben:

Q … Wir leben in einer Staatsform, die die Einrichtungen anderer nicht nachahmt; eher sind wir für andere ein Vorbild, als dass wir andere uns zum Muster nähmen. Mit Namen wird sie, weil wir uns nicht auf eine Minderheit, sondern auf die Mehrheit im Volke stützen, Volksherrschaft (= Demokratie) genannt. Und es genießen alle Bürger für ihre Angelegenheiten vor den Gesetzen gleiches Recht. …

Jeder, der etwas für den Staat zu leisten vermag, kann bei uns ein politisches Amt erhalten.

Das ganze Volk trifft in der Volksversammlung die Entscheidungen und sucht hier ein rechtes Urteil über die Dinge zu gewinnen. …

Unsere Stadt ist für jedermann offen. Ausweisungen von Fremden gibt es bei uns nicht. …

Demokratie in Athen

Die Volksversammlung

Mindestens vierzigmal im Jahr wurden die Bürger Athens zur Volksversammlung* geladen. Hier wurden alle Gesetze beschlossen, die Beamten gewählt und es wurde über Krieg und Frieden entschieden.
Häufig dauerten diese Versammlungen von Sonnenaufgang bis zum Abend. Teilnehmen konnte jeder athenische Mann, dessen Eltern auch Athener waren. In Wirklichkeit war vielen Bürgern ein Besuch der Volksversammlung kaum möglich. Ein heutiger Wissenschaftler schreibt:

M ... Der im Süden Attikas wohnende Bauer konnte nicht beliebig oft seine Hacke fallen lassen und den langen Weg in die Stadt antreten, und der Gemüsehändler, der seinen Stand auch nur für einen Tag schloss, riskierte, dass seine Kunden am nächsten Tag anderswohin gingen. ...
Für gewöhnlich besuchten die Volksversammlung die Bauern der näheren Umgebung, die stadtansässige Bevölkerung (darunter viele Alte und Arbeitslose) und aus entfernteren Gegenden alle die, denen der Gegenstand der Beratung am Herzen lag; so ist z. B. verständlich, dass eine Debatte über den weiteren Ausbau der Flotte die in Piräus wohnenden Bürger in Scharen in die Stadt strömen ließ. ...

1 Stellt mithilfe der Grafik fest, wie viele Menschen in Athen politische Rechte besaßen und wie viele davon ausgeschlossen waren.
2 Was haltet ihr von der Behauptung des Perikles, die athenische Staatsform sei demokratisch? Was könnte er dazu sagen?
3 Spielt folgende Situation: Zwei Bauern in Sunion (vgl. Karte 1, S. 60) unterhalten sich zur Zeit der Frühjahrsaussaat darüber, ob sie zur Volksversammlung gehen sollen. Entschieden werden soll dieses Mal über den Bau neuer Tempel.
4 Informiert euch über die Fläche Hamburgs und vergleicht sie mit der des athenischen Stadtstaates. Messt dazu die größte Ost-West- sowie Nord-Süd-Entfernung.

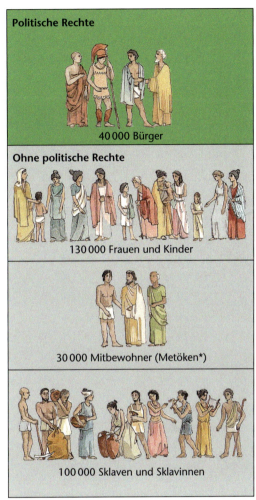

2 Die Bevölkerung des Stadtstaates Athen um 430 v. Chr.

*Volksversammlung**:
Versammlung der männlichen Bürger in Athen. Sie entschieden über Krieg und Frieden, beschlossen Gesetze und wählten Beamte. Die Frauen und Kinder durften an der Volksversammlung nicht teilnehmen, ebenso wenig die Mitbewohner und Sklaven sowie deren Frauen und Kinder. Sie bildeten aber die Mehrheit der Bevölkerung.

*Metöken**
(griech. = Mitbewohner): Diese ortsansässigen Fremden lebten in Athen und waren vor allem in Handwerk und Handel tätig. Sie waren keine Sklaven, aber sie durften nicht an der Volksversammlung teilnehmen und auch kein Land besitzen.

*Perikles (490 bis 429 v. Chr.)**:
Dieser bedeutendste Staatsmann Athens, zwischen 443 und 429 v. Chr. 15-mal zum Strategen gewählt, baute das attische Seereich auf, starb an der Pest während des Krieges gegen Sparta.

Die Perserkriege

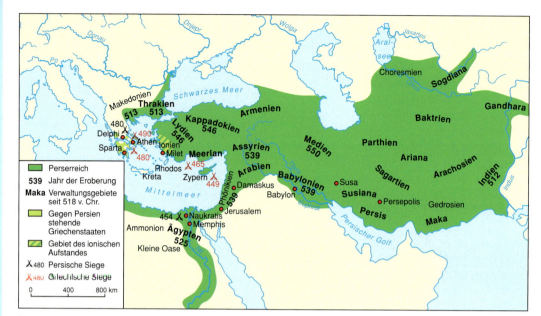

1 Das Perserreich und die Perserkriege.

Persischer Bogenschütze. Zeichnung.

Die Perserkriege:
490 v. Chr.:
Sieg der athenischen Truppen über das persische Heer in der Ebene von Marathon.

480 v. Chr.:
Entscheidungsschlacht auf dem Meer in der Bucht von Salamis. Die Flotte des Großkönigs Xerxes wird von den Athenern geschlagen.

477 v. Chr.:
Die meisten griechischen Staaten schließen sich zu einem Militärbündnis gegen die Perser zusammen (Attischer Seebund). Athen wird Führungsmacht.

449 v. Chr.:
Friedensvertrag zwischen dem Attischen Seebund und dem persischen Großkönig.

Der Aufstand gegen die Perser

Während sich die Athener immer mehr von der Vorherrschaft des Adels befreien konnten, gerieten sie in Gefahr, die gerade errungene Freiheit zu verlieren. Seit dem 6. Jahrhundert v. Chr. herrschten die Perser über ein Großreich, das von Indien bis zum Mittelmeer reichte. Die griechischen Städte an der Westküste Kleinasiens (vgl. Karte 1 S. 58) gehörten ebenso dazu wie Ägypten, das eine persische Provinz wurde. An der Spitze des Reiches stand der Großkönig Darius (521–485 v. Chr.), der von seinen Palästen in Susa und Babylon aus regierte. Unterstützt wurde er von 20 Statthaltern.

Von Milet ausgehend kam es im Jahr 500 v. Chr. zu einem Aufstand griechischer Städte in Kleinasien gegen die persische Herrschaft.

Dem persischen Großkönig Darius gelang es, den Aufstand niederzuwerfen. Milet wurde völlig zerstört und seine Bewohner wurden 2000 km weit in das Landesinnere verschleppt. Da die Athener die Aufständischen mit Schiffen unterstützt hatten, beschloss Darius, ganz Griechenland zu unterwerfen.

1 Vergleicht die Karte oben mit einer politischen Karte in eurem Atlas und nennt die heutigen Länder, die dieses Reich umfasste.
2 Messt nach, wie viele Kilometer sich dieses Großreich in seiner größten Ausdehnung von Westen nach Osten und von Norden nach Süden erstreckte.

Der Sieg von Marathon

Im Jahr 490 v. Chr. landete ein gut ausgerüstetes persisches Heer mit etwa 20 000 Soldaten in der Ebene von Marathon (vgl. Karte 1 S. 60). Athenische Truppen zogen ihnen entgegen. Ihre Stärke war der Nahkampf, für den sie mit Helm und Brustpanzer gut gerüstet waren. Die Perser verfügten dagegen über hervorragende Bogenschützen. Deshalb begannen die Griechen einen Sturmlauf, sobald sie in die Schussweite der Bogenschützen gerieten. Mit nur geringen Verlusten gelang es ihnen, in den Nahkampf zu kommen und die Perser zu besiegen.

Der Feldzug des Xerxes

Zehn Jahre später plante der persische Großkönig Xerxes – Nachfolger des 485 v. Chr.

Die Perserkriege

verstorbenen Darius – einen erneuten Feldzug gegen Griechenland. Vor dem Feldzug fragte er einen Griechen, ob er denn mit dem Widerstand der griechischen Poleis rechnen müsste. Als Xerxes die Antwort erhielt, die Griechen würden sich seinem Heer entgegenstellen, soll er gelacht haben. Der griechische Schriftsteller Herodot (um 484 bis 425 v. Chr.) berichtet uns seine Antwort:

Q1 … Wie sollen tausend oder zehntausend oder fünfzigtausend Griechen, die darüber hinaus alle gleichermaßen frei sind und nicht dem Befehl eines Einzigen gehorchen, diesem gewaltigen Heer standhalten können! Ja, wenn sie wie bei uns in Persien einen einzigen Herrn hätten, würden sie vielleicht aus Furcht vor ihm sich tapferer zeigen, als sie sind, und unter Geißelhieben auch einen überlegenen Feind angreifen. Aber wenn alles in ihrem Belieben steht, tun sie ganz gewiss nichts dergleichen. …

Mit einem Heer von 50 000 Soldaten und über 1000 Schiffen zog Xerxes im Jahr 480 v. Chr. gegen Griechenland. Die Athener flohen vor der Übermacht auf die Insel Salamis. In der engen Bucht von Salamis kam es zu einer Seeschlacht (vgl. Karte 1 S. 60). Xerxes musste vom Ufer aus zusehen, wie seine eng aneinander gedrängten Schiffe von der beweglichen Flotte der Athener geschlagen wurden. Er floh in großer Eile. Sein Heer, das er in Griechenland zurückließ, schlugen die Griechen im folgenden Jahr ebenfalls.
Über die Gründe für diesen Sieg schrieb der griechische Schriftsteller Herodot:

Q2 … Die Athener waren stark geworden. Das Recht eines jeden Bürgers, in der Volksversammlung zu reden, ist eben etwas sehr Wertvolles. Solange die Athener von Adligen beherrscht wurden, waren sie keinem einzigen ihrer Nachbarn im Krieg überlegen. … Als Untertanen waren sie feige und träge, als freie Menschen aber schaffen sie für sich selbst. …

3 Tragt Gründe für den Sieg der Athener zusammen.

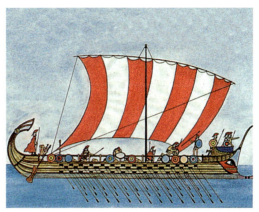

2 Athenische Triere. Kriegsschiff mit 87 Rudern in drei Reihen auf jeder Seite. Rekonstruktionszeichnung.

4 Vergleicht die Aussagen des Großkönigs Xerxes mit jener des griechischen Schriftstellers Herodot: Warum glaubte Xerxes die Griechen schnell besiegen zu können, warum errangen nach Meinung Herodots die Griechen trotz zahlenmäßiger Unterlegenheit den Sieg?

Der Attische Seebund

Griechenland blieb frei. Im Jahr 477 v. Chr. schlossen sich viele griechische Städte und Inseln unter Führung Athens zum Attischen Seebund zusammen, um die Perser von weiteren Angriffen abzuhalten. Mit den Beiträgen der Bundesgenossen vergrößerte Athen seine Kriegsflotte auf über 200 Schiffe und wurde dadurch zur führenden Handels- und Seemacht.

Im Jahr 449 v. Chr. schlossen der Attische Seebund und der persische Großkönig einen Friedensvertrag. Viele Bundesgenossen wollten daher aus dem Bündnis austreten, was Athen mit Waffengewalt verhinderte. So machte sich Athen vom Führer eines Bündnisses zum Herrscher über seine Verbündeten.

5 Stellt Vermutungen darüber an, warum Athen die Auflösung des Attischen Seebundes nach 449 v. Chr. mit Gewalt verhinderte.

Der Marathonlauf: Ein athenischer Bote soll vom Kampfplatz in Marathon sofort in das 42 km entfernte Athen gelaufen sein, um der Bevölkerung den Sieg zu melden. Daran erinnert noch heute der Marathonlauf bei den Olympischen Spielen und anderen Wettbewerben.

Die Blütezeit Athens

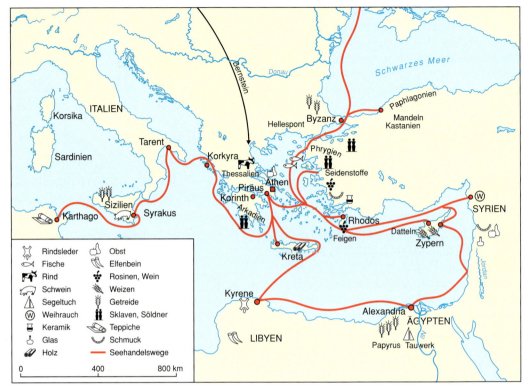

1 Athenische Importwaren.

Griechisches Handelsschiff.

In **Amphoren** transportierten die Griechen vor allem Wein und Öl. Der bauchige Krug bestand aus gebranntem Ton und endete in einem engen Hals mit zwei Henkeln.

Die Handelsmacht Athen

Durch die Siege gegen die Perser und die Vorherrschaft im Attischen Seebund war Athen zum bedeutendsten Stadtstaat in Griechenland geworden. Die Handelsschiffe der Athener durchfuhren von Piräus aus das gesamte Mittelmeer, um athenische Waren zu verkaufen und um Luxusgüter und Lebensmittel nach Athen zu bringen (siehe Karte).
Der griechische Dichter Hermippos berichtete um 430 v. Chr.:

Q … Uns bringen die Schiffe aus Kyrene Rindsleder. Vom Hellespont kommen Makrelen und Salzfische jeglicher Art. Rippenstücke vom Rind kommen aus Thessalien, ebenso Graupen. Syrakus liefert Schweine und Käse. Es schickt uns Ägypten Tauwerk und Segeltuch, aber auch Papyrusrollen für Bücher.
Den Weihrauch beziehen wir aus Syrien. Aus Kreta Zypressenholz für die Götter. Libyen verkauft uns, was wir an Elfenbein brauchen, Rhodos Rosinen und getrocknete Feigen.
Euböa liefert die Birnen und wohlschmeckende Äpfel, Phrygien Sklaven in Menge und Arkadien die Söldner für den Krieg.
Kastanien und Mandeln kommen aus Paphlagonien (nördliche Türkei), Datteln und feinstes Weizenmehl aus Zypern, Teppiche und bunte Kissen aus Karthago. …

Außerdem kamen noch jedes Jahr etwa 750 000 Zentner Getreide aus Ägypten, Sizilien und von der Schwarzmeerküste nach Griechenland.

1 Ordnet die Einfuhrgüter nach Gruppen (Nahrungsmittel, Luxusgüter usw.).
2 Sucht die genannten Orte und Landschaften auf der Karte 1.
3 Vergleicht die Karte 1 mit einer entsprechenden Karte im Atlas. Wie heißen die Länder heute, mit denen Athen Handel trieb?

Athen – Handelszentrum am Mittelmeer

2 Handelsschiffe im Hafen von Piräus; im Vordergrund ein athenisches Kriegsschiff. Rekonstruktionszeichnung.

Der Hafen von Piräus

Seehandel in großem Ausmaß kann nur betreiben, wer über eine umfangreiche Flotte und einen entsprechenden Hafen verfügt. Athen hatte beides. Auf der Halbinsel Piräus, nur wenige Kilometer von der Stadt entfernt, gab es einen Handelshafen und zwei Kriegshäfen. Es gab Liegeplätze für 400 Schiffe, dazu Lagerräume, Zollgebäude, Wechselstuben und Warenhallen.

Von Piräus aus stach die Handelsflotte in See, bis zu 200 Schiffe auf einmal. Es waren breite, schwerfällige Handelsschiffe, die über einen großen Laderaum verfügten. Sie konnten zwischen 30 und 100 Tonnen befördern. Die Fahrtgeschwindigkeit betrug 3–4 Knoten in der Stunde (1 Knoten = ungefähr 1,85 km/h). Ein Kompass war unbekannt; ebenso fehlte es an zuverlässigen Seekarten. Die Schiffe fuhren deshalb nur tagsüber, immer so nah wie möglich an der Küste entlang oder von Insel zu Insel. So führte eine Fahrt von Piräus nach Sizilien über Korkyra und Tarent. Begleitet wurde die Handelsflotte von schnellen und wendigen Kriegsschiffen.

Diese dienten nicht nur dem Schutz der Handelsschiffe, mit ihnen sicherte sich Athen auch die Vorherrschaft im Ägäischen Meer und im gesamten Mittelmeerraum. Gestützt auf seine Kriegsschiffe wurde Athen so zur führenden Handelsmacht am Mittelmeer.

4 *Seht auf der Karte 2, Seite 61 nach, wie lang die genannte Strecke von Piräus nach Sizilien ungefähr ist. Berechnet, wie viele Tage eine Handelsflotte für die Hin- und Rückfahrt brauchte.*

Münze aus Athen, um 440 v. Chr. Die Eule gehört zu der Göttin Athene, der Beschützerin Athens.

Kunst und Wissenschaft

Die verschiedenen Richtungen (Stile) der griechischen Baukunst können wir an den Formen der Säulen, vor allem am Säulenoberteil (Kapitell), unterscheiden:

a) Dorischer Stil (Süditalien, griech. Festland).

b) Ionischer Stil (östliches Griechenland und Inseln).

c) Korinthischer Stil (vorwiegend an römischen Tempeln).

1 Der Tempel zu Ehren der Göttin Athene auf der Akropolis in Athen, erbaut zwischen 448 und 438 v. Chr. Foto.

Die Baukunst

Athen war nicht nur zum politischen und wirtschaftlichen Mittelpunkt Griechenlands geworden, sondern auch zum Vorbild auf allen Gebieten der Kunst. Unter Perikles wurden riesige Geldsummen ausgegeben, um die Akropolis in einen der schönsten Tempelbezirke zu verwandeln. Die Akropolis sollte zu einer prunkvollen Stätte der Göttin Athene werden, um die Macht und den Glanz Athens für alle sichtbar werden zu lassen.

Neben den Tempeln zählen die Theater zu den bedeutendsten Bauten der Athener. Bis zu 10 000 Zuschauer konnten sich hier ein Drama (Schauspiel) ansehen und – durch die durchdachte Bauweise – auch anhören. In den Theatern der ganzen Welt werden heute noch die griechischen Komödien (Lustspiele) und Tragödien (Trauerspiele) aufgeführt.

Die Bauwerke der Griechen gelten bis in unsere Zeit als vorbildlich wegen ihrer Schönheit und ihrer harmonischen Form. Noch im 19. und 20. Jahrhundert wurden zahlreiche Gebäude, deren Würde und Erhabenheit besonders betont werden sollte, in diesem Baustil errichtet.

1 Vergleicht die Abbildung 1 mit den Abbildungen 2 und 3 auf der nächsten Seite.

2 *Sucht mithilfe eures Lehrers oder eurer Lehrerin in einem Kunstführer nach weiteren Beispielen für derartige Baukunst in der Nähe eures Wohnortes. Wenn möglich, so macht Fotografien davon. Erstellt mithilfe dieser Bilder eine Wandzeitung für euer Klassenzimmer.*

Wissenschaft

Nicht nur in der Baukunst, auch in zahlreichen Wissenschaften gelten die Griechen als Lehrmeister. So hieß es im griechischen Volksglauben lange Zeit: Wenn Zeus seinen gewaltigen Schild schüttelt, bewegen sich die Wolken, bildet sich Gewitter, löst er den Donner aus; als furchtbare Waffe schleudert er den Blitz.

Seit dem 6. Jahrhundert v. Chr. aber gaben sich die griechischen Gelehrten mit derartigen Erklärungen nicht mehr zufrieden. Sie begannen systematisch zu forschen. Weil sich diese Forscher vor allem für die Natur und die Naturgesetze interessierten, bezeichnet man sie als Naturphilosophen.

Ein heutiger Schriftsteller schrieb dazu:

M … Für kleine Kinder ist die Welt – und alles, was es darauf gibt – etwas Neues, etwas, das Erstaunen hervorruft. Die Erwachsenen sehen das nicht so. Die meisten Erwachsenen erleben die Welt als etwas ganz Normales.

Kunst und Wissenschaft

2 **Das Schloss in Kassel.** Foto, 1992.

3 **Das Brandenburger Tor in Berlin.** Erbaut 1789.

Hippokrates. Kupferstich nach einer Marmorbüste.

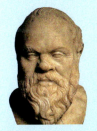

Sokrates. Kopie einer Marmorbüste.

Und genau da bilden die Philosophen eine ehrenwerte Ausnahme: Für einen Philosophen oder eine Philosophin ist die Welt noch immer rätselhaft und geheimnisvoll. … Einer der alten griechischen Philosophen glaubte, dass die Philosophie dadurch entstanden ist, dass die Menschen sich wunderten. Sie stellten philosophische Fragen. …

Warum, so fragten die Menschen damals, wird es Tag und Nacht? Warum sieht man von einem Schiff, das am Horizont auftaucht, zuerst den Mast? Warum gibt es Sonnen- und Mondfinsternisse?
Für jede Naturerscheinung suchte man jetzt die natürliche Ursache. Die Griechen haben auf diese Weise die Grundlagen für das wissenschaftliche Denken gelegt.

Forschung in der Medizin

Der Arzt Hippokrates (460–377 v. Chr.) von der Insel Kos übertrug das wissenschaftliche Denken auch auf die Medizin. Im Altertum wurden Krankheiten auf den Einfluss von Gottheiten zurückgeführt. Deshalb versuchte man sie mit Opfern an die Götter zu heilen.
Hippokrates hatte dazu eine andere Einstellung. Er beobachtete seine Kranken sehr genau und schrieb sorgfältig alles auf, was ihm wichtig erschien. So wurde es Hippokrates im Lauf der Zeit möglich, die Zeichen einer Krankheit genau zu deuten und Methoden und Mittel zur Heilung herauszufinden. Noch heute gilt für jeden Arzt der Eid des Hippokrates:

Q … Ich werde die Heilkunst nach bestem Wissen und Können zum Wohl des Kranken anwenden. Ich werde auch niemandem eine Arznei geben, die den Tod herbeiführt, auch nicht, wenn ich darum gebeten werde. … Was ich in meiner Praxis sehe oder höre …, darüber werde ich schweigen in der Überzeugung, dass man solche Dinge streng geheim halten muss. …

3 *Erklärt, warum am Anfang der Wissenschaft das „Sichwundern" steht.*
4 *Erklärt die Begriffe in der Randspalte mithilfe eines Lexikons.*
5 *Die Begriffe zeigen, auf welchen Gebieten die Griechen Vorbild waren für spätere Völker. Zählt einige dieser Gebiete auf. Denkt dabei auch an eure Schulfächer.*
6 *Begründet, warum das so genannte Arztgeheimnis wichtig ist.*

Folgende Begriffe stammen aus dem Griechischen:
Physik
Astronomie
Geographie
Historie
Biologie
Architektur
Thermometer
Apotheke
Orgel
Musik
Horizont
Atom
Organ
Demokratie
Drama
Theorie

77

Das Leben der Frauen

1 Mutter mit ihrem Baby im Kinderstuhl.
Malerei auf einer Schale um 450 v. Chr.

2 Buntweberei am senkrechten Webstuhl.
Malerei auf einem Trinkgefäß um 430 v. Chr.

Frauenwettkämpfe in Olympia:
*Für Frauen gab es in Olympia und Sparta gesonderte Wettkämpfe, die alle vier Jahre zu Ehren der Göttin Hera in Olympia stattfanden. Der einzige Wettkampf war ein Lauf für Mädchen und Frauen, der in drei Altersklassen ausgetragen wurde.
Nach der Vorschrift liefen sie mit offenen Haaren und mit einem hemdartigen Gewand, das bis zu den Knien reichte. Die Siegerinnen erhielten auch einen Kranz vom Ölbaum.*

Frauen in Athen
In der „Hauswirtschaftslehre" des Geschichtsschreibers Xenophon sagte der 30-jährige Gutsbesitzer Ischomachos zu seiner 14-jährigen Ehefrau:

Q … Deine Pflicht ist es, zu Hause zu bleiben und die Sklaven, die außerhalb des Hauses zu tun haben, hinauszuschicken. Diejenigen aber, die im Hause zu tun haben, musst du beaufsichtigen. Das, was ins Haus gebracht wird, musst du in Empfang nehmen. Du musst das, was sogleich gebraucht wird, verteilen, musst einschätzen, was als Vorrat gebraucht werden soll, und darauf achten, dass nicht der Vorrat für ein ganzes Jahr schon in einem einzigen Monat verbraucht wird.
Wenn man Wolle bringt, musst du darauf achten, dass alle davon Kleider bekommen, die es brauchen, und du musst ferner darauf achten, dass die getrockneten Nahrungsmittel ordentlich zubereitet werden. … Eine freilich von deinen künftigen Aufgaben wird dir vielleicht nicht erfreulich erscheinen: Du musst nämlich, wenn jemand im Hause krank geworden ist, dich auch darum kümmern, dass man ihn pflegt. …
Sollten uns nun die Götter einst Kinder schenken, so wollen wir zusammen beraten, wie wir ihnen die beste Erziehung geben können, denn diese müssen unsere Gehilfen und besten Pfleger im Alter werden. …

1 Beschreibt das Verhältnis zwischen Ischomachos und seiner Ehefrau.
2 Nennt die Aufgabenbereiche, für die nach Meinung des Ischomachos seine Frau zuständig ist. Seht euch dazu auch die Abbildungen 1–5 an.
3 Stellt euch vor, ihr könntet mit Ischomachos sprechen: Berichtet ihm, in welchen Punkten sich das Leben einer Frau in unserer Gesellschaft von dem Leben einer athenischen Frau unterscheidet.

Männer und Frauen
Das Leben einer Athenerin spielte sich hauptsächlich im häuslichen Bereich ab. Nur wenn sie zum Lebensunterhalt der Familie beitragen mussten, arbeiteten Frauen auch in der väterlichen Werkstatt mit oder gingen auf den Markt, um Gewänder, Blumenkränze usw. zu verkaufen, die sie zu Hause angefertigt hatten.
Eine willkommene Unterbrechung des Alltags brachten die zahlreichen Feste zu Ehren der Göttinnen und Götter, an denen alle

Das Leben der Frauen

3 Frauen vor dem Brunnenhaus. Athenische Vasenmalerei um 350 v. Chr.

4 Eine Athenerin legt ein Gewand in eine Truhe. Relief um 450 v. Chr.

5 Lesende Athenerin. Vasenbild aus Athen. 5. Jahrhundert v. Chr.

Männer nahmen am häuslichen Leben kaum Anteil. Sie waren mehr unterwegs als daheim. Sie trafen sich auf dem Marktplatz, in den Sporthallen oder bei den Volksversammlungen. Abends lud man seine Freunde zu sich nach Hause ein. An diesen Zusammenkünften durften Frauen nicht teilnehmen.

Nur wenige Männer handelten anders. Zu ihnen gehörte auch Perikles. Ein heutiger Wissenschaftler schrieb über ihn:

M … Niemand hätte etwas dabei gefunden, wenn Perikles seine Frau schlecht behandelt hätte. Dass er aber seine Frau als menschliches Wesen ansah, dass er wirklich mit ihr lebte, anstatt sie in die Frauengemächer zu verbannen, dass er Freunde zusammen mit ihren Frauen zu sich einlud, darüber regte sich jeder Athener auf. …

4 *Spielt folgende Situation: Ein Freund kommt ohne seine Frau zu Perikles, denn seiner Meinung nach gehört es sich einfach nicht, dass Frauen an abendlichen Zusammenkünften teilnehmen. Es empört ihn, dass Aspasia, die Frau des Perikles, anwesend ist. Es kommt zu einem Streitgespräch zwischen den Dreien.*

Bildung:
Mädchen gingen nicht zur Schule. Sie wurden zu Hause von ihren Müttern in Haushaltsführung, Spinnen und Weben unterrichtet. Frauen aus wohlhabenden Familien konnten oft lesen und schreiben.

Athenerinnen und Athener teilnahmen. Daneben gab es aber auch reine Frauenfeste, wie etwa das mehrtägige Fest zu Ehren der Fruchtbarkeitsgöttin Demeter. An diesem Fest durften nur verheiratete Frauen teilnehmen, Männer waren ausgeschlossen.

Metöken und Sklaven

1 Sklaven in einer Schuhmacherwerkstatt. Vasenbild, um 460 v. Chr.

2 Ein Bürger, der zu viel getrunken hat, auf dem Heimweg von einem Fest. Eine Sklavin steht ihm bei. Bild in einer griechischen Trinkschale, um 480 v. Chr.

Sklaven*:
Bei den Griechen wurde man Sklave, wenn man im Krieg in Gefangenschaft geriet oder wenn man so viel Schulden hatte, dass man sie nicht mehr zurückzahlen konnte. Sklaven konnte man durch Kauf erwerben (Sklavenhandel). Sie konnten nicht mehr über sich verfügen und waren das Eigentum ihrer Besitzer. Sie wurden im Bergbau und in der Landwirtschaft eingesetzt, sie waren im Haushalt, im Handwerk und in der Verwaltung tätig. Kinder von Sklaven wurden ebenfalls Sklaven.

Mitbewohner ohne Rechte

Zur Zeit des Perikles lebten im Stadtstaat Athen etwa 300 000 Menschen. Politisches Mitspracherecht hatten aber nur etwa 40 000 Bürger. In Athen lebten damals auch ungefähr 30 000 Ausländer, von den Athenern „Metöken", d. h. „Mitbewohner", genannt (siehe auch S. 71). Sie waren nach Athen gekommen, um hier im Handel, Handwerk oder im Bankgeschäft ihren Lebensunterhalt zu verdienen.

Die Metöken mussten Militärdienst leisten und Steuern zahlen, hatten aber keine politischen Rechte. Völlig rechtlos waren die etwa 100 000 Sklaven*. Sie waren wie eine Sache dem Willen ihres Besitzers ausgeliefert. Schwerarbeit und Schmutzarbeit blieb in Athen vorwiegend den Sklaven überlassen.

Sklaverei in Athen

Auf dem monatlichen Sklavenmarkt wurden Männer, Frauen und Kinder von Sklavenhändlern wie Vieh angepriesen und verkauft. Viele Sklaven arbeiteten als Handwerker in einem Betrieb oder waren als Dienerinnen oder Diener in einem Haushalt tätig. Einige waren auch Lehrer der Kinder reicher Familien. Zehntausende schufteten sich in den staatlichen Silberbergwerken zu Tode. Die Arbeit in den niedrigen Stollen dauerte von Sonnenauf- bis Sonnenuntergang. Ruhe- oder Feiertage gab es nicht. Agatharchides, ein Grieche aus Kleinasien, berichtete um 120 v. Chr. über das Leben von Sklaven im Bergbau:

Q … Die jüngeren Männer arbeiten sich kriechend und mit einer Lampe an der Stirn vor, indem sie den Metalladern folgen. Das geschlagene Gestein wird von Kindern herausgeschleppt, und ältere Männer zertrümmern es mit dem Hammer. Das Kleingeschlagene wird dann zu Staub gemahlen mit Steinmühlen, die nicht von Ochsen, sondern von Frauen gedreht werden. Die Sklaven werden von bewaffneten Aufsehern bewacht und häufig geschlagen. Ohne Pause und ohne Rücksicht auf ihren körperlichen Zustand müssen sie arbeiten. Alle begrüßen den Tod, wenn er naht. …

1 Das Schicksal der Sklaven hing sehr von ihrer Arbeit ab. Unterscheidet verschiedene Möglichkeiten.
2 Fremde, die in Athen wohnten, arbeiteten und Steuern zahlten, durften an den Volksversammlungen nicht teilnehmen und nicht wählen. Findet heraus, ob es bei uns auch ähnliche Regelungen gibt.

Zum Weiterlesen: Die griechische Familie

Die Familie im alten Griechenland

Zu den Pflichten der griechischen Männer gehört es, zu heiraten und Kinder zu haben, vor allem Knaben, die die Nachfolge sichern. Wenn ein junger Mann zwanzig Jahre alt ist, wählt sein Vater ihm eine Frau aus. Die Familie des jungen Mädchens, das meist beträchtlich jünger ist als der Bräutigam, sorgt für die Mitgift. Die Verlobung findet in Form eines einfachen Versprechens in Gegenwart von Zeugen statt.

Die Hochzeit wird im Allgemeinen im Winter bei Vollmond gefeiert. Nach dem Hochzeitsmahl, das bei den Eltern der Braut eingenommen wird, bildet man einen Geleitzug, der das Paar, das in einem geschmückten Wagen fährt, zum Haus des Bräutigams bringt. Zum Klang von Kithara und Flöte stimmen sie in den Hochzeitsgesang ein. Der Ehemann hilft der jungen Frau vom Wagen und führt sie in ihr neues Heim.

Die Kinder

Die Frau, die ein Kind erwartet, braucht es nicht auszutragen: Mit Zustimmung des Ehemannes kann sie die Schwangerschaft abbrechen. Sie kann ihr Neugeborenes auch aussetzen, indem sie es in einem Tongefäß ins Freie stellt. Wenn man über der Tür eines Hauses einen Olivenzweig sieht, heißt das, dass hier ein Knabe geboren und von der Familie angenommen worden ist. Hängt dort ein Wollbändchen, handelt es sich bei dem Neugeborenen um ein Mädchen. In manchen Städten taucht der Vater seinen Sohn in Eiswasser, bevor er ihn anerkennt, um zu sehen, ob er widerstandsfähig genug ist. In Sparta wird der Säugling in Wein gebadet.

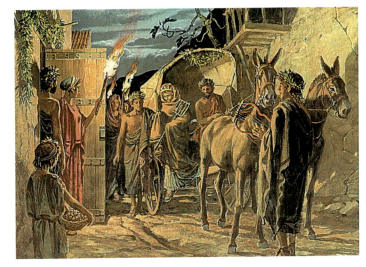

1 Der Hochzeitszug trifft vor dem Haus des Bräutigams ein.

Die Verehrung der Vorfahren

Im Zentrum des Familienlebens steht jedoch die Verehrung der Vorfahren. Alle Griechen haben die Pflicht, den Alten in ihrer Familie bis zu deren Tod beizustehen. Die Götter, so glaubt man, strafen diejenigen, die den Ahnenkult nicht pflegen.

Diesem Kult dient der Altar, der sich am Eingang des Hauses befindet und auf dem in manchen Familien Bilder der Verstorbenen aufgestellt sind.

Am Todestag eines Angehörigen begibt sich die ganze Familie zum Friedhof, um dem Toten zu opfern. Man bringt ihm Milch und Wein in Gefäßen, die unten ein Loch haben, damit der Tote sich an der Flüssigkeit laben kann.

Mehr über das Alltagsleben der alten Griechen könnt ihr aus dem Buch von Pierre Miquel: So lebten sie im alten Griechenland, Tessloff, Hamburg 1982, erfahren.

2 Zwischen dem fünften und dem siebten Tag nach seiner Geburt wird das Neugeborene auf dem Arm seines Vaters oder seiner Amme im Laufschritt um das Herdfeuer getragen, das ein Symbol der Familie ist. Bei diesem Familienfest wird das Kind feierlich in die Gemeinschaft aufgenommen. Rekonstruktionszeichnungen.

Zum Weiterlesen: Das Athen des Perikles

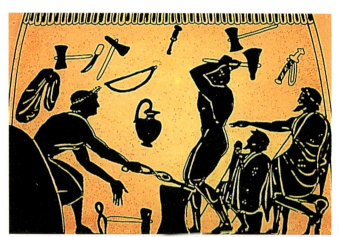

1 Schmiede.

2 Herstellung von Tonkrügen.

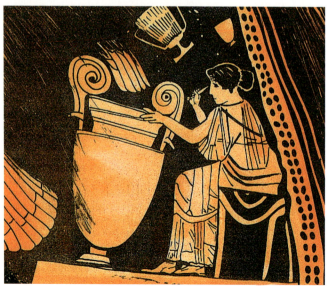

3 Mädchen beim Bemalen eines Tonkruges.

Eine Reise in das Athen des Perikles

Was haltet ihr davon, wenn wir zusammen eine Reise machen? Eine Reise ins alte Athen. Wir brauchen nur die Zeit um ungefähr 2500 Jahre zurückzudrehen, bis ins Jahr 432 v. Chr. Dann gelangen wir ins Athen des Perikles. (Der Text auf den Seiten 82–85 stammt aus einem Jugendbuch.)

In der Töpferwerkstatt von Meidias

Auf uns wartet unser guter Freund Kritias. …

„Wollt ihr einmal sehen", fragt er uns, „wie die berühmten attischen Vasen gemacht werden? Hier in der Nähe hat mein Freund Meidias seine Töpferei."

Das lassen wir uns natürlich nicht zweimal sagen. Bis zur Töpferei sind es nur wenige Schritte: …

Was für ein Betrieb in der Werkstatt von Meidias herrscht. Wie in einem Bienenstock. Handwerker, Lehrlinge und Sklaven arbeiten ohne Pause. Die einen arbeiten an der Töpferscheibe, die anderen formen den Ton mit der Hand. Die fertigen Töpferwaren werden zum Trocknen nach draußen in die Sonne gestellt. Ein Teil der Gefäße bleibt so, wie sie sind, schlicht und einfach. Die anderen aber werden mit Ritzmustern, Linien und Darstellungen verziert. Zum Schluss werden alle Gefäße dann im Töpferofen gebrannt. Dadurch werden sie haltbarer und die Bemalung wird fest eingebrannt und bekommt die schöne, glänzende Farbe, die wir noch heute bewundern.

„Unsere Töpferwaren", sagt Meidias, „d. h. die attischen Vasen,

Zum Weiterlesen: Das Athen des Perikles

4 Modell der Agora in Athen zur Zeit des Perikles.
① Tholos (Rundbau, in dem die Prytanen speisten)
② Gebäude, in dem der Rat der 500 tagte
③ Stoa (Gerichtsgebäude)
④ Hephaistostempel (... Weg des Besuchers)

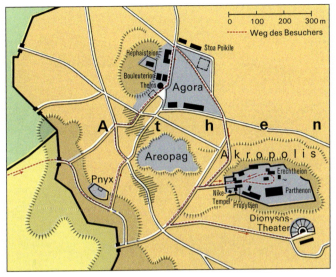

5 Plan der Stadt Athen zur Zeit des Perikles.

sind bekannt für die gute Qualität des Tons und der Bemalung. Und darum sind sie sehr gefragt und reisen auch sehr weit." – So erklärt es sich also, denken wir, dass viele dieser Vasen fern von Griechenland gefunden wurden.

Ein stolzer Prytane
Meidias ist heute in Eile. „Ich muss ins Prytaneion", erklärt er.
Wir fragen ihn, warum er dorthin muss. „Weil ich Prytane bin", antwortet er voller Stolz. „Ich bin einer der 50 Abgeordneten meines Bezirks und wir werden 35 Tage lang die Stadt regieren. Wie ihr vielleicht wisst, ist Athen in zehn Bezirke unterteilt und jeder von ihnen regiert der Reihe nach die Stadt. Von den Abgeordneten wird durch Los ein Vorsitzender gewählt."
„Und für wie lange?", fragen wir.
„Für einen Tag und eine Nacht", antwortet Meidias. „Während dieser Zeit muss der Vorsitzende dauernd im Prytaneion sein. Er ist dort mit den anderen Abgeordneten, empfängt die Wohltäter der Stadt sowie Persönlichkeiten aus anderen Städten und Ländern. Und abends schläft er auch dort. Er ist für alle wichtigen Angelegenheiten der Stadt verantwortlich und muss Tag und Nacht erreichbar sein, um alle Probleme, die möglicherweise auftauchen, zu lösen. Jetzt muss ich aber los!"
...

Auf der Agora
Wir begleiten ihn ein Stück und kommen so zur Agora, dem Marktplatz. „Die Agora", sagt Meidias, „ist der Ort, wo wir uns persönlich versammeln. Dort feiern wir in den alten und neuen Tempeln unsere religiösen Feste, dort halten wir auch unsere politischen Versammlungen ab. Mit einem Wort: Die Agora ist das politische und auch das wirtschaftliche Zentrum der Stadt. Dort hinten seht ihr übrigens das Buleuterion", sagt er und deutet dabei mit der Hand auf ein großes Gebäude. „Dort tagt der Rat der 500 Ratsleute aus ganz Attika, die durch das Los bestimmt werden. Dieser Rat bereitet die Gesetze vor, die der Volksversammlung zur Abstimmung vorgelegt werden."
„Und was ist das runde Gebäude dort?", möchten wir wissen.
„Das ist das Prytaneion, der Sitz der Athener Regierung", erklärt uns Meidias sichtlich stolz. „Dort wohnen die Abgeordneten und dort werden die offiziellen Maße und Gewichte der Stadt aufbewahrt. Unter den Händlern, die auf der Agora ihre Waren verkaufen, sind manchmal Betrüger, und so gibt es zehn Marktaufseher, die Kontrollen durchführen. Für diese Kontrollen benutzen sie die Maße und Gewichte, die hier aufbewahrt werden, und wenn sie einen Betrüger erwischen, wird er streng bestraft."

Zum Weiterlesen: Das Athen des Perikles

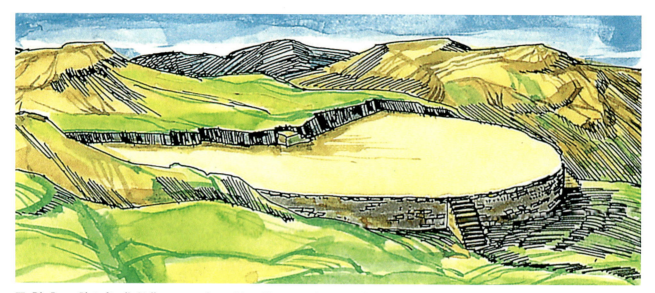

1 **Die Pnyx, Platz für die Volksversammlung.** Die größte Breite des Platzes beträgt 80 m, die größte Tiefe 40 m. Rekonstruktionszeichnung.

Die Volksversammlung
Anschließend zeigt uns Meidias noch das Gerichtsgebäude. „Jedes Jahr werden 6000 Richter gewählt", sagt er. „Durch Los wird festgelegt, welchen Fall sie zu richten haben. So wird eine Bestechung der Richter verhindert." …
Hier verabschieden wir uns von Meidias und jetzt führt uns wieder Kritias weiter. Er führt uns jetzt zur Pnyx, wo die Volksversammlungen stattfinden. „Die Abstimmung" – so klärt er uns auf – „erfolgt durch Erheben der Hand oder mit Kieseln, die als Stimmsteinchen dienen.
Die Volksversammlung beschließt über alle wichtigen Dinge: über Krieg und Frieden, über die Bündnisse der Stadt, über die Wahl der Botschafter, der Heerführer und der anderen Kriegsherren. Und außerdem beschließt sie über neue Gesetze. Es liegt also wirklich die Macht beim Volke und deswegen heißt es auch in Athen: Das Volk ist der Herrscher."

Eine Abstimmung mit Scherben
Kritias fährt fort: „Die Volksversammlung kommt einmal im Jahr, im Frühling, zu einem besonderen Zweck auf der Agora zusammen: Bei dieser Versammlung wird entschieden, ob eine Abstimmung mit Scherben stattfinden soll. Dafür sind die Stimmen von 6000 Athenern notwendig."
„Eine Abstimmung mit Scherben?", fragen wir erstaunt. „Ja", sagt Kritias, „bei dieser Abstimmung schreiben die Athener Bürger auf eine Tonscherbe den Namen des Politikers, der ihrer Meinung nach für die Stadt und die Demokratie eine Gefahr bedeutet. Derjenige, dessen Name am häufigsten aufgeschrieben wurde, wird für zehn Jahre aus der Stadt verbannt. Leider urteilen die Athener nicht immer richtig."

Perikles, der Heerführer
Plötzlich blicken alle zur Straße hin. Ein Mann von edler Gestalt kommt näher. „Das ist Perikles", flüstert Kritias. „Er ist einer der zehn Heerführer, die den Oberbefehl über unser Heer und unsere Flotte haben." Die Oberbefehlshaber werden immer nur für ein Jahr gewählt, wissen wir.
„Ja, aber Perikles wird in den letzten Jahren immer wieder gewählt", sagt Kritias. „Und das ist gut so, denn er hat viel für unsere Stadt getan. Er war es, der der Volksversammlung vorgeschlagen hat, mit dem Geld unserer Verbündeten die Tempel und Gebäude, die die Perser zerstört hatten, wieder aufzurichten. Damit wollte er zwei Dinge erreichen: Athen sollte eine prächtige Stadt werden, und die vielen arbeitslosen Athener sollten Arbeit bekommen. Er hat auch viele wichtige Gesetze durchgebracht, wie z. B. jenes,

Zum Weiterlesen: Das Athen des Perikles

2 Die Akropolis von Athen zur Zeit des Perikles. Rekonstruktionszeichnung.

dass alle Richter, Soldaten und Beamten aus der Stadtkasse entlohnt werden. Sie bekommen für ihre Tätigkeiten jetzt Diäten, d. h. eine Bezahlung."

Die Akropolis
Von der Pnyx werfen wir einen Blick auf die Akropolis mit ihren wunderschönen Bauten, wir denken an die Werkstätten mit den vielen Beschäftigten, an die Regierungsgebäude auf der Agora, und es fallen uns die Worte ein, die Perikles … gesagt haben soll: „Einer solchen Stadt gebührt aller Ruhm der Welt. Feinde und Untertanen, heutige und künftige Geschlechter werden mit Bewunderung uns betrachten."

1 Athen hatte um 430 v. Chr. ungefähr 40 000 erwachsene männliche Bürger. Wie viele von ihnen fanden auf der Pnyx Platz?
2 Betrachtet die Karte 1 auf Seite 60. Sucht die Orte Marathon und Sunion, die auch zur Polis Athen gehörten. Wie weit ist es jeweils von dort bis Athen? Wie lange braucht man vermutlich für diese Strecken zu Fuß? Welche Folgen ergaben sich daraus für die Teilnahme an den Volksversammlungen (40 Volksversammlungen pro Jahr!)?
3 Beamte und Richter bekamen für ihre Tätigkeit ein Tagegeld (= Diäten). Erklärt die Bedeutung der Diäten für die Verwirklichung der athenischen Demokratie.
4 Informiert euch bei euren Landtags- oder Bundestagsabgeordneten, warum sie Diäten erhalten.

85

Die Griechen und ihre Nachbarn

1 Die Alexanderschlacht. Links der makedonische König Alexander, im Streitwagen rechts der Perserkönig Darius III. mit seinem Wagenlenker. Römisches Mosaik aus Pompeji, um 300 v. Chr.

Philipp II. von Makedonien* (359–336 v. Chr.), ermordet von einem Freund seines Sohnes Alexander. Das Miniaturporträt aus Elfenbein (Höhe: 3 cm) wurde auf dem Boden der Grabstätte Philipps gefunden.

431–404 v. Chr.: Krieg zwischen Athen und Sparta (Peleponnesischer Krieg). Er endet mit dem Sieg der Spartaner.

356–336 v. Chr.: Philipp von Makedonien unterwirft ganz Griechenland.

Aus der Bedrohung wird Krieg

Athens wirtschaftliche Macht und Größe erregten bei anderen griechischen Stadtstaaten nicht nur Bewunderung, sondern auch Sorge und Angst. So befürchtete Sparta, die stärkste Landmacht Griechenlands, einen Angriff der athenischen Kriegsflotte. Die Spartaner beschlossen daher, ihrerseits Athen anzugreifen.

Der Krieg zwischen Athen und Sparta

Im Jahr 431 v. Chr. fiel ein spartanisches Heer in Attika ein, verwüstete das Land und fällte alle Olivenbäume. Die Landbewohner flüchteten in den Schutz der Stadtmauern Athens. Zwei Jahre später brach in dem übervölkerten Athen die Pest aus. Über 100 000 Einwohner wurden von ihr dahingerafft; unter den Toten war auch Perikles. Fast 30 Jahre dauerten die Kämpfe zwischen Sparta und Athen. Im Jahr 404 v. Chr. gelang es den Spartanern, Athen einzuschließen. Kein Getreideschiff konnte in den Hafen von Piräus einlaufen. Die ausgehungerte Bevölkerung musste sich ergeben.

Makedonien erringt die Vorherrschaft

Athen hatte seine beherrschende Stellung in Griechenland verloren, aber auch Sparta war von den langen Kämpfen erschöpft. Andere griechische Stadtstaaten wollten deshalb selbst in den Kampf um die Vorherrschaft in Griechenland eingreifen.

Die Streitigkeiten der griechischen Städte untereinander nutzte Philipp*, König der Makedonen (359–336 v. Chr.), aus. Mit einem schlagkräftigen Heer gelang es ihm, die Vorherrschaft über ganz Griechenland zu gewinnen. Zusammen mit Hilfstruppen aus den unterworfenen griechischen Städten wollte der makedonische König gegen die Perser ziehen, um sein Reich zu vergrößern und um Beute und Ruhm zu gewinnen. Bevor Philipp seinen Plan ausführen konnte, wurde er 336 v. Chr. ermordet. Die Herrschaft übernahm sein Sohn Alexander.

1 Nennt Gründe für die Kämpfe zwischen den griechischen Stadtstaaten.
2 Vermutet, warum das spartanische Heer die Olivenbäume fällte.

Alexander der Große

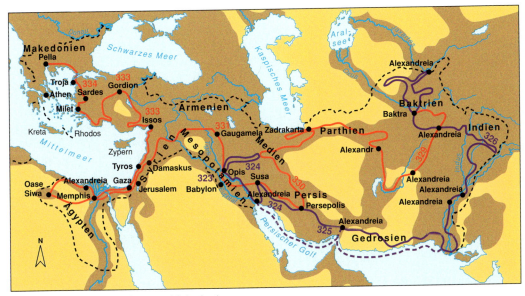

2 Die Feldzüge Alexanders von Makedonien.

Die Entstehung des Alexanderreiches

Alexander war 336 v. Chr., als er König wurde, 20 Jahre alt. In seiner Jugend hatte er sich viel mit griechischen Heldensagen beschäftigt. Diesen griechischen Helden wollte er es gleichtun oder sie sogar übertreffen. Immer wollte er der Erste sein: im Sport, auf der Jagd und im Kampf. Er wollte erreichen, was vor ihm noch niemandem gelungen war.

Im Jahr 334 v. Chr. zog Alexander, wie es sein Vater geplant hatte, gegen das persische Großreich in den Krieg. Sein Heer bestand aus 5500 Reitern, 30 000 makedonischen und 7000 griechischen Fußsoldaten. Alexander zog zunächst nach Troja und brachte dort den Göttern Opfer dar. Dann ließ er seine Truppen an der Küste Kleinasiens entlangmarschieren. Indessen zog der persische Großkönig Darius III. ein riesiges Heer zusammen. Im folgenden Jahr (333 v. Chr.) kam es zur Schlacht bei Issos, in der das persische Heer vernichtend geschlagen wurde. Die persische Königin, ihre Kinder und das ganze Heerlager mit unermesslichen Schätzen fielen in die Hände Alexanders. Daraufhin schrieb Darius an Alexander und forderte die Freilassung seiner Familie. Alexander antwortete:

Q ... In offener Schlacht habe ich zuerst über deine Feldherrn, jetzt über dich und deine Heeresmacht gesiegt. So bin ich durch der Götter Gnade Herr des Landes. Da ich nun Herr von ganz Asien bin, komm du gefälligst zu mir. ... Wenn du aber zu mir kommst, dann fordere deine Mutter und Gattin und die Kinder und was du sonst wünschst von mir und du wirst es erhalten. Und künftig hast du, wenn du wieder an mich schreibst, an mich als König von Asien zu schreiben. Du hast mit mir als dem Herrn über alles, was dein war, zu sprechen, wenn du etwas wünschst. ... Wenn du mir aber noch die Königsherrschaft streitig machst, dann erwarte mich noch einmal zum Kampf und reiß nicht aus. ...

3 Beschreibt die Darstellung Alexanders und Darius auf dem Bild der vorigen Seite.

4 Versetzt euch in die Lage des persischen Großkönigs und verfasst ein Antwortschreiben auf den Brief Alexanders.

Die Münze zeigt Alexander den Großen mit Widderhörnern. Sie sind das Zeichen des Gottes Ammon. Alexander wurde wahrscheinlich 356 v. Chr. geboren. Er starb 323 v. Chr. in Babylon. Sein Lehrer war Aristoteles.

333 v. Chr.:
Schlacht bei Issos, Niederlage und Flucht des Perserkönigs Darius.

Alexander erobert das Perserreich

1 Ein Makedonier heiratet eine Perserin. 4. Jahrhundert v. Chr.

334–323 v. Chr.: Alexander der Große erobert das Perserreich.

331 v. Chr.: Schlacht bei Gaugamela, zweiter Sieg Alexanders über Darius. Einnahme der persischen Hauptstädte Susa, Babylon und Persepolis. Reiche Beute ermöglichte die Fortführung seiner Feldzüge.

Um die Verwaltung des Reiches zu erleichtern und die wirtschaftlichen Bedingungen zu verbessern, führte Alexander eine einheitliche Währung ein, das **Alexandergeld**, und ließ Straßen zwischen den großen Städten seines Reiches anlegen.

Die Eroberung des Perserreiches

Alexander ließ sein Heer an der Küste nach Süden marschieren. Die Hafenstadt Tyros konnte erst nach monatelanger Belagerung erobert werden. Alexander ließ sie zerstören und die gesamte Bevölkerung niedermachen oder in die Sklaverei verkaufen. Ägypten, das unter persischer Herrschaft stand, fiel ihm kampflos zu. Von den ägyptischen Priestern wurde er als Gott verehrt. Hier gründete Alexander eine Stadt und nannte sie Alexandria.
Im Jahr 331 v. Chr. schlugen seine Krieger den persischen König zum zweiten Mal. Darius musste fliehen. Alexander aber bestieg in Susa, der Hauptstadt des persischen Reiches, den Thron.

Die Massenhochzeit in Susa

Fünf Jahre lang zog er anschließend durch die östlichen Landesteile und gründete überall Alexanderstädte, wo er ausgediente Soldaten ansiedelte.
Um die Verbindung von Makedonen und Persern zu stärken, ließ Alexander in Susa eine Massenhochzeit feiern. Er selbst nahm eine Tochter des Darius zur Frau, während sich 10 000 Soldaten mit Perserinnen vermählten.

1 Messt auf der Karte der Vorseite nach, wie lang die gesamte Wegstrecke für die Soldaten war, die den ganzen Krieg mitgemacht haben.

Die Makedonier verweigern den Kniefall

Alexander nahm als König des persischen Großreiches immer mehr die Gewohnheiten seiner persischen Vorgänger an. Dazu gehörte auch die Einführung des Kniefalls bei der Begrüßung des Königs.
Das aber verweigerten die makedonischen Soldaten. Sie waren im Verlauf des Feldzugs im großen Heer Alexanders eine Minderheit geworden. Oft gab es Streit zwischen den Truppenteilen, auch zwischen makedonischen Offizieren und Alexander.
Wie der griechische Schriftsteller Plutarch um 100 n. Chr. berichtete, empörte sich dabei Kleitos, Reitergeneral und Freund Alexanders:

Q „… Es ist nicht gut, wenn Makedonen, die viel besser gewesen sind als die Spötter, von Barbaren verhöhnt werden. Durch das Blut der Makedonen … bist du so groß geworden, dass du dich als Gottes Sohn aufspielst."
Wütend antwortete Alexander: „Meinst du, dass du davon viel Freude haben wirst mich zu beschimpfen und die Makedonen aufzuwiegeln, du Schurke?"
„Wir haben auch jetzt keine Freude", rief Kleitos, „wenn das der Lohn unserer Mühe ist. Wir nennen diejenigen glücklich, die gefallen sind, ehe sie erleben mussten, wie Makedonen mit persischen Stöcken geschlagen werden und bei Persern darum betteln müssen, vor ihren König treten zu dürfen …

Im weiteren Verlauf des Streites erstach Alexander den Kleitos mit einem Speer.

Der Weltherrscher Alexander

Nach all seinen Erfolgen strebte Alexander danach, die Herrschaft über die ganze bekannte Welt zu gewinnen. Als er aber über den Indus (vgl. Karte der Vorseite) hinaus vormarschieren wollte, weigerten sich die Soldaten weiterzuziehen. Der Feldzug wurde abgebrochen. Ein Teil des Heeres kehrte auf dem Seeweg nach Makedonien zurück. Den Rest führte Alexander durch die Wüste Gedrosiens. Dabei sollen mehr als 40 000 Sol-

Die Ausbreitung der griechischen Kultur

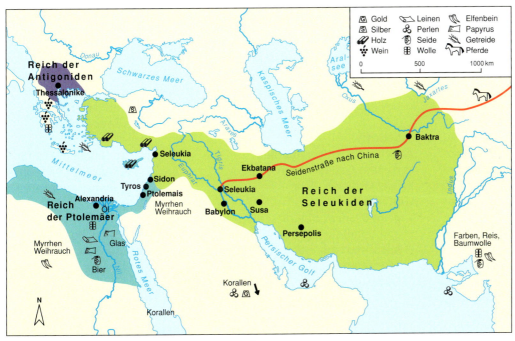

2 Die Herrschaftsbereiche der Nachfolger Alexanders.

daten umgekommen sein. Während der Vorbereitung eines neuen Feldzugs in den Süden starb Alexander 323 v. Chr.

2 Schreibt auf, welche Vorwürfe Kleitos erhebt.

3 Schreibt die wichtigsten Stationen in Alexanders Herrscherlaufbahn auf.

Die Reiche der Nachfolger Alexanders

Alexander hatte keine eigenen Nachkommen. Die Mächtigsten seiner Generäle wurden seine Nachfolger. Fast 50 Jahre lang kämpften sie um die Vorherrschaft. Schließlich entstanden drei größere Diadochenreiche*. Sie wurden nach den neuen Königsgeschlechtern benannt.

Wie Alexander waren die neuen Könige Alleinherrscher und ließen sich wie Götter verehren. In allen Nachfolgereichen wurden auch weiterhin neue Städte gegründet. Griechen und Griechisch sprechende Einheimische übernahmen die wichtigsten Ämter. Tempel, Theater, Sportanlagen und Wohnviertel wurden nach griechischem Vorbild gebaut. Griechisch war die Sprache, mit der sich die Einwohner unterschiedlicher Herkunft miteinander verständigten. Die neue Weltkultur, die damals entstand, nennt man den Hellenismus*. Griechisch wurde die Sprache dieser hellenistischen Welt.

Die Stadt Alexandria in Ägypten war eine der bedeutendsten und wohlhabendsten Städte der hellenistischen Welt. Alexander hatte die Stadt 332/331 v. Chr. gegründet. Die großen Hauptstädte der hellenistischen Reiche waren auch Mittelpunkte des geistigen und kulturellen Lebens.

4 Fertigt eine Liste der wichtigsten Handelsgüter an. Stellt fest, aus welchen Ländern die Waren kommen.

5 Vergleicht und beschreibt nach der Karte die Reiche der Nachfolger Alexanders.

6 Nennt heutige Weltsprachen.

---

323 v. Chr.:
Tod Alexanders. Er starb im Alter von 33 Jahren in Babylon, vermutlich an Malaria. Sein nächstes Ziel, die Eroberung der arabischen Halbinsel, konnte er nicht mehr in Angriff nehmen.

Diadochen*:
(griech. diadochos = Nachfolger): Um den Vorrang streitende Nachfolger einer bedeutenden Persönlichkeit.

Hellenismus*:
Der Siegeszug Alexanders hatte zur Folge, dass in einem großen Teil der Welt die Menschen die griechische Sprache und die Lebensformen der Hellenen übernahmen. Diese Epoche (300–30 v. Chr.) bezeichnen wir deshalb mit dem Begriff Hellenismus.

Methode: Arbeit mit Textquellen

Textquellen liefern uns wertvolle Informationen über Menschen, die früher gelebt haben, und über längst vergangene Ereignisse. Allerdings sind diese Quellen manchmal schwer zu verstehen, beleuchten nur einen kleinen Ausschnitt oder vertreten eine ganz bestimmte Meinung. Die folgenden Arbeitsschritte und Leitfragen sollen euch die Arbeit mit Textquellen erleichtern.

1. Schritt:
Fragen zum Text
– Wovon handelt der Text? Hier geht es um die Beantwortung der so genannten W-Fragen: Wer? Wo? Wann? Was? Wie? Warum?
– Gibt es unbekannte Wörter, die ihr im Lexikon nachschlagen müsst?
– Wie ist der Text gegliedert? Könnte man für einzelne Abschnitte Überschriften finden? Welcher Gesichtspunkt steht im Mittelpunkt des Berichtes?
– Welche Widersprüche, Übertreibungen oder einseitigen Darstellungen enthält der Text?

2. Schritt:
Fragen zum Verfasser
– Welche Informationen besitzen wir über den Verfasser (Autor)?
– Hat der Schreiber die Ereignisse, über die er berichtet, selbst miterlebt?
– Welche Absichten verfolgte der Verfasser mit seinem Text? Wollte er sich z. B. bei bestimmten Leuten beliebt machen oder wurde er gar dafür bezahlt, Ereignisse oder Personen auf eine ganz bestimmte Weise darzustellen? Ging es dem Autor darum, bewusst etwas Wichtiges für die Nachwelt festzuhalten?
– Versucht der Autor neutral zu sein oder ergreift er Partei für bestimmte Personen?

3. Schritt:
Arbeit mit der Textquelle
In diesem Geschichtsbuch findet ihr bei fast jeder Textquelle Fragen zum Inhalt.
– Beim Beantworten dieser Fragen solltet ihr versuchen die Antworten mit eigenen Worten wiederzugeben und nicht lange Sätze aus dem Text zu zitieren. Es ist sinnvoll, dass ihr euch kurze Notizen macht; so könnt ihr die Fragen später schneller beantworten.
– Wenn möglich, vergleicht Textquellen von unterschiedlichen Autoren und auch aus verschiedenen Zeiten über dasselbe Ereignis oder dieselbe Person.

Die folgenden Textquellen handeln von dem euch schon bekannten Alexander dem Großen. Lest sie genau durch und geht nach den oben genannten Arbeitsschritten vor.

Der sagenhafte Alexander
Die Menschen erzählten sich über Jahrhunderte hinweg diese Anekdote über Alexander:
M1 Bei seinem Zug durch Kleinasien soll Alexander 333 v. Chr. mit seinen Soldaten auch in die persische Stadt Gordion gelangt sein. Hier befand sich der berühmte Streitwagen des Königs Gordios. Deichsel und Joch sollen mit einem für den Betrachter nicht sichtbaren Knoten verbunden gewesen sein. Laut Orakel sollte derjenige Herrscher über Asien werden, der den Knoten lösen konnte. Alexander soll den Gordischen Knoten mit einem Schwerthieb zerschlagen und dabei gerufen haben: „Nun ist er gelöst."

Der griechische Geschichtsschreiber Arrianus Flavius (um 95 – um 175 n. Chr.) beschrieb den Perserfeldzug Alexanders und teilte über die Lösung des Gordischen Knotens in seinem Werk mit:
Q1 … Der Knoten war aus der Rinde der Kornelkirsche und man sah weder Anfang noch Ende. Alexander wusste kein Mittel, wie er zu lösen sei, konnte ihn aber auch nicht so lassen. … So zerschlug er ihn, wie manche sagen, mit einem Schwerthieb in zwei Hälften. Doch Aristoboulos berichtet, dass er den Pflock aus der Deichsel zog, und so, während er den Knoten in der Hand hielt und zog, das Joch von der Deichsel trennte. …

Der heutige Autor Siegfried Fischer-Fabian schreibt über die Hintergründe beim angeblichen Lösen des Gordischen Knotens:
M2 … Die Stimmung der Truppe war auf dem langen Marsch über verschlammte Wege und überflutete Täler unter pausenlos strömendem Regen nicht besser geworden. In der Stadt erwarteten Alexander weitere schlechte Nachrichten. Zwar war Parmenion mit seinem Heer wie verabredet pünktlich erschienen, die Urlauber auf Ehrenwort ließen jedoch auf sich warten. Als sie endlich im Laufe des Frühjahrs die zerfallenen Tore passierten, brachten sie gerade 3000 Soldaten zu Fuß und 300 Reiter mit an Rekru-

Methode: Arbeit mit Textquellen

ten; weit weniger, als Alexander erwartet hatte. Die von der Ägäis eintreffenden Boten konnten ihn nicht froher stimmen: Memnon [persischer Feldherr] hatte inzwischen Chios eingenommen, … ja, er schickte sich an, mit seiner Flotte den Hellespont zu blockieren und damit den lebenswichtigen Nachschub aus Makedonien. Alexander beschloss … die entscheidende Schlacht mit Dareios zu suchen. Vor dem Abmarsch kam Aristandros, der Seher, zu ihm und erzählte …: „Wer den aus dem Bast der Kornelkirsche geknüpften Knoten … zu lösen vermöge, dem werde die Herrschaft über ganz Phrygien zufallen." Der Makedone war zu sehr der Magie ergeben, als dass er auch nur einen Moment gezögert hätte, die Probe zu wagen und das Orakel zu erfüllen. …

1 Führt die Arbeitsschritte 1 und 2 durch.
2 Schildert, welchen Eindruck ihr von Alexander habt, wenn ihr M1, Q1 und M2 vergleicht.

War Alexander immer ein Held?
Beim Durcharbeiten der Quellen 2 und 3 geht ihr wieder nach den drei Arbeitsschritten vor. Plutarch, ein griechischer Schriftsteller (um 46 bis um 119 n. Chr.) schrieb über die Pläne Alexanders des Großen:
Q2 … Er war vielmehr von dem Bewusstsein erfüllt, von den Göttern als Ordner und Friedensstifter für die Welt gekommen zu sein. Er versuchte die Völker der ganzen Welt in einem einzigen Staat zu vereinigen, indem er Lebensgewohnheiten, Sitten und Bräuche miteinander mischte. Alle sollten die Erde als ihr Vaterland, die Guten und Anständigen als Verwandte, die Schurken als Fremde betrachten. …

3 Beschreibt, wie sich laut Plutarch Alexander selbst sah.

Wie Plutarch berichtete, empörte sich bei einem Fest der Reitergeneral und Freund Alexanders Kleitos über den wachsenden Einfluss der Perser im Reich:
Q3 … „Es ist nicht gut, wenn Makedonen, die viel besser gewesen sind als die Spötter, von Barbaren verhöhnt werden. Durch das Blut der Makedonen … bist du so groß geworden, dass du dich als Gottes Sohn aufspielst."
Wütend antwortete Alexander: „Meinst du, dass du davon viel Freude haben wirst, mich zu beschimpfen und die Makedonen aufzuwiegeln, du Schurke?"
„Wir haben auch jetzt keine Freude", rief Kleitos, „wenn das der Lohn unserer Mühe ist. Wir nennen diejenigen glücklich, die gefallen sind, ehe sie erleben mussten, wie Makedonen mit persischen Stöcken geschlagen werden und bei Persern darum bitten müssen, vor ihren König treten zu dürfen." … Alexander riss der Palastwache den Speer aus der Hand und erstach Kleitos. Danach trauerte er tagelang um den getöteten Freund.

4 Nennt die Vorwürfe, die Kleitos gegenüber Alexander erhebt, und beschreibt Alexanders Reaktion darauf.
5 Versucht Antworten auf die Frage „War Alexander immer ein Held?" zu finden und begründet eure Meinung.

 # Werkstatt: Das Griechenland-Quiz

Das Geschichts-Puzzle
Oben seht ihr die Einzelteile einer Darstellung aus dem 5. Jahrhundert v. Chr. Richtig zusammengesetzt zeigen sie eine Szene aus einer bekannten griechischen Sage. Bestimmt findet ihr heraus, wie ihr Held heißt und welche Abenteuer er erlebt hat. Ihr könnt dies in kleinen Arbeitsgruppen gemeinsam versuchen.
Am besten geht ihr folgendermaßen vor:
– Ihr müsst diese Seite für jede Arbeitsgruppe einmal kopieren.
– Dann schneidet ihr die Einzelteile sorgfältig aus und fügt sie dann zusammen.
– Anschließend klebt ihr euer Ergebnis auf feste Pappe.
– Abschließend könnt ihr die Darstellung noch farbig unterlegen. Achtet darauf, vor allem braune und beige Farbe zu verwenden.

Das Silbenrätsel
a – a – ae – ben – di – di – en – ken – kles – ko – kro – lis – lo – lymp – met – ni – o – oe – on – pe – po – ri – scher – skla – sta – ten – then – ven

Aus diesen Silben sind die folgenden Begriffe herauszufinden:
Sportstätte – Athenischer Staatsmann – Heiliger Berg des Zeus – Griechische Tochterstädte – Größte Bevölkerungsgruppe Athens im 5. Jahrhundert v. Chr. – „Abstimmungszettel" der athenischen Volksversammlung – Tagegelder für Beamte – Berühmte Stadt Griechenlands – Der „Burgberg" Athens – Die „Mitbewohner" Athens.

Wenn ihr aus dem ersten Begriff den 4. Buchstaben herausschreibt, aus dem zweiten den 2., aus den folgenden Begriffen den 4., 2., 2., 5., 3., 2., 8. und 2. Buchstaben, dann erhaltet ihr als Lösungswort einen Begriff, der in der Geschichte Athens eine wichtige Rolle spielte.

Zusammenfassung

Viele Staaten – ein Griechenland

Seit 2000 v. Chr. wanderten die Hellenen in Griechenland ein. In der zerklüfteten, bergigen Landschaft entstand eine Vielzahl von kleinen Stadtstaaten (Poleis). In vielen Poleis reichte das Land nicht aus, um die Menschen zu ernähren. Ganze Bevölkerungsgruppen mussten deshalb zwischen 750 und 550 v. Chr. auswandern und gründeten Kolonien. Seit dieser Zeit gab es griechische Städte um das Schwarze Meer und das Mittelmeer. Alle Griechen verband die gemeinsame Sprache und man glaubte an die gleichen Götter. Überall in Griechenland gab es Tempel und heilige Stätten. Zu Ehren der Götter wurden sportliche Wettkämpfe veranstaltet.

Die Blütezeit Athens

Nach Auseinandersetzungen zwischen dem Adel und den übrigen Bevölkerungsgruppen entwickelte sich in Athen im 5. Jahrhundert v. Chr. eine Demokratie. Alle athenischen Bürger hatten das Recht, an der Volksversammlung teilzunehmen und ihre Angelegenheiten selbst zu regeln, aber nur die Männer. Sie konnten Gesetze beschließen, Beamte wählen und über Krieg und Frieden entscheiden. Die Mehrheit der Bevölkerung bestand aus Sklaven, Metöken, Frauen und Kindern. Sie hatten keine politischen Rechte. Durch die Siege gegen die Perser und die Vorherrschaft im Attischen Seebund wurde Athen zum bedeutendsten Stadtstaat Griechenlands. Auf allen Gebieten der Kunst und der Wissenschaft wurden sie zum Vorbild für ihre Nachbarn.

Die hellenistische Welt

Durch den Krieg zwischen Athen und Sparta erschöpften sich die griechischen Staaten im Bruderkrieg gegenseitig. Im 4. Jahrhundert v. Chr. gelang es Philipp, dem König der Makedonen, Griechenland zu unterwerfen. Sein Nachfolger Alexander eroberte das gesamte Perserreich. Die griechische Sprache, Kultur und Lebensweise sind im Weltreich und auch nach dem Zerfall dieses Reiches bestimmend. Deshalb wird die Zeit von 300 v. Chr. bis zur Zeitenwende Hellenismus genannt.

776 v. Chr.

Die ersten Olympischen Spiele in Griechenland

750–550 v. Chr.

Gründung griechischer Kolonien am Mittelmeer und am Schwarzen Meer

5. Jh. v. Chr.

Entstehung der Demokratie in Athen

356–30 v. Chr.

Philipp von Makedonien unterwirft Griechenland. Sein Sohn Alexander gründet ein Weltreich. Zeitalter des Hellenismus.

4. Das Weltreich der Römer

„Das Leben auf dem Forum Romanum um 300 n. Chr." heißt dieses Gemälde aus dem 19. Jahrhundert. Foren waren offene Plätze, die in Rom für Märkte und öffentliche Versammlungen genutzt wurden. Hier fanden auch die Triumphzüge statt, mit denen die römischen Feldherren ihre Siege über fremde Völker feierten. Tatsächlich beherrschte Rom über viele Jahrhunderte das größte und mächtigste Reich, das Europa je gekannt hat. Dabei hatte die Weltmacht Rom ganz klein angefangen – als eine Siedlung von Bauern und Hirten, die sich um 1000 v. Chr. am Fluss Tiber niederließen …

Von der Stadt zum Weltreich

1 Die bronzene Darstellung der Wölfin stammt aus dem 5. Jahrhundert v. Chr. Sie ist das Wahrzeichen der Stadt Rom und erinnert die Römer an die Gründungssage ihrer Stadt. Die Kinder wurden erst um 1500 hinzugefügt.
Foto.

Der Kriegsgott Mars.
Etruskische Statue,
7. Jahrhundert v. Chr.

10. Jahrhundert v. Chr.:
erste Besiedlung des Palatin-Hügels.

753 v. Chr.:
Nach der Sage gründen Romulus und Remus Rom.

8.–6. Jahrhundert v. Chr.:
Rom unter etruskischer Königsherrschaft.

Rom – die Stadt des Romulus?

Jedes Jahr feiern die Römer den Geburtstag ihrer Stadt, die angeblich am 21. April 753 v. Chr. gegründet wurde. Damals – so heißt es in einer römischen Sage – lebten in der Nähe Roms die Zwillinge Romulus und Remus. Ihr Vater war Mars, der Gott des Krieges. Ihre Mutter war Rhea, die Tochter des Königs Numitor. Der König Numitor wurde von seinem Bruder, der nach der Herrschaft strebte, vertrieben. Die Zwillinge ließ er auf einem Holztrog auf dem Fluss Tiber aussetzen. In einer Nacherzählung der Sage heißt es weiter:

M … Der Kriegsgott Mars lenkte jedoch den Trog in eine Felsenhöhle. Dann schickte er eine Wölfin, das Tier, das ihm heilig war. Sie säugte die Kleinen. Nach einigen Tagen fand ein Hirte die Knaben und nahm sie mit nach Hause. Als sie herangewachsen waren, beschlossen Romulus und Remus, an der Stelle, an der sie einst gefunden worden waren, eine Stadt zu gründen. Sie konnten sich aber nicht einigen, wer der Stadt den Namen geben sollte. Wie es üblich war, wollten sie den Willen der Götter durch den Vogelflug erkunden. Jeder setzte sich auf einen Hügel und eben ging die Sonne auf, da rauschten sechs Geier an Remus vorüber. Nur kurz darauf flogen an Romulus zwölf Geier vorbei. Gewiss, sie waren ihm später erschienen, aber es war die doppelte Zahl. So zog Romulus mit einem Pflug eine Furche, die den Verlauf der künftigen Stadtmauern kennzeichnen sollte. „Das soll eine Mauer sein?", rief Remus höhnisch und sprang über die Furche. Da wurde Romulus zornig. Er stieß seinem Bruder die Lanze in die Brust und rief aus: „So soll es jedem ergehen, der diese Mauern zu übersteigen wagt." Romulus gab der Stadt seinen Namen und wurde ihr erster König. …

1 Sagen enthalten häufig einen wahren Kern. Vermutet, was sich von der römischen Gründungssage wirklich ereignet haben könnte.

Von der Stadt zum Weltreich

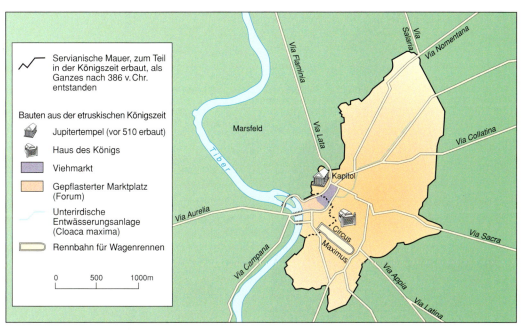

2 Die Stadt Rom um 350 v. Chr.

Fresko (Wandmalerei) einer jungen Etruskerin. Ihr Name war in den Putz eingeritzt: VELCA.

Sage und Wirklichkeit

Archäologische Forschungen beweisen, dass der Palatin, ein Hügel, der nah beim Tiber liegt, schon im 10. Jahrhundert v. Chr. von dem Stamm der Latiner besiedelt war. Es waren Hirten und Bauern, die Schafe, Rinder und Pferde besaßen und in einfachen Hütten lebten. In der Nähe verlief ein alter Handelsweg. Auf ihm brachten Händler vor allem das kostbare Salz von der Mündung des Tiber ins Hinterland. Allmählich entwickelte sich die Siedlung zu einem bevorzugten Handelsplatz, geschützt durch Wall und Graben.

Die Etrusker, die das Gebiet nördlich des Tiber beherrschen, eroberten im 7. Jahrhundert v. Chr. diesen Handelsplatz und bauten ihn zu einer Stadt aus. Nach dem etruskischen Adelsgeschlecht der Ruma erhielt die Stadt ihren Namen, der sich später in Rom wandelte. Die Stadtgrenze wurde durch eine mächtige Stadtmauer markiert. Sie durfte nur an den dafür vorgesehenen Stellen überschritten werden; wer dies missachtete, galt als Feind und durfte erschlagen werden. Die etruskische Religion war für die Römer von Anfang an besonders wichtig: Aus den Eingeweiden geschlachteter Opfertiere versuchten sie den Willen der Götter zu erkunden. Sie übernahmen auch die Angewohnheit der Etrusker den Donner, den Blitz und den Vogelflug zu beobachten; sie deuteten die Vorzeichen, um herauszufinden, ob die Götter einer Handlung zustimmten oder nicht.

2 *Stellt den Inhalt der Sage den Ergebnissen der Wissenschaft gegenüber.*

Die etruskischen Könige

Nach Romulus – so erzählt die Sage – sollen noch weitere sechs Könige über Rom geherrscht haben. Manche Könige waren klug und umsichtig. Sie sorgten sich um den Ausbau der Stadt: Ein prächtiger Marktplatz (Forum) wurde angelegt, Straßen gepflastert und ein gemauerter Kanal fertig gestellt, der alle Abwässer in den Tiber leitete. Zudem ließen sie zahlreiche Tempel errichten, in denen Göttinnen und Götter verehrt wurden. Unter ihrer Leitung wurde Rom zu einer blühenden Stadt, die viele Fremde anlockte, sich ebenfalls hier niederzulassen.

Ascheurne aus Ton. Die Urne hat die Form einer vorrömischen Hütte, wie sie auf dem Palatin in Rom gestanden hat. Um 900 v. Chr.

Rom wird Republik

1 Ein römischer Adliger mit den Büsten seiner Vorfahren. 1. Jahrhundert nach Chr.

2 Die römische Beamtenschaft.

Republik*
(von dem lateinischen Wort „res publica" = die öffentliche Sache): Begriff für eine Staatsform, in der das Volk oder ein Teil des Volkes die Macht ausübt.

Um 500 v. Chr.:
Die Adligen vertreiben den etruskischen König und gründen die römische Republik.

Senat
(lat. senex = Greis): Rat der Ältesten, eigentliches Regierungsorgan im römischen Staat.

Die Römer gründen eine Republik*
Es gab aber auch Könige, die vor allem darauf bedacht waren, ihren eigenen Reichtum und ihre Macht zu vergrößern. Zu ihnen gehörte Tarquinius Superbus, genannt „der Hochmütige". Die Römer hassten ihn nicht nur wegen seiner Überheblichkeit, sondern auch, weil er sie mit immer neuen Abgaben belastete. Um 500 v. Chr. wurde er von der aufgebrachten Bevölkerung verjagt. „Nie wieder einen König!", so schworen sich die Römer. Künftig sollte die Politik eine Angelegenheit aller Römer sein. Rom wurde eine Republik. „Res publica", eine öffentliche Sache, eine Angelegenheit des Volkes, so nannten die Römer jetzt selbst ihre Republik. Auf Zeit eingesetzte Beamte sollten jetzt die Herrschaft ausüben.

Der Senat und das römische Volk
Die beiden obersten Beamten hießen Konsuln. Sie führten die Regierungsgeschäfte und hatten im Krieg den Oberbefehl. Die Konsuln besaßen – wie früher die Könige – eine fast unumschränkte Macht. Ihre Amtszeit aber war auf ein Jahr beschränkt. Eine direkte Wiederwahl war nicht möglich. Beraten wurden die Konsuln vom Senat. Hier versammelten sich die Oberhäupter der Adelsfamilien. Seine Mitglieder, Senatoren genannt, beschlossen die Gesetze. Auch Verträge mit anderen Staaten wurden vom Senat geschlossen. Weil er hierbei das römische Volk vertrat, begannen die Vertragstexte mit der Abkürzung SPQR: Senatus Populusque Romanus – übersetzt: „Der Senat und das römische Volk …".

1 Erklärt, worauf das Wort Republik in „Bundesrepublik Deutschland" hinweist.
2 Schüler nichtdeutscher Muttersprache können berichten, wie die genaue Bezeichnung ihres Staates lautet.
3 Seht euch das Schaubild an (Abb. 2). Erklärt, welche Aufgaben die jeweiligen Beamten übernahmen.
4 Stellt zusammen, wie man die Aufgabenbereiche der römischen Beamten heute benennen würde.

Res publica – ein Staat für alle?

3 Was zu einem Patrizier gehörte: ① ein vornehmes Haus und adlige Vorfahren; ② Grundbesitz und Viehherden; ③ Sklaven; ④ Klienten.

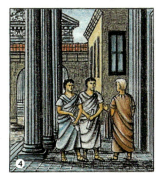

Die Vorherrschaft der Patrizier*

Die führende Stellung im römischen Staat nahmen die Adligen ein. Sie kontrollierten die neue Ordnung durch den Senat und stellten alle führenden Beamten: alle Richter, die Heerführer und die hohen Priester.
Wie im frühen Griechenland gehörte auch in Rom derjenige zum Adel, der reich und von vornehmer Abstammung war. Die römischen Adligen waren Grundbesitzer und nannten sich selbst Patrizier. Den Patriziern gegenüber standen die Plebejer*: freie Bauern, Handwerker, Händler und Kaufleute, die die Mehrzahl der Bevölkerung stellten und nicht zum Adel gehörten.
Sehr viele Bauern waren arm und hatten wenig Grundbesitz. Oft mussten sie sich Saatgut oder Lebensmittel bei den Patriziern borgen. Konnten sie es nicht zurückzahlen, verloren sie ihren Besitz und wurden häufig sogar in die Sklaverei verkauft. Viele Plebejer waren als Klienten (Schützlinge) einem adligen Patron (Schutzherrn) verpflichtet. Sie erfüllten Arbeitsaufträge und traten die politischen Ziele ihres Patrons ein, der sie dafür finanziell unterstützte oder ihnen bei Rechtsstreitigkeiten beistand. Einige Adelsfamilien hatten über 5000 Klienten.

5 Erklärt den Unterschied zwischen Patriziern und Plebejern anhand des Schaubildes (Abb. 3) und mithilfe des Textes.
6 Spielt folgende Situation: Die Patrizier erklären in einem Gespräch, warum allein sie in der Lage sind, alle wichtigen Ämter im Staat zu übernehmen. – Was könnten die Plebejer geantwortet haben?

Die Ständekämpfe

Die Plebejer waren mit der Vorherrschaft der Patrizier nicht einverstanden. Ihre Lage war schwierig, weil sie Jahr für Jahr Heeresdienst leisten mussten. Die Patrizier aber wollten freiwillig nichts von ihren Rechten abgeben. So kam es in Rom zu erbitterten Auseinandersetzungen zwischen dem Stand* der Patrizier und dem Stand der Plebejer. Die Auseinandersetzungen zwischen beiden Gruppen dauerten über 150 Jahre.

Patrizier*
(lat. patres = die Väter): der römische Adel.

Plebejer*
(lat. plebs = Menge, Masse): freie Bauern, Handwerker, Händler und Kaufleute in Rom, die nicht zum römischen Adel gehörten.

Stand*:
Begriff für abgeschlossene Gruppen in einer Gesellschaft. Die Mitglieder einer Gruppe bestimmen sich durch Geburt, Vermögen oder durch unterschiedliche Rechte.

Plebejer und Patrizier: Der Kampf um die Verfassung

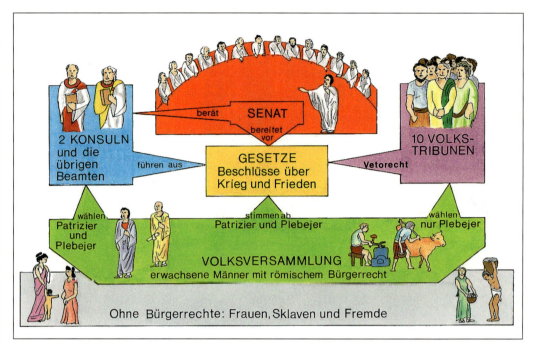

1 Die römische Verfassung nach dem Ende der Ständekämpfe.

Die Münze aus der Zeit der römischen Republik zeigt einen Römer bei der Abstimmung in der Volksversammlung. Der Buchstabe V auf der Stimmtafel zeigt, dass er dem vorgeschlagenen Gesetz zustimmt.

Die Plebejer setzen Forderungen durch

Die Plebejer forderten von den Patriziern zu Beginn des 5. Jahrhunderts v. Chr. die Tilgung ihrer Schulden. Als sich die Patrizier unnachgiebig zeigten, verließ ein Großteil der Plebejer die Stadt. Sie zogen gemeinsam auf einen nahe gelegenen Hügel. Ein unerhörtes Vorgehen in den Augen der Patrizier!

Mit ihrem Auszug verweigerten die Plebejer den Heeresdienst. Sie stellten die Mehrheit der Fußsoldaten und Rom war in kriegerische Auseinandersetzungen in Italien verwickelt. Die Patrizier mussten nachgeben und die Plebejer drohten auch in den folgenden Auseinandersetzungen immer wieder mit ihrem schärfsten Druckmittel: dem Auszug aus der Stadt und der Verweigerung des Heeresdienstes. So erreichten sie schließlich, dass sie eigene Beamte wählen durften. Diese Volkstribunen schützten die Plebejer vor ungerechten Amtshandlungen der Beamten. Sie hatten außerdem das Recht, gegen neue Gesetze Einspruch zu erheben, wenn diese ihrer Meinung nach die Plebejer benachteiligten („Vetorecht"). Auf Betreiben der Volkstribunen wurden dann um 450 v. Chr. die geltenden Gesetze aufgeschrieben. Die Gesetze galten für alle Bürger Roms in gleicher Weise. Sie wurden auf zwölf Bronzetafeln festgehalten, die öffentlich aufgestellt wurden.

Nach und nach besserte sich die Situation der Plebejer. Die Heirat zwischen Patriziern und Plebejern wurde nun erlaubt. Und seit der Mitte des 4. Jahrhunderts v. Chr. konnten Plebejer auch Beamte des römischen Staates werden. Nur Männer aus sehr reichen plebejischen Familien konnten es sich allerdings leisten, ein Staatsamt zu übernehmen, da es ehrenamtlich, das heißt ohne Bezahlung ausgeübt wurde.

1 *Versetzt euch in die Lage der Plebejer und führt aus, welche Vorteile für sie geschriebene Gesetze gegenüber nur mündlich überlieferten Gesetzen hatten.*

2 *Erklärt mithilfe der Abbildung 1 die Rechte, die sich die Plebejer erkämpft hatten.*

Die Römer erobern die Welt

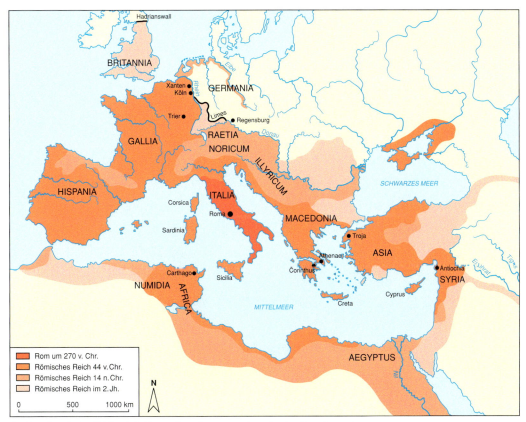

Römischer Soldat
mit Schienenpanzer. Rekonstruktionszeichnung nach einem Relief. Bis zu 30 kg wogen Waffen und Ausrüstung. Dazu kamen noch etwa 15 kg Verpflegung.

Tribute:
Leistungen, die die von den Römern unterworfenen Völker bzw. Provinzen in Form von Naturalien oder Geld zu erbringen hatten.

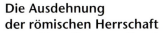
- Rom um 270 v. Chr.
- Römisches Reich 44 v. Chr.
- Römisches Reich 14 n. Chr.
- Römisches Reich im 2. Jh.

2 Das Römische Weltreich (Imperium Romanum) und seine Provinzen*.

Provinzen*:
Alle Besitzungen des römischen Staates außerhalb der Halbinsel Italien hießen Provinzen.

Die Ausdehnung der römischen Herrschaft

Um 500 v. Chr. war die römische Republik noch ein kleiner Bauernstaat, dessen Fläche nicht viel größer war als das heutige Frankfurt am Main. 500 Jahre später beherrschten die Römer den Großteil der damals bekannten Welt. Rom gebot über Italien, Griechenland, Länder jenseits der Alpen und in Asien und Afrika.

Die Römer konnten ihr großes Reich mithilfe ihres Heeres erobern und verwalten. Die Plebejer stellten die Masse der einfachen römischen Soldaten. Sie haben nach dem Ende der Ständekämpfe nie wieder den Heeresdienst verweigert. Vielmehr besaß Rom die am besten ausgebildeten und ausgerüsteten Truppen. Die Tapferkeit seiner Soldaten wurde schon damals gelobt.

3 Fertigt anhand der Karte eine Tabelle an: In die linke Spalte tragt ihr die römischen Provinznamen ein, in die mittlere das Jahr der Eroberung und in die rechte Spalte die heutigen Bezeichnungen.

Provinz	Zeit der Eroberung	heutiger Staat
...	...	...
...	...	...
...	...	...

4 Tragt zusammen, was ihr von den Gebieten des Römischen Reiches bereits wisst.
5 Versetzt euch in die Lage der unterworfenen Völker und berichtet, was die Ausdehnung des Römischen Reiches für sie bedeutet haben könnte.

Der Kampf um Karthago

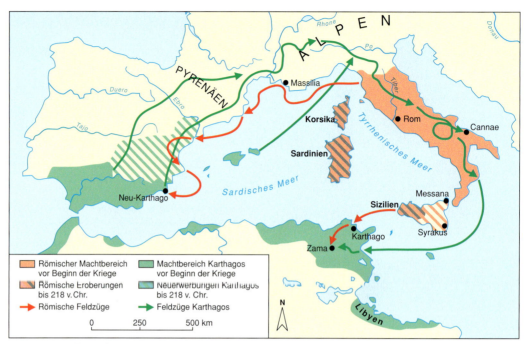

1 Der Machtbereich Roms und Karthagos um 218 v. Chr.

500–250 v. Chr.:
römische Eroberungen in Italien. Rom wird stärkste Landmacht im Mittelmeerraum.

264–241 v. Chr.:
1. Krieg Roms gegen Karthago.

219–202 v. Chr.:
2. Krieg Roms gegen Karthago.

Hannibal
(247–183 v. Chr.)

Die Eroberung Italiens

Über die Beziehungen des jungen Römerstaates zu seinen Nachbarn wissen wir wenig. Doch zwischen 500 und 250 v. Chr. kämpften die römischen Heere fast ununterbrochen und zwangen die Nachbarstaaten, sich dem Römischen Reich anzuschließen. Sie besiegten die Etrusker und verschiedene Nachbarstämme. Nachdem die griechischen Kolonien im Süden unterworfen worden waren, beherrschten die Römer die gesamte italienische Halbinsel. Die römische Republik wurde zur stärksten Landmacht im westlichen Mittelmeerraum. Es dauerte nicht lange, bis es zwischen Rom und der mächtigen See- und Handelsmacht Karthago zum Konflikt kam.

Im Jahr 264 v. Chr. schickte Rom Truppen nach Sizilien, das zum Machtbereich Karthagos gehörte. Der Krieg gegen Karthago begann. Über 20 Jahre dauerte dieser Krieg, den die Römer erst im Jahr 241 v. Chr. siegreich beenden konnten. Sizilien (s. Karte 1) wurde die erste römische Provinz.

Wenige Jahre später musste Karthago auch Sardinien und Korsika abtreten. Selbstbewusst nannten die Römer jetzt das Tyrrhenische Meer „unser Meer".

Hannibal zieht über die Alpen

Zum Ausgleich für die verlorenen Inseln wollte Karthago seine Herrschaft in Spanien ausbauen. Wiederum erklärten die Römer im Jahr 219 v. Chr. den Karthagern den Krieg. Der karthagische Feldherr Hannibal zog daraufhin mit einem Heer von 90 000 Soldaten, 9000 Reitern und 38 Elefanten von Spanien über Frankreich nach Italien. Er überwand die Pyrenäen und die Alpen. Dabei erlitt sein Heer große Verluste. Innerhalb von 15 Tagen soll fast die Hälfte seiner Soldaten umgekommen sein – erfroren oder auch von den steilen Gebirgspfaden in die Tiefe gestürzt.

Dennoch konnte Hannibal die Römer mehrmals vernichtend schlagen. Doch die Römer gaben nicht auf. Im Jahr 204 v. Chr. setzten römische Truppen nach Afrika über und griffen Karthago an. Um seiner Heimatstadt zu helfen, musste Hannibal Italien verlassen. Drei Jahre lang dauerten die erbitterten Kämpfe um Karthago. Erneut siegten die

Rom wird Weltmacht

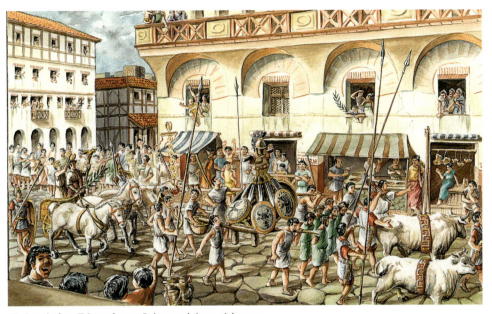

2 **Römischer Triumphzug.** Rekonstruktionszeichnung.

Römisches Feldzeichen. Rekonstruktionszeichnung. Die Feldzeichen ermöglichten es der Truppe, ihre Einheit während der Schlacht sofort zu erkennen.

Römer. Im Jahr 146 v. Chr. wurde Karthago dem Erdboden gleichgemacht, die Bevölkerung in die Sklaverei verschleppt.

1 *Schreibt eine Erzählung: Ein Karthager erklärt, was der Satz „Karthago wurde dem Erdboden gleichgemacht" für ihn bedeutete.*

Eroberungen und Plünderungen
Nach Karthago eroberten römische Truppen unter anderem auch Griechenland, Kleinasien, Ägypten, Gallien, einen Teil von Germanien und Britannien. Aus den eroberten Ländern brachten die römischen Soldaten Sklaven und große Reichtümer nach Rom. In Triumphzügen wurde die Beute durch die Hauptstadt geführt.
Von einem Triumphzug des römischen Feldherrn Aemilius Paullus nach seinem Sieg über den makedonischen König Perseus im Jahr 168 v. Chr. wird Folgendes berichtet:
Q … Der festliche Umzug war auf drei Tage verteilt, von denen der erste kaum für die erbeuteten Bildsäulen, Gemälde und Statuen ausreichte, die auf 250 Wagen vorbeigefahren wurden. Am folgenden Tag trugen 3000 Männer das [erbeutete] Silbergeld in 750 Gefäßen von je 78 kg Gewicht, deren jedes von vier Mann getragen werden musste. Am dritten Tag folgten der Wagen des Perseus, seine Waffen und, darauf liegend, seine Krone. Dann wurden die Kinder des Königs als Gefangene einhergeführt und mit ihnen die Menge ihrer Wärter, Lehrer und Erzieher. …

Die Beute des Aemilius Paullus war so groß, dass das römische Volk einhundert Jahre lang keine Steuern zu zahlen brauchte.

2 *Beschreibt Abbildung 2. Was könnte die römische Bevölkerung bei diesem Triumphzug empfunden haben?*

3 *Schreibt mithilfe der Quelle und der Abbildung einen kurzen Bericht, in dem ein Makedone erklärt, was die Niederlage gegen Rom für seine Heimat und für ihn selbst bedeutete.*

146 v. Chr.: Zerstörung Karthagos.

Die Eroberungen verändern Rom

1 Die Folgen der Eroberungen für die Bauern: ① Im Frieden konnten die Bauern ihr Land bestellen; ② durch den jahrelangen Kriegsdienst verödete ihr Besitz; ③ aus dem Krieg zurückgekehrt, mussten sie ihr Land verkaufen. ④–⑥ Nun blieben drei Möglichkeiten: Sie konnten das Land vom neuen Besitzer pachten, nach Rom gehen oder als Landarbeiter arbeiten.

Proletarier*
(lat. proles = die Nachkommenschaft): Bezeichnung der Römer für die Besitzlosen, die nichts außer ihrer Nachkommenschaft besaßen.

Popularen
(lat. populus = Volk): So wurden am Ende der römischen Republik die Politiker genannt, die die Not der Proletarier beheben wollten (z. B. Tiberius und Gaius Gracchus).

Optimaten
(lat. optimus = der Beste): Die Optimaten waren die Gegner der Popularen. Sie verteidigten die Senatsherrschaft gegen die Forderungen nach einer umfassenden Staatsreform.

Die Verarmung der Bauern

Rom war im 2. Jahrhundert v. Chr. zur Hauptstadt eines Weltreichs geworden. Doch die Reichtümer und Steuergelder aus den Provinzen kamen keineswegs allen Römern zugute. Im Gegenteil: In den zahllosen Kriegen waren viele Bauern und deren Söhne gefallen. Andere hatten jahrelang ihre Höfe nicht richtig bewirtschaften können. Das von ihnen angebaute Getreide war zudem fast unverkäuflich geworden. Getreide kam jetzt nämlich zu niedrigen Preisen aus den Provinzen nach Italien. Viele Bauern verarmten. Ihre Höfe mussten sie aufgeben. Sie zogen mit ihren Familien nach Rom. Doch auch hier erwartete sie keine bessere Zukunft, denn überall, im Kleinhandel wie im Handwerk, wurden Sklaven beschäftigt. Für die Bauern gab es keine Arbeit. Mittellos, ohne große Verdienstmöglichkeiten gehörten sie bald zur großen Masse der Proletarier*.

Der Volkstribun Tiberius Gracchus soll um 130 v. Chr. die Lage der Bauern folgendermaßen beschrieben haben:

Q1 … Die wilden Tiere, die in Italien leben, haben ihre Höhlen und kennen ihre Lagerstätten und Schlupfwinkel. Die Männer aber, die für Italien kämpfen und sterben, haben nichts als Luft und Licht. Unstet, ohne festen Wohnsitz ziehen sie mit Frau und Kind im Land umher. …
Für Wohlleben und Reichtum anderer kämpfen und sterben sie im Krieg. Herren der Welt werden sie genannt. In Wirklichkeit aber besitzen sie nicht das kleinste Stückchen Land. …

Wir wollen Land!

2 Römischer Bauer auf dem Weg zum Markt. Am Stock über der Schulter trägt er ein Ferkel, in der rechten Hand einen Korb mit Eiern. Auf dem Rücken der Kuh sind zwei an den Beinen zusammengebundene Schafe zu erkennen. Marmorrelief, um 50 n. Chr.

1 Erklärt mithilfe der Abbildung 1, warum die römischen Bauern verarmten, während das Römische Reich immer größer wurde.

Zwei Volkstribunen kämpfen für eine Landreform*

Wenn ein Krieg drohte, wurden freie Bauern zum Heeresdienst eingezogen. Ihre Ausrüstung mussten sie selbst bezahlen. Freie Bauern, die über so viel Geld verfügten, gab es aber immer weniger. So wurde es für Rom immer schwieriger, genügend Soldaten auszuheben.

Der Volkstribun Tiberius Gracchus wollte diese Situation ändern. Er forderte im Jahr 133 v. Chr., dass jeder Großgrundbesitzer höchstens 1000 Morgen Land (250 ha) besitzen dürfe. Das übrige Land sollten landlose Bauern erhalten. Mit diesem Vorschlag waren die Großgrundbesitzer nicht einverstanden. Der römische Schriftsteller Appian schreibt um 150 n. Chr.:

Q2 ... So traten dann die Reichen in Gruppen zusammen, beklagten sich und hielten den Armen vor, dass sie auf dem Lande seit Generationen Arbeit geleistet, dass sie Pflanzungen angelegt und Gebäude errichtet hätten.

Einige sagten, sie hätten das Land von ihren Nachbarn gekauft. Sollten sie mit dem Land auch das Geld verlieren? Andere erklärten, die Gräber ihrer Vorfahren lägen auf dem Lande. Kurz, es herrschte ein wildes Geschimpfe und Empörung. Auf der anderen Seite beklagten sich die Armen, man habe sie aus dem Wohlstand in bitterste Armut gestürzt. Sie zählten auf, wie viele Feldzüge sie mitgemacht hatten, um das Land für sich zu erobern. ...

Die Ermordung der Gracchen

Ein Jahr später wurde Tiberius Gracchus von aufgebrachten Senatoren ermordet. Das gleiche Schicksal ereilte zehn Jahre später auch seinen Bruder Gaius, der ebenfalls eine Landreform durchsetzen wollte. Das Volk war empört. Um es zu beruhigen, wurden in den folgenden Jahren etwa 50 000 kleine Landgüter verteilt. Aber viele Hunderttausende Familien, die ebenfalls auf ein Landgut gehofft hatten, gingen leer aus. Auf die Frage, wie es in Zukunft weitergehen sollte, gab es keine Antwort.

2 Verfasst eine kurze Ansprache, in der Tiberius Gracchus vor der Volksversammlung dafür wirbt, das Land neu aufzuteilen.
3 Nennt zwei Ziele, die Tiberius Gracchus mit seinen Reformen erreichen wollte.
4 Stellt die mit den Reformvorschlägen verbundenen Schwierigkeiten zusammen. Welche Lösungen würdet ihr vorschlagen?

Reform*: Veränderung, Verbesserung.

133 und 123 v. Chr.: Tiberius und Gaius Gracchus versuchen die Lage der Bauern durch eine Landreform zu verbessern. Die Brüder werden von aufgebrachten Senatoren ermordet. Die Reform scheitert.

Die römische Armee wird Berufsarmee

1 „Römische Soldaten" auf der Römerstraße bei Brixen. An der Spitze ein Soldat mit den Feldzeichen seiner „Truppe". Foto, 1985.

2 Ein „römischer Offizier" mit Beinschienen und Offiziersmantel. Foto, 1985.

107 v. Chr.:
Der Konsul Marius reformiert die römische Armee.

102/101 v. Chr.:
Römische Heere vernichten die Cimbern und Teutonen.

Parzelle*
kleines vermessenes Grundstück.

Veteran*:
nach meist 20-jähriger Dienstzeit entlassener Soldat. Veteranen erhielten häufig ein Landgut und genossen steuerliche Vorteile.

Die Cimbern und Teutonen

Die Gracchen waren mit ihren Reformen gescheitert. Die Folgen sollten sich schon bald zeigen: Im Jahr 115 v. Chr. drangen Cimbern und Teutonen, deren Wohnsitze im Gebiet des heutigen Dänemark lagen, nach Süden vor. Römische Heere, die sich ihnen entgegenstellten, wurden vernichtend geschlagen.

In dieser für Rom bedrohlichen Situation wurde Marius, ein erfolgreicher Feldherr, im Jahr 107 v. Chr. zum Konsul gewählt. Über ihn wird in einem Jugendbuch berichtet:

M … Rom ist reich genug, um auch diejenigen unter Waffen zu stellen, die selbst so arm sind, dass sie keine militärische Ausrüstung erwerben können. Jeder Arme also, der Lust hat Soldat zu werden, darf es, verkündete er. Marius ordnete an, dass jeder, der 16 Jahre gedient hatte, eine Landparzelle* erhielt. Dort kannst du, nachdem du dir für Rom Narben geholt hast, ein Haus bauen und den Acker bestellen, Oliven und Wein ernten und süßen Honig aus den Bienenstöcken gewinnen; kurzum ein ehrenwertes Leben in Frieden und Ruhe als Veteran* führen. …

Mit seinen Reformen gelang es Marius, in kurzer Zeit ein starkes Heer aufzustellen. Die Cimbern und Teutonen wurden 102/101 v. Chr. vernichtend geschlagen.

1 *Stellt die Gründe für diese Heeresreform zusammen.*
2 *Beschreibt die Ausrüstung der römischen Soldaten anhand der Abbildungen 1 und 2.*
3 *Spielt folgende Situation: Mehrere Proletarier unterhalten sich darüber, ob sie sich freiwillig zum Heeresdienst melden sollen.*

Roms Armeen kämpfen gegeneinander

Durch die Aussicht auf Beute, festen Sold und späteren Landbesitz verlockt, traten viele Proletarier in das Heer ein. Das Ackerland als „Altersversorgung" hatte ihnen aber nicht der römische Senat zugesagt, sondern Marius. Dieser Umstand führte zu einem ganz neuen Verhältnis zwischen dem Feldherrn und seinem Heer. Ein erfolgreicher Feldherr, der viele Siege errang, konnte sich auf seine Truppen unbedingt verlassen; ein weniger erfolgreicher Heerführer konnte kaum darauf hoffen, dass ihm die Soldaten die Treue hielten. So diente das Heer in erster Linie nicht mehr dem Staat, sondern seinem Heerführer. Macht und

Die Republik in der Krise

3 Nach dem gescheiterten Aufstand unter Spartacus wurden 6000 Sklaven von römischen Legionären gekreuzigt. Rekonstruktionszeichnung.

Ansehen des Senats, dessen Anordnungen die Truppen nicht mehr Folge leisteten, schwanden immer mehr dahin. Es dauerte nicht lange, bis einzelne Heerführer, gestützt auf die ihnen treu ergebenen Soldaten, ihre Truppen in Rom einmarschieren ließen, um selbst die Macht an sich zu reißen. Immer häufiger kam es zu erbitterten Kämpfen zwischen einzelnen Heerführern und ihren Truppen um die Macht.

Der Aufstand des Spartacus

Nicht nur die jahrzehntelangen Bürgerkriege, auch die wiederholten Sklavenaufstände schwächten den römischen Staat. In Italien lebten um 100 v. Chr. etwa fünf Millionen Menschen, darunter ungefähr eine Million Sklaven, die zumeist als Kriegsgefangene nach Italien verschleppt worden waren. Immer wieder kam es zu Versuchen, dieser Sklaverei zu entfliehen. So flüchteten im Jahr 73 v. Chr. über 200 Sklaven aus der Fechtschule in Capua. Sie wurden hier unter strenger Bewachung auf die tödlichen Schaukämpfe in den großen Arenen vorbereitet. 78 von ihnen gelang es, sich den Verfolgern zu entziehen. Weitere Sklaven schlossen sich ihnen an; nach kurzer Zeit waren es bereits 60 000 Sklaven, die bereit waren, um ihre Freiheit zu kämpfen. Zu ihrem Anführer wählten sie Spartacus. Unter seiner Führung wurden die römischen Truppen, die zur Niederschlagung des Aufstandes ausgesandt worden waren, immer wieder vernichtend geschlagen. Erst zwei Jahre später gelang es den Römern, mit einem Heer von über 40 000 Soldaten die Sklaven zu besiegen. Wer in Gefangenschaft geriet, wurde von den Römern ans Kreuz geschlagen, zur Abschreckung und Warnung vor erneuten Sklavenaufständen.

4 *Entwerft eine Rede, in der Spartacus dazu aufruft, sich seinem Aufstand anzuschließen.*
5 *Ein römischer Feldherr spricht zu seinen Soldaten vor dem Kampf mit dem Heer des Spartacus. Was könnte er gesagt haben?*

88–31 v. Chr.:
Machtkämpfe zwischen verschiedenen Heerführern und zeitweise blutige Bürgerkriege erschüttern Rom.

Caesar setzt sich durch

Römischer Katapult.

Römische Münze, geprägt unter Julius Caesar. Die lateinische Inschrift (VENI, VIDI, VICI) heißt übersetzt: Ich kam, ich sah, ich siegte.

49–44 v. Chr.: Bürgerkrieg.

1 Ein kleiner, uns allen wohl bekannter Gallier, verabredet ein Treffen mit Gaius Julius Caesar. Comiczeichnung, 1978.

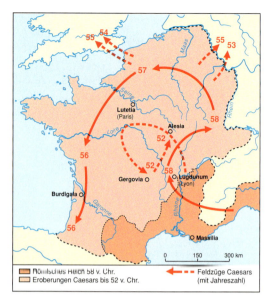

2 Die Feldzüge Caesars in Gallien.

Gaius Julius Caesar

Ein Heerführer, dem es besonders gut gelang, die Soldaten für sich zu gewinnen, war Gaius Julius Caesar (100–44 v. Chr.). Zwischen 58 und 52 v. Chr. eroberten die von ihm geführten Truppen ganz Gallien. Der griechische Geschichtsschreiber Plutarch (um 46 bis 120 n. Chr.) schrieb:

Q1 … Keiner von all seinen Vorgängern erreichte ihn in der Zahl der Schlachten und in der Größe der Verluste, die er den Feinden beibrachte. Denn der Krieg, den er in Gallien führte, dauerte nicht ganz zehn Jahre und in dieser Zeit nahm er über 800 Städte im Sturm, bezwang 300 Völkerschaften und kämpfte gegen drei Millionen. Eine Million tötete er im Kampf und eine andere nahm er gefangen.
Bei seinen Leuten war Caesar so beliebt, dass sie für seinen Ruhm mit unwiderstehlichem Mut in die größten Gefahren gingen.
Solchen Mut weckte Caesar besonders dadurch, dass er reichlich Geschenke und Belohnungen austeilte. Er wollte damit beweisen, dass er die im Krieg erworbenen Reichtümer nicht für sich selbst sammelte, sondern sie als gemeinsamen Lohn für tapfere Taten an verdiente Soldaten verteilte. …

Nach der Niederwerfung Galliens war das Ansehen Caesars so groß geworden, dass ein Senator meinte: „Nicht die Gallier und Germanen muss man fürchten, die größte Gefahr droht von Caesar." Als der Senat verlangte, dass Caesar seine Soldaten entlassen sollte, beschloss er nach Rom zu marschieren. Kampflos besetzte er in kurzer Zeit Italien und besiegte das vom Senat aufgestellte Heer. Viele Senatoren flohen aus Rom; die übrigen ernannten ihn jetzt zum Diktator (Alleinherrscher), zunächst auf ein Jahr, später auf Lebenszeit.

1 *Seht euch die Abbildung 1 und die Karte 2 an. Tragt zusammen, was ihr über die Eroberung Galliens durch Caesar aus Jugend- oder Sachbüchern wisst.*

2 *Sprecht über die Warnung des Senators. Für wen stellte Caesar eine Gefahr dar?*

Das Ende der römischen Republik

3 **Die Ermordung Caesars.** Das Bild zeigt, wie die Verschwörer Caesar umringen. Er lehnt – wie erwartet – die Bitte eines der Verschwörer ab. Daraufhin greifen sie zu Dolchen. Gemälde aus dem 19. Jahrhundert.

Caesar als Alleinherrscher

Der griechische Schriftsteller Cassius Dio* (155–235 n. Chr.) schrieb:

Q2 … Der Senat überließ Caesar die Besetzung aller Beamtenstellen und ernannte ihn zum Diktator. Er allein sollte Soldaten halten dürfen und die alleinige Verfügung über die Staatskasse haben. Und die Senatoren beschlossen außerdem, es solle ein elfenbeinernes Standbild von Caesar zusammen mit den göttlichen Standbildern im Festzug mitgeführt werden. Ein anderes Bild Caesars stellten sie im Tempel auf mit der Inschrift: „Dem unbesiegten Gott", ein weiteres auf dem großen Marktplatz zu den Bildern der einstigen Könige Roms. …

Eine der ersten Maßnahmen Caesars als Diktator bestand darin, die Versorgung seiner Soldaten sicherzustellen. Sie wurden in verschiedenen Gebieten des Römischen Reiches angesiedelt und erhielten Land zur Bearbeitung. Anderen gab er Arbeit durch ein großzügiges Bauprogramm in der Hauptstadt. Vom Volk wurde Caesar sehr verehrt. Unter den Senatoren aber hatte er zahlreiche Gegner. Sie fürchteten, Caesar wolle König werden und damit den endgültigen Untergang der Republik herbeiführen. So beschlossen sie, ihn zu beseitigen. Am 15. März 44 v. Chr. ermordeten sie Caesar während einer Senatssitzung.

3 Diskutiert, ob eurer Ansicht nach die Beweggründe von Caesars Gegnern einen politischen Mord rechtfertigen können.

Der Beginn der Kaiserzeit

Die Senatoren hatten Caesar ermordet, um die Freiheit der Republik zu retten. Doch sein Nachfolger Octavian (31 v. Chr. bis 14 n. Chr.) war wie Caesar schon bald Alleinherrscher. Er wurde der erste Kaiser (abgeleitet von dem Namen „Caesar") der Römer. Er und seine Nachfolger beherrschten das römische Weltreich während der nächsten 500 Jahre.

Cassius Dio*:
Historiker aus Kleinasien, der zu Beginn des 3. Jahrhunderts Geschichtswerke in griechischer Sprache verfasste.

44 v. Chr.:
Caesar wird Alleinherrscher (Diktator) auf Lebenszeit und am 15. März ermordet.

Das römische Kaiserreich

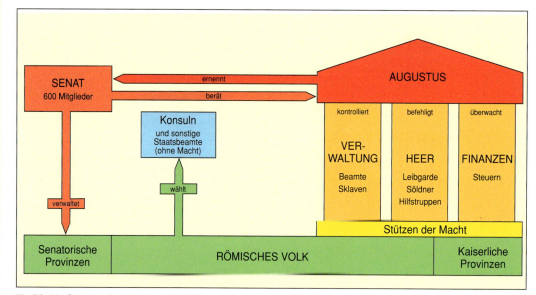

1 Die Verfassung des Römischen Reiches unter Augustus.

31 v. Chr.–14 n. Chr.: Octavian herrscht als Kaiser im Römischen Reich. Seit 27 v. Chr. wird er Augustus (= der Erhabene) genannt.

Römische Bürger: Die römischen Bürger, die nicht nur in der Stadt Rom lebten, hatten Vorteile, weil sie sich z. B. bei Gerichtsverhandlungen an den Kaiser wenden konnten. Alle Nichtrömer hatten die Möglichkeit, Römer zu werden. Ein Weg dazu war der Dienst in den Hilfstruppen des Heeres. Diese Soldaten wurden nach Ablauf ihrer Dienstzeit mit dem römischen Bürgerrecht beschenkt. Auch an ganze Städte konnte das Bürgerrecht verliehen werden.

Prinzipat des Augustus (27 v. Chr. bis 14 n. Chr.): Beginn der römischen Kaiserzeit.

Die Alleinherrschaft des Augustus

Nach der Ermordung Caesars tobte fast 15 Jahre lang ein mit ungeheurer Grausamkeit geführter Bürgerkrieg. Octavian, den Caesar in seinem Testament als Erben eingesetzt hatte, ging schließlich als Sieger daraus hervor. Widerstand gegen die Alleinherrschaft des Augustus gab es nicht. Dies lag sicherlich auch daran, dass sich die Menschen nach den Jahrzehnten des Bürgerkriegs nach Ruhe und Frieden sehnten.
Im Jahr 27 v. Chr. trat Octavian vor den römischen Senat und erklärte, die Republik sei wiederhergestellt. Er lege seine gesamte Macht nieder und wolle nur noch „princeps" (= erster Bürger) sein.
Cassius Dio, der von 155 bis 235 n. Chr. lebte, berichtet:

Q1 … Viele Senatoren bestürmten ihn [Octavian] mit Bitten, die Herrschaft zu behalten, bis er sich endlich gezwungen sah, Alleinherrscher zu bleiben. Die Provinzen, die friedlich und nicht mehr zum Krieg geneigt waren, überließ er dem Senat, die Provinzen, die unzuverlässig und gefährlich erschienen, behielt er selbst. … Auf diese Weise sollten die Senatoren von Waffen und Krieg entfernt bleiben. Er selbst wollte allein Waffen führen und Truppen unterhalten. …
In Wirklichkeit kam es dahin, dass Octavian selbst in allem über alles als Alleinherrscher bestimmte, da er die Finanzen kontrollierte. Außerdem war er Herr über das Heer. …

1 Erklärt mithilfe des Textes und des Schaubildes, worauf die Macht des Kaisers beruhte.
2 Was haltet ihr von der Aussage des Cassius Dio, Octavian habe sich gezwungen gesehen, Alleinherrscher zu bleiben?

Die Macht der Kaiser

Seit dem Sieg des Augustus lag die Macht nicht mehr bei den nur für ein Jahr gewählten Konsuln, sondern beim Kaiser. Er regierte auf Lebenszeit und stand über den bisherigen Beamten und dem Senat. Der Kaiser war Oberbefehlshaber der römischen Armee, seine Befehle hatten Gesetzeskraft. Der kaiserliche Gerichtshof hatte in wichtigen Fällen das letzte Wort. Einen Teil der Provinzen ließ der Kaiser direkt durch eigene Statthalter verwalten, nur für die Provinzen, in denen keine Soldaten stationiert waren, durfte der Senat die Statthalter ernennen.

Augustus, der Erhabene

2 Augustusstatue. Höhe: 2,04 m. Um 20 v. Chr.

Das Reich wurde von Rom aus verwaltet. Da das Reich aber sehr groß war, konnten die Kaiser nicht alles direkt kontrollieren. Die zahlreichen Städte im Reich behielten daher eine gewisse Selbstständigkeit. Solange sie die festgelegten Steuern zahlten, durften sie sich und ihr Umland weitgehend ohne Einmischung der kaiserlichen Zentrale verwalten. Jedes Jahr wählte man dafür in den Städten eigene Beamte. Ohne diese Selbstverwaltung von Tausenden von Städten hätte ein so großes Reich kaum bestehen können.

3 *Erklärt, warum die Kaiser nur die Provinzen ohne Soldaten dem Senat überließen.*
4 *Überlegt, welche Schwierigkeiten sich bei der Verwaltung eines so großen Reiches ergeben konnten.*

Kaiser und Bewohner des Reiches

Alle römischen Untertanen mussten den Kaiser verehren (Kaiserkult*) und ihm einen Treueid leisten. In einem solchen Eid auf den Kaiser Caligula (37–41 n. Chr.) heißt es:

Q2 … Ich schwöre, dass ich diejenigen als meine persönlichen Feinde ansehen werde, von denen ich erfahre, dass sie dem Kaiser Caligula feindlich gesonnen sind. Und wenn jemand ihn und sein Wohlergehen gefährdet oder gefährden wird, werde ich nicht aufhören, ihn zu verfolgen, bis er vernichtet ist. Ich werde um das Wohl des Kaisers mehr besorgt sein als um meines oder das meiner Kinder, und ich will diejenigen, die ihm feindlich gesonnen sind, als Staatsfeinde ansehen. Wenn ich bewusst gegen diesen Eid verstoße, dann sollen Jupiter Optimus Maximus und der unter die Götter aufgenommene Augustus und alle anderen unsterblichen Götter mir und meinen Kindern Vaterland, Gesundheit und all meinen Besitz nehmen. …

5 *Fasst zusammen, wozu jeder, der diesen Eid schwören musste, sich verpflichtete. Vermutet, warum der Kaiser diesen Treueid verlangte.*

Kaiserkult*:
Als Rom zum Kaiserreich wurde, betrachtete man auch die Kaiser als Götter und baute Tempel, in denen man sie anbetete. Mehrere Kaiser wurden schon vor ihrem Tod als Götter verehrt. Das Kaiserbildnis galt als Stellvertreter des Kaisers. Beleidigendes Verhalten gegenüber seinem Bild wurde als schweres Verbrechen geahndet.

Das römische Kaiserreich – ein Reich der Straßen

Spurbreite 1435 mm:
Die Spurbreite der Eisenbahnstrecken in vielen Ländern Europas beträgt heute 1435 mm. Sie entspricht der Spurbreite der römischen (Streit-)Wagen. Über die Jahrhunderte wurde dieser von den Wagenbauern beibehalten. Die ersten Eisenbahnbauer verwendeten die selben Werkbänke und Werkzeuge wie die Wagenbauer – und damit auch die gleiche Spurbreite: 1435 mm!

*Die **Via Appia** war die erste und wohl berühmteste Militärstraße. Sie führte von Rom über mehr als 160 Kilometer in südöstliche Richtung. Wie viele andere römische Straßen hat die Via Appia bis heute überlebt, mit einer neuen Asphaltierung, über die nun der moderne Verkehr hinwegrollt.*

1 Bau einer Römerstraße; rechts im Bild ein Landvermesser, unten: Querschnitt einer Landstraße. Rekonstruktionszeichnung.

Römische Soldaten bauen Straßen

Mit Kaiser Augustus (31 v. Chr. bis 14 n. Chr.) begann für das Römische Reich eine Zeit des Friedens. Auf Befehl des Kaisers wurden die Soldaten daher jetzt verstärkt zum Straßenbau eingesetzt (s. Abb. 1).

Die Straßen waren bis zu 7 m breit. Das Fundament bestand meist aus größeren Steinen, darauf folgte eine Schicht aus grobem Steinschotter und eine weitere Schicht aus feinem Kies. Die Straßendecke bestand ebenfalls aus Kies, in Städten oder in der Umgebung von Städten auch aus Steinplatten. Die Straßendecke war leicht gewölbt, damit das Regenwasser in die Gräben zu beiden Seiten der Straße abfließen konnte.

Wachtposten überwachten an wichtigen Kreuzungspunkten den Straßenverkehr. Für Reisende gab es in regelmäßigen Abständen Rasthäuser mit Schlafzimmern, Bädern und Ställen für Pferde und Wagen. Die Straßen dienten vor allem der Sicherung des Reiches: Auf den Straßen ritten Boten nach Rom, berichteten dem Kaiser von der militärischen Lage an den Grenzen und kehrten mit seinen Befehlen zu den Truppen zurück.

Truppen konnten schnell von einem Ort an einen anderen verlegt werden. Waffen, Handwerkserzeugnisse und Nahrungsmittel gelangten in kurzer Zeit bis zu den entferntesten Grenzbefestigungen.

Zur Zeit seiner größten Ausdehnung verfügte das Römische Reich über ein Straßennetz von 250 000 km; davon waren 80 000 km Fernstraßen, die ständig überwacht wurden.

1 *Stellt euch vor, ihr wäret Römer und hättet die Aufgabe, eine Straße zu bauen. Betrachtet die Abbildung und nennt die Aufgaben, die dabei gelöst werden müssen. Nicht alle Arbeiten des römischen Straßenbaus sind gezeigt. Beispielsweise muss das Baumaterial beschafft werden, die Soldaten müssen auch verpflegt und untergebracht werden.*

Die Wirtschaft des Kaiserreiches

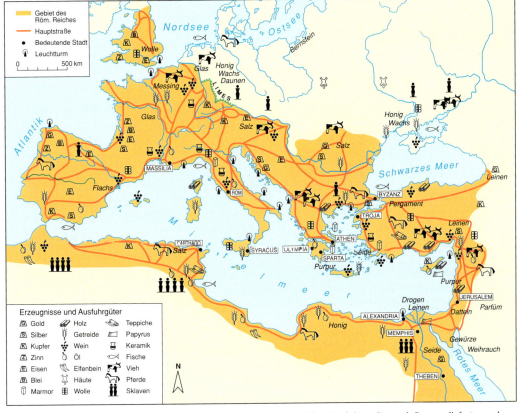

2 **Die Wirtschaft des Römischen Reiches im 1. Jahrhundert n. Chr.** Produkte, die nach Rom geliefert wurden.

Vorderseite einer Bronzemünze. (Sesterz).

Wie die Griechen (siehe S. 74) transportierten auch die Römer z. B. Olivenöl, Wein und Trockenobst in doppelhenkligen Krügen, den **Amphoren**.

Eine Zeit des Friedens

Da fast überall im Römischen Reich Frieden herrschte, konnte sich der Handelsverkehr auf den Straßen ungestört entwickeln. Auch die Handelsschiffe wurden nicht mehr wie in den Jahren zuvor von Seeräubern bedroht.

Ein Wissenschaftler schreibt über diese Zeit:

M … In den drei Häfen Roms strömten die Güter der Welt zusammen: Gemüse, Obst und Wein aus Italien; Getreide aus Ägypten und Afrika; Öl, Pökelfleisch, Blei, Silber und Kupfer aus Spanien; Wild, Holz und Wolle aus Gallien; Datteln aus den Oasen; Marmor aus Griechenland und Numidien; Elfenbein aus Nordafrika; Bernstein aus den baltischen Ländern; Glasschätze aus Phönizien und Syrien; Stoffe und Seide aus dem Orient; Weihrauch aus Arabien; Gewürze und Edelsteine aus Indien. …

2 Fertigt mithilfe der Karte eine Tabelle an. In die linke Spalte tragt ihr die heutigen Ländernamen ein, in die rechte Spalte die Waren, die nach Rom geliefert wurden.

3 Informiert euch in einem Lebensmittelgeschäft, aus welchen Ländern heute beispielsweise Gemüse, Obst usw. kommen.

Römische Münzen:
Mit dem Aufstieg Roms zur Weltmacht wurden Münzen als Zahlungsmittel für das römische Wirtschaftsleben immer wichtiger. Ihr Wert wurde vom Staat festgelegt. Er ergab sich durch das verwendete Metall und das jeweilige Gewicht. So galt:
1 Aureus (Gold) = 25 Denare (Silber) = 100 Sesterzen (Bronze) = 400 Asse (Kupfer).

Rom – die Hauptstadt eines Weltreiches

1 Forum* Romanum: ① Curia, Tagungsort des Senats; ② Rednertribüne ③ Basilica Julia ④ Basilica Aemilia, ein Handelsgebäude; ⑤ Maxentiusbasilika; ⑥ Traiansforum; ⑦ Augustusforum. Rekonstruktion, 20. Jahrhundert.

Forum:
Markt- und Versammlungsplatz in einer römischen Stadt.

Römischer Baukran mit Laufrad und Flaschenzügen.

Alltag in Rom

Strabo (63 v. bis 20 n. Chr.), ein Grieche, der zur Zeit des Augustus lebte, schrieb nach einer Besichtigung Roms:

Q1 … In Rom gibt es gepflasterte Straßen, Wasserleitungen und unterirdische Gräben, durch welche der Unrat aus der Stadt in den Tiber geleitet wird. Die Wasserleitungen führen so viel Wasser herbei, dass ganze Flüsse durch die Stadt und die unterirdischen Kanäle strömen und fast jedes Haus Wasserbehälter und reichlich sprudelnde Brunnen hat. Rom besitzt ferner zahlreiche herrliche Bauwerke. Viele davon stehen auf dem Marsfeld. Dieser Platz ist so groß, dass Wagenrennen und Pferdesport betrieben werden können, während sich gleichzeitig eine gewaltige Menge an Menschen im Ball- und Reifenspiel und im Ringen üben kann. Ferner gibt es viele Theater, breite Straßen, prächtige Tempel, herrliche Wohngebäude und Paläste.
Kommt man auf den alten Markt und sieht die prächtigen Bauten, die Tempel, Säulengänge und Wohngebäude, dann kann man leicht alles vergessen, was es sonst so gibt. So schön ist Rom. …

Der römische Redner und Satirendichter Juvenal (60–140 n. Chr.) meinte:

Q2 … Bin ich in Eile, komme ich wegen der vielen Menschen kaum voran. Hinter mir drückt das Volk in Scharen nach. Der eine stößt mir den Arm in die Seite, ein anderer ein hartes Brett. Bald trifft mich ein Balken am Schädel, bald ein Ölfass. Kot bespritzt meine Waden, von allen Seiten bekomme ich Tritte von mächtigen Sohlen und bald tritt mir ein grober Soldat mit den Nägeln seiner Stiefel auf die Zehen.
In jedem Landstädtchen könnte ich mir ein Häuschen kaufen zum gleichen Preis, den ich hier jedes Jahr als Miete für ein finsteres Loch zahlen muss. Nun, mein Freund, weißt du etwa, warum ich die Hauptstadt verlasse. …

1 Vergleicht die beiden Aussagen miteinander. Warum findet der Grieche Rom so besonders schön, weshalb verlässt der Römer die Stadt?

Brot und Spiele

2 Kampf zweier Gladiatoren. Von einem Aufpasser werden die Gladiatoren mit einem Lederriemen immer wieder angetrieben. Fußbodenmosaik, um 240 n. Chr.

3 Wagenrennen im Circus Maximus. Relief um 200 n. Chr.

Der Kaiser versorgt die Untertanen

Zur Zeit des Kaisers Augustus lebten in Rom über 1 Million Menschen. Unter ihnen gab es viele Arme und Arbeitslose. An über 200 000 römische Bürger ließ der Kaiser daher jeden Monat je 30 kg Weizen kostenlos verteilen, damit sie wenigstens genug zu essen hatten.

Die römischen Bürger forderten vom Kaiser aber nicht nur „Brot". Er sollte auch für Unterhaltung und Vergnügen in ihrer Freizeit sorgen. „Brot und Spiele" – so lautete die Forderung an den Kaiser.

Der Circus Maximus und das Kolosseum

Spiele – das waren Wagenrennen und Gladiatorenkämpfe. Im Circus Maximus fanden die Pferde- und Wagenrennen statt. Gerne gingen die Römer auch in das Kolosseum*. Dies war ein Rundbau, fast 60 m hoch, mit 45 000 Sitzplätzen. In der Mitte war – wie im Zirkus – eine Arena. Fast immer war das Kolosseum überfüllt. Alle wollten den Tierkämpfen zusehen, die der Kaiser für die Massen veranstalten ließ. Bären ließ man gegen Büffel kämpfen, Büffel gegen Elefanten oder Elefanten gegen Rhinozerosse.

Häufig gab es auch den Kampf Mensch gegen Tier. Als das Kolosseum im Jahr 80 n. Chr. eingeweiht wurde, starben an einem Tag fast 5000 Tiere in der Arena. Grausamer war der Wettstreit der Gladiatoren untereinander. Es war ein Kampf auf Leben und Tod. Die Beteiligten wurden von einer fanatischen Menge angefeuert. Beendet war der Kampf häufig erst dann, wenn einer der Kämpfer tot am Boden lag.

Abwechslung und Unterhaltung suchten die Römer auch in den Thermen. Das waren prächtig ausgestattete Freizeitzentren mit Dampf- und Wasserbädern, Kalt- und Warmbädern, Schwimm- und Wannenbädern. Daneben gab es auch Sportplätze, Gymnastikhallen, Büchereien und Museen. Außerdem waren in den Säulenhallen zahlreiche kleine Läden eingerichtet, in denen man einkaufen konnte. Alles zusammen bildete ein großes Freizeitzentrum. Der Eintrittspreis war so niedrig, dass auch ärmere Leute diese Thermen besuchen konnten. In den größeren Thermen konnten sich bis zu 5000 Besucher gleichzeitig aufhalten.

2 Beschreibt die Situation auf Abbildung 2.
3 Nehmt Stellung zu den Gladiatorenkämpfen. Wie denkt ihr über diese „Freizeitunterhaltung"?
4 Führt aus, warum der Kaiser Gladiatoren- und Theaterspiele veranstalten ließ.
5 Gestaltet eine Wandzeitung für euer Klassenzimmer zum Thema: „Eine Rundfahrt durch das alte Rom". Materialien bekommt ihr in Büchereien und Reisebüros.

Das Kolosseum*:
Hier veranstalteten die Kaiser seit 80 n. Chr. Gladiatorenkämpfe und Tierhetzen. Für Seegefechte konnte man den Innenraum unter Wasser setzen.

Sklaven in Rom

Halsring eines Sklaven mit dem Namen seines Herrn.

Freigelassene
(lat. libertini): Sklaven kauften sich mit Ersparnissen selber frei oder wurden von ihren Herren nach mehreren Jahren freigelassen. Erst in zweiter oder gar dritter Generation hatten Freigelassene das volle römische Bürgerrecht, konnten damit öffentliche Ämter bekleiden und eine rechtsgültige Ehe eingehen. Freigelassene traf man häufig in Ämtern am Kaiserhof oder in der Verwaltung der Provinzen an. Als Handwerker garantierten sie den hohen Lebensstandard der Kaiserzeit.

Füllen*:
Fohlen, junges Pferd.

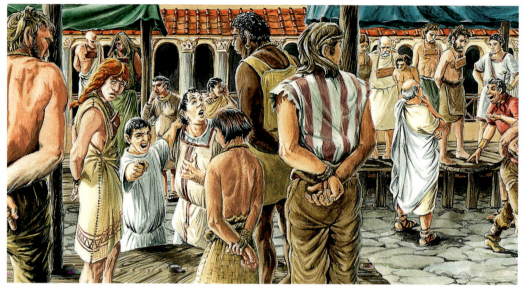

1 Römischer Sklavenmarkt. Rekonstruktionszeichnung.

Die Sklaven – billige Werkzeuge?

Von ihren Eroberungen brachten die Römer häufig Zehntausende von Kriegsgefangenen mit, die sie als Sklaven verkauften. Auf einem Schild, das sie um den Hals trugen, waren Alter, Herkunftsort und besondere Fähigkeiten angegeben. Je mehr Fähigkeiten ein Sklave besaß, desto teurer war er.

Das schwerste Los hatten auch bei den Römern die Bergwerkssklaven. Etwas besser hatten es jene, die als Handwerker in Töpfereien, Waffenwerkstätten, Mühlen, Bäckereien oder in einem Haushalt arbeiteten. Hausklavinnen und -sklaven wurden meist einfachere Arbeiten übertragen. Sie waren allerdings – ebenso wie alle anderen – ständig der Gefahr ausgesetzt, wegen einer Nachlässigkeit schwer bestraft oder sogar getötet zu werden. Einige wurden auch als Lehrer zur Erziehung der römischen Kinder eingesetzt. Wenn sie Glück hatten, kamen sie zu einem Herrn, der sie nicht nur als billiges Werkzeug ansah.

Der griechische Geschichtsschreiber Plutarch (um 46 bis 120 n. Chr.) schrieb über den römischen Politiker Cato den Älteren (234–149 v. Chr.):

Q1 … Er hielt eine große Menge Sklaven, die er aus den Kriegsgefangenen kaufte, am liebsten solche, die noch klein waren und sich wie junge Hunde oder Füllen* nach seiner Art bilden und ziehen ließen. … Wenn er seinen Freunden und Amtsgenossen ein Gastmahl gab, (ließ er) gleich nach Tisch die Sklaven, die beim Auftragen oder Zubereiten nachlässig gewesen waren, auspeitschen. … Diejenigen, die ein todeswürdiges Verbrechen begangen zu haben schienen, ließ er dann, wenn sie von sämtlichen Sklaven in einem Gericht schuldig befunden worden waren, hinrichten. …

1 Beschreibt die Abbildung 1. Spielt folgende Szene: Zwei Käufer unterhalten sich mit dem Verkäufer über die Sklaven, die er anzubieten hat. Die Sklaven berichten, was sie dabei empfinden.

2 Diskutiert darüber, wie Cato nach Quelle 1 seine Sklaven behandelt. Vergleicht dabei Catos Gericht mit einer heutigen Gerichtsverhandlung.

Sklaven in Rom

2 **Römisches Fußbodenmosaik mit kämpfenden Gladiatoren.** Ausschnitt, 2. Jahrhundert n. Chr.

3 **Römisches Fußbodenmosaik mit kämpfenden Gladiatoren.** Ausschnitt, 2. Jahrhundert n. Chr.

Gladiatoren in der Arena

Manche Sklaven wurden auch zu Gladiatoren ausgebildet. Zur Unterhaltung der Zuschauer mussten sie in großen Arenen auf Leben und Tod gegeneinander oder gegen wilde Tiere kämpfen (Abb. 2 u. 3).

Bei den Römern waren diese Spiele überaus beliebt. Mit lauten Rufen feuerten sie die Gladiatoren an oder verlangten von den Aufsehern, allzu träge und langsame Kämpfer mit Peitschenhieben oder glühenden Eisen anzutreiben. War ein Gladiator so stark verwundet, dass er nicht weiterkämpfen konnte, hob er den linken Arm; mit diesem Zeichen bat er um Gnade. Die Entscheidung darüber stand allein dem Ausrichter der Spiele zu, der den Willen der Zuschauer berücksichtigte. Waren diese mit den Leistungen nicht zufrieden, so senkten sie den Daumen und riefen: „Erdrossle, töte ihn."

Weil diese Spiele so beliebt waren, nutzten ehrgeizige Politiker diese Möglichkeit, sich durch die Ausrichtung derartiger Veranstaltungen bei der Bevölkerung beliebt zu machen. Auf diese Weise hofften sie genügend Stimmen zu erhalten, wenn sie sich um das nächsthöhere Amt in ihrer Beamtenlaufbahn (siehe S. 98) bewarben.

3 *Beschreibt die Situationen auf den Abbildungen 2 und 3. Versetzt euch in eine der dargestellten Personen und schildert eure Gedanken und Empfindungen.*

4 *Spielt folgende Situation: Der Schüler Alypius verabscheut die Gladiatorenspiele. Seine Freunde bedrängen ihn und wollen ihn überreden, sich die Kämpfe anzuschauen. Er aber lehnt ab.*

Sind Sklaven Menschen?

Es gab im Altertum nur einige wenige, die sich für eine menschliche Behandlung der Sklaven aussprachen. Beachtung fand der Philosoph Seneca (um 4 v. Chr. bis 65 n. Chr.). Er schrieb an einen Bekannten:

Q2 … Zu meiner Freude erfuhr ich von Leuten, die dich besucht haben, dass du freundlich mit deinen Sklaven umgehst. Das entspricht deiner Einsicht und deiner Bildung. … Bedenke, dass der Mensch, den du einen Sklaven nennst, den gleichen Ursprung hat wie du, dass sich über ihm derselbe Himmel wölbt, dass er die gleiche Luft atmet, dass ihm das gleiche Leben, der gleiche Tod beschieden ist. …

*Römischer **Gladiator**. Rekonstruktionszeichnung.*

5 *Gebt mit eigenen Worten wieder, wie Seneca seine Haltung gegenüber den Sklaven begründet.*

Der Alltag der Römer

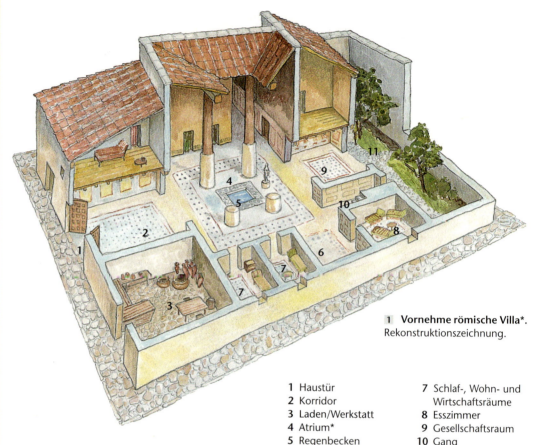

Fußbodenheizung in einer römischen Villa. Der Fußboden sitzt auf gemauerten Pfeilern, zwischen denen durch einen Ofen erhitzte Luft strömt.

Villa*
(lat. = Landhaus): Bei den Römern war die Villa das zu einem Landgut gehörende Herrenhaus. Später bezeichnete die Villa auch die vornehmen Stadtwohnungen. Ihre reichen Besitzer verfügten in der Regel über landwirtschaftliche Güter.

Atrium*:
In der Eingangshalle (lat. = atrium) empfingen reiche Römer ihre Gäste. Durch die Öffnung im Dach fiel Licht ein. Regenwasser wurde in dem darunter liegenden Becken aufgefangen und half den Raum zu kühlen.

1 Vornehme römische Villa*. Rekonstruktionszeichnung.

1 Haustür
2 Korridor
3 Laden/Werkstatt
4 Atrium*
5 Regenbecken
6 Seitenflügel
7 Schlaf-, Wohn- und Wirtschaftsräume
8 Esszimmer
9 Gesellschaftsraum
10 Gang
11 Garten

Villen und Mietskasernen

Der auf eine gerechte Verwaltung der Provinzen und auf sparsame Finanzwirtschaft bedachte Kaiser Tiberius (14–37 n. Chr.) sagte einmal:

Q1 … Was soll ich zuerst verbieten? Den grenzenlosen Umfang der Villen? Die riesige und aus allen Nationen zusammengesetzte Dienerschaft? Die Schwere der Silber- und Goldgefäße? Die kostbaren Gewänder, die ebenso von Männern wie von Frauen getragen werden? Unsere Siege über fremde Völker ermöglichen es, fremdes Gut so zu verprassen. …

1 Untersucht mithilfe dieser Aussage und der Abbildungen 1 und 2, wie ein reicher Römer gewohnt hat.

In Rom gab es etwa 1500 Villen, die von reichen Römern bewohnt wurden. Die übrige Bevölkerung lebte in Häusern, die wir heute als Mietskasernen bezeichnen würden (Abb. 3). Man wohnte dicht gedrängt und musste an den Hausbesitzer hohe Mieten zahlen.

In den Räumen im Erdgeschoss befanden sich Läden. Die kleinen Fenster in den Mauerbögen erhellten notdürftig ein Zwischengeschoss. Es diente gleichzeitig als Lagerraum und als Wohnung für den Ladeninhaber und seine Familie (Abb. 4).

Über dem Zwischengeschoss befanden sich weitere Wohnungen, alle überbelegt mit Mietern. Heizung gab es keine und fließendes Wasser auch nicht. Häufig waren die Häuser baufällig.

So wohnten die Römer

2 Römische Luxusvilla in Pompeji. Rekonstruktionszeichnung.

Der Dichter Juvenal (60–140 n. Chr.) klagte:
Q2 … Wir hausen hier in Gebäuden mit Stützbalken leichter Art; nur solche zieht der Verwalter ein, wenn die Wand schwankt. Hat er die alten Risse verstopft, dann sagt er, wir sollten ruhig schlafen, obgleich die Gefahr des Einsturzes lauert. …

2 Beschreibt mithilfe der Abbildungen 3 und 4 sowie des Textes die Wohnung eines armen Händlers.
3 Besprecht gemeinsam, wer für Rom die vielen Siege errungen hat und wer von diesen Siegen den Nutzen hatte.

4 Wohnung eines armen Händlers. Rekonstruktionszeichnung nach Funden in der römischen Hafenstadt Ostia.

3 Römisches Mietshaus. Rekonstruktion.

Öffentliche Toilette in Pompeji.

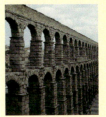

Römischer Aquädukt (Wasserleitung) in Segovia (Mittelspanien), 1. Jahrhundert n. Chr.
Der 800 m lange Aquädukt ist immer noch betriebsfähig.

Fußbodenmosaik in Pompeji. Foto, 2003.

Wandgemälde in einer Villa in Pompeji. Foto, 2003.

Pompeji

Laden in Pompeji. Foto, 2003.

Leichenabdrücke in Pompeji. Foto, 2003.

Querschnitt durch eine Getreidemühle aus Pompeji. Getreide war ein wichtiges Handelsgut.

Teil eines Wandgemäldes in der Villa dei Misteri in Pompeji, 2. Jahrhundert v. Chr.

1 Pompeji in den ersten Minuten des Bimssteinhagels im Jahr 79 v. Chr. Rekonstruktionszeichnung.

Der Vesuv bricht aus

Pompeji war ein wichtiges Handels- und Gewerbezentrum und verfügte auch über einen eigenen Hafen. Als die Stadt im Jahr 62 n. Chr. durch ein gewaltiges Erdbeben weitgehend zerstört wurde, begannen seine Bewohner sofort mit dem Wiederaufbau. Die Arbeiten an den öffentlichen Gebäuden und den Privathäusern waren noch lange nicht vollendet, als am 24. August des Jahres 79 n. Chr. über die Stadt eine Katastrophe hereinbrach. Eine große Aschewolke zog bis Misenum, wo sich gerade Plinius der Jüngere (um 62 bis 114 n. Chr.) aufhielt. Er berichtete:

Q ... Eine dicke Qualmwolke, die wie ein reißender Strom über die Erde dahinschoss, folgte uns drohend. „Wir wollen ausbiegen", rief ich (meiner Mutter zu), „solange wir noch etwas sehen, damit wir nicht auf der Straße in der Finsternis von der Menschenmasse ringsum zertrampelt werden."
Wir hatten uns kaum niedergesetzt, da umhüllte uns bereits die Nacht. ... Man hörte das Heulen der Frauen, das Gewimmer der Kinder, die Schreie der Männer. ... Die einen jammerten über sich selbst, die anderen über das Unglück der Ihren. Viele hoben die Hände zu den Göttern, groß war die Zahl derer, die glaubten, es gebe keine Götter mehr und über die Welt sei die letzte, die ewige Nacht hereingebrochen. ...
Reichlich und schwer fiel die Asche herab. Von Zeit zu Zeit mussten wir aufspringen und sie abschütteln, sonst hätte sie uns völlig bedeckt und durch ihr Gewicht erdrückt. ...

1 Informiert euch darüber, z. B. im Erdkundeunterricht, wie es zu einem Vulkanausbruch kommen kann.

Eine Stadt stirbt

Als Plinius in Misenum vor dem Aschenregen floh, war in Pompeji bereits alles Leben erloschen. Um 10 Uhr vormittags begann, ohne Vorwarnung, der Ausbruch des Vesuvs mit einem furchtbaren Knall. Millionen Tonnen von Bimsstein, Lava und Asche wurden in den Himmel geschleudert und trieben in einer schwarzen Wolke auf Pompeji zu.
Mauern und Dächer stürzten ein und begruben Mensch und Tier unter sich. Nur drei Stunden später war jegliches Leben hier erloschen. Heftige Blitze, Erd- und Seebeben begleiteten die Katastrophe, die drei Tage andauerte und die Stadt schließlich unter einer 5 m dicken Schicht versinken

Pompeji

Schrittsteine über eine Straße in Pompeji.

ließ. Die infolge von Regenfällen feuchte Asche legte sich um die Leiber und drang in die Falten der Kleider, bevor sie erstarrte. Als die Körper zerfielen, blieb ihr Abdruck in der Asche erhalten. Als man im 19. Jahrhundert mit der systematischen Grabung in Pompeji begann, goss man in die so entstandenen Hohlformen flüssigen Gips. Man erhielt auf diese Art ganz genaue Abbilder von Tieren und Menschen in Pompeji während der letzten Sekunden ihres Lebens.
Ein Wissenschaftler berichtet:

M … Im Hause des Vesonius Primus hatte man vergessen, den Hund, der im Atrium angekettet war, freizulassen. Durch die Öffnung im Dach rieselte Schlacke in den Raum. Das unglückliche Tier kletterte auf die Asche, soweit es die Kette zuließ. Schließlich war der Hund besiegt; er drehte sich auf den Rücken, versuchte unter dem Einsatz seiner ganzen Kraft, sich zu befreien, und verendete (Abb. 3). Im Hause des Fauns konnten sich die Eigentümer nicht dazu entschließen, ihre Schätze im Stich zu lassen. In aller Eile suchte die Hausherrin ihre kostbarsten Besitztümer zusammen: goldene Armreifen in Schlangenform, Haarnadeln, Ohrringe, einen silbernen Spiegel und eine mit Goldstücken gefüllte Börse; dann erst wandte sie sich zur Flucht.
Aus Angst vor der Asche kehrte sie zurück; kurz darauf stürzte das Dach ein und begrub die Unglückliche samt ihren Schätzen unter sich. Die anderen Hausbewohner erstickten in ihren Verstecken. … Die Gladiatorenkaserne wurde zu einer tödlichen Falle für ihre Bewohner. Zwei, die in Ketten lagen, gingen elend zugrunde, denn niemand kümmerte sich um sie; die anderen zogen sich in bestimmte Räume zurück. Der Tod ereilte dort 63 Menschen. …

2 Betrachtet Abbildung 4 und die Zeichnung der Vorderseite. Welche Gründe könnten Menschen an einer schnellen Flucht gehindert haben?

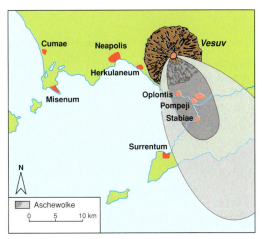

2 Die Bucht von Neapel im Jahr 79 n. Chr.

3 Abguss des Wachhundes des Vesonius Primus. Foto.

4 Abguss eines Maultiertreibers, der sich zum Schutz gegen den Ascheregen in seinen Umhang hüllte und erstickte. Foto.

Fundstücke aus Pompeji:

Tragbares Kohlenbecken

Armreif in Gestalt einer Schlange

Geldbörse aus Silber

Zum Weiterlesen: Römische Thermen

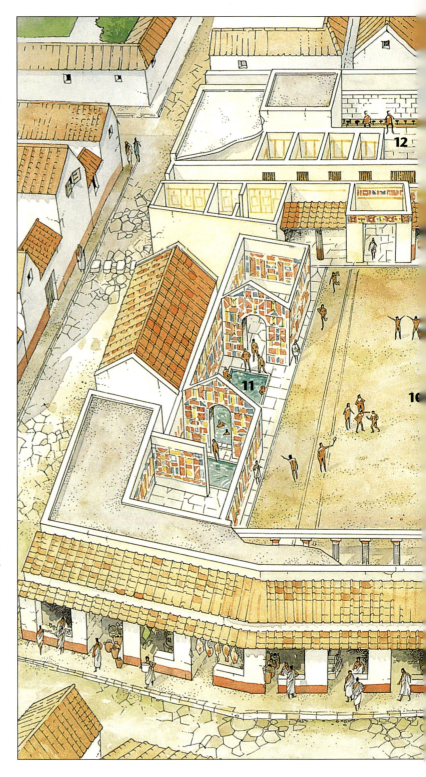

Ein Badehaus für alle
Jede römische Stadt musste zumindest ein Badehaus, eine Therme, haben. In Pompeji gab es drei große Thermen für die Stadtbewohner und alle benutzten sie. Man zahlte wenig Eintritt und Kinder durften umsonst hinein. In den Thermen erholte man sich, traf Freunde oder besprach sogar geschäftliche Angelegenheiten.

Vom Kaltbad zum Schwitzbad
Einige Thermen, etwa die Stabianer Thermen in Pompeji, hatten gesonderte Anlagen für Männer und Frauen. Ansonsten gab es getrennte Badezeiten. Zuerst kleidete man sich aus (im Apodyterium) und legte seine Kleider in ein Fach oder auf ein Bord. Dann ging man in einen ungeheizten Raum, Frigidarium genannt, und nahm ein kurzes, kaltes Bad. Danach kam man in einen Warmluftraum, das Tepidarium.
Von dort aus ging es ins Caldarium, einen ganz heißen Raum voller Dampf mit heißen Bädern und einem warmen Brunnen zum Waschen. Dieser Raum wurde durch ein Hypocaustum geheizt – ein Gewölbe unter dem Fußboden, in das heiße Luft geblasen wurde. Durch den Dampf schwitzte man den Schmutz aus, der dann abgeschabt werden konnte. Dies erledigte zuweilen ein Sklave, der einen anschließend massierte und die Haut einölte. Es gab auch ein Laconicum oder Schwitzbad, in das man ging, wenn man trockene Hitze wollte. Danach konnte man in den Hof gehen, um sich zu bewegen – um Ball zu spielen oder einfach nur zum Umhergehen. Es gab auch ein kleines Schwimmbad und Toiletten.

Die Arbeit in den Thermen
Um eine Therme zu betreiben, wurden viele Sklaven gebraucht. Die Räume und das Wasser mussten mit Öfen geheizt

Zum Weiterlesen: Römische Thermen

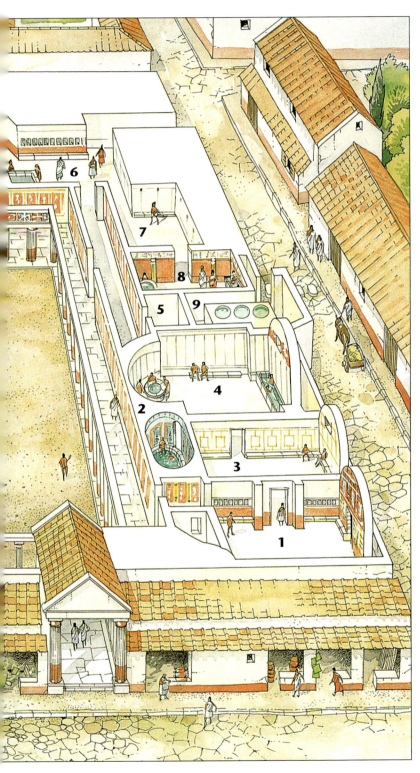

werden, die die heiße Luft unter die Fußböden bliesen und durch die Wände zum Dach hinaufleiteten. Die Fußböden über den Hypocausten ruhten auf Pfeilern.
Andere Sklaven arbeiteten als Masseure oder brachten Handtücher. Vermutlich gingen auch einige mit einem Bauchladen herum und verkauften einen Imbiss oder Süßigkeiten.

Ein geräuschvoller Ort
Lucius Seneca in Rom, etwa 63 n. Chr.:
„Ich wohne über den öffentlichen Badehäusern – du weißt, was das bedeutet. Es ist widerwärtig! Da sind die ‚starken Männer', die ihre Übungen machen und mit Ächzen und Stöhnen schwere Bleigewichte schwingen. Dann die Faulen, die sich einer billigen Massage unterziehen – ich höre, wie jemand Klapse auf die Schultern bekommt. Dann ist da der Mann, der den Klang seiner eigenen Stimme im Bad so gern hört. Und die, die ins Becken springen, dass es platscht!"

Diese und weitere Informationen über das Römische Reich und das Leben der Römer findet ihr in dem Buch von Mike Corbishley: Das Buch vom alten Rom. Arena, Würzburg 1990.

Die Stabianerthermen in Pompeji.
Rekonstruktionszeichnung.

Männerthermen:
1 Auskleideraum
2 Kaltbad
3 Warmluftraum
4 Warmbad
5 Schwitzbad

Frauenthermen:
6 Auskleideraum
7 Warmluftraum
8 Warmbad
9 Öfen
10 Hof
11 Schwimmbad
12 Toiletten

Familie und Erziehung

Mode:
Die Männer trugen ein knielanges, ärmelloses Hemd als Unterkleid. Über dieser Tunica als Oberkleid trugen die vornehmen Männer die Toga. In Rom musste sich jeder Bewerber um ein Staatsamt in eine weiße Toga kleiden.
Die Römerin trug über der Tunica ein Kleid aus Leinen. Draußen zog sie bei Bedarf einen lockeren Mantel („Palla") über.

1 Junge Frau mit Schreibtafel und Griffel. Wandbild aus Pompeji, 1. Jahrhundert n. Chr.

2 Eine Frau mit einer Schreibtafel; ihr Mann mit einer Buchrolle. Wandbild aus Pompeji, um 70 n. Chr.

Die römische „familia"

Die römische „familia" war etwas anderes als unsere heutige Familie. An der Spitze einer solchen Adelsfamilie stand der „pater familias", der Vater der Familie. Er besaß über alle Familienmitglieder uneingeschränkte Macht. Er allein entschied über das Vermögen. Nur er konnte Verträge schließen. Und er allein entschied, ob ein Neugeborenes aufgezogen wurde oder nicht. Vor allem Mädchen wurden häufig ausgesetzt und mussten verhungern oder erfrieren, wenn sich nicht mitleidige Menschen des Kindes annahmen. Über alle Mitglieder der „familia" konnte der „pater familias" Strafen, sogar die Todesstrafe verhängen. Zur „familia" gehörten neben der Ehefrau und den Kindern auch Enkel und Urenkel und die Familien der verheirateten Söhne. Ferner wurden zur „familia" auch die Sklaven und die Klienten gezählt.

Frauen in Rom

Die Römerin heiratete im Alter zwischen 12 und 14 Jahren. Als Ehefrau war sie vor allem „mater familias", die Mutter der Familie. Sie sorgte für das Haus, beaufsichtigte die Sklavinnen und kümmerte sich um die Erziehung der Kinder. Mit Beginn der Kaiserzeit erhielten die Römerinnen größere Freiheit und Selbstständigkeit. Kein Vater konnte seine Tochter mehr zwingen, eine Ehe einzugehen. Politische Rechte erhielten die römischen Frauen allerdings auch jetzt noch nicht; sie konnten also auch weiterhin keine öffentlichen Ämter übernehmen. So beschäftigten sich Frauen der Oberschicht häufig mit griechischer Bildung und Wissenschaft. Als Beraterinnen ihrer Männer wurden sie von römischen Schriftstellern immer wieder wegen ihrer politischen Klugheit gelobt. Stärker als früher nahmen sie am öffentlichen Leben teil, besuchten religiöse Feste, öffentliche Spiele, Theater, Thermen und Zirkusveranstaltungen.
Für die Frau eines einfachen Römers sah das Leben anders aus: In den engen, vom Einsturz bedrohten Mietskasernen wohnend, musste sie häufig allein für den Lebensunterhalt und die Erziehung der Kinder sorgen. Ihr Mann, der sich als Berufssoldat für eine zwanzigjährige Dienstzeit verpflichtet hatte, kam oft jahrelang nicht nach Hause.

1 Beschreibt, welche Eigenschaften einer Römerin auf den Abbildungen 1 und 2 als besonders lobenswert erscheinen.

Schule und Unterricht

3 **Privatlehrer mit Schülern.** Relief, 3. Jahrhundert n. Chr.

Römische Schulen

2 *Seht euch die Abbildung 3 an. Welche Situation im Leben eines römischen Jungen ist hier dargestellt?*

Bis zum 6. oder 7. Lebensjahr wurden die Kinder von ihrer Mutter erzogen. In den wohlhabenden Familien übertrug man die Erziehung auch geeigneten Sklavinnen oder Sklaven. Mit sieben Jahren besuchten die Kinder der armen Familien eine öffentliche Schule.
Ein heutiger Wissenschaftler schreibt:

M … Der Unterricht begann früh am Morgen, ging pausenlos bis zum Mittag durch, wurde unter dem Vordach eines Ladens abgehalten, ständig umbrandet vom Straßenlärm, von dem ihn lediglich einige Zeltplanen trennten. Die gesamte Ausstattung bestand aus einem Stuhl für den Lehrer, Bänken oder Schemeln für die Schüler, einer schwarzen Tafel, Schreibtäfelchen und einigen Rechenbrettern. Der Unterricht ging das ganze Jahr hindurch und wurde nur an Markttagen und während der Sommerferien ausgesetzt. …

Lehrer waren häufig freigelassene Sklaven, denen die Schüler vielfach mit Verachtung begegneten. Um sich durchzusetzen, griffen sie deshalb häufig zur Prügelstrafe. Ganz anders ging es in den teuren Privatschulen zu, die nur von Kindern der Oberschicht besucht wurden. Begleitet von einem Sklaven, der Schreibzeug, Tafel und Lineal tragen musste, gingen die Kinder morgens zum Unterricht, der von einem gut ausgebildeten Lehrer gehalten wurde.

3 *Den Schulabschluss bezeichnete man in Rom häufig mit: „die Hand unter dem Stock wegziehen". Erklärt diese Redewendung.*

Schreibtafel aus Wachs mit Griffel. Daneben Tintenfass mit Feder und Pergament. Rekonstruktionszeichnung.

4 **Bestrafung eines Schülers.** Nach einem Wandbild aus Herculaneum aus dem 1. Jahrhundert n. Chr.

Die Sicherung des Römischen Reiches

Marschgepäck eines Soldaten:
– Waffen und Rüstung: ca. 22 kg,
– persönliches Gepäck, Kleidung und Schuhe: ca. 7 kg,
– Grundnahrungsmittel und Geschirr: ca. 12,5 kg,
– Schanzzeug zum Bau eines Lagers: ca. 10 kg.

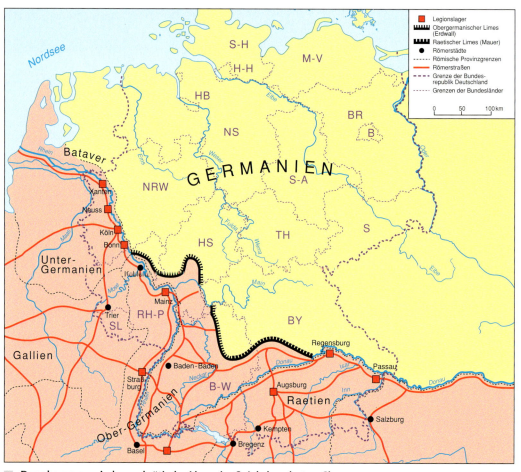

1 Der obergermanische und rätische Limes im 2. Jahrhundert n. Chr.

Limes*
(lat. = Grenzweg): Grenzbefestigung der Römer mit Wällen, Gräben, Wachttürmen und Kastellen.

Der Limes*

Das ganze Römische Reich war in Provinzen, eingeteilt. An ihrer Spitze standen Statthalter, die die hier eingesetzten Truppen befehligten. Zugleich sorgten sie dafür, dass die unterworfenen Völker die römischen Gesetze befolgten sowie Steuern und Abgaben bezahlten. Kaiser Augustus wollte, dass das ganze Römische Reich durch natürliche Grenzen gesichert sein sollte. Bis zu seinem Tod hatte er dieses Ziel erreicht: Das Imperium wurde vom Atlantischen Ozean, von den Wüsten in Nordafrika und im Nahen Osten sowie von den Flüssen Euphrat, Donau und Rhein begrenzt (vgl. Karte 2 S. 101). Gescheitert aber war Augustus mit seinem Plan, die Reichsgrenze östlich des Rheins bis an die Elbe vorzuschieben (siehe S. 146). Rhein und Donau blieben die Reichsgrenzen. Unter seinen Nachfolgern kamen nur wenige Eroberungen hinzu. Sie beschränkten sich meistens darauf, die Grenzen noch sicherer zu machen. Überall dort, wo nicht Berge oder Flüsse eine natürliche Barriere bildeten, wurden Erdwälle aufgeschüttet, Türme, Palisaden oder Mauern errichtet. Diese Grenzbefestigung wurde Limes genannt. Ein solcher Limes wurde in Britannien angelegt, einer in Germanien, weitere entstanden z. B. in Nordafrika.

1 Erklärt mit eigenen Worten, warum die Römer den Limes bauten.
2 Beschreibt mithilfe der Karte (Abb. 1) den Verlauf des Limes in Germanien.

Alarm am Limes

Bei Idstein im Taunus wurde ein Limeswachtturm rekonstruiert.

Waffen eines Legionärs:

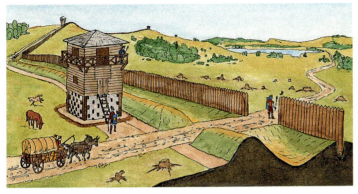

2 Obergermanischer Limes mit Holzzaun, Wall und Graben. Rekonstruktionszeichnung.

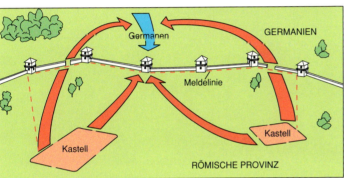

3 Wach- und Meldeanlagen am Limes.

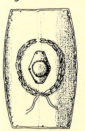

Schild

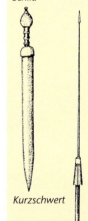

Kurzschwert

Wurfspeer

Die Grenzsicherung

Der römische Schriftsteller Frontinus schrieb im 1. Jahrhundert n. Chr.:

Q ... Weil die Germanen treu ihrer Gewohnheit aus ihren Wäldern und dunklen Verstecken heraus die Unsrigen überraschend anzugreifen pflegten und nach jedem Angriff eine sichere Rückzugsmöglichkeit in die Tiefe der Wälder besaßen, ließ der Kaiser Domitian einen Limes über 120 Meilen anlegen (1 Meile = 1478 Meter). ...

Nur einhundert Jahre später erstreckte sich der Limes vom Rhein bis zur Donau, 548 km lang und bewacht von römischen Soldaten in über 60 Kastellen und 900 Wachttürmen. In Obergermanien bestand der Limes aus einem Palisadenzaun, hinter dem sich Wall und Graben befanden. In Raetien baute man anstelle der Palisaden im 2. Jahrhundert n. Chr. eine 2 bis 3 m hohe Mauer. Die Wachttürme aus Stein waren weiß verputzt mit rot eingefärbten Quaderlinien.

Der Limes bildete so weithin sichtbar die römische Reichsgrenze. Nur an bestimmten Übergangsstellen durften Kaufleute und Reisende die Grenze überqueren. Reichtum und Wohlstand in den römischen Siedlungen hinter dem Limes verlockten Germanen immer wieder zu kleineren Raub- und Plünderungszügen. Entdeckte der römische Posten auf einem Wachtturm Germanen, die sich heimlich der Grenze näherten, gab er sofort ein Signal an die benachbarten Wachttürme weiter, nachts z. B. mit einer Fackel, tagsüber mit einer roten Flagge oder – vor allem bei schlechtem Wetter – mit dem Horn. Von Turm zu Turm wurde das Alarmsignal weitergegeben bis zum nächsten Kastell.

3 Beschreibt mithilfe der Abbildung 2 den Aufbau der Verteidigungsanlagen am Limes.
4 Schaut euch Abbildung 3 genau an. Erklärt, was geschah, wenn ein römischer Wachtposten germanische Krieger sichtete.

5 n. Chr.: Eine römische Flotte unter Führung des Tiberius erkundet die Küste Nordfrieslands und die Elbmündung.

Römisches Leben in den Provinzen

1 „Die Vorzüge der römischen Kultur". Karikatur aus einer englischen Zeitschrift, 1912.

Trinkglas. Köln, um 300 n. Chr.

Moselschiff. Von einem Grabmal bei Neumagen.

Römische Kultur erobert die Provinz
1 *Beschreibt die Karikatur. Welche Gegensätze werden dargestellt? Auf welche „Vorzüge" weist der römische Offizier in dieser Karikatur hin? Wie wird die Reaktion der Zuschauer beschrieben?*

Römische Soldaten, Offiziere, Verwaltungsbeamte und Händler brachten in alle Provinzen des großen Reiches die römische Lebensweise. An den großen Flüssen und Fernverkehrsstraßen entstanden Römerstädte wie beispielsweise Mainz, Koblenz, Bonn, Köln, London oder Tarragona.
Außerdem bauten die Römer zahlreiche große Gutshöfe zur Versorgung der Bevölkerung und der Soldaten. Steinhäuser und Straßenbau waren den unterworfenen Völkern ebenso fremd wie zahlreiche Früchte, die die Römer anbauten. Sie übernahmen hierfür die römischen Begriffe, die so auch in unsere Sprache Eingang gefunden haben:

M … Auf einer „strata", bedeckt mit „plastrum", nähert sich ein germanischer Händler auf seinem „carrus" dem römischen Gutshof. Seine Ware hat er sorgfältig verpackt in "cista", „saccus" und „corbis". Umgeben war der Gutshof von einer murus. Durch die geöffnete „porta" gelangte er in den Innenhof. Jetzt stand er vor der villa, gedeckt mit roten „tegula". In der „villa" gab es eine camera und ein geheiztes Zimmer mit einem langen „discus". An der Wand hing ein „speculum". Jedes Zimmer hatte ein großes „fenestra". Im „cellarium" befand sich die riesige „pressa", mit deren Hilfe „vinum" und „mustum" hergestellt wurden. Unterm Dach war noch ein „spicarium".
Für seine Waren, Felle und Bernstein erhielt der germanische Händler Obst und Gemüse wie „prunum", „persicum" und „radix"; außerdem „oleum", „vinum" und den guten „caseus". Einige Waren ließ er sich auch in römischer „moneta" bezahlen. …

Römisches Leben in den Provinzen

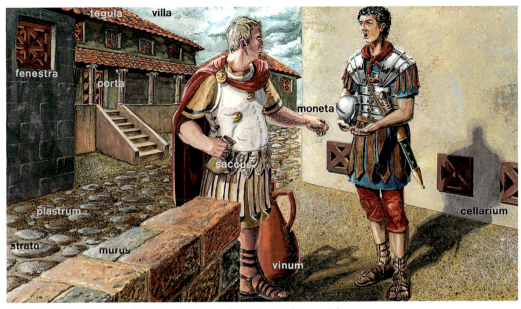

Lehnwörter:
Aus einer fremden Sprache, z.B. aus dem Lateinischen, übernommenes (entlehntes) Wort, das sich in Aussprache und Schreibweise der übernehmenden Sprache angepasst hat.

2 **Lateinische Wörter in der deutschen Sprache.** Rekonstruktionszeichnung.

2 Setzt anstelle der lateinischen Wörter die entsprechenden deutschen Wörter ein. Seht euch dazu auch die Abbildung 2 an.

3 Beschreibt mithilfe der Abbildung 3 die Anlage eines römischen Gutshofes.

3 **Ein römischer Gutshof.** Rekonstruktion aus dem Limes-Museum in Aalen.

Zenturio

Feldzeichenträger

Bogenschütze

129

Werkstatt: Bauen mit den Römern

Modellbau eines Limeswachtturmes

Sprecht mit eurem Geschichts- oder Werklehrer darüber, ob ihr ein Modell eines Limeswachtturmes in der Schule nachbauen könnt.

Die Wachttürme am Limes waren wegen des unebenen Geländes unterschiedlich hoch. Ihre Höhe schwankte zwischen 8 und 15 Metern. Der Grundriss der Türme war quadratisch. Die Kantenlänge lag zwischen 3 und 5 Metern. Damit keine ungebetenen Gäste in den Turm eindringen konnten, befand sich der Einstieg in einer Höhe von etwa 3 Metern. Die Leiter zum Einstieg konnte eingezogen werden.

Zum Herstellen des Modells benötigt man:
- etwa 12 m Rundhölzer mit 6 mm Durchmesser
- etwa 1 m Rund- oder Vierkanthölzer für das Geländer mit 4 mm Durchmesser
- eine Feinsäge
- ein Schnitzmesser
- eine flache Holzfeile
- einen Schraubstock
- Holzleim
- Furnierreste oder dünne Leisten

Der Wachtturm wird auf einer Sperrholz- oder Pressspanplatte aufgebaut. Für den Nachbau ist ein Maßstab von 1:50 sinnvoll, das Modell wird dann etwa 20 cm hoch.

1. Als Erstes werden 8 cm lange „Baumstämme" gesägt. Diese werden dann auf beiden Seiten jeweils oben und unten mit der Holzfeile eingekerbt (Bild 2). Die Einkerbungen sind jeweils 1,5 mm tief ($1/4$ des Holzdurchmessers). Werden diese „Stämme" dann rechtwinklig übereinander gelegt, so müssen sie ohne Zwischenraum aufeinander liegen.

2. Zuerst werden zwei gegenüberliegende Stämme (a) gelegt. Darauf wird wenig Holzleim aufgetragen, dann werden die zwei Stämme (b) aufgesetzt (Bild 3).
So können 10 bis 12 Baumlagen aufgebaut werden, in dieser Höhe befindet sich dann die Tür.

3. Die Tür ist 5 Lagen hoch und 2 cm breit. Für die Tür werden also 10 Hölzer benötigt mit einer Länge von 2,5 cm (Bild 7); sie werden nur an einer Seite oben und unten eingeklebt.

4. Rechts und links der Tür werden zwei senkrechte Hölzer, die in der Länge halbiert sind, eingeklebt. Danach können wieder 5 bis 7 Lagen hochgebaut werden, dann wird die Plattform angelegt. Dazu werden „Baumstämme" verwendet, die jeweils an beiden Seiten 2 cm überstehen. Diese sind also 12 cm lang. Auf die überstehenden Holzenden kann dann später die Plattform aufgebaut werden (Bild 5).

5. Direkt über der Plattform wird eine zweite Tür angelegt. Darüber werden noch 3 Baumlagen aufgebaut. Die oberste Lage besteht aus Balken, die wie bei der Plattform 2 cm überstehen. Darauf wird ein Grundrahmen für das Dach aufgeleimt. Dieser Rahmen sollte aus flachen Leisten gebaut werden.

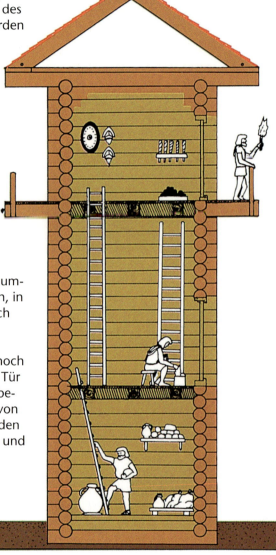

1 Blick in einen Wachtturm. Ende des 1. Jahrhunderts n. Chr.

Werkstatt: Bauen mit den Römern

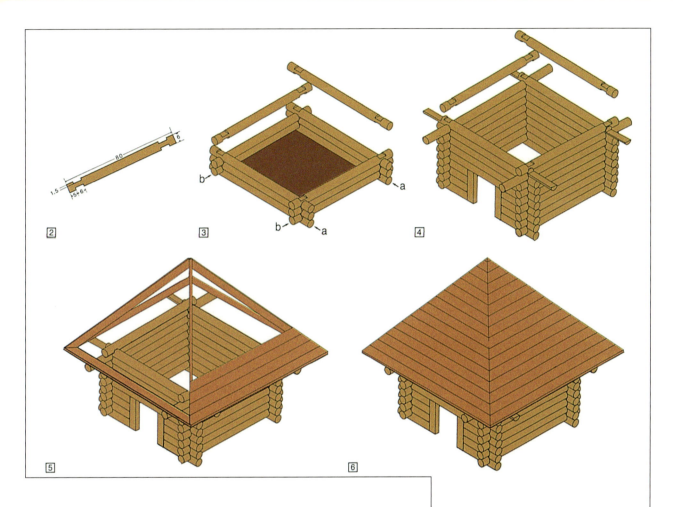

6. Auf die Ecken des Rahmens werden die 4 Dachbalken (9 cm lang) wie bei einem Zelt aufgebaut. Diese Dachbalken müssen an beiden Enden abgeschrägt werden, damit sie voll auf dem Rahmen bzw. aufeinander liegen (Bild 6). Zum Decken des Daches eignen sich Furnierreste oder dünne Leisten.
Schließlich muss noch die Plattform aufgebaut werden. Zunächst wird der Boden der Plattform mit dünnen Leisten gelegt. Dabei ist zu beachten, dass die überstehenden 4 Balkenenden auf gleiche Höhe gebracht werden. Dazu können die 4 Balkenenden, die zu hoch sind, mit der Raspel abgeflacht werden.
Der Aufbau des Geländers wird einfacher, wenn man Vierkanthölzer (ca. 4 mm stark) verwendet.

7. Alle Teile des Geländers müssen sorgfältig gesägt und geleimt werden. Die schrägen Stützen werden oben und unten abgeschrägt (Bild 7).

131

Christentum im Römischen Reich

Christliche Zeitrechnung:
Sie beginnt mit dem Jahr 1, dem angenommenen Jahr der Geburt von Jesus Christus.
Forscher vermuten jedoch, dass Jesus 7 v. Chr. geboren wurde und 30 n. Chr. auf dem Berg Golgatha starb.

Evangelium:
die ersten vier Bücher im Neuen Testament.

Apostel*
(griech. = Sendbote): Bezeichnung der von Jesus zur Verkündung des Christentums ausgewählten zwölf Jünger.

Bibel*
(griech. = biblia = Bücher): die Heilige Schrift der Christen, gegliedert in zwei Teile, das Alte und das Neue Testament.

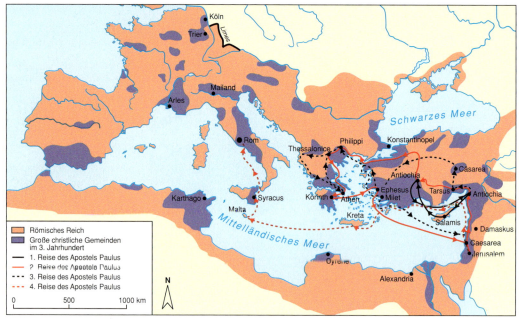

1 Die Ausbreitung des Christentums im 3. Jahrhundert.

Jesus und die Anfänge des Christentums
Während der Regierungszeit des Augustus wurde in Judäa, im heutigen Israel, ein Jude namens Jesus geboren. Als Erwachsener begann er seine Auslegung des jüdischen Glaubens zu lehren. Seine Anhänger nannten ihn Jesus Christus („der Gesalbte"). Die jüdischen Priester beschuldigten ihn, dass er Gott beleidigte, weil er sich als dessen Sohn bezeichnete. Sie erhoben Anklage bei Pontius Pilatus, dem römischen Statthalter der Provinz, weil Jesus als König der Juden bezeichnet wurde. Darin lag aus römischer Sicht ein Angriff auf die Herrschaft des römischen Kaisers. Jesus wich zwar den Vorwürfen aus, wurde aber zum Tod am Kreuz verurteilt. Doch seine Anhänger und Freunde verbreiteten die neue Lehre zunächst in Judäa, später im ganzen Römischen Reich. Vor allem der Apostel* Paulus unternahm mehrere große Reisen, um den neuen Glauben zu verkünden. Im Neuen Testament, einem Teil der Bibel*, sind die Glaubensgrundsätze Jesu und seine Gebote überliefert.

1 Beschreibt mithilfe der Karte die Reisen des Apostels Paulus.

2 Lest im Neuen Testament in der Apostelgeschichte nach (z. B. Kap. 16 ff.), wie die Menschen auf die von Paulus verkündete Lehre reagiert haben.

Die Ausbreitung des Christentums
Überall entstanden kleine christliche Gemeinschaften. Besonders die ärmeren Bevölkerungsschichten fühlten sich vom christlichen Glauben angezogen. Der römische Philosoph Justin, ein Christ, berichtete im 2. Jahrhundert:

Q1 … An dem Tage, den man Sonntag nennt, findet eine Versammlung aller statt, die in Städten oder auf dem Lande wohnen. Dabei werden die Evangelien oder die Schriften vorgelesen. Hat der Vorleser aufgehört, so gibt der Vorsteher in einer Ansprache eine Ermahnung und Aufforderung zur Nachahmung all dieses Guten. Darauf erheben wir uns alle zusammen und beten.
Und wenn wir mit dem Gebet zu Ende sind, werden Brot, Wein und Wasser herbeigeholt, der Vorsteher spricht Gebete und Danksagungen mit aller Kraft und das Volk

Die Verfolgung der Christen

stimmt ein und sagt Amen. Darauf erhält jeder seinen Teil von den geweihten Gaben. Wer aber die Mittel und den guten Willen hat, gibt nach seinem Ermessen, was er will (Sammlung für die Waisen und Witwen, Gefangenen, Fremdlinge und Armen). ...

3 Begründet anhand der Quelle 1, warum sich besonders die ärmeren Schichten für den christlichen Glauben begeisterten.

Sklaven als Brüder?

Aus der gleichen Zeit stammt eine Beobachtung des in Griechenland geborenen Philosophen Aristides:

Q2 ... Die Sklaven und Sklavinnen und deren Kinder bereden sie, aus Liebe Christen zu werden. Und sind sie es geworden, so nennen sie dieselben ohne Unterschied Brüder. ...

4 Eine Sklavin, die zum ersten Mal an einer Feier der christlichen Gemeinde teilnahm, berichtet davon ihrem Mann oder ihren Freundinnen. Wovon war sie vielleicht besonders beeindruckt?

Eine Minderheit wird verfolgt

Die Christen waren im Römischen Reich zunächst nur eine Minderheit. Sie gingen ihren Berufen nach, zahlten pünktlich ihre Steuern und beteten auf ihren Zusammenkünften für das Wohl des Kaisers. Abgelehnt aber wurde von ihnen die Verehrung der Kaiser als Götter. Das führte bald zu allerlei Verdächtigungen: Wer die göttliche Verehrung der Kaiser ablehnt, ist sicherlich ein Gegner des Römischen Reiches. Warum trafen sich die Christen so oft? Wurden hier vielleicht heimlich Verbrechen vorbereitet? Es dauerte nicht lange, da galten die Christen als Staatsfeinde und Kriminelle, die man streng verfolgen musste.
Die erste große Verfolgung der Christen fand unter Kaiser Nero im Jahr 64 n. Chr. statt. Dabei wurden wahrscheinlich auch die Apostel Petrus und Paulus getötet. Immer wieder kam es in den folgenden Jahrhunderten zu Christenverfolgungen.

2 Hinrichtung eines Christen, der zum Tod durch Raubtiere verurteilt wurde. Schale aus dem 4. Jahrhundert n. Chr.

Tertullian (um 160–225), ein Christ und Rechtsanwalt in Rom, schrieb im Jahr 197 an die römischen Statthalter:

Q3 ... Unsere Gegner schreien laut nach dem Blut Unschuldiger, wobei sie freilich ihren Hass mit dem sinnlosen Vorwand begründen, dass nach ihrer Überzeugung an jeder Katastrophe des Staates ... die Christen die Schuld trügen. Wenn der Tiber die Mauern überflutet, wenn der Nil die Felder nicht überflutet, wenn der Himmel sich nicht rührt, wenn die Erde sich bewegt, wenn eine Hungersnot, eine Seuche wütet, gleich schreit man: „Die Christen vor die Löwen." ...

5 Stellt Vermutungen darüber an, warum man gerade die Christen für alle Katastrophen verantwortlich machte. Denkt bei eurer Begründung auch an heutige Vorurteile gegenüber bestimmten Bevölkerungsgruppen.

Der Fisch war ein Geheimzeichen für die Zugehörigkeit zur christlichen Glaubensgemeinschaft. Hinter dem griechischen Wort für Fisch („ICHTYS") verbargen sich die Anfangsbuchstaben eines Glaubensbekenntnisses:

ΙΧΘΥΣ
I CH TH Y S

Iesous Christos Theou Yios Soter = Jesus Christus, Gottes Sohn, Retter.

Der christliche Glaube wird anerkannt

1 Prozession der Märtyrer* zu Christus beim Jüngsten Gericht. In den Händen tragen sie Kronen als Zeichen des Sieges. Mosaik aus dem 5./6. Jahrhundert in der Kirche Sant' Apollinare Nuovo in Ravenna. Foto.

Märtyrer*
(griech. = Zeuge):
ein Mensch, der für seine Glaubensüberzeugung sein Leben geopfert hat.

313 n. Chr.:
Kaiser Konstantin erkennt das Christentum als gleichberechtigte Religion an (Toleranzedikt von Mailand).

Konstantin der Große fördert die Christen

Über 200 Jahre lang wurden die Christen immer wieder verfolgt, doch die Zahl ihrer Anhänger nahm immer weiter zu. Allmählich änderte sich die Haltung der römischen Kaiser gegenüber dem Christentum. Zu einer entscheidenden Wende kam es unter Kaiser Konstantin (306–337). Er traf sich im Jahr 313 mit seinem Mitkaiser Licinius in Mailand. Eusebios (um 260–339), Bischof und Vertrauter Konstantins, berichtet, dass sie gemeinsam folgendes Gesetz erließen:

Q1 … Wir haben beschlossen, den Christen und allen Menschen in unserem Reich das freie Recht zu geben, derjenigen Religion zu folgen, für die sie sich entschieden haben. Es geschah dies in der Absicht, dass jede Gottheit und jede himmlische Macht, die es je gibt, uns und allen, die unter unserer Herrschaft leben, gnädig sein möge. Jedem Menschen ist es also erlaubt, die Religion der Christen zu bekennen, und zwar frei und ohne irgendeine Belästigung. Wir haben dies angeordnet, damit es nicht den Anschein hat, als ob irgendein Kult oder irgendeine Religion durch uns benachteiligt würde. …

Kaiser Konstantin duldete das Christentum nicht nur, er förderte es auch. Auf seinen Befehl hin wurden in Rom große Gotteshäuser gebaut. Im ganzen Reich galt von nun an der Sonntag als staatlicher Feiertag.

1 *Beschreibt Abbildung 1 und überlegt, weshalb die Märtyrer als Sieger dargestellt werden.*
2 *Erklärt die Bedeutung dieses Gesetzes für die Christen.*

Niemand darf anderen Göttern opfern

391 n. Chr.:
Kaiser Theodosius erklärt den christlichen Glauben zur alleinigen Staatsreligion.

Konzil
(lat. concilium = Zusammenkunft): Versammlung hochrangiger Geistlicher. Die ersten Konzile fanden schon im 2. Jahrhundert statt und wurden vom Papst einberufen und geleitet.

2 Münze Kaiser Konstantins aus dem Jahr 315 n. Chr. Am Helm befindet sich ein Christogramm*.

3 Römischer Siegelring mit Christogramm*. 4. Jahrhundert n. Chr.

Christogramm*:
Symbol für den Namen Christus. Es wurde aus den griechischen Anfangsbuchstaben des Namens Christus zusammengesetzt: X = Ch und P = r.

Das Christentum wird Staatsreligion

Wie Kaiser Konstantin, so förderten auch fast alle seine Nachfolger das Christentum. Die alte römische Götterverehrung wurde immer mehr zurückgedrängt. Im Jahr 391 n. Chr. erließ Kaiser Theodosius (379 bis 395) folgende Bekanntmachung:

Q2 … Niemand … darf an irgendeinem Orte, in irgendeiner Stadt den vernunftlosen Götterbildern ein unschuldiges Opfertier schlachten. …
Wenn jemand es wagt, ein Tier zu opfern und mit Opfermehl zu bestreuen oder rauchende Eingeweide zu befragen, der soll wie ein Verbrecher vor Gericht gebracht werden.
Wenn einer Götterbilder … mit Darbringung von Weihrauch verehrt, … der soll Einbuße erleiden an dem Haus oder Besitztum, in dem er seinen Götzendienst verrichtet hat.

Im Jahr 393 erfolgte eine weitere Anordnung:

Q3 … Alle, die sich mit dem unheiligen Irrtum oder Verbrechen des heidnischen Götzendienstes beflecken, also alle Heiden, sollen weder zum Kriegsdienst zugelassen werden noch mit der Ehre eines Beamten oder Richters ausgezeichnet werden. …

3 Erklärt die Folgen der Erlasse für Nichtchristen mit eigenen Worten.

4 Schildert in einem kurzen Bericht die Entwicklung des Christentums im Römischen Reich seit den Zeiten der ersten Gemeinden.
5 Informiert euch, was das Grundgesetz der Bundesrepublik Deutschland über die Religionsausübung sagt.

Die Kirche organisiert sich

Nachdem das Christentum im 4. Jahrhundert Staatsreligion geworden war, nahm die Zahl der christlichen Gemeinden schnell zu. An der Spitze einer Gemeinde stand der Bischof. Sein Gemeindebereich deckte sich mit dem Verwaltungsbezirk seiner Stadt. Eine besondere Stellung unter den Bischöfen nahm der Bischof von Rom ein. Er galt als Nachfolger des Apostels Petrus, der wahrscheinlich in Rom während der ersten Christenverfolgung hingerichtet worden war. Seit dem 5. Jahrhundert nannte man den Bischof von Rom Papst* (= Vater). Rom wurde unter den Päpsten zum Mittelpunkt der christlichen Kirche im Westen des Römischen Reiches. Somit gab es neben dem Kaisertum als weltlicher Macht auch die Kirche mit einem geistlichen Oberhaupt.

Papst*
(lat. papa = Vater): Oberhaupt der katholischen Kirche.

Werkstatt: Ein römisches Mosaik

1 **Mädchen mit Blumen.** Um 50 n. Chr.

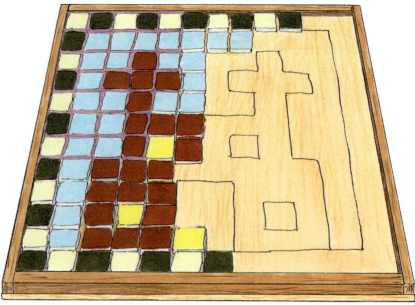

2 **Bastelanleitung für euer Mosaik.**

Kunst auf dem Fußboden
Prächtige Fußboden-Mosaiken konnten die Besucher in öffentlichen Bauten, aber auch in den Villen reicher Römer bestaunen. Sie bestanden häufig aus über 100 000 Steintäfelchen. Gezeigt wurden Szenen aus dem römischen Leben, Landschafts- und Tierbilder. Die folgende Anleitung zeigt euch, wie ihr selbst ein Mosaik herstellen könnt.

Das braucht ihr:
– Sperrholzplatte (30 cm × 30 cm)
– dünne Holzleistchen
– farbige Keramikplättchen (Baumarkt oder Bastelgeschäft)
– Klebstoff
– Gips und ein feuchtes Tuch

So geht es:
1. Klebt die Holzleisten auf den Rand der Holzplatte. Mit Bleistift könnt ihr nun ein Motiv vorzeichnen.
2. Legt die verschiedenfarbigen Plättchen zur Probe auf das Holz. Lasst dabei zwischen den einzelnen Plättchen etwas Platz. Jetzt könnt ihr sie festkleben.
3. Wenn der Kleber getrocknet ist, könnt ihr den Gips dünn anrühren und in die Zwischenräume streichen. Besonders schön sieht euer Mosaik aus, wenn ihr farbige Tinte in den Gips rührt.
4. Wenn der Gips angetrocknet ist, wischt ihr mit einem feuchten Tuch die Oberfläche nach. Fertig ist das Mosaik!

3 **Frosch auf einem Seerosenblatt.** Mosaik aus Pompeji, 79 n. Chr.

Zusammenfassung

Die römische Republik
Um 500 v. Chr. war Rom noch ein kleiner Bauernstaat; etwa 250 Jahre später beherrschte es fast ganz Italien. Durch weitere Eroberungen entstand in den nächsten Jahrhunderten das römische Weltreich. Die Macht hatten in Rom zunächst die Patrizier (der Adel). Sie regierten nach der Vertreibung der etruskischen Könige die Republik durch den Senat, die Konsuln und Beamte. Erst die Ständekämpfe führten um 490 v. Chr. zu einer Verfassungsänderung: Nun gab es Volkstribunen, die die Interessen der Plebejer vertraten.

Von der Republik zum Kaiserreich
Die meisten römischen Soldaten waren freie Bauern. Sie leisteten oft über Jahre Kriegsdienst und vernachlässigten dadurch ihre Felder. Aus den eroberten Gebieten brachten sie Sklaven und große Reichtümer nach Rom, sie selbst aber verarmten. Immer weniger Römer konnten ihre Rüstung bezahlen und das Römische Reich schützen. Erst der Konsul Marius fand eine Lösung: Er schuf eine Armee von Berufssoldaten. Ehrgeizige und erfolgreiche Feldherren benutzten nun die Berufsarmee, um ihre eigenen Ziele durchzusetzen. Es kam zu jahrzehntelangen Bürgerkriegen, in denen schließlich Caesar die Alleinherrschaft errang (44 v. Chr.). Sein Nachfolger Augustus wurde der erste Kaiser Roms.

Das römische Kaiserreich
Römische Soldaten, Beamte und Händler brachten in alle Provinzen die römische Lebensweise und gründeten Städte wie z. B. Koblenz, Köln und Trier. Zum Schutz des Reiches errichteten sie dort, wo es keine natürlichen Grenzen gab, den Limes.
Schon im 1. Jahrhundert entstanden überall im Römischen Reich christliche Gemeinden. Da die Christen sich weigerten, die römischen Kaiser als Götter zu verehren, wurden sie als Staatsfeinde angesehen und verfolgt. Erst 313 n. Chr. verfügte Konstantin der Große einen Erlass, in dem die christliche Religion geduldet wurde. Unter Kaiser Theodosius wurde sie zur alleinigen Staatsreligion erhoben.

Zum Nachdenken
1 *Ein Gallier besucht eine römische Stadt. Anschließend berichtet er in seinem Dorf davon. Schreibt eine entsprechende Erzählung.*

500 v. Chr.

Vertreibung der etruskischen Könige. Rom wird Republik.

Um 250 v. Chr.

Rom ist stärkste Landmacht im Mittelmeerraum.

31 v. Chr. – 14 n. Chr.

Herrschaft des Kaisers Augustus; Beginn der römischen Kaiserzeit

391 n. Chr.

Kaiser Theodosius erklärt den christlichen Glauben zur alleinigen Staatsreligion.

5. Die Völkerwanderung

Durch den außergewöhnlich harten Winter im Jahr 406 fror der Rhein zu. Das weströmische Reich verlor vorübergehend seine wichtigste natürliche Grenze. Germanische Stämme nutzten die Gunst der Stunde: Sie überquerten mit all ihrem Hab und Gut den vereisten Fluss, umgingen die befestigte Stadt Mainz, deren Garnison die Rheinbrücke verteidigte, und zogen nun plündernd durch römisches Gebiet. Ihnen folgten weitere germanische Stämme, die die römischen Grenzen überrannten. …

Nicht nur im Nordwesten des Römischen Reiches, in ganz Europa gerieten die Völker zwischen dem 3. und dem 5. Jahrhundert in Bewegung. Auf den folgenden Seiten könnt ihr herausfinden, warum es zu dieser Völkerwanderung kam und welche Folgen der Niedergang des einst so mächtigen Römischen Reiches hatte …

Das Leben der Germanen

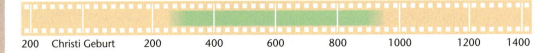

200   Christi Geburt   200   400   600   800   1000   1200   1400

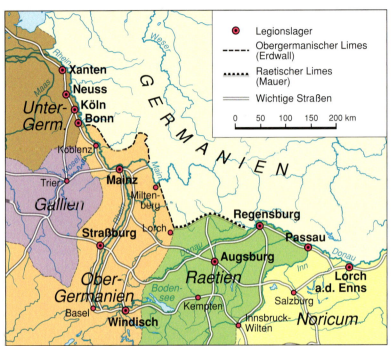

1 Die römischen Provinzen nördlich der Alpen.

Germanen*:
Sammelbegriff für die Stämme mit germanischen Sprachen, die in der Bronzezeit in Norddeutschland, Dänemark und Südschweden lebten.

Germanien*
(lat. = Germania): Das von den Germanen bewohnte Land teilte sich in zwei von den Römern besetzte Gebiete, Germania inferior und superior, und den viel größeren freien Teil, Germania libera oder magna. Beide Gebiete waren durch den Limes voneinander getrennt.

Tacitus*:
Der römische Geschichtsschreiber lebte etwa von 55 bis 120 n.Chr. In seinem Werk „Germania" verarbeitete er Informationen von Kaufleuten und Soldaten und konnte so eine detaillierte Beschreibung der Germanen geben. Er war allerdings nie in Germanien.

Stattliche Germanen*

1 Tragt alles zusammen, was ihr über die Germanen wisst.

Germanische Stämme lebten zwischen Rhein und Weichsel, von der Donau bis nach Schweden. Über ihren Alltag wissen wir nur wenig, da sie keine schriftlichen Nachrichten hinterlassen haben. So sind wir auf die Funde der Archäologen angewiesen und auf die Berichte römischer Schriftsteller. Sie haben aufgeschrieben, was ihnen Soldaten und Kaufleute von den Germanen und Germanien* berichteten. Publius Cornelius Tacitus* (55–120 n. Chr.) hat sogar ein Buch über Germanien verfasst. Er schreibt:

Q1 … Die Germanen – so glaube ich – sind die Ureinwohner. Zuwanderung fremder Stämme gibt es bei ihnen nicht. Wer würde auch Asien, Afrika oder auch Italien verlassen, um nach Germanien zu ziehen, das doch so rau in seinem Wetter und so unfreundlich in Anbau und Aussehen ist? Das Land sieht zwar im Einzelnen recht verschieden aus, ist jedoch im Ganzen schaurig durch seine Urwälder oder hässlich durch seine Moore. Saatkorn trägt es recht gut, Obstbäume gibt es nicht. Das Vieh ist kleinwüchsig. Selbst die Pflugtiere haben kein stattliches Aussehen oder prächtiges Gehörn wie in Italien.
Alle Germanen besitzen dasselbe körperliche Aussehen: trotzige blaue Augen, rotblondes Haar und große Körper, die freilich nur zum Angriff taugen. Bei mühsamer Arbeit zeigen sie keine entsprechende Ausdauer. Durst und Hitze zu ertragen sind sie gar nicht gewohnt, wohl aber Kälte und Hunger infolge des Wetters und Bodens. …

2 Überlegt, welche Aussagen von Tacitus die Archäologen überprüfen können und welche nicht.

Das Leben der Germanen

2 Kopf eines ca. 50 Jahre alten Germanen mit Haarknoten. Aus einem Moor bei Osterby/Eckernförde.

3 In einem Haus der Germanen. Rekonstruktionszeichnung.

*Die **Germanen** waren Wanderbauern und Viehzüchter. Sie achteten nicht auf die Fruchtfolge und laugten den Boden dadurch schnell aus. Deshalb konnten sie ihre Felder nur kurz nutzen und litten ständig unter Landmangel.*

Stämme bei den Germanen

Es gab viele kleinere und größere germanische Stämme. Jeder Stamm herrschte über ein bestimmtes Gebiet, das er immer wieder mit Kriegszügen gegen die Nachbarn verteidigte. An der Spitze eines Stammes stand ein König oder Fürst. Über das Leben der germanischen Stämme schreibt Tacitus:

Q2 … Wenn die Germanen nicht auf einem Kriegszug sind, verbringen sie ihre Zeit mit der Jagd oder sie tun überhaupt nichts außer essen und trinken. Als Getränk haben sie eine Flüssigkeit aus Gerste oder Weizen, die zu einem weinartigen Getränk vergoren ist. Die Speisen sind einfach: wild wachsende Früchte, frisches Wild oder Dickmilch. Ohne feinere Zubereitung, ohne Gewürze stillen sie ihren Hunger. Die Sorge für Hof, Heim und Äcker überlassen die Germanen den Frauen und Alten. Sie selbst dösen dahin.

Dass die Germanen keine Städte bewohnen, ja nicht einmal geschlossene Siedlungen leiden können, ist bekannt. Jeder wohnt für sich und legt seinen Hof dort an, wo eine Quelle, ein schönes Stück Land oder Gehölz ihm günstig erscheint. In den Dörfern stößt nicht wie bei uns Haus an Haus. Jeder umgibt sein Haus vielmehr mit einem Hofraum zum Schutz vor Bränden. Bruchsteine oder Ziegel kennen sie nicht. Für Bauzwecke benutzt man nur unbehauenes Bauholz. Manche Wandstellen bestreichen sie aber mit so glänzendem Lehmverputz, dass es wie Bemalung oder farbige Verzierung wirkt. …

3 Findet für die einzelnen Abschnitte in Quelle 2 eine Überschrift.

4 Besprecht, was ihr gerne noch über das Leben bei den Germanen erfahren möchtet. – Woher könntet ihr noch zusätzliche Informationen erhalten?

Sippe:
Bei den Germanen hieß die Großfamilie Sippe: Alle durch Abstammung oder auch Eheschließung verwandten Menschen bildeten eine Gemeinschaft, die z.B. bei Blutrache gemeinsam handelte.

Stamm:
So heißt in der Völkerkunde eine lose Gruppierung benachbarter Siedlungsgemeinschaften von Familien und Sippen. Sie haben in ihrer Lebensweise viele Gemeinsamkeiten.

Geschichte vor Ort: Römer und Germanen

Alltag

Die wichtigste Einheit der Germanen war die Familie mit einem Hausvater an der Spitze. Alle Blutsverwandten einer Familie bildeten eine Sippe und mehrere Sippen einen Stamm. In einem 1989 erschienenen Buch heißt es:

M … Die Germanen lebten in kleinen Siedlungen oder auf Einzelhöfen. … Wichtig war die nahe Lage zum Wasser (Flüsse, Bäche, Teiche), aber auch zu Waldungen. … Die oft mehrschiffigen Wohngebäude waren mit Stroh oder Reet gedeckt. Die Wände bestanden zwischen den aus Baumstämmen errichteten Pfosten aus Rutengeflecht mit Lehmbewurf.

Die freien Männer hatten das Recht, Waffen zu tragen und am Thing teilzunehmen; Frauen waren davon ausgeschlossen. Geleitet wurde das Thing* von Adligen, die auch den Stamm anführten. Bei einigen Stämmen gab es auch Könige. An heiligen Stätten im Freien verehrten die Germanen ihre Götter wie den Kriegs- und Totengott Wodan (engl. Wednesday) und seine Gemahlin Freija, die Schutzgöttin der Familie und des Ackerbaus (Freitag), den Ge-

1 **Gesichtsmaske eines Paradehelms.** Opferfund aus dem Thorsberger Moor. Höhe 25 cm, um 250 n. Chr.

2 **Phalera.** Römischer Militärorden. Durchmesser 13 cm. Opferfund aus dem Thorsberger Moor, um 200 n.Chr.

wittergott Donar (Donnerstag) und die Frühlingsgöttin Ostara (Ostern). …

1 Berichtet mithilfe der Abbildungen und des Textes über das Leben und die Wohnverhältnisse bei den Germanen.

Zusammenleben von Römern und Germanen

Die Germanen, die zwischen dem Limes und dem Rhein lebten, hatten sich bald an die römische Besatzung gewöhnt (vgl. S. 128). Sie lebten in engem Kontakt mit den römischen Soldaten, trieben Handel mit den Römern und lernten von ihnen. So hatten z. B. viele germanische Handwerker neue technische Kenntnisse bei den Römern erworben.

Auch die Germanen aus dem nicht besetzten Teil Germaniens handelten mit den Römern. Sie verkauften Felle, Vieh, Honig und andere landwirtschaftliche Erzeugnisse. Aus den römischen Provinzen brachten sie Gefäße aus Kupfer, Glas und Ton in ihre Heimat.

Spuren der Römer nördlich der Elbe

Durch den Handel von Stamm zu Stamm oder auch später durch germanische Söldner in römischen Diensten gelangten römische Münzen, Schmuckstücke, Gefäße und Werkzeuge in das heutige Mecklenburg-Vorpommern, nach Hamburg und Schleswig-Holstein. So wurden z. B. am germanischen Opferplatz im Thorsberger Moor nordöstlich von Schleswig und im Nydam-Moor bei Sonderburg im heutigen Dänemark römische Münzen, zahlreiche germanische Bekleidungsstücke, Armringe, Fibeln, Schwerter und Lanzen gefunden. Von großer Bedeutung sind ein Silberhelm, der eine römische Gesichtsmaske enthält, sowie zwei Zierscheiben, Ordensauszeichnungen römischer Soldaten. Im Nydam-Moor fanden sich ferner drei hochseetüchtige Ruderboote.

2 Erkundigt euch z. B. im Helms-Museum oder in einem Heimatmuseum nach Spuren, die Römer und Germanen in eurer Region hinterlassen haben.

3 Plant den Besuch des Archäologischen Landesmuseums in Schleswig (www.nydamhalle.de).

3 **Ruderschiff.** Opferfund aus dem Nydam-Moor. 4. Jahrhundert. n. Chr., Länge 23 m.

Römer und Germanen

1 Germanisches Gehöft. Rekonstruktionszeichnung nach Ausgrabungsfunden, 1988.

Thing*
(auch Ding genannt): bei den Germanen die Volks- und Gerichtsversammlung. Zu bestimmten Terminen, z. B. bei Mondwechsel, versammelten sich alle freien, wehrfähigen Männer eines Dorfes oder eines Stammes am Tage unter freiem Himmel. Der Versammlungsort hieß Thingstätte und galt als heiliger Ort.

Gefolgschaft:
Bei den Germanen schlossen sich oft junge Adlige einem angesehenen Standesgenossen an und leisteten ihm Gefolgschaft, d. h., es bestand die gegenseitige Verpflichtung zur Treue. Der Gefolgsherr bot seinen Gefolgsleuten Schutz, diese standen ihm dafür im Krieg bei.

Das Familienleben der Germanen
Römische Geschichtsschreiber berichten, dass die germanischen Männer entweder Heldentaten im Krieg vollbrachten oder sich zu Hause „auf der Bärenhaut" ausruhten. Das ist sicherlich übertrieben. Auch den Männern verlangte die alltägliche Arbeit große Anstrengungen ab: Wälder mussten gerodet, Bäume gefällt und zurechtgehauen, Häuser gebaut und die Felder bestellt werden. Ebenso arbeitsreich war das Leben der Frauen: Sie sorgten für den Hof, kümmerten sich um die Kinder, stellten die Kleidung für die Familie her, backten Brot, machten Milch zu Käse usw.
Die Frau und die Ehe – so Tacitus – wurden bei den Germanen hoch geachtet. Er schreibt:

Q … Sehr selten ist – und das bei einer so zahlreichen Bevölkerung – der Ehebruch. Hierfür gibt es nämlich keine Verzeihung. Trotz Schönheit, trotz Jugend, trotz Reichtum wird eine Frau, die Ehebruch begangen hat, keinen Mann mehr finden. Denn dort lächelt niemand über Laster und Verführen und Sich-verführen-Lassen hält man dort nicht für „zeitgemäß". …

1 Beschreibt anhand des Textes und der Abbildung eine germanische Hofanlage.
2 Findet anhand der Quelle und des Textes heraus, worin sich das Familienleben der Germanen von der römischen Familie unterschied und was Tacitus für besser hielt. Was wollte er damals seinen römischen Lesern mitteilen?

Das Leben der Germanen

Germanische Fibeln (Gewandnadeln) des 2. Jahrhundert n. Chr. aus Urnengräbern bei Hamburg. Foto.

Moorleichen*:
In mehreren Mooren hat man – zumeist bei Torfabgrabungen – Moorleichen gefunden. Forscher vermuten, dass es sich dabei um die Körper von Hingerichteten handelt.

1 Weibliche jugendliche Moorleiche*. Aus einem Moor bei Windeby. Um Christi Geburt.

2 Kleidung der Germanen. Rekonstruktion. Der Mantel besteht aus feiner Schafswolle. Das viereckige Tuchstück ist mit angewebten, festen Kanten versehen. Länge: 2,36 m. Breite: 1,68 m. Nach einem Fund aus dem 3. Jahrhundert n. Chr.

Germanischer Krieger, um 200 n. Chr. Rekonstruiert nach Funden aus dem Thorsberger Moor.

3 Römer und Germanen am Limes. Modell im Limesmuseum in Aalen.

144

Werkstatt: Wir basteln eine Fibel

Die Sicherheitsnadeln der Germanen

Fibeln sind Sicherheitsnadeln unserer Vorfahren. Es gibt sie von der Bronzezeit (siehe S. 50) bis zum 1. Jahrtausend n. Chr. Sie bestehen in der Bronzezeit aus zwei Teilen: dem Bronzebügel und der Nadel. Später wurden Fibeln auch aus Eisen, Silber oder sogar Gold hergestellt.

In der Eisenzeit wurden die Fibeln meist aus einem Stück verfertigt. Zwischen Bügel und Nadel wurde eine Spirale gedreht, deren Spannkraft die Nadel in den Nadelhalter drückte.

Unsere heutige Sicherheitsnadel funktioniert noch immer so und ist damit eine jahrtausendealte Erfindung.

Das braucht ihr:
– 1 Rundzange
– 1 Kombizange oder Flachzange
– 1 flache Schlüsselfeile
– 60 cm Runddraht aus Kupfer mit einer Stärke von 1,5 bis 2 mm

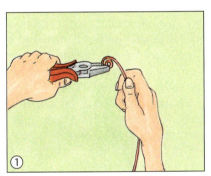

① Schneide ein 10 cm langes Stück Runddraht ab und rolle die Hälfte davon zu einer flachen Spirale auf.

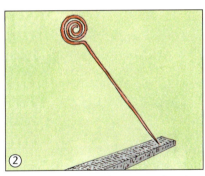

② Das freie Ende des Drahtes musst du spitz zufeilen. So sollte deine fertige Nadel aussehen. Vorsicht: Stich dich nicht.

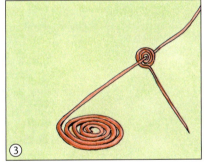

③ Markiere am 50 cm langen Runddraht bei 25 cm die Mitte und rolle ein Ende zu einer flachen Spirale. Halte aber 3 cm vor der Mitte an und schiebe die Nadel auf den Draht.

④ Rolle jetzt das andere Drahtende in entsprechender Richtung zu einer Spirale auf. Biege außerdem das freie Mittelstück des Drahtes zu einem Steg nach oben.

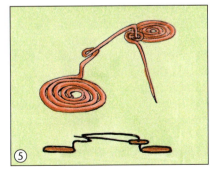

⑤ Biege nun die Halterung für die Nadelspitze und probiere aus, ob die Nadel die richtige Länge hat. Sie sollte nicht länger als 1 cm aus der Halterung herausstehen.

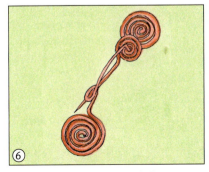

⑥ So sieht dann deine fertige Fibel aus.

Römer gegen Germanen

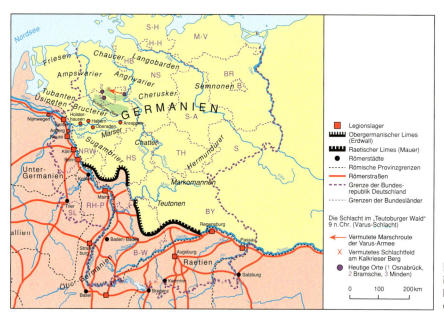

1 Germanien im 2. Jahrhundert nach Christus.

9 n. Chr.:
Zwischen den Legionen des römischen Feldherrn Varus und germanischen Truppen unter Arminius kommt es zur Schlacht im Teutoburger Wald.

Die Waffen der Germanen:
Lanze, ein- und zweischneidiges Schwert, Speere, Schilde, Pfeil und Bogen sowie Äxte. Beim Sturm auf römische Kastelle kamen fahrbare hölzerne Türme, Sturmleitern und Rammböcke zum Einsatz.

Arminius und Varus

Die germanischen Stämme waren untereinander oft verfeindet. Wenn es aber gegen die römischen Eroberer ging, verbündeten sie sich, wie z. B. gegen die Truppen des römischen Kaisers Augustus (27 v. Chr. bis 14 n. Chr.).

Zur Zeit des Kaisers Augustus bildete der Rhein die Grenze zwischen dem Römischen Reich und den germanischen Stämmen (vgl. Karte 2 S. 101). Immer wieder waren in der Vergangenheit die Germanen (z. B. die Cimbern und Teutonen) in das Römische Reich eingedrungen. Den römischen Truppen hatten sie dabei wiederholt vernichtende Niederlagen beigebracht. Um diese Gefahr endgültig zu beseitigen, beschloss Augustus die römische Reichsgrenze bis an die Elbe vorzuschieben. Über 20 Jahre dauerten die Kämpfe schon, als es im Jahr 9 n. Chr. zur Schlacht im Teutoburger Wald kam. Ein heutiger Wissenschaftler schreibt:

M … Anfang des Jahres 9 n. Chr., es muss ein feuchter und kühler Monat gewesen sein, wurde dem römischen Feldherrn Varus eine Nachricht zugespielt, die ihn nicht nur aufhorchen ließ, sondern sogar erschreckte: Ein namentlich nicht bekannter Stamm hätte sich gegen die römische Vorherrschaft erhoben. Aufstände dieser Art mussten im Keim erstickt werden. Varus waltete deshalb seines Amtes. Die Soldaten der 17., 18. und 19. Legion und deren Hilfstruppen, insgesamt 30 000 Mann, erhielten den Befehl zum sofortigen Aufbruch.

Aber wohin sollten sie marschieren? Wo lag eigentlich das Stammesgebiet, in dem die Bevölkerung angeblich gegen die römische Besetzung aufbegehrte? Gerade in diesem Moment boten die Germanen ihre „Hilfe" an und sie konnten Varus recht schnell klar machen, bessere Ortskenntnisse zu besitzen als er und seine Berater. Varus marschierte also unter Führung von Germanen, wohin diese ihn und seine Soldaten haben wollten: in schwer begehbare und unwegsame Wälder.

1 Seht auf der Karte oben nach, wie weit die römischen Truppen von der Reichsgrenze entfernt waren.
2 Versetzt euch in die Lage des Varus. Schreibt auf, was er gedacht oder gefühlt haben könnte.

Die Varusschlacht

Internettipp:
www.kalkriese-varus
schlacht.de

2 Eiserne, ursprünglich mit Silberblech überzogene Maske eines römischen Gesichtshelmes. Die Maske wurde 1994 in der Nähe von Kalkriese bei Osnabrück ausgegraben.

3 Germanische Krieger im Kampf mit römischen Soldaten. Relief.

Die Schlacht im Teutoburger Wald

Die Ereignisse im Teutoburger Wald schildert 200 Jahre später der griechische Schriftsteller Cassius Dio:

Q … Das Gebirge war voller Schluchten, die Wälder waren dicht und voller gewaltiger Baumstämme, sodass die Römer schon vor dem Angriff der Feinde Mühe hatten, sie zu fällen, Wege zu bahnen und Brücken zu schlagen. Durch Regen und starken Wind wurde der Boden schlüpfrig, sodass sie fast bei jedem Schritt ausglitten. Baumkronen stürzten, vom Sturm zerschmettert, nieder und erhöhten die Verwirrung.

Während nun die Römer sich in so verzweifelter Lage befanden, umstellten die Feinde sie plötzlich von allen Seiten zugleich; sie kannten die Fußpfade und drangen daher selbst durch die dichtesten Wälder. Anfangs schleuderten sie von weitem Geschosse, dann rückten sie ihnen dicht auf den Leib. Denn da die Kampftruppen nicht in geschlossenem Zuge, sondern zusammen mit Unbewaffneten und Wagen marschierten, konnten sie sich nicht zusammenschließen. An den einzelnen Punkten waren sie deshalb immer schwächer an Zahl als die angreifenden Germanen. Sie hatten daher große Verluste, ohne den Feinden etwas anhaben zu können.

Aber wieder setzte ein so starker Regen ein, dass sie weder vorrücken noch sich richtig verteidigen konnten; denn Bogen, Wurfspeere und Schilde waren völlig durchnässt.

Die Germanen waren inzwischen noch zahlreicher geworden, während schon viele Römer umgekommen waren. Varus und die anderen hohen Offiziere waren schon verwundet. Sie fürchteten, von den Feinden gefangen oder erschlagen zu werden, und deshalb vollbrachten sie eine furchtbare Tat: Sie töteten sich selbst. …

Als die Soldaten dies sahen, setzten sie sich nicht mehr zur Wehr. Fast alle wurden von den Germanen niedergemacht. Nach dieser verlustreichen und demütigenden Niederlage gaben die Römer ihre Versuche auf, das freie Germanien zu unterwerfen. Rhein und Donau bildeten jetzt endgültig die Reichsgrenzen.

3 *Erklärt anhand der Schilderung, warum die Germanen den Römern im Teutoburger Wald überlegen waren.*

Das Ende des Römischen Reiches

200 n. Chr.:
Die germanischen Stämme in Norddeutschland geraten in Bewegung. Viele Menschen wandern bis ca. 500 n. Chr. nach Süden ab. In den jetzt dünner besiedelten Räumen breiten sich wieder urwaldähnliche Mischwälder aus.

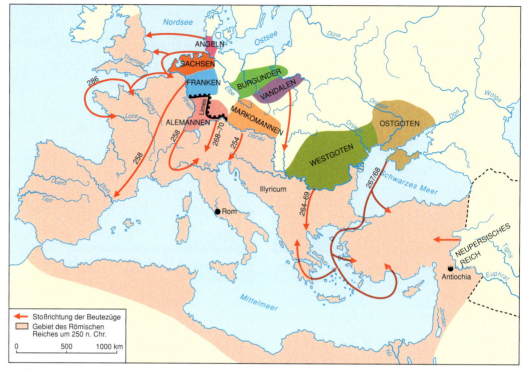

1 Römer und Germanen im 3. Jahrhundert.

Völkerwanderung:
*Seit dem 3. Jahrhundert verließen germanische Stämme auf der Suche nach neuen Siedlungsgebieten ihre Heimat. Obwohl es auch vorher zu Wanderungsbewegungen von Stämmen kam, wird die Völkerwanderung als einschneidendes Ereignis der europäischen Geschichte betrachtet. Durch sie wurde die bestehende Ordnung in Europa völlig verändert.
Im 5. Jahrhundert wanderte z. B. der Großteil der Angeln zusammen mit den Sachsen nach Britannien (Angelsachsen) aus.*

Das Römische Reich in Gefahr

Seit dem 3. Jahrhundert verließen viele germanische Stämme ihre Heimat. Die Menschen zogen nach Süden, vermutlich, weil sich das Klima verschlechterte, aber auch Überbevölkerung, Landnot und Naturkatastrophen wie Überschwemmungen und Missernten könnten die Ursache gewesen sein. An den römischen Grenzen kam es nun zu ständigen Kleinkriegen zwischen Römern und Germanen, die auf ihren Beutezügen ständig römische Gebiete plünderten.

Der griechische Geschichtsschreiber und römische Beamte Herodianos (3. Jh. n. Chr.) berichtet von einem Hilferuf römischer Beamter in Illyricum an Kaiser Severus (222 bis 235 n. Chr.). Severus befand sich zum Schutz der römischen Grenze in Antiochia:

Q … Die Germanen überschreiten Rhein und Donau, verheeren das römische Gebiet und greifen die an den Stromufern stationierten Truppen wie auch Städte und Dörfer mit einer großen Streitmacht an. Die Völker Illyricums, deren Gebiet an Italien grenzt, sind daher in nicht geringer Gefahr. Darum ist deine persönliche Anwesenheit erforderlich mitsamt dem Heer unter deinem Befehl. …

Unaufhörlich drangen seit dieser Zeit germanische Stämme gegen die römische Reichsgrenze vor. Der Limes musste schließlich um 260 n. Chr. aufgegeben werden. Die Grenze wurde hier an Rhein und Donau zurückverlegt.

Im Osten drohte dem Reich weitere Gefahr durch das Vordringen der Perser. Erfolgreiche römische Truppen riefen ihre Heerführer zum Kaiser aus. Zwischen 235 bis 284 n. Chr. gab es 35 dieser so genannten Soldatenkaiser. Die Machtkämpfe zwischen ihnen schwächten das ohnehin angeschlagene Reich noch mehr.

1 *Erläutert mithilfe der Karte die Vorstöße germanischer Stämme.*

Diokletian und Konstantin

Der Rettungsversuch durch Diokletian

Um seine Macht als Kaiser zu stärken, forderte Diokletian (284–305 n. Chr.) von den Bürgern völlige Unterwerfung. Von den Regeln, die in republikanischer Zeit gegolten hatten, war nichts mehr übrig. Der Kaiser war in Seide, Purpur und Goldbrokat gekleidet und trug statt des Diadems eine mit Juwelen verzierte Krone.

Das Reich wurde in vier Verwaltungsbezirke geteilt. Diokletian suchte sich drei Mitkaiser, sodass jeweils ein Reichsteil von einem Mitglied der „Viererherrschaft" regiert wurde. An die Stelle der Kaiserstadt Rom traten Residenzstädte. Um die Stadtflucht (vor allem auch der Wohlhabenden) einzudämmen, wurde den Bürgern der Umzug in eine andere Stadt verboten. Die wirtschaftliche Krise versuchte Diokletian mit einer Steuerreform und mit der Festsetzung von Höchstpreisen für alle Waren zu lösen. Trotz Androhung strengster Strafen hielten sich viele Händler nicht an das Preisdiktat und es entwickelte sich ein schwarzer Markt.

2 *Betrachtet die Darstellung Diokletians und seiner Mitkaiser (Abb. 2). In welcher Haltung und mit welchen Herrschaftszeichen sind sie abgebildet? Inwiefern kommt durch diese Figurengruppe auch der Zustand des Römischen Reiches zum Ausdruck?*

Konstantin (306–337 n. Chr.)

Diokletian legte sein Amt aus freien Stücken nieder. Aus dem sich anschließenden Machtkampf ging Konstantin siegreich hervor. Zu seinen Erfolgen trugen vor allem Elitetruppen bei, die sich schon gegen die Germanen bewährt hatten. Eine immer wichtigere Rolle im römischen Heer spielten Angehörige der mit Rom verfeindeten Stämme. So verstärkte Konstantin die aus Fußvolk und Reiterei bestehende Feldarmee mit einer großen Zahl von Germanen und mit Sarmaten*. Nichtrömer wurden zu Offizieren und Heerführern befördert.

Der kostspielige Unterhalt des Heeres und die Organisation des Reiches sorgten für immense Ausgaben. Entsprechend hoch waren die von der Bevölkerung zu leistenden Abgaben. Der Tradition gemäß übernahmen die wohlhabenden Bürger in den Städten Verwaltungsämter und freiwillige Dienste, z. B. die Finanzierung von Spielen und die Versorgung der Armen mit Getreide. Solche Leistungen wurden per Gesetz zu Pflichtaufgaben. Wer konnte, verließ die Stadt und lebte als Herr ertragreicher Ländereien. Luxuriöse Villen auf dem Land zeugten vom Reichtum, der mit harter Arbeit von Sklaven und abhängigen Bauern erwirtschaftet wurde.

Auch christliche Symbole verwandte Konstantin als Zeichen seiner Herrschaft. Zum neuen Ansehen des Kaisers trug vor allem seine Stadtgründung auf dem Boden des alten Byzantion bei. 330 n. Chr. wurde mit der feierlichen Einweihung von Nea Roma, dem neuen Rom, der Regierungssitz an den Bosporus verlegt. Der Ausbau der Metropole mit Forum, Palästen, Tempeln und christlichen Kirchen ging rasch voran. Andere Städte wie Rom oder Athen verloren wertvolle Kunstschätze, die nach Konstantinopel gebracht wurden.

3 *Wodurch unterschied sich die Regierung Konstantins von der seiner Vorgänger?*

2 Diokletian und seine Mitkaiser.

Konstantin der Große: 306 n. Chr. wurde er von Legionen in Britannien zum Kaiser ausgerufen. 312 bezwang er den Sohn Maximians, einen der Mitkaiser des Diokletian, an der Milvischen Brücke bei Rom. Den unerwarteten Triumph seines zahlenmäßig unterlegenen Heeres führten die christlichen Geschichtsschreiber auf eine Erscheinung zurück, die Konstantin vor der Schlacht den Sieg im Zeichen des Kreuzes versprochen habe. Zwölf Jahre später entmachtete er auch seinen Mitkaiser im Osten des Reiches.

Sarmaten*: iranische Reiternomaden.

„Die Hunnen kommen!"

Hunnischer Reiter

1 König Attila greift mit seinen Truppen die Germanen an. Kolorierter Holzstich, 19. Jahrhundert.

375 n. Chr.: Hunneneinfall in Europa.

*Durch Ermordung seiner Konkurrenten wurde **Attila*** Alleinherrscher der Hunnen (434–453). Wegen seiner Kriegszüge gegen das Römische Reich und seiner brutalen Politik wurde er „Geißel Gottes" genannt.*

Die „wilden" Hunnen

„Die Hunnen kommen!" Dieser Ruf versetzte ganze Völker in Europa seit 375 in Angst und Schrecken. Die Hunnen waren ein Reitervolk, das mit seinen Viehherden umherzog. Sie kamen aus der Mongolei und zogen durch ganz Asien bis nach Mitteleuropa. Ein römischer Geschichtsschreiber berichtet über sie:

Q1 … Sie führen ein so wildes Leben, dass sie weder Feuer noch Gewürz bei der Zubereitung ihrer Speisen brauchen. Sie ernähren sich von den Wurzeln wilder Pflanzen und dem rohen Fleisch von Tieren, das sie zwischen ihre Schenkel und den Rücken ihrer Pferde legen und so ein wenig mürbe machen. Sie bewohnen kein Haus, nicht einmal Hütten mit einem Rohrdach haben sie. An ihre Pferde sind sie wie angewachsen. Tag und Nacht leben sie auf ihren Pferden. Voller Lüge und Tücke sind sie und ohne alle Religion. Nur unersättliche Goldgier beherrscht sie. …

1 Vergleicht die Darstellung in Quelle 1 mit der Abbildung.

Ein Grieche besucht Attila

Der Grieche Priscus berichtet über einen Besuch beim Hunnenkönig Attila*:

Q2 … Wir kamen in ein riesiges Dorf. Dort befand sich ein Gebäude, das alle anderen Wohnsitze Attilas an Stattlichkeit übertraf. Die Sessel waren längs der beiden Seitenwände im Raum aufgestellt, in der Mitte saß auf einem Speisesofa Attila. Ihm gegenüber saßen zwei Söhne, der älteste Sohn saß auf dem Sofa des Königs, aus Ehrfurcht vor seinem Vater hielt er die Augen zu Boden gesenkt. Uns wurden erlesene Speisen auf silbernen Geschirren aufgetragen, während Attila nur einen Holzteller mit Fleisch erhielt. Er zeigte sich auch sonst überaus mäßig. Die Gäste tranken aus goldenen und silbernen Kelchen, er selbst bediente sich eines hölzernen Bechers. Ebenso trug er ein ganz einfaches Gewand. …

2 Vergleicht die Darstellung der Hunnen in Abbildung 1, Quelle 1 und in Quelle 2.
3 Stellt Vermutungen darüber an, wie es zu unterschiedlichen Darstellungen kommen konnte.

Das Römische Reich bricht zusammen

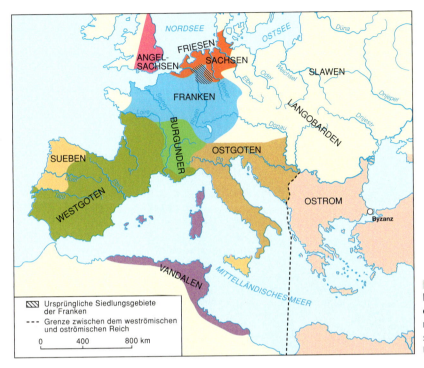

2 Germanische Nachfolgereiche auf dem Boden des ehemaligen weströmischen Reiches. Um 500 n. Chr.

395 n. Chr.: Teilung des Römischen Reiches.

476 n. Chr.: Ende des weströmischen Reiches.

Theoderich (471–526): bedeutender König der Ostgoten. Sein Grabmal befindet sich in Ravenna.

Hagia Sophia*. Die Minarette wurden erst nach der Eroberung von Konstantinopel durch die Türken angefügt.

Das Ende des weströmischen Reiches

Die Germanen, auf die die Hunnen stießen, mussten sich entweder unterwerfen oder sie versuchten sich vor den Hunnen auf römisches Gebiet zu retten. Um das Reich wirksamer verteidigen zu können, teilte es Kaiser Theodosius I. im Jahr 395 in ein weströmisches und ein oströmisches Reich. Die Römer konnten gemeinsam mit verbündeten Germanen die Hunnen zwar im Jahr 451 vernichtend schlagen, aber fortan bedrohten germanische Stämme Rom.

Im Jahr 476 n. Chr. setzte der germanische Heerführer Odoaker den letzten weströmischen Kaiser ab. Das war das Ende des weströmischen Reiches. Auf seinem Boden gründeten germanische Stämme eigene Reiche, von denen die meisten nur kurze Zeit bestanden.

Ein Reich aber stieg zu besonderer Größe und Macht auf: das Reich der Franken. In langen Kriegen unterwarfen die Frankenkönige immer weitere Gebiete. So wurden sie zum hauptsächlichen Nachfolger des Römischen Reiches im Westen.

Das oströmische Reich

Das oströmische Reich bestand noch weitere 1000 Jahre bis 1453. Konstantinopel – das heutige Istanbul – wurde Hauptstadt. Nach dem alten Namen der Hauptstadt nannten spätere Historiker das oströmische Reich auch Byzantinisches Reich. Seine höchste Blüte entfaltete Ostrom unter Kaiser Justinian (527–565 n. Chr.). Er holte bedeutende Architekten in die Hauptstadt und ließ sie zu einem zweiten Rom ausbauen. Das größte und bekannteste Gebäude der Stadt wurde eine Kirche, die Hagia Sophia*, die zu den eindrucksvollsten Bauten der Welt gehört.

Kaiser Justinian ließ alle überlieferten Gesetzestexte, Erlasse und Urteile sammeln, prüfen und in einem Buch ordnen. Diese Gesetzessammlung gehört zu seinen größten Leistungen. Sie wurde zum Vorbild für spätere Jahrhunderte und hat sogar Auswirkungen auf unsere Rechtsprechung.

4 Beschreibt mithilfe der Karte, welche neuen Reiche auf dem Gebiet des weströmischen Reiches entstanden.

Zum Weiterlesen: Feuer am Limes

Aus dem Lager ausrückende römische Soldaten.
Diorama aus dem Landesmuseum Stuttgart.

„Alamannengefahr!"
Da stieß der Posten auf einem Wachtturm am Limes in die Kriegstrompete. Einmal lang – dreimal kurz – einmal lang – dreimal kurz – lang – kurz.
„Achtung!" hieß das. „Gefahr! Bei den Alamannen tut sich was!"
Die Wache im nächsten Vorkastell nahm das Signal auf und gab es weiter an das Hauptlager, das der Präfekt Tuditanus befehligte. …
Von immer mehr Wachttürmen schmetterte die Warnung ins raetische Land: „Alamannengefahr!"
Im Hof des Hauptkastells ließ Glabrio vierhundert Reiter mit ihren Offizieren und Unteroffizieren antreten. Dann schickte er zwei berittene Spähtrupps über den Limes hinaus ins alamannische Land. Trompeten und Hörner schmetterten weiter. Ob diesmal nicht mehr als nur ein Überfall drohte?
In fieberhafter Eile packten Männer, Frauen, Kinder und Sklaven in der Römersiedlung die wichtigsten Habseligkeiten zusammen. Die Sklaven griffen zu, ohne dass sie mit Peitschenhieben angetrieben wurden. Sie wussten, dass die Alamannen keinen Unterschied zwischen römischen Herren und römischen Knechten machten.
In den großen Gutshöfen wurden schwere Wagen voll gepackt, in den Koppeln Herden zusammengetrieben, aus Läden und Handwerkerstuben Waren und Werkzeuge auf Karren verladen.
Die Alamannen waren gefürchtet, wenn sie als Feinde kamen.
Dann kämpften sie mit Todesverachtung und ohne Erbarmen.
Kaum zu fassen, dass sie sich zivilisiert und umgänglich zeigten, wenn sie als Händler oder Schmuggler Geschäfte machten. Da tauschten sie Met, Felle und Bernstein gegen römischen Wein, feine Stoffe, Werkzeuge aus Eisen und Stahl, Schmuck, Glas und Tongefäße. Sie tranken auf die Gesundheit ihrer Geschäftspartner und machten sogar Witze.
Wehe aber, wenn sie plötzlich zu den Waffen griffen! Einige Reiter im Hof des Kastells waren von wütenden Alamannen verwundet worden; drei Männern liefen entstellende Narben über das Gesicht.
In den Augen einiger Legionäre flackerte Angst.

Vom weiteren Schicksal dieses römischen Kastells berichtet Josef Carl Grund: Feuer am Limes, Loewes, Bindlach 1995.

Zusammenfassung

Die Germanen
Die Germanen kannten noch keine Schrift. Dafür haben römische Schriftsteller zum Teil sehr eingehend über das Leben der Germanen berichtet. Auch Bodenfunde lassen erkennen, wie die Germanen gelebt haben. Ihre Häuser standen frei, umgeben von einem großen Hofraum. Die Männer – so berichtet Tacitus – liebten den Kampf, während Frauen und Kinder für den Hof zu sorgen hatten. Die Frauen waren bei den Germanen hoch geachtet. Untereinander waren die germanischen Stämme oft verfeindet. Nur im Kampf gegen die Römer haben sie sich häufig verbündet.

Die Schlacht im Teutoburger Wald
Um den wiederholten Einfällen der Germanen Einhalt zu gebieten, wollte der römische Kaiser Augustus die Reichsgrenze bis an die Elbe verschieben. Nachdem die Kämpfe schon über 20 Jahre angedauert hatten, kam es im Jahr 9 n. Chr. zur Schlacht im Teutoburger Wald. Die Römer erlitten dabei eine vernichtende Niederlage. Seit dieser Zeit haben sie nie wieder versucht das freie Germanien zu unterwerfen.

Das Leben am Limes
Die Grenze zwischen dem Römischen Reich und dem freien Germanien wurde zum großen Teil durch den Limes gesichert. Hier kam es zu einem friedlichen Zusammenleben von Römern und Germanen. Über den Handel kamen die Germanen mit der römischen Lebensweise in Berührung. Sie übernahmen zahlreiche römische Begriffe in ihre Alltagssprache.

Die Völkerwanderung und das Ende des Römischen Reiches
Zu Beginn des 3. Jahrhunderts n. Chr. verließen germanische Stämme ihre Heimat in Nordeuropa und zogen nach Süden. An den römischen Grenzen kam es zu ständigen Kleinkriegen zwischen Römern und Germanen.
Die Germanen überrannten schließlich die Reichsgrenzen, setzten um 476 n. Chr. den letzten weströmischen Kaiser ab und gründeten eigene Reiche. Das oströmische Reich bestand noch weitere 1000 Jahre bis zum Jahr 1453.

Bis zum 1. Jh. n. Chr.

Die Germanen leben als Jäger und Bauern.

9 n. Chr.

Schlacht im Teutoburger Wald

1. bis 3. Jh. n. Chr.

Die Römer errichten einen Grenzwall gegen die Germanen, den Limes.

476 n. Chr.

Die Germanen setzen den letzten weströmischen Kaiser ab.

6. Vom Frankenreich zum Deutschen Reich

Machtvoll ragen der Turm und die Kuppel des Aachener Doms in den Himmel. Die achtseitige Kapelle in der Mitte steht hier schon seit dem Jahr 800. Erbauen ließ sie der König der Franken, Karl, der schon zu Lebzeiten „der Große" genannt wurde. Weite Teile Westeuropas gehörten zu seinem Reich, aus dem später Deutschland und Frankreich hervorgehen sollten. Als „Vater Europas" wird der Frankenkönig bis heute verehrt und noch immer steht sein Thron im Dom zu Aachen. Von Karl dem Großen und von seinem Herrschaftsstamm, den Franken, handeln die nächsten Seiten.

Das Frankenreich entsteht

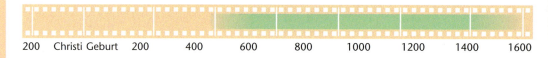

200 Christi Geburt 200   400   600   800   1000   1200   1400   1600

407:
Beginn der Invasion Englands durch Sachsen, Angeln und Jüten.

482–511:
Gründung des Frankenreiches durch Chlodwig aus dem Geschlecht der Merowinger.

Um 496:
Übertritt Chlodwigs zum Christentum. Sieg über die Alamannen.

Merowinger*:
fränkische Königsfamilie. Der Name stammt von „Merowech", der einer Sage nach ihr Vorfahre war.

Bischof*:
In den christlichen Kirchen verwaltet der Bischof als oberster Priester ein Gebiet, seine Diözese. Mehreren anderen Bischöfen vorgesetzte Bischöfe werden als Erzbischöfe bezeichnet. – Ursprünglich wurde der Bischof in der katholischen Kirche von den Geistlichen gewählt, später meist vom Papst ernannt.

Abt*:
der von Mönchen gewählte Vorsteher eines Klosters. Die von Nonnen gewählte Vorsteherin eines Frauenklosters wurde Äbtissin genannt.

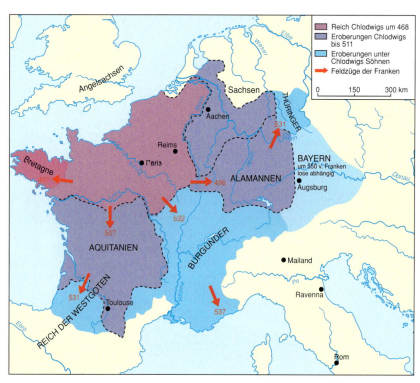

1 Das Frankenreich um 550 n. Chr.

Chlodwig – König der Franken

Im 4. und 5. Jahrhundert drangen immer wieder germanische Stämme auf römisches Reichsgebiet vor. Zu diesen Stämmen gehörten auch die Franken unter ihrem König Chlodwig, der aus dem Geschlecht der Merowinger* stammte.

Im Jahr 486 vertrieb Chlodwig den letzten römischen Statthalter aus Gallien. Er erkannte schnell, dass er sein großes Reich nur mit Unterstützung der gallischen Bischöfe* und Äbte* regieren konnte. Diese Geistlichen waren schon unter den Römern tüchtige Verwaltungsbeamte gewesen. Chlodwig trat deshalb mit seinem Volk zum Christentum über. Seine „Bekehrung" erfolgte, als seinen Truppen im Kampf gegen die Alamannen eine totale Niederlage drohte.

Gregor von Tours (540–594), Bischof und Ge-schichtsschreiber, berichtete darüber:

Q1 … Als Chlodwig dies sah, sprach er: „Jesus Christus! Gewährst du mir jetzt den Sieg über meine Feinde, so will ich an dich glauben und mich taufen lassen. Denn ich habe meine Götter angerufen, doch sie helfen mir nicht; sie sind wohl ohnmächtig. Nun rufe ich dich an. An dich will ich glauben, wenn ich nur der Hand meiner Feinde entkomme." …

Darauf flohen die Alamannen.

1 Erklärt, welche Vorteile sich Chlodwig von seinem Übertritt zum Christentum versprach.

2 Vergleicht diese Karte mit einer Westeuropakarte in eurem Atlas. Stellt fest, welche Gebiete der fränkische König Chlodwig eroberte.

Die Franken werden Christen

2 Linke Bildhälfte: Bonifatius tauft einen Germanen, der von einem Helfer in das Taufbecken eingetaucht wird; rechte Bildhälfte: Bonifatius erleidet den Märtyrertod. Buchmalerei aus dem Kloster Fulda, um 875.

Bonifatius fällt die Donar-Eiche

Chlodwig und seine Nachfolger förderten die weitere Ausbreitung des Christentums. Unterstützt wurden sie von Mönchen aus Schottland und Irland, die den germanischen Stämmen die christliche Botschaft verkündeten. Der bedeutendste unter ihnen war Winfried, der später vom Papst den Namen Bonifatius (= „der es gut macht") erhielt. Im Jahr 722 wurde Bonifatius vom Papst zum Bischof geweiht und erhielt den Auftrag die germanischen Stämme zum Christentum zu bekehren. Bonifatius ging daraufhin nach Thüringen und nach Hessen. In einem Bericht aus dem Jahr 768 heißt es:

Q2 … Viele Hessen erhielten damals die Taufe. Andere aber opferten immer noch heimlich oder offen an Bäumen und Quellen, betrieben Weissagung, Zauberei und Beschwörung. Da beschloss Bonifatius eine Eiche von seltener Größe, die den alten heidnischen Namen Donar-Eiche führte, im Beisein seiner Mönche zu fällen. Als diese Absicht bekannt wurde, versammelte sich eine große Menge Heiden, die den Feind ihrer Götter heftig verfluchte. Kaum aber hatte Bonifatius den Baum ein paarmal mit der Axt getroffen, da wurde die ungeheure Masse des Baumes durch göttliche Winde erschüttert. Die Enden der Äste brachen und die Eiche stürzte krachend zu Boden. Die Heiden aber, die kurz zuvor noch geflucht hatten, fingen an den Herrn zu preisen und an ihn zu glauben. …

3 Schildert, wie ihr auf die Fällung der Donar-Eiche reagiert hättet.

Bonifatius erleidet den Märtyrertod

Im Alter von 80 Jahren brach Bonifatius noch einmal mit einer kleinen Anzahl von Begleitern zur Mission* nach Friesland auf. Hier wurde er von friesischen Kriegern am 5. Juni 754 erschlagen. In einem Bericht über das Leben des Bonifatius heißt es, dass er sich gegen die Angriffe der Friesen mit der Bibel vergebens geschützt haben soll (Abb. 2). Beigesetzt wurde Bonifatius in Fulda. Seine Nachfolger setzten das von ihm begonnene Werk fort und gründeten weitere Bistümer, wie z. B. Verden (782), Osnabrück (783) und Hildesheim (822).

4 Überlegt, wie die friesischen Krieger ihre Tat begründet haben mögen.

Missionare*
(lat. missio = Auftrag, Sendung): Bezeichnung für Glaubensboten, die im Auftrag der Kirche den christlichen Glauben unter Nichtchristen verkündeten.

Radbrot, Herzog der Friesen, verweigerte die christliche Taufe mit folgenden Worten:
„Lieber will ich elend bei meinen Vorfahren in der Hölle schmoren als herrlich ohne sie im Himmelreich zu sein."

782:
Missionstätigkeit Willehads in Holstein. In Dithmarschen wird einer seiner Begleiter, der Mönch Atrebanus, erschlagen.

832:
Hamburg, seit 831 Bischofssitz, wird unter Bischof Ansgar zum Erzbistum erhoben.

Um 850:
In den Grenzen des heutigen Schleswig-Holsteins leben ca. 250 000 Menschen.

Karl der Große und das Frankenreich

768–814:
Alleinherrschaft Karls des Großen. Ausdehnung des Frankenreiches über alle germanischen Stämme.

772–804:
Sachsenkriege. Die Sachsen werden gewaltsam dem Frankenreich eingegliedert und christianisiert.

804:
Zwangsumsiedlung von Sachsen aus dem südlichen Holstein in das Frankenreich.

Um 809:
Anlage befestigter fränkischer Stützpunkte bei Itzehoe (Esesfelth), Hamburg (**Hammaburg**) und am Höhbeck.

Vom 4. bis 6. Jahrhundert n. Chr. war der nordelbische Raum weitgehend von sächsischen Stämmen bevölkert. Ins 4. Jahrhundert datieren Belege für eine Besiedlung durch Sachsen auf der Geestanhöhe oberhalb der Mündung der Alster in die Elbe, also im Bereich der heutigen Hamburger Altstadt. Die ältesten bisher gefundenen Baureste werden ins 5./6. Jahrhundert datiert (vgl. S. 226).

Karl der Große unterwirft die Sachsen

Unter Karl dem Großen erreichte das Frankenreich seine größte Ausdehnung (siehe Karte 1 S. 156). Den längsten und erbittertsten Widerstand gegen die Franken leisteten die Sachsen. Sie waren der letzte freie Stamm der Germanen und noch nicht zum Christentum übergetreten. Unter Führung ihres Herzogs Widukind kämpften sie über dreißig Jahre einen verzweifelten Kampf. Sobald Karl und sein Heer das Land der Sachsen verlassen hatten, erhoben sich diese wieder gegen die Franken. Karl griff grausam durch. Die Anführer des Widerstands ließ er bei Verden hinrichten. Es sollen über 4000 Männer gewesen sein. Widukind selbst konnte fliehen. Um den Widerstand endgültig zu brechen, wurden die Sachsen gezwungen, das Christentum anzunehmen.

In einer Anordnung aus dem Jahr 782 bestimmte Karl:

Q … 3. Wer mit Gewalt in eine Kirche eindringt und dort raubt oder stiehlt oder die Kirche in Brand steckt, wird mit dem Tode bestraft.
4. Wer die vierzigtägige Fastenzeit vor Ostern nicht einhält und in dieser Zeit Fleisch isst, wird mit dem Tode bestraft.
5. Wer einen Bischof oder Priester tötet, wird mit dem Tode bestraft. …
7. Wer den Leichnam eines Verstorbenen nach heidnischer Sitte verbrennt, wird mit dem Tode bestraft.
8. Wer noch ungetauft ist und es unterlässt, zur Taufe zu kommen, weil er Heide bleiben möchte, wird mit dem Tode bestraft. …
17. Jeder Sachse soll den zehnten Teil seines Besitzes den Kirchen und den Priestern geben. …
34. Wir verbieten allen Sachsen öffentliche Versammlungen abzuhalten, außer wenn unsere Boten eine Versammlung einberufen. …

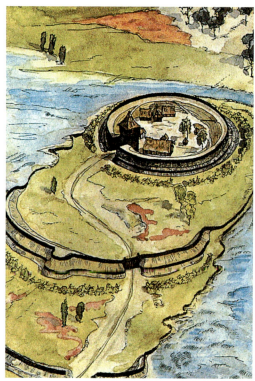

Sächsische Wallanlage (Motte) aus dem 8. Jahrhundert. Rekonstruktionszeichnung.

1 Findet heraus, auf welchem Gebiet die Sachsen in jener Zeit lebten (siehe Karte 1, S. 156). Vergleicht das Gebiet mit der Lage des heutigen Bundeslandes Sachsen.
2 Spielt folgende Szene: Ein Franke und ein Sachse unterhalten sich über die Anordnungen Karls des Großen (Quelle).

Sachsen wird Teil des Frankenreiches

Gegen diese harten Maßnahmen wehrten sich die Sachsen auch weiterhin. Erst 785 gab Widukind den Kampf auf. Zusammen mit weiteren Stammesgenossen ließ er sich taufen. Andere sächsische Adlige aber führten den Kampf fort. Im Jahr 804 wurde endgültig Frieden geschlossen. Damit war das Gebiet der Sachsen ein Teil des Frankenreiches geworden.

Zum Weiterlesen: Sachsen als Geiseln

Brun, Geisel des Königs im Reiche der Franken
Brun ist gerade 14 Jahre alt und stammt aus einer vornehmen sächsischen Familie. Es ist das Jahr 785 n. Chr.; auf dem Dach des Kuhstalls liegend genießt Brun einen der ersten warmen Frühlingstage.

Er sah, wie Thankmar absaß, dem herbeieilenden Stallburschen die Zügel zuwarf und Meinwerk rasch etwas erklärte. Dann ging Thankmar mit noch steifen Beinen auf die Halle zu. Meinwerk winkte Benniko zum Stalle und ging dann langsam, wie benommen, ebenfalls auf das Haus zu. Die unerwartete Ankunft des jungen Herrn hatte das Gesinde an die Türen gelockt. Eggi, der alte Schafhirt, und Wichmann, dem das Vieh anvertraut war, hielten Meinwerk an; offenbar fragten sie nach der Nachricht, die da eben gekommen war. Meinwerk sagte etwas und Brun sah, wie die beiden Männer ebenso betäubt stehen blieben wie Meinwerk zuvor. Langsam kehrten sie an ihre Arbeit zurück, während der Stallmeister im Herrenhaus verschwand. Überall auf dem Hofe standen jetzt Leute, Eggi und Wichmann wurden angesprochen. Man konnte deutlich sehen, wie die Nachricht weiterlief. Als habe man einen Stein ins Wasser geworfen, gingen Wellen über den ganzen Gutshof. Brun wusste, dass er nun nicht länger warten durfte. Vorsichtig stieg er über das Birnenspalier, lehnte die Leiter neben die Stalltür, dann ging er über den Hof, der sich schon wieder geleert hatte. In der Tür der Halle stieß er auf Thankmar.
„Da bist du ja schon!", sagte dieser. „Gerade wollte ich dich suchen."
„Was ist, Thankmar?" Es muss wohl von dem schnellen Ritt gekommen sein, dachte Brun, dass Thankmar so lange für eine Antwort braucht. Aber gleich wurde ihm klar, dass es damit nichts zu tun haben konnte. Thankmar sagte sehr langsam, als falle ihm das Sprechen schwer: „Herzog Widukind hat sich taufen lassen!" Und er setzte hinzu: „Der Krieg ist nun aus. Jedenfalls für uns!"
Benommen ging Brun neben dem Bruder in die Halle zurück. Es war, als liege ein Bann über ihr. Der Vater saß schweigend in seinem Sessel auf dem erhöhten Estrich des Herrensitzes, den Kopf in die Hand gestützt. Meinwerk lehnte an einem der Holzpfeiler, seinen Herrn beobachtend. Die Mutter stand reglos neben dem Feuer. Alle schwiegen. Aber Brun merkte davon nicht viel. Seine Gedanken überschlugen sich.
Thankmars Gesicht sah plötzlich erschöpft aus und Brun merkte, dass eine Menge geschehen sein musste, wovon sie noch nichts wussten. Fast gleichzeitig sagte der Vater: „Setz dich erst einmal, Thankmar! Meinwerk, lass Ella etwas zum Trinken bringen. Und dann berichte, mein Junge!"
So erfuhr Brun, was sich schon vor Wochen zugetragen hatte: wie König Karl in der Gewissheit, dass sein Gegner am Ende sein müsse, ihn auf dem jenseitigen Ufer der Elbe – sie nannten es Transalbingien – hatten aufspüren lassen; wie ihm Karls Boten zugesetzt, ihn auf die Sinnlosigkeit weiterer Opfer aufmerksam gemacht hatten; wie Widukind schließlich, seine Lage erkennend, sich ohne Widerstand der Taufe unterzogen hatte.
„Und", fragte der Vater, der ratlos aussah, „nicht mehr?"
„Nicht mehr!"
„Habt ihr Widukind gesehen, als ihr jetzt in Verden zusammentraft?"
„Nur seine Botschaft empfangen. Er rät uns, keinen Widerstand mehr zu leisten."
Mit einer heftigen Bewegung stieß der Vater den geschnitzten Eichensessel zurück, trat die Stufe vom Herrensitz herunter und durchmaß mit ruhelosen Schritten die Halle.
„Ich gehe als Geisel ins Frankenreich."
Mit einem Ruck blieb der Vater vor Thankmar stehen.
„Du? Als Geisel? Warum?"
Thankmar zuckte die Achseln.
„Graf Amalwin hat Botschaft nach Verden geschickt. Der König wünscht sächsische Geiseln. Er hat sich Familien nennen lassen. Wir sind dabei."
(…)
Brun zog den Bruder am Ärmel: „Hat der König dich selbst als Geisel bestimmt oder hat er gesagt, ‚einer von der Familie'?"
„Einer von der Familie. Aber was ändert das? Wer sollte sonst gehen?"
Brun spürte plötzlich, wie die Unruhe des Tages von ihm abfiel. „Ich!", sagte er und drängte sich vor den Vater. „Ich!", wiederholte er mit vor Erregung tonloser Stimme.

Bruns Erlebnisse im Frankenreich könnt ihr nachlesen in dem Buch von Wiebke von Thadden: Brun, Geisel des Königs im Reiche der Franken. dtv junior, München 1993.

Ein König auf Reisen

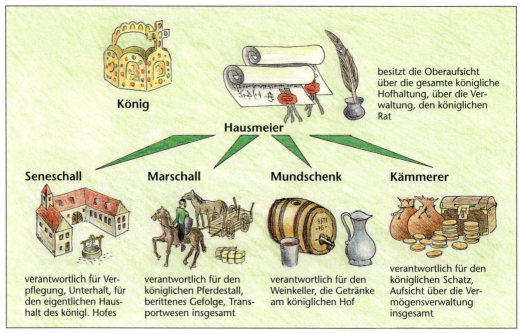

1 Die königlichen Hofämter.

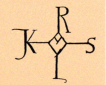

Namenszeichen Karls des Großen auf einer Urkunde aus dem Jahr 781.

Ein König auf Reisen
Das karolingische Reich hatte keine Hauptstadt. König Karl war oft auf Reisen, um dafür zu sorgen, dass im ganzen Reich seine Gesetze und Befehle richtig ausgeführt wurden. In seinem Gefolge waren königliche Berater, Familienangehörige, Mägde und Knechte – insgesamt über 1000 Personen.

Zu den engsten Beratern des Königs gehörte der Hausmeier. Er sorgte dafür, dass alle königlichen Erlasse aufgezeigt und sorgfältig verwahrt wurden. Die königlichen Einnahmen wurden vom Kämmerer verwaltet.

Seneschall, Mundschenk und Marschall hatten bei Reisen die königlichen Beauftragten möglichst zeitig davon zu benachrichtigen, wo und wie lange sich der König aufhalten wolle, damit man alles Nötige vorbereiten konnte. Der Mundschenk hatte für Getränke, der Marschall für die Pferde und Wagen zu sorgen. Die Hauptlast aber hatte der Seneschall zu tragen, der für die königliche Tafel verantwortlich war. Der Quartiermeister musste die Unterkunft für den König und dessen Gefolge vorbereiten.

1 *Überlegt mithilfe der Abbildung 1, warum die hier genannten Aufgaben so wichtig waren, dass sie zu Hofämtern wurden.*

2 **Karl der Große.** Bronzestatue, um 800.

160

Königshöfe und Pfalzen

3 **Fränkischer Königshof.** Rekonstruktionszeichnung.

Der König besucht eine Pfalz*
Viele Bischöfe, Äbte und Grafen waren nicht begeistert, wenn der König mit seinem Gefolge kam, weil sie die Gäste kostenlos versorgen mussten. Karl hatte deshalb im ganzen Land königliche Güter errichten lassen, in denen er und sein Gefolge gut untergebracht und versorgt werden konnten.
Für die Verwaltung dieser etwa 250 Königshöfe und Pfalzen erließ Karl genaue Anweisungen:

Q Unsere Krongüter, die wir eingerichtet haben, unseren Hofhalt zu beliefern, sollen allein unserem Bedarf dienen. …
Auf jedem unserer Königsgüter sollen die Verwalter einen möglichst großen Bestand an Kühen, Schweinen, Schafen, Ziegen und Böcken halten. Fehlen darf dieses Vieh niemals.
Mit ganz besonderer Sorgfalt ist darauf zu achten, dass alles, was mit den Händen verarbeitet und zubereitet wird, mit der größten Sauberkeit hergestellt wird, wie: Speck, Rauchfleisch, Sülze, Pökelfleisch, Wein, Essig, Most, Senf, Käse, Butter, Malz, Bier, Honig, Wachs und Mehl.
Jedes Krongut soll in seinem Lagerraum vorrätig haben: Bettdecken, Matratzen, Federkissen, Tischtücher, Bankpolster, Gefäße aus Kupfer, Blei, Eisen und Holz, Ketten, Kesselhaken, Bohrer und Schnitzmesser. Auch das eiserne Kriegsgerät muss man hier verwahren, damit es gut erhalten bleibt.
Unseren Frauenarbeitshäusern soll man liefern: Flachs, Wolle, Seife, Fett, Gefäße und die übrigen kleinen Dinge, die dort benötigt werden.
Jeder Verwalter soll in seinem Bezirk tüchtige Handwerker zur Seite haben: Grob-, Gold- und Silberschmiede, Schuster, Drechsler, Stellmacher, Schildmacher, Fischer, Seifensieder, Brauer, Bäcker und sonstige Dienstleute. …

2 Beschreibt die Anlage eines Königshofes (Abb. 3).
3 Stellt fest, welche Leute hier leben.
4 *Der Verwalter eines Königsgutes erhält die Mitteilung, dass der König mit seinem Gefolge für eine Woche bei ihm einkehren wird. Schreibt auf, welche Vorbereitungen der Verwalter treffen muss.*

*Pfalzen**
(lat. palatium = Palast): Die wenigsten Pfalzen waren Paläste, sondern große und gut befestigte Höfe. Sie dienten den Königen und ihrem Gefolge als Unterkünfte, Verwaltungssitze und Gerichtsorte.

Die Verwaltung des Reiches

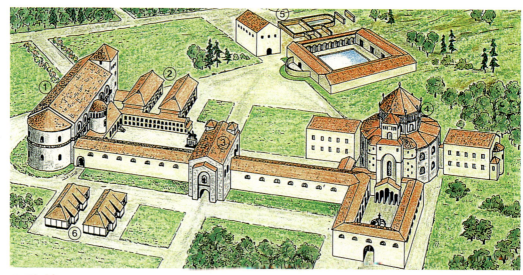

1 **Die Pfalz zu Aachen.** ① Königshalle (47 m × 20 m), ② Wohngebäude des Königs, ③ Torhalle mit Gerichtssaal, ④ achteckige Pfalzkapelle (noch heute erhalten), ⑤ Badehäuser und Schwimmbecken mit heißen Quellen, ⑥ Wohnhäuser für das Gesinde. Rekonstruktionszeichnung.

Markgrafen*:
Marken waren Gebiete an den Grenzen des Reiches (nach dem altgermanischen Wort „marka" = Grenzland). Für die Verwaltung dieser Gebiete und zur Sicherung der Grenzen ernannte der König Markgrafen, die über besondere Rechte verfügten.

Wie regierte Karl der Große das Karolingerreich?

Das Reich Karls war sehr groß. Er konnte deshalb nicht selbst überall nach dem Rechten sehen. Der König teilte das Reich daher in ungefähr 230 Gaue oder Grafschaften (Verwaltungsbezirke) auf:

– Die Verwaltung in diesen Gebieten übertrug er Männern seines Vertrauens, die er zu Grafen ernannte. Diese Gaugrafen hatten die Aufgabe, Steuern einzuziehen, Recht zu sprechen und im Kriegsfall ein Heer aufzustellen.

– In den besonders bedrohten Gebieten an den Grenzen des Reiches, in den Grenzmarken, setzte er Markgrafen* ein. Sie konnten im Fall der Gefahr auf eigene Verantwortung ein Heer aufstellen und in den Krieg ziehen.

– Um die Grafen zu kontrollieren, schickte der König Königsboten im Land umher, immer einen weltlichen und einen geistlichen Adligen. Sie überwachten die Tätigkeit der Grafen, vor allem die Verwaltung und die Rechtsprechung.

Karl selbst hielt sich am liebsten in der Pfalz zu Aachen auf. Hier empfing er ausländische Gesandte, hierhin kamen die Grafen und Bischöfe des ganzen Reiches, um Bericht zu erstatten.

1 Überlegt, warum Karl einen geistlichen und einen weltlichen Königsboten schickte, um die Grafen zu kontrollieren.

2 Beschreibt anhand der Abbildungen 2 und 3, wie Karl der Große das Reich regierte.

2 Die Verwaltung des fränkischen Großreiches.

Der König und die Fürsten

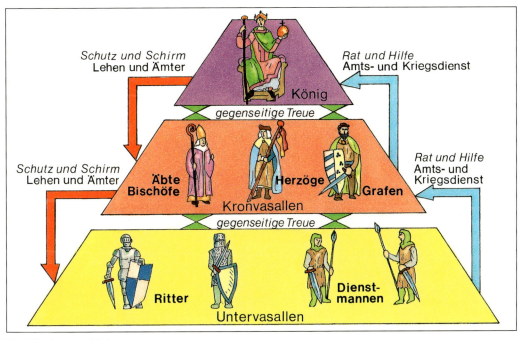

3 Lehnsherr und Lehnsmann.

Der König und die Fürsten

Für die Verwaltung seines Reiches brauchte Karl der Große die Unterstützung der Fürsten: der geistlichen Fürsten (Bischöfe und Äbte) und der weltlichen Fürsten (Herzöge, Grafen). Sie sollten die Durchführung seiner Anordnungen überwachen. Wenn er in den Krieg zog, mussten sie ihm schwer bewaffnete Krieger zur Verfügung stellen. Als Gegenleistung erhielten sie vom König Land mit Dörfern und Bauern auf Lebenszeit geliehen; diese Güter heißen deshalb auch Lehen*. Wer sein Lehen vom König erhielt, war sein Kronvasall.

Auch die Kronvasallen konnten ihrerseits die Güter an Untervasallen weiterverleihen. Sie folgten dem Beispiel des Königs und gaben z. B. Teile des ihnen verliehenen Landes an die Ritter. Die Ritter leisteten dafür Kriegsdienst im fränkischen Heer.

Die Übergabe des Lehens

Wenn ein Lehen vergeben wurde, geschah dies in feierlicher Form: Der Vasall kniete nieder, legte seine Hände zwischen die Hände seines Herrn und schwor ihm Treue. Er versprach seinem Herrn Rat und Hilfe, wenn er dies forderte. Seine Hauptaufgabe bestand dabei in der Verpflichtung zum Kriegsdienst. Der Lehnsherr versprach dem Vasallen Treue und Schutz.

Ein Lehen konnte nicht nur aus Landgütern bestehen. Als Lehen wurden vom König auch Kirchenämter (an Abt, Äbtissin oder Bischof) und hohe Verwaltungsämter vergeben, wie etwa das Grafenamt.

Starb ein Vasall, so sollte das Lehen an den Lehnsherrn zurückfallen. Dieser konnte dann frei entscheiden, ob und wem er das Lehen wieder ausgeben wollte.

Nach und nach setzten die Adligen durch, dass sie die vom König erhaltenen Lehen in ihren Familien weitervererben konnten.

3 *Erklärt mithilfe des Schaubildes (Abb. 3) die Verpflichtungen des Königs und der Vasallen.*

Ein Fürst belehnt seinen Untervasallen. Buchmalerei aus dem 14. Jahrhundert.

Lehen*
(= Geliehenes): im Mittelalter das Nutzungsrecht an einer Sache (Grundbesitz, Rechte, Ämter). Es wird vom Eigentümer (Lehnsherrn) an einen Lehnsmann übertragen. Der Lehnsmann verspricht dem Lehnsherrn dafür die Treue und bestimmte Leistungen.

Karl – der „Vater Europas"?

Karl der Große auf einer Briefmarke in lateinischer Sprache.

Karl der Große auf einer Briefmarke in französischer Sprache.

Kaiser*:
Herrschertitel für einen „König über Könige". Das Wort leitet sich vom Ehrentitel „Caesar" der römischen Kaiser der Antike ab. – Aus der zweiten Silbe des Wortes ist auch der gleichbedeutende Herrschertitel der russischen Zaren abgeleitet.

Völkerwanderung:
Vom 3. bis 6. Jahrhundert n. Chr. wanderten zahlreiche germanische Stämme aus ihren nordosteuropäischen Gebieten nach Süden. Es kam zu einer großen Umverteilung der europäischen Bevölkerung.

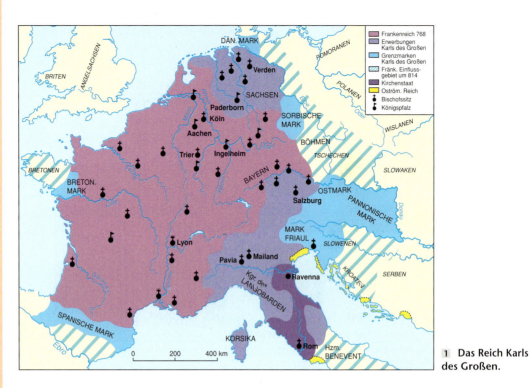

1 Das Reich Karls des Großen.

Vom Frankenkönig zum Nachfolger der römischen Kaiser

Am Ende des 8. Jahrhunderts war Karl der mächtigste Herrscher in Europa. Sein Reich umfasste weite Teile des ehemaligen weströmischen Reiches. Dem Kaiser* des oströmischen Reiches fühlte er sich ebenbürtig.
In dem Gedicht eines unbekannten Verfassers um 800 heißt es:

Q1 … Der König [Karl] übertrifft alle Könige auf der ganzen Welt an Würde und Weihe … König Karl, das Haupt der Welt, die Liebe und Zierde des Volkes, die bewundernswerte Spitze Europas, der beste Vater, der Held, der Augustus, aber auch mächtig in der Stadt (Aachen), die als zweites Rom zu neuer Blüte gewaltig emporwächst. …

1 Beschreibt die Machtstellung Karls, wie sie vom Verfasser der Quelle gesehen wird. – Wie bezeichnet er die Stadt Aachen? Was möchte er damit zum Ausdruck bringen?

Im Jahr 800 n. Chr. wurde König Karl von Papst Leo III. in Rom zum Kaiser gekrönt. Im fränkischen Reich verstand man die Kaiserkrönung so, dass Karl jetzt für alle sichtbar die Nachfolge der römischen Kaiser angetreten habe.
Karl war es gelungen, nach den Unruhen der Völkerwanderung ein Reich zu schaffen, in dem unterschiedliche Völker und Stämme lebten. Gemeinsam war allen Untertanen der christliche Glaube, der ihr tägliches Leben bestimmen sollte. In der Nachfolge der römischen Kaiser förderte er Bildung und Wissenschaft. Das Frankenreich wurde zum Fundament für die weitere Geschichte ganz West- und Mitteleuropas. So gilt Karl heute als „Vater Europas". Nicht übersehen kann man aber auch die Schattenseiten seiner Herrschaft wie etwa die grausamen Kriege gegen die Sachsen.

Die Teilung des karolingischen Reiches

Karl der Große starb im Jahr 814. Nachfolger wurde sein Sohn Ludwig der Fromme, der das Reich mühsam zusammenhalten konnte. Als er im Jahr 840 starb, stritten sich seine Söhne um das Erbe. Dabei verbündeten sich Karl der Kahle und Ludwig der Deutsche gegen ihren Bruder Lothar. Nithard, ein Enkel

Vom Frankenreich zum Deutschen Reich

2 Der Frankenkönig Karl, umgeben von seinen Beratern. Mittelalterliche Buchmalerei, 11. Jahrhundert.

3 In der zweiten Hälfte des 9. Jahrhunderts zerfällt das Frankenreich.

Karls des Großen, erhielt von Karl dem Kahlen den Auftrag, über diesen Bruderstreit zu berichten:

Q2 … Es trafen sich also am 14. Februar [843] Ludwig und Karl in der Stadt, die früher Argentaria und jetzt Straßburg heißt, und schwuren einen Eid. Ludwig aber sprach romanisch, Karl deutsch: … Von diesem Tag an will ich mich zukünftig sowohl bei Hilfeleistungen wie auch in jeder anderen Sache so verhalten, wie man sich von Rechts wegen gegenüber seinem Bruder verhalten soll. … Und mit Lothar will ich keine Abmachung eingehen. …

Auch in den folgenden Jahrzehnten kam es immer wieder zu schweren Kämpfen; mehrmals wurde das karolingische Reich neu aufgeteilt. Burgund und Italien im Süden wurden selbstständige Königreiche.
Im Norden kam es zur Bildung eines west- und eines ostfränkischen Reiches. In beiden Reichen bildete sich ein Zusammengehörigkeitsgefühl der dort lebenden Menschen heraus. So entstanden allmählich die beiden Länder Frankreich und Deutschland.

2 Mithilfe der Karte 3 und eines Atlas könnt ihr feststellen, welche europäischen Staaten durch ihre Zugehörigkeit zum Frankenreich einen Teil ihrer Geschichte gemeinsam haben.

Das Reich der Deutschen entsteht

Der letzte Karolinger im Ostreich starb im Jahr 911. Die Königswürde ging 919 an Heinrich I., den mächtigen Herzog in Sachsen. Während seiner Regierungszeit wird das Ostreich zum ersten Mal als „Reich der Deutschen" bezeichnet. Das Wort „deutsch" kommt vom Althochdeutschen „diutisc", was so viel bedeutet wie „volksmäßig, dem Volk gehörig". Als „diutisc" bezeichnete man auch die germanische Sprache, die im Ostreich gesprochen wurde. Allmählich wurde daraus der Name für die Menschen, die diese Sprache sprachen, die „Deutschen". Nachfolger Heinrichs I. wurde sein Sohn Otto I., der im Jahr 962 vom Papst zum Kaiser gekrönt wurde. Seit seiner Zeit bis 1806 wurde die Kaiserwürde immer nur an deutsche Könige verliehen.

808:
Ausbau des **Danewerks**. Die Grenzbefestigung trennte das Gebiet des dänischen Reiches von dem der Sachsen und verlief zwischen den unpassierbaren Niederungen von Treene und Eider im Westen sowie der Schlei im Osten.

Um 811:
Dänisch-fränkischer Friedensschluss mit Festlegung eines Grenzverlaufs an der Eider.

814 n. Chr.:
Tod Karls des Großen. Beisetzung im Dom zu Aachen. Unter seinen Nachfolgern wird das Reich mehrmals neu aufgeteilt.

818:
Erwähnung des Limes Saxoniae als Grenze zwischen Sachsen und Slawen. Er wurde ab 810 zum Schutz gegen die Abodriten angelegt. Er folgte natürlichen Gegebenheiten wie Flussläufen und sumpfigen Niederungen und war zum Teil durch Burgen gesichert. Vermutlich verlief die Grenzlinie von Boizenburg an der Elbe bis zur Kieler Förde.

919 n. Chr.:
Der Sachsenherzog Heinrich wird zum ostfränkischen König gewählt.

Die Wikinger

Fibeln aus Bronze (links) und Gold. Foto.

Kamm, Toilettenbesteck, Pinzette. Foto.

845:
Zerstörung **Hamburgs** durch die Wikinger.

Diözese*:
Amtsgebiet eines katholischen Bischofs.

1 Die Wikinger (Normannen) im Comic.

2 **Runenstein für Skarthi.** Auf solchen Gedenksteinen überlieferten die Wikinger der Nachwelt die Erinnerung an bedeutende Männer. Foto.

Eroberung durch das Drachenschiff

1 *Berichtet, was ihr bereits über die Wikinger gehört habt.*

Die Geschichte der Wikinger beginnt vor etwa 1200 Jahren. Am nördlichen Rand des Frankenreichs Karls des Großen machte ein raubeiniges Volk seine ersten Beutezüge in wärmere Gefilde. Sie nannten sich „Wikinger". Das Wort leitet sich von „wik", Bucht bzw. Handelsort, her und bezeichnet im ursprünglichen skandinavischen Sprachgebrauch keine Volkszugehörigkeit, sondern einen Zustand: Ein Wikinger war ein Skandinavier, der sich auf Beutefahrt befand.

Das gängige Wikingerbild entstammt aus dieser Zeit. Fränkische und angelsächsische Chronisten beschrieben die Überfälle der Wikinger in grellen Farben. Die frommen Mönche sahen in ihnen „heidnische Teufel".

In einer Quelle über die Zerstörung Hamburgs im Jahr 845 durch die Wikinger heißt es:

Q ... Während Diözese* und Mission sich lobenswert und gottgefällig entwickelten, tauchten ganz unerwartet wikingische Seeräuber mit ihren Schiffen vor Hamburg auf und schlossen es ein. Die überraschende Plötzlichkeit dieses Ereignisses ließ keine Zeit, Männer aus dem Gau zusammenzuziehen, zumal auch der damalige Graf und Befehlshaber des Ortes, der erlauchte Herr Bernhard, nicht zugegen war; als der Herr Bischof dort von ihrem Erscheinen hörte, wollte er zunächst mit den Bewohnern der Burg und des offenen Wiks den Platz halten, bis stärkere Hilfe käme. Aber die Heiden griffen an; schon war die Burg umringt; da erkannte er sich zur Verteidigung außerstande, und nun sann er nur noch auf Rettung der ihm anvertrauten heiligen Reliquien; seine Geistlichen zerstreuten sich auf der Flucht nach allen Seiten, er selbst entrann ohne Kutte nur mit größter Mühe. Auch die Bevölkerung, die aus der Burg entrinnen konnte, irrte flüchtend umher; die meisten entkamen, einige wurden gefangen, sehr viele erschlagen.

Nach der Einnahme plünderten die Feinde die Burg und den benachbarten Wik gründlich aus; am Abend waren sie erschienen; die

Die Wikinger

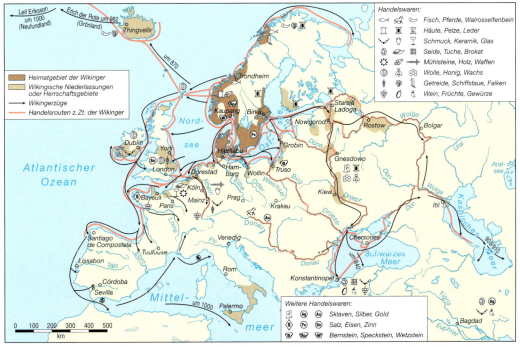

3 Handelsrouten, Handelszentren, Herkunftsgebiete von Waren und Eroberungszüge während der Wikingerzeit.

Schuhe der Wikinger. Foto.

Nacht den folgenden Tag und noch eine Nacht blieben sie da. Nach gründlicher Plünderung und Brandschatzung verschwanden sie wieder. …

2 Fasst den Inhalt der Quelle mit eigenen Worten zusammen.

3 Benennt die Wörter, die deutlich machen, wie der Verfasser der Quelle zu den Wikingern steht.

Die Expansion der Wikinger

Innerhalb kürzester Zeit setzten die Wikinger über ihre Beutezüge eine bis dahin beispiellose Machterweiterung auf dem Seeweg fort. Aus den Beutezügen entwickelten sich Handelsbeziehungen, denn die Nordmänner waren nicht allein Krieger, sondern auch Händler. Sie gründeten Handelsplätze und bildeten die Keimzellen für neue Staaten wie die Normandie und Russland.

Im 8. Jahrhundert setzte in Nordeuropa eine bemerkenswerte wirtschaftliche Entwicklung ein. Motor dieser Entwicklung waren die Wikinger, die den Handel zwischen Westeuropa und Skandinavien beherrschten und diesen auf die slawische und baltische Ostseeküste ausdehnten.

Die kühnen Beute- und Handelsfahrten der Wikingerzeit wurden durch Innovationen* im Bereich des Bootsbaues möglich. Die Wikinger fuhren die besten Schiffe der damaligen Zeit. Sie waren sogar imstande, dem schweren Seegang des Atlantiks zu trotzen. Es gab spezielle Typen sowohl für die Handels- als auch für die Kriegsfahrt, die in ihrer bautechnischen Perfektion allen vergleichbaren Schiffen im übrigen Europa überlegen waren. Sie hießen „Drachenschiffe" nach dem heidnischen Schmuckstück, das die Schiffe verzierte.

Mit der Christianisierung Skandinaviens und der Entstehung der drei christlichen Königreiche des Nordens – Norwegen, Schweden, Dänemark – ging im ausgehenden 11. Jahrhundert die Wikingerzeit zu Ende. Sie hat ihren Stempel auf die Geschichte Europas im Mittelalter gesetzt und schuf reichlich Stoff für Mythen und Sagen.

4 Erläutert die Karte oben.

Innovation*:
Erneuerung; Neuerung durch Anwendung neuer Verfahren und Techniken.

Geschichte vor Ort: Haithabu

1 Haithabu bei Schleswig an der Schlei. Umwallter Handelsplatz der Wikingerzeit (9.–11. Jahrhundert). Im Vordergrund aus Fassdauben gebauter Brunnen. Rekonstruktionszeichnung nach Ausgrabungsfunden.

Ein Handelsplatz der Wikingerzeit
Wer heute in der Nähe von Schleswig das Wikinger-Museum Haithabu besucht, nimmt erstaunt zur Kenntnis, dass sich an diesem Ort im frühen Mittelalter eines der wichtigsten Handelszentren Europas befand. 804 erschien der Dänenkönig Göttnik in Haithabu mit seiner Gefolgschaft, vier Jahre später siedelte er Kaufleute aus der zerstörten slawischen Stadt Rerik hierher um. Aus der kleinen Siedlung wuchs eine Handelsmetropole, in der zu ihrer Blütezeit an die tausend Menschen wohnten. Es ging „international" in der Wikinger-Stadt zu. Hier lebten Dänen, Friesen, Schweden, Norweger, Sachsen, Franken und Slawen miteinander und betrieben ihre Geschäfte.

In Haithabu geprägte Münzen fanden im gesamten nord-europäischen Raum Verbreitung, Grabungen haben Münzfunde aus Byzanz und Asien ergeben.

In Haithabu gelang es erstmals im Norden, den Übergang von den gewohnten ländlich-dörflichen zu den neuartig städtischen Formen des Siedelns und Lebens zu vollziehen. Die Siedlung bot ideale Voraussetzung als Handelsplatz zwischen Ost und West wie zwischen Nord und Süd durch ihre besonders verkehrsgünstige Lage. Im Landesinnern gelegen und daher gut geschützt, erreichten Händler den Ort von Osten über die 40 km landeinwärts reichende Schlei auf direktem Weg. Nach Westen wiederum trennte ihn eine nur 16 km schmale Landbrücke von den schiffbaren Flüssen Treene und Eider. Auf diesen Verkehrswegen konnte man die Kimbrische Halbinsel zeitsparend durchqueren – gut tausend Jahre vor dem Bau des Nord-Ostsee-Kanals.

Geschichte vor Ort: Haithabu

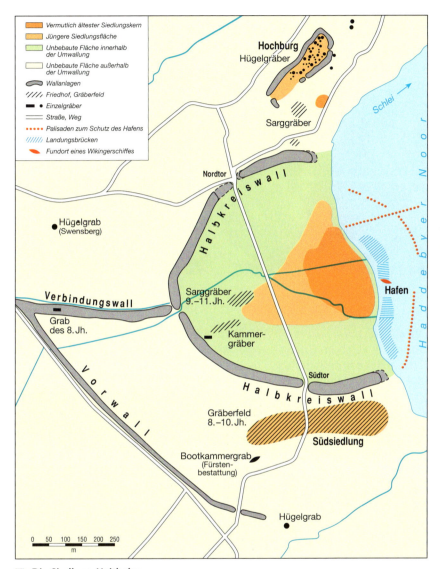

2 Die Siedlung Haithabu.

3 **Luftbild von Haithabu heute.** Foto.

4 **Hausmodell.** Foto.

> Leute wissen, dass er es seinem Gott zu Ehren opfert. ... Die Hauptnahrung ihrer Bewohner besteht aus Fischen, denn sie sind dort zahlreich. ... Das Recht der Scheidung bei ihnen steht den Frauen zu. Das Weib scheidet sich selbst, wann es will. Auch gibt es dort eine künstlich hergestellte Augenschminke; wenn sie sie anwenden, nimmt die Schönheit niemals ab, sondern noch zu bei Männern und Frauen. ...

1 *Berichtet mithilfe der Abbildung 1 und der Quelle über die Wikingerstadt.*

In einem Bericht des arabischen Kaufmanns At-Tartuschi über seinen Besuch in Haithabu um 950/960 heißt es:

> Q ... Haithabu ist eine sehr große Stadt am äußersten Ende des Weltmeeres. In ihrem Innern gibt es Quellen süßen Wassers. Ihre Bewohner sind Siriusanbeter, außer einer kleinen Anzahl, welche Christen sind, die dort eine Kirche besitzen. ... Sie feiern ein Fest, an dem sie alle zusammenkommen, um den Gott zu ehren und um zu essen und zu trinken. Wer sein Opfertier schlachtet, errichtet an der Tür seines Gehöftes Pfähle und tut das Opfertier darauf, sei es ein Rind oder ein Widder oder ein Ziegenbock oder ein Schwein, damit die

Die Gründe für den Niedergang Haithabus im 11. Jahrhundert sind noch unklar. Fest steht, dass der Ort 1050 und 1066 von fremden Heeren verwüstet wurde. 1071 gibt es die erste nachweisbare Bautätigkeit in der heutigen Stadt Schleswig, die als direkte Nachfolgerin der Wikingerstadt angesehen werden kann.

2 *Erläutert die Karte.*

Das arabische Weltreich

Islam
(arabisch; übersetzt: heil, unversehrt sein): die von Mohammed begründete Weltreligion.

Moschee*
(arabisch = „Ort des Sichniederwerfens", Gebetshalle): Versammlungsraum und Gemeindezentrum einer muslimischen Gemeinde.
Die Moschee besitzt einen oder mehrere Türme, die Minarette, von denen der Muezzin (Gebetsrufer) die Gebetsstunden ausruft.

Koran*
(arabisch = Lesung, Vortrag): die heilige Schrift des Islam.

Prophet*:
stammt aus der griechischen Sprache und bedeutet „Verkünder des göttlichen Willens".

1 **Betende Muslime.** Foto, 1988.

Der islamische Glaube

Während das weströmische Reich im 5. Jahrhundert unterging, hatte das oströmische als Byzantinisches Reich bis 1453 Bestand. Doch schon vorher verlor Byzanz große Gebiete an das arabische Weltreich. Die Araber waren Muslime, Anhänger des islamischen Glaubens, der sich seit 600 n. Chr. neben dem Christentum entwickelt hatte.

Mekka ist die heilige Stadt der Muslime. Hier steht in der Haram-Moschee* die Kaaba, das bedeutendste Heiligtum des islamischen Glaubens. Jedes Jahr strömen Millionen Gläubige aus aller Welt in die Stadt, um ihr Heiligtum zu verehren. Sie folgen den Vorschriften des Korans*. Dieses Buch ist für Muslime heilige Schrift und göttliches Gesetz. Fünf Forderungen ergeben sich aus dem Koran für jeden Gläubigen:

1. Die Verkündigung des einen Gottes: Es gibt keinen Gott außer Allah. Mohammed ist sein Prophet*.
2. Das Gebet, fünfmal täglich.
3. Das Almosen, milde Gaben für die Armen.
4. Das Fasten von Sonnenaufgang bis Sonnenuntergang im Fastenmonat Ramadan.
5. Die Pilgerfahrt nach Mekka, die jeder Muslim einmal im Leben unternehmen soll.

1 *Führt aus, welche Forderung für einen gläubigen Muslim, der in Deutschland arbeitet, besonders schwer zu erfüllen ist.*

2 **Koranhandschrift in Gold auf Seide.**
Kairuan (Tunesien), 9. Jahrhundert.

Der Islam – eine neue Kraft

3 **Mohammed auf einem Kamel und Jesus auf einem Esel reiten nebeneinander.** Arabische Buchmalerei aus dem 13. Jahrhundert.

Der Prophet Mohammed

In Arabien lebten im 6. Jahrhundert hauptsächlich Nomaden. Sie gehörten verschiedenen Stämmen an, die untereinander verfeindet waren. Ständig gab es zwischen ihnen Kämpfe um gutes Weideland und fruchtbare Oasen.

Jeder Stamm verehrte neben vielen anderen Göttern seinen eigenen Hauptgott. Nur die Kaaba (sprich: Ka-a-ba) in Mekka verehrten alle Araber gemeinsam. Sie ist ein würfelförmiger Bau. In seiner Ostwand befindet sich der heilige schwarze Stein, ein Meteorit. In Mekka wurde um 570 n. Chr. Mohammed geboren. Er stammte aus einer armen Händlerfamilie. Seine Eltern starben früh. Mohammed wurde Hirte, dann Kameltreiber und schließlich Leiter der Handelskarawane einer reichen Witwe, die er später heiratete.

Auf seinen langen Reisen kam Mohammed mit Juden und Christen zusammen. Von ihnen hörte er, dass es nur einen einzigen Gott gebe.

Mohammed und der Erzengel Gabriel

Als Mohammed 40 Jahre alt war, erschien ihm nach der Legende der Erzengel Gabriel in einer Höhle in der Nähe Mekkas. Er befahl ihm, den Menschen den wahren Glauben zu bringen. Und so verkündete Mohammed, was Gott ihm durch den Engel aufgetragen hatte:

Q … Es gibt keinen Gott außer Allah. Er ist der Lebendige und der Beständige. Alles, was im Himmel und auf Erden ist, gehört ihm. Gott ist der Freund aller, die glauben. Seid gut zu euren Eltern; seid ehrerbietig gegen sie, auch wenn sie alt und schwach geworden sind. Alle Gläubigen sind Brüder; haltet Frieden untereinander und fürchtet Gott. Ihr Männer, spottet nicht über andere Männer. Ihr Frauen, spottet nicht über andere Frauen. Vielleicht sind die anderen besser als ihr. Und gebt einander keine Schimpfnamen.

Nicht das ist Frömmigkeit, dass ihr [beim Beten] euer Gesicht nach Osten wendet oder Westen. Frömmigkeit übt vielmehr, wer an Gott glaubt, an den jüngsten Tag, an die Engel, an das Buch [Koran] und an die Propheten, seinen Besitz mit Liebe hingibt an Anverwandte, Waisen, Arme, Wanderer, Bittende und Gefangene. …

Mohammeds Name in arabischer Schrift. **Mohammed** *wurde um 570 in Mekka geboren. Er begründete im 7. Jahrhundert die Lehre des Islam.*

2 *Muslimische Schülerinnen und Schüler in eurer Klasse können von ihrem Glauben und von ihrem religiösen Leben berichten.*
3 *Der Koran enthält Glaubenssätze und Verhaltensregeln. Nennt die entsprechenden Sätze in der Quelle.*
4 *Beschreibt die Abbildung 3. Überlegt, was damit über das Verhältnis von Christus und Mohammed ausgesagt werden soll.*
5 *Sammelt aktuelle Meldungen aus Zeitung, Rundfunk und Fernsehen über Muslime und den Islam heute.*

Die Ausbreitung des Islam

Der Islam verbietet bildliche Darstellungen von Gott. Sein Name wird aber überall in den Moscheen und Gebetsbüchern mit Schriftzeichen gemalt.

1 Der Erzengel Gabriel verkündet Mohammed, dass er der letzte Prophet des einen Gottes sei. Buchmalerei, 16. Jahrhundert.

2 Mohammed predigt seinen ersten Anhängern. Türkische Miniatur aus dem 14. Jahrhundert.

Die Auswanderung nach Medina

Mohammed predigte, dass vor Gott alle Menschen gleich sind und die Reichen mit ihrem Besitz die Armen und Notleidenden unterstützen sollten.

Die reichen Kaufleute aus Mekka wollten von dieser Botschaft nichts wissen. Sie versuchten Mohammed lächerlich zu machen und verfolgten ihn sogar. Mohammed floh daher im Jahr 622 mit seinen Anhängern in die 400 Kilometer entfernte Stadt Medina. Mit dieser Flucht, der Hedschra* (= arab. Auswanderung), beginnt der eigentliche Siegeszug des Islam. Für die Muslime ist dies ein so wichtiger Abschnitt in ihrer Geschichte, dass sie ihre Zeitrechnung mit dem Sommer 622 beginnen.

Der Araber Ibn Ishâg (704–768) berichtete in seiner Lebensgeschichte des Propheten Mohammed:

Q … Nachdem sich der Prophet mit seinen ausgewanderten Brüdern in Medina eingerichtet hatte, verfestigte sich der Islam bei ihnen. Das Gebet war eingesetzt, die Armensteuer und das Fasten zur Pflicht gemacht, die gesetzlichen Strafen festgelegt und das Erlaubte und Verbotene vorgeschrieben. …

Der Siegeszug des Islam

In Medina wurde Mohammed nicht nur als religiöser Führer, sondern auch als Schiedsrichter bei Stammesfehden anerkannt. Er wurde Gemeindeoberhaupt und damit der politische Führer Medinas.

Innerhalb von zehn Jahren gelang es ihm, teils mit Waffengewalt, die umliegenden Stämme und Sippen zu bekehren. Im Jahr 630 eroberte er Mekka und erklärte es zur heiligen Stadt. Das alte heidnische Heiligtum, die Kaaba, ließ er bestehen. Den schwarzen Stein, so erklärte er, habe Gott auf die Erde geworfen als Zeichen seines Bundes mit den Menschen. Als Mohammed im Jahr 632 starb, bekannte sich schon fast ganz Arabien zum Islam.

1 Beschreibt, wie die Maler der Bilder die besondere Bedeutung Mohammeds hervorgehoben haben (Abb. 1 und 2).

Hedschra*
(arabisch = Auswanderung): bezeichnet die Flucht Mohammeds und seiner Anhänger aus Mekka (622).

Das islamische Weltreich

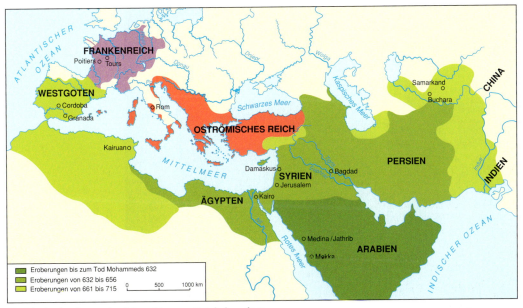

3 Die Ausbreitung des Islam bis zum 8. Jahrhundert.

Der Aufruf der Kalifen*

Nachfolger Mohammeds als religiöser und politischer Führer wurde ein enger Vertrauter des Propheten. Er nahm den Titel „Kalif" an, was Stellvertreter (des Propheten) bedeutet. Die Kalifen riefen die Muslime dazu auf, für den Islam weitere Gebiete zu erobern. Sie verwiesen dabei auf den Koran:

Q2 … Euch ist befohlen zu kämpfen, obwohl es euch widerstrebt. Aber vielleicht ist das schlecht für euch, was ihr gern habt. Allah allein weiß es. Diejenigen, die im Glauben und in Allahs Namen ausgezogen sind und in seinem Namen Krieg geführt haben, dürfen auf seine Gnade hoffen. Diejenigen, die in Allahs Namen ihr Leben lassen müssen, führt er in das Paradies, das er ihnen versprochen hat. …

In weniger als einhundert Jahren errichteten die Araber ein Weltreich, das im Osten bis an die Grenzen Indiens und Chinas reichte. Im Jahr 711 überschritten arabische Truppen die Meerenge von Gibraltar: Spanien und Portugal gerieten unter ihre Herrschaft.
Wie man mit den unterworfenen Städten verfuhr, zeigt ein Vertrag zwischen dem muslimischen Feldherrn Amr und dem Stadtkommandanten von Alexandria in Ägypten aus dem Jahr 642:

Q3 … Dieser Vertrag schließt alle christlichen Untertanen, Priester, Mönche und Nonnen mit ein. Er gewährt ihnen Sicherheit und Schutz. Auch ihre Kirchen, Wohnungen und Wallfahrtsplätze sollen geschützt werden und ebenso alle, die diese Wallfahrtsorte besuchen. Sie verdienen Rücksicht, weil sie den Propheten Jesus anerkennen und weil Mohammed uns eine Ermahnung hinterließ, barmherzig zu sein und ihnen Sicherheit zu garantieren. …

Ein weiteres Vordringen der arabischen Truppen wurde durch Siege der Franken im Jahr 732 bei Tours und Poitiers verhindert.
2 Beschreibt die Ausbreitung des Islam anhand der Karte.
3 Erläutert das Verhalten der Muslime gegenüber den unterworfenen Völkern.

Kalif*
(arabisch chalifa = Stellvertreter): Bezeichnung der Nachfolger und Stellvertreter des Propheten Mohammed. Der Kalif war geistliches Oberhaupt aller Muslime und zugleich weltlicher Herrscher des arabischen Weltreiches.

Seit 711 n. Chr.: Arabische Truppen landen in Spanien und dringen in das Frankenreich ein.

Begegnung mit dem Anderen: Europa lernt vom Islam

1 Blick in das Innere der großen Mesquita-Moschee von Córdoba in Spanien.
780 n. Chr. wurde mit dem Bau begonnen. Zweihundert Jahre später war die Moschee fertig gestellt. Sie war eine der größten der Welt. Foto, 1986.

Folgende Wörter sind arabischen Ursprungs:
Algebra   Laute
Alkohol   Marzipan
Arsenal   Matratze
Basar   Natron
Damast   Pflaster
Gitarre   Sirup
Kaffee   Sofa
Kampfer   Teppich
Kattun   Ziffer
Kittel   Zucker

Islamische Kultur – das Beispiel Córdoba

Im islamischen Weltreich gab es im 10. Jahrhundert fünfzehn große Städte mit mehr als 100 000 Einwohnern. Neben Bagdad, Kairo und Damaskus gehörte dazu auch Córdoba in Spanien.
Ein heutiger Wissenschaftler schreibt:

M … Mit ihren 28 Vorstädten war Córdoba um die Mitte des 10. Jahrhunderts die größte Stadt in ganz Europa.
Außer den Wohnungen der Wesire (oberste Staatsbeamte) und Beamten besaß Córdoba 113 000 Wohnhäuser. Es gab 600 Moscheen, 300 Bäder, 50 Hospitäler, 80 öffentliche Schulen, 17 Hochschulen und 20 öffentliche Bibliotheken, die Hunderttausende von Büchern enthielten. Zur selben Zeit gab es in Europa außer Konstantinopel keine Stadt mit mehr als 30 000 Einwohnern. Keine Gemeinde besaß ein Krankenhaus oder eine höhere Schule. Es gab nirgends eine nennenswerte Bibliothek oder ein öffentliches Bad. …

Die Baukunst der muslimischen Baumeister war zu dieser Zeit unerreicht und z. B. die Mesquita-Moschee von Córdoba (Abb. 1) erregte in der damaligen Welt große Bewunderung.

Der Islam und die Wissenschaft

Die arabischen Wissenschaftler schufen das Zehnersystem, mit dem wir heute noch rechnen; sie erfanden das Schießpulver und wussten um die Kugelgestalt der Erde. Der Erdumfang wurde von ihnen auf einen Kilometer genau errechnet. Das Handbuch eines arabischen Arztes über Pocken und Masern wurde in Europa bis zum vorigen Jahrhundert nachgedruckt. Der Einfluss der arabischen Wissenschaft und Kultur wird auch in vielen Wörtern deutlich, die arabischen Ursprungs sind (siehe Randspalte).

1 Schlagt die unbekannten Begriffe im Lexikon nach. Stellt fest, welchen Bereichen des Lebens diese Begriffe entstammen.
2 Sprecht über die Beschreibung Cordobas. – Erkundigt euch in eurer Stadtbibliothek, über wie viele Bücher sie verfügt.

Familie und Erziehung

Die Stellung der Frauen in Arabien
Vor Mohammeds Auftreten hatten Frauen in Arabien fast keine Rechte. Bei der Eheschließung ging die Frau wie bei einem Kauf als Sache in den Besitz des Mannes über. Zur Ehre eines Mannes gehörte es, Söhne zu haben; unerwünschte Töchter wurden häufig getötet. Der Islam brachte hier viele Verbesserungen für Frauen und Mädchen. Zur islamischen Ehe gehörte ein Vertrag, der Rechte und Pflichten der Eheleute genau festlegte. So sagte Mohammed:

Q1 … Unter den Gläubigen zeigen diejenigen den vollkommensten Glauben, die den besten Charakter besitzen. Und die Besten von euch sind diejenigen, die ihre Frauen am besten behandeln. …

Ein muslimischer Gelehrter des Mittelalters sagte einmal:

Q2 … Die Frau soll im Innern des Hauses bleiben und an ihrem Spinnrad sitzen. Mit den Nachbarn soll sie nicht viel reden und nur in dringenden Angelegenheiten sie besuchen. Sie soll das Haus nicht verlassen, außer mit seiner Erlaubnis. Wenn sie ausgeht, soll sie sich in abgetragene Kleider hüllen und wenig begangene Wege wählen, die Hauptstraßen und Märkte hingegen vermeiden. Auch soll sie darauf achten, dass kein Fremder ihre Stimme höre oder an ihrem Äußeren sie erkenne. Sie soll ferner die vorgeschriebenen Gebetszeiten und das Fasten beachten. Begehrt ein Freund ihres Mannes an der Türe Einlass und der Mann ist nicht zu Hause, soll sie sich in kein Gespräch mit ihm einlassen. Der Mann soll bei ihr an erster Stelle stehen, dann erst sollen sie selbst und ihre Verwandten kommen. Auch soll sie zärtlich sein gegen ihre Kinder, sie hegen und pflegen und sorgsam behüten. Sie soll mit den Kindern so wenig wie möglich schimpfen und möglichst wenig dem Mann widersprechen. …

3 Schreibt aus dem Text alle Gebote und Verbote für die Frauen heraus.
4 Lest beide Quellen und sagt, was ihr davon haltet. – Begründet eure Meinung.

2 Studentinnen und Studenten im großen Hörsaal der Universität Constantine, Algerien. Foto, 1991.

Die Kinder
Frauen und Kinder lebten in einem besonderen Bereich des Hauses, den man Harem (das Abgesonderte) nannte. Bei einem reichen Muslim gehörten zum Harem mehrere Bauten: Wohnräume, Innenhöfe mit Bäumen und Blumenbeeten, mit Wasserspielen und Terrassen.

Bis zum siebten Lebensjahr lag die Erziehung der Kinder hauptsächlich bei der Mutter. Danach kümmerte sich der Vater um die Ausbildung des Sohnes. Er hielt ihn zu den religiösen Pflichten der Muslime an – vor allem zur täglichen Gottesverehrung und zum Fasten – und schickte ihn nach Möglichkeit in eine Schule. Dort lernten die Jungen in erster Linie den Koran lesen, schreiben und auswendig aufsagen. Deshalb nennt man diese Schule auch Koranschule. Sie besuchten sie, bis sie den Koran oder wenigstens Teile davon auswendig konnten. Dann ließ der Vater den Sohn einen Beruf erlernen.

Die Mädchen dagegen wurden meist bis zu ihrer frühen Verheiratung von der Mutter in ihre künftigen Pflichten als Hausfrau, Mutter und Ehefrau unterwiesen.

5 Seht euch die Abbildung 2 an. Was fällt euch daran auf?
6 Vergleicht die Erziehung von Jungen und Mädchen im Islam damals und heute bei uns. Welche Gemeinsamkeiten oder Unterschiede stellt ihr fest?

Islamisches Gebetshaus in Geesthacht. Foto, 2002.

Die Kreuzzüge: Kriege im Namen Gottes

1 Papst Urban II. ruft in Clermont zum Kreuzzug auf. Miniatur.

Konzil*:
Versammlung hoher Vertreter der Kirche.

1095:
Papst Urban II. ruft in Clermont (Frankreich) zum Kreuzzug gegen die Muslime auf.

Der Papst ruft zum Kreuzzug auf

In der Auseinandersetzung mit Kaiser Heinrich IV. hatte Papst Gregor VII. seinen Anspruch auf die Führung des christlichen Abendlandes angemeldet. Diesen Anspruch unterstrich sein Nachfolger Urban II. in einer Rede zum Abschluss eines Konzils* in Clermont (Frankreich) im Jahr 1095. Er stellte sich an die Spitze des christlichen Europas, als er alle Christen dazu aufrief, Jerusalem von der Herrschaft der Muslime mithilfe eines Kreuzzugs zu befreien.

Palästina war schon um die Mitte des 7. Jahrhunderts von den Arabern erobert worden. Dennoch konnten Christen weiterhin ungestört Pilgerfahrten zu den heiligen Stätten der Christenheit wie Jerusalem, Bethlehem oder Nazareth unternehmen. Von den Kalifen wurden diese Pilgerfahrten sogar gefördert, brachten sie doch Geld ins Land. Diese Situation änderte sich beinahe schlagartig im 11. Jahrhundert, als die Seldschuken, ein türkisches Reitervolk aus Mittelasien, Palästina und Kleinasien eroberten. Der oströmische Kaiser richtete im Jahr 1095 einen dringenden Hilferuf an Papst Urban II. Im November 1095 fand in Clermont (Frankreich) eine Kirchenversammlung statt. Zum Abschluss hielt Papst Urban eine Rede, die von einem Teilnehmer später aufgeschrieben wurde:

Q1 … Ihr Volk der Franken, ihr seid Gottes geliebtes und auserwähltes Volk. An euch richtet sich unsere Rede: Von Jerusalem und Konstantinopel kam schlimme Nachricht zu uns. Ein fremdes und gottloses Volk hat die Länder der dortigen Christen besetzt und durch Mord, Raub und Brand entvölkert. Die Kirchen wurden gründlich zerstört oder beschlagnahmt. … Unerschrockene Ritter, gedenkt der Tapferkeit eurer Väter. Das Land, in dem ihr wohnt, ist von euch viel zu dicht bevölkert. Es hat keinen Überfluss an Reichtum und liefert seinen Bauern kaum die nötigste Nahrung. Tretet den Weg zum Heiligen Grab an, nehmt das Land dort dem gottlosen Volk, macht es euch untertan. Jerusalem ist der Mittelpunkt der Erde, das fruchtbarste aller Länder. Wir aber erlassen allen gläubigen Christen, die gegen die Heiden die Waffen erheben, alle Strafen, die die Kirche für ihre Sünden über sie verhängt hat. …

1 Nennt die Argumente, mit denen der Papst die Zuhörer für den Kreuzzug gewinnen möchte.
2 Zählt Beispiele dafür auf, dass auch heute noch aus religiösen Gründen Kriege geführt werden.

Motive der Kreuzfahrer

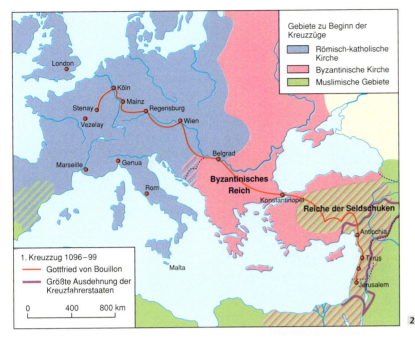

2 Der erste Kreuzzug.

Christus als Anführer der Kreuzfahrer. Buchmalerei aus dem 13. Jahrhundert.

Die Kreuzfahrer – ein wilder Haufen?
Die Würzburger Jahrbücher berichten 1147 über die Motive der Kreuzfahrer Folgendes:
Q2 … Verschieden aber waren ihre Absichten: Die einen nämlich, gierig nach Neuigkeiten, gingen, um neue Länder zu sehen. Andere, gezwungen durch Armut, … waren bereit, gegen die Feinde des christlichen Kreuzes zu kämpfen, wo immer es ihnen günstig erschien, um ihre Armut zu lindern. Ferner gab es Leute, die von Schulden bedrückt wurden, wieder andere waren bestrebt, die ihrem Herrn geschuldeten Dienste loszuwerden, oder sie erwarteten sogar für ihre Verfehlungen die verdienten Strafen. …
Es fanden sich kaum welche, die von heiliger oder heilsamer Absicht geleitet wurden. …

Juden sind die ersten Opfer
Für die jüdischen Gemeinden hatte der christliche Kreuzzugseifer furchtbare Folgen. Den Juden wurde unterstellt, sie hätten Schuld am Tod Jesu. Die Kreuzfahrer gingen deshalb schon im eigenen Land gegen die angeblichen Feinde des Christentums vor. Jüdische Häuser und Synagogen wurden ausgeplündert, die Juden selbst zur Taufe gezwungen oder getötet. Als die Truppen des ersten Kreuzzugs Worms erreichten, wurde die gesamte jüdische Bevölkerung der Stadt ermordet. In Mainz wurde die jüdische Gemeinde vom Erzbischof geschützt, schließlich aber an die Kreuzfahrer ausgeliefert. 1300 Juden wurden ermordet. In Xanten, Trier, Straßburg und Erfurt ereigneten sich ähnliche Massaker. Der Hass der Kreuzfahrer auf die Muslime war umgeschlagen in einen Hass gegen Andersdenkende überhaupt – gegen Nichtgläubige, vor allem aber gegen die Juden.

3 Stellt Gründe für die Beteiligung an den Kreuzzügen zusammen. Welchen Gruppen erschien die Teilnahme an den Kreuzzügen besonders lohnenswert?

Die Eroberung Jerusalems

Wendenkreuzzug 1147:
Einem Aufruf Papst Eugens III. folgend, zog ein Teil der Kreuzfahrer – vornehmlich sächsische Fürsten – nicht ins Heilige Land, sondern gegen die heidnischen Slawen (Wenden) in Ostholstein, Mecklenburg und Pommern. Sie verfolgten damit – wie schon die Zeitgenossen bemerkten – ihre eigenen, überwiegend materiellen Interessen. Die Kreuzfahrer verwüsteten Siedlungen, letztlich scheiterte der Wendenkreuzzug jedoch.

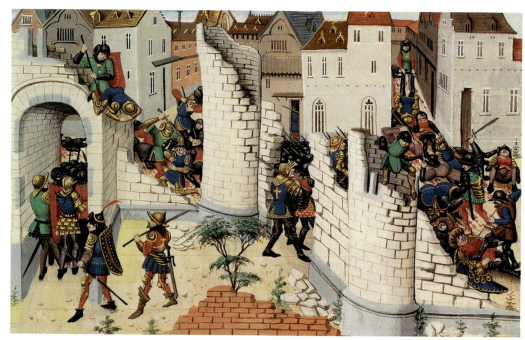

1 Kreuzfahrer erobern Jerusalem. Miniatur, um 1450.

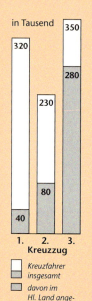

Teilnehmerzahlen an den ersten drei Kreuzzügen (Schätzung):

Blutbad in Jerusalem

Noch im Jahr 1096 brachen mehrere Heere mit Zehntausenden von Teilnehmern auf, um nach Jerusalem zu ziehen. Im Juni 1099 erreichten nach langen, verlustreichen Märschen nur noch Reste dieser Kreuzfahrerheere die Stadt Jerusalem. Fast fünf Wochen tobte der Kampf vor den Mauern. Dann konnten die Ritter in die Stadt eindringen. Wilhelm von Tyrus, ein christlicher Geschichtsschreiber, schilderte fast 100 Jahre später das Ereignis:

Q1 … Sofort durchzogen die Ritter die Straßen und Plätze der Stadt. Alle Feinde, die sie finden konnten, streckten sie mit dem Schwert nieder. Bald lagen überall so viele Erschlagene, dass man nur noch über Leichen gehen konnte. Über zehntausend Feinde sollen in diesem Bezirk umgebracht worden sein. Es geschah sicherlich nach dem gerechten Urteil Gottes, dass die, welche das Heiligtum des Herrn mit ihren abergläubischen Gebräuchen entweiht hatten, es mit ihrem eigenen Blut reinigen mussten. Als endlich auf diese Weise die Ordnung der Stadt hergestellt war, legten sie die Waffen nieder, wuschen sich die Hände und zogen reine Kleider an. Dann gingen sie mit demütigem und zerknirschtem Herzen an den heiligen Orten umher, an denen auch Christus gewesen war. …

Der islamische Historiker Ibnal-Atir (1160 bis 1223) berichtet, dass in der Al-Aqsa-Moschee von den Kreuzfahrern mehr als 70 000 Muslime getötet wurden. Darunter waren viele muslimische Pilger, die ihr Land verlassen hatten, um an diesem heiligen Ort zu beten. Dem ersten Kreuzzug folgten bis zum Jahr 1270 noch sechs weitere.

1 *Ein Kreuzfahrer schreibt einen Bericht über die Eroberung Jerusalems an seine Angehörigen. Überlegt, was er über die Bewohner Jerusalems berichten wird.*

2 *Ein Bewohner Jerusalems, ein Muslim, berichtet seinen Angehörigen das gleiche Ereignis. Schreibt dazu eine kurze Erzählung.*

3 *Berichtet über das Vorgehen der Kreuzfahrer und versucht euch ein Urteil zu bilden.*

4 *Seht euch die Grafik in der Randspalte genau an. Wie viele Kreuzfahrer haben Jerusalem gar nicht erreicht? – Überlegt euch mögliche Ursachen. Seht euch dazu die Karte 2 der Vorseite an.*

Kreuzfahrer leben im Orient

2 Kreuzfahrerburg „Krak des Chevaliers" in Syrien. Luftaufnahme. Die ehemals muslimische Festung wurde von den Kreuzrittern erobert und konnte nach einem Umbau 2000 Menschen aufnehmen. Foto.

Ritterorden*:
Orden sind Gemeinschaften von Männern oder Frauen, die sich feierlich verpflichten, ihr Leben in den Dienst Gottes zu stellen. Am bekanntesten sind die Orden von Mönchen oder Nonnen. Bei den Ritterorden gehörte zum gottgeweihten Leben der Krieg gegen die Nichtchristen.

Die Kreuzfahrerstaaten

Die Kreuzfahrer gründeten im Heiligen Land eigene Staaten, die Kreuzfahrerstaaten, die sie mit starken Burgen sicherten (Abb. 2). Gegen diese Kreuzfahrerstaaten richteten sich die Angriffe der Muslime. Unter ihrem Sultan Saladin konnten sie die meisten Gebiete zurückerobern. Im Jahr 1187 gelang Saladin auch die Besetzung Jerusalems. Dabei sollen so viele Christen in Gefangenschaft geraten sein, dass der Preis für einen christlichen Sklaven nicht höher war als für ein paar Sandalen. Allen Christen gab Saladin die Möglichkeit, sich freizukaufen. Wer kein Geld hatte, geriet in die Sklaverei. Witwen und Waisen der gefallenen Kreuzritter soll er finanziell unterstützt haben. Der muslimische Geschichtsschreiber Imad ad-Din berichtet:

Q2 ... Manche Christen zahlten neben dem Lösegeld noch einen Tribut und blieben in Jerusalem in aller Ruhe ansässig. ... Tausende von Christen blieben in der Stadt und ihrer Umgebung und gingen friedlichen Beschäftigungen nach. ...

5 Vergleicht das Vorgehen der Kreuzritter nach der Eroberung Jerusalems mit der Haltung des Sultans.

Die Ritterorden*

Zum Schutz gegen die Muslime und zur Pflege der Kranken schlossen sich die Kreuzfahrer in verschiedenen Orden zusammen, den Templern, den Johannitern und den Deutschherren. Als die Muslime immer weiter vordrangen, zogen sich diese Orden zurück. Die Johanniter gingen nach Malta und werden deshalb heute auch „Malteser" genannt; der Deutsche Ritterorden suchte sich ein neues Aufgabengebiet im späteren Ostpreußen.

6 Informiert euch, welche Aufgaben der Johanniterorden heute übernimmt.

Das Ende der Kreuzfahrerstaaten und die Vertreibung der Mauren

Im Jahr 1291 wurde die Hafenstadt Akkon, die letzte christliche Festung, von den Türken erobert. Damit war das Ende der christlichen Herrschaft im Heiligen Land gekommen. In den folgenden Jahrhunderten galt der Kampf der christlichen Heere den Muslimen auf der Iberischen Halbinsel. Der letzte Stützpunkt der Mauren, so hießen die Muslime in Spanien, war die Stadt Granada. Diese konnte im Jahr 1492 erobert werden.

Abzeichen des Malteserordens.

Abzeichen des Deutschen Ordens.

Abzeichen des Ordens vom Heiligen Grab.

Die Folgen der Kreuzzüge

1 Die Rückseite eines Wagens bei einer christlichen Prozession auf Sizilien. Dargestellt ist der Kampf zwischen Christen und Muslimen. Foto eines heute noch benutzten Wagens.

2 Heimkehrender Kreuzritter. Gemälde von Karl Friedrich Lessing, 1835. Verklärende Darstellung aus dem 19. Jahrhundert.

Christen und Muslime beim Schachspiel. Aus einem Schachbuch um 1283.

Frauen und Männer im Heiligen Land

Insgesamt über eine Million Männer und Frauen – so schätzt man heute – haben an den Kreuzzügen teilgenommen. Viele sind den Strapazen unterwegs zum Opfer gefallen, andere wurden in den Kämpfen getötet; manche Kreuzfahrer blieben auf Dauer im Heiligen Land. Über sie schrieb Abt Fulcher von Chartres:

Q … Wir, die wir Abendländer waren, sind Orientalen geworden; dieser, der Römer oder Franke war, ist hier Galiläer oder Bewohner Palästinas geworden; jener, der in Reims oder Chartres wohnte, betrachtet sich als Bürger von Tyrus oder Antiochia. Wir haben schon unsere Geburtsorte vergessen. … Manche von uns besitzen in diesem Land Häuser und Diener …, ein anderer hat eine Frau geheiratet …, eine Syrerin oder Armenierin …; der eine bebaut Weingärten, der andere Felder. … Die verschiedensten Mundarten sind jetzt der einen wie der anderen Nation gemeinsam und das Vertrauen nähert die entferntesten Rassen an. …

1 Erklärt mithilfe der Quelle, wie es zur Annäherung zwischen „Abendländern" und „Orientalen" kam. Vergleicht mit den Abbildungen. Welches Bild von den Kreuzzügen wird hier vermittelt?

Europa und der Orient

Sichtbare Auswirkungen der Kreuzzüge zeigten sich als Erstes im verfeinerten Lebensstil der Ritter. Von ihren Kreuzzügen brachten sie kostbare Stoffe wie Damast und Musselin mit, ferner prächtige Teppiche, Porzellan und die Kunst des Schachspiels*.

Muskat und Pfeffer, Safran und Nelke fanden Eingang in die europäische Küche.

Da immer mehr Menschen nach diesen Gütern aus dem Orient verlangten, nahm der Fernhandel beträchtlich zu. Es waren vor allem die italienischen Kaufleute in Genua und Venedig, die diesen Handel organisierten.

Kaum interessiert waren die Kreuzfahrer hingegen an den Erkenntnissen islamischer Gelehrter. Wissenschaftliche Bücher, z. B. über Mathematik, Medizin, Geographie oder Chemie, kamen nicht mit den Kreuzfahrern, sondern über Córdoba nach Europa.

Das Schachspiel:
Das Spiel und der im Spiel übliche Ausruf „Schah matt" (arab. = der König ist tot) sind persisch-arabischer Herkunft. Bekannt wurde es zunächst in Spanien durch die Herrschaft der Araber seit 711. Durch die Kreuzzüge wurde es in ganz Europa verbreitet.

Methode: Texte aus früheren Zeiten

Berichte aus früheren Zeiten

Berichte geben uns Auskunft über die Vergangenheit. Doch war es damals wirklich so, wie der Bericht es beschreibt? Ist er verlässlich oder gibt er nur die Sichtweise des Verfassers wieder? Übertreibt der Bericht? Enthält er sogar falsche Informationen? Mithilfe welcher Fragen ihr den Wahrheitsgehalt eines Textes überprüfen könnt, zeigt euch das folgende Beispiel.

Der Mönch Robert von Reims war beim Konzil in Clermont im Jahr 1095 selbst dabei gewesen (siehe S. 176). Nach seinem Bericht sagte der Papst auf dieser Versammlung:

Q … Ihr Volk der Franken, ihr seid Gottes geliebtes und auserwähltes Volk. An euch richtet sich unsere Rede: Von Jerusalem und Konstantinopel kam schlimme Nachricht zu uns. Ein fremdes und gottloses Volk hat die Länder der dortigen Christen besetzt und durch Mord, Raub und Brand entvölkert. Die Kirchen wurden gründlich zerstört oder beschlagnahmt. … Unerschrockene Ritter, gedenkt der Tapferkeit eurer Väter. Das Land, in dem ihr wohnt, ist von euch viel zu dicht bevölkert. Es hat keinen Überfluss an Reichtum und liefert seinen Bauern kaum die nötigste Nahrung.
Tretet den Weg zum Heiligen Grab an, nehmt das Land dort dem gottlosen Volk, macht es euch untertan. Jerusalem ist der Mittelpunkt der Erde, das fruchtbarste aller Länder. Wir aber erlassen allen gläubigen Christen, die gegen die Heiden die Waffen erheben, alle Strafen, die die Kirche für ihre Sünden über sie verhängt hat. …

Fragen zum Text

1 Wovon wird im Text berichtet?
2 Was steht im Mittelpunkt des Berichts? Wie kann man den Inhalt kurz zusammenfassen?
3 Wo gibt der Verfasser seine Meinung wieder? Wo urteilt und bewertet er?
4 Stimmt der Bericht mit den bisherigen Kenntnissen, die wir von diesem Sachverhalt haben, überein?

Fragen zum Geschichtsschreiber

5 Was wissen wir von dem Schreiber?
6 Kennt der Schreiber die Ereignisse, die er berichtet, aus eigener Anschauung?
7 Welche Absicht verfolgt der Verfasser mit seinem Bericht?
8 Wie steht der Schreiber zu den Personen oder Gruppen, über die er schreibt? Ergreift er für eine Seite Partei?

Das Ergebnis der Überprüfung

Zu 1: Der Schreiber gibt laut eigener Angabe die Rede des Papstes wieder, die im Jahr 1095 auf der Kirchenversammlung in Clermont gehalten wurde.
Zu 2: Im Mittelpunkt des Berichts stehen die Verfolgungen und Bedrohungen der Christen durch die Seldschuken sowie der Aufruf zur Eroberung Jerusalems.
Zu 3: Die Rede des Papstes wurde aus dem Gedächtnis nachgeschrieben; sie ist also sicher keine wortwörtliche Wiedergabe. Möglicherweise hat der Verfasser also einige Aussagen schärfer formuliert, als dies der Papst tat; andererseits: allzu viel dürfte er nicht verändert haben; schließlich hatten Tausende von Zuhörern dieser Rede beigewohnt, die diesen Bericht dann als unglaubwürdig abgelehnt hätten.
Zu 4: Es gibt neben diesem Bericht des Mönchs Robert von Reims noch weitere Berichte von Zeitgenossen. Diese Rede dürfte also in dieser oder ähnlicher Form tatsächlich gehalten worden sein.
Zu 5/6: Robert von Reims, ein Mönch, behauptet selbst an dieser Versammlung teilgenommen zu haben.
Zu 7: Der Verfasser will mit der lebendigen Schilderung der Rede des Papstes offensichtlich auch seine Leser, die nicht in Clermont gewesen waren, für die Kreuzzugsidee begeistern.
Zu 8: Der Bericht erweckt den Eindruck, dass auch der Verfasser ein Verfechter des Kreuzzugsgedankens ist.

Zum Weiterlesen: Der Kreuzzug der Kinder

Gerhard, der Sohn eines Schmiedes ist 15 Jahre alt, als er dem schwarzen Mönch Nikolaus begegnet, der mit einer großen Schar von Kindern nach Speyer gekommen ist, um weitere Mitstreiter für seinen Kreuzzug zu werben.

„Es ist mein Wille"

Dann fing Nikolaus an zu sprechen. Leise, kaum verständlich. Beschwörend, laut und drohend. Kreischend und schreiend. Und wieder ruhig und besänftigend. „Seht, der Herr ist mir erschienen und hat mir befohlen: ‚Zieh dir die Kleider eines Mönchs an und sei von jetzt an ein Mönch! Nimm das Kreuz auf dich, so wie ich das Kreuz auf mich genommen habe, und ziehe in das Land, wo mein Grab entweiht und meine Tempel zerstört worden sind. Wo du aber hinkommst auf deinem Zug, da befiehl allen Kindern, dass sie mit dir ziehen sollen. Sie werden gehorchen, denn es ist mein Wille.' So sprach Gott zu mir und ich habe es getan.

Ihr aber, die ihr Gottes Kinder seid, müsst mir folgen, denn ER hat es befohlen. Vater und Mutter, Brüder und Schwestern müsst ihr gering achten, denn Christus ruft euch und SEINE Stimme ist lauter als ihre Stimmen.

Wer von euch sich aber weigert, der wird die entsetzlichsten Qualen leiden und nach Erlösung schmachten bis an das Ende aller Zeiten, denn er hat die schlimmste aller Todsünden begangen: Gott den Gehorsam verweigert.

Darum gebt, was ihr habt, für das große Ziel: Verlasst eure Städte und Dörfer und zieht mit mir in das Land, das Gott mit seinem Blut geweiht hat. Denn die Feinde des Kreuzes haben ihre verfluchten Häupter erhoben und verwüsten das Land Gottes mit ihren Schwertern. Sie zerstören die Stätten unseres Heils und treten das Grab Christi mit Füßen.

Also, ihr Kinder Gottes, jagt die Furcht aus euren Herzen und werdet Diener des Kreuzes. Sonst lasst ihr das Heiligste den Hunden und das Edelste den Säuen, denn Hunde und Säue sind die Heiden und keine Menschen.

Ihr werdet das Paradies finden. Folgt mir nach! Gott wird für Speise und Trank sorgen, die Berge werden schrumpfen unter unseren Schritten und das Meer wird sich vor unsere Füßen teilen.

Ihre werdet Länder sehen, in denen ewig Sommer ist, wo das Wasser die Farbe des Himmels hat und wo Bäume mit goldenen Früchten wachsen. Ihr werdet Brot essen, das so weiß ist wie Schlehenblüten, und Wein trinken, der nach Nelken duftet und so süß wie Honig schmeckt.

Die Heiden werden aber die Flucht ergreifen, wenn sie die Kinder Gottes sehen, ohne einen Schwerthieb und kein Tropfen von eurem Blut wird vergossen werden. Das hat Gott mir selbst gesagt und er sagt es mir jeden Tag aufs Neue. Wahrlich, ich sage euch, es ist herrlich, das Kreuz zu tragen und ein Diener Gottes zu sein. Folgt mir, ihr Kinder, und ihr werdet die Hölle vernichten und das Paradies finden!"

Nikolaus stand da, hager und schwarz, die Arme ausgebreitet, regungslos, wie ein Kreuz.

Einen Moment noch hielt die Stille an, dann brach unbeschreiblicher Jubel los. Die Kinder schrien, tanzten und klatschten. Auch die, die so weit weg waren, dass sie unmöglich etwas hatten verstehen können.

Gerhard wünschte plötzlich sehnsüchtig, dass er zu ihnen gehören durfte. Wie weggewischt waren Ablehnung und Unglaube, so sehr hatten ihn die Worte des Predigers mitgerissen.

Er hatte sich getäuscht. Ganz sicher würden sie es schaffen, auch ohne Schuhe, Schwerter und Lanzen. Er wollte mit ihnen ziehen in das Land, das so schön war und das die Heiden Gott gestohlen hatten

Wie es weitergeht, könnt ihr nachlesen in dem Buch von Harald Parigger: Der schwarze Mönch, dtv junior, München 1998.

182

Zusammenfassung

Das Reich der Franken
Das Reich der Franken war die stärkste Macht unter den germanischen Reichen, die nach dem Niedergang Westroms gegründet wurden. Der fränkische König Chlodwig (482–511 n. Chr.) aus dem Geschlecht der Merowinger unterwarf immer mehr Gebiete Galliens und Germaniens und vereinigte sie im Frankenreich. Durch die Annahme des Christentums gewann er die Unterstützung der gallisch-römischen Bischöfe.

Bonifatius und die Germanenmission
Chlodwig und seine Nachfolger förderten die Ausbreitung des Christentums und unterstützten die Missionare, die vor allem aus Schottland und Irland kamen. Der bedeutendste unter ihnen war Bonifatius. Er bekehrte unter anderem die Hessen und Thüringer. Im Alter von 80 Jahren versuchte er auch bei den Friesen zu missionieren. Dort erlitt er im Jahr 754 den Märtyrertod.

Vom Frankenreich zum Deutschen Reich
Unter Karl dem Großen (768–814) erreichte das Frankenreich seine größte Ausdehnung. In einem über dreißig Jahre dauernden Krieg unterwarf König Karl die Sachsen. Er zwang sie, den christlichen Glauben anzunehmen.
Bei Karls Tod war das Frankenreich das größte und mächtigste in Europa. Doch schon sein Sohn, Ludwig der Fromme, konnte es nur mühsam zusammenhalten. Als er 840 starb, kam es unter den Enkeln Karls des Großen zu schweren Kämpfen um die Aufteilung der Herrschaft. Die sich bildenden Teilreiche wurden mit der Zeit immer eigenständiger. Und als 911 im Ostreich der letzte Karolinger starb, wurde hier aus dem Fränkischen bald das Deutsche Reich.

Die Kreuzzüge
Im 11. Jahrhundert begannen dann die kriegerischen Auseinandersetzungen zwischen der arabischen Welt und den christlichen Staaten Europas. Ein Aufruf Papst Urbans II. im Jahr 1095 löste den ersten Kreuzzug aus, dem weitere sechs folgten. Ziel des ersten Kreuzzuges war die Eroberung Jerusalems, das unter muslimischer Herrschaft stand.

Zum Nachdenken
1 *Karl wurde schon zu Lebzeiten „Vater Europas" genannt. Erklärt diese Bezeichnung.*

496 n. Chr.

Chlodwig gründet das Frankenreich und wird um 496 Christ.

722 n. Chr.

Bonifatius und andere christianisieren die Germanen.

800 n. Chr.

Karl der Große wird in Rom vom Papst zum Kaiser gekrönt.

1095 n. Chr.

Nach dem Aufruf von Papst Urban II. beginnt der erste Kreuzzug.

7. Das Leben im Mittelalter

Wie die Menschen im Mittelalter lebten, wissen wir auch durch Bilder aus dieser Zeit. So malte beispielsweise der flämische Künstler Pieter Breughel im 16. Jahrhundert zahlreiche Bilder mit Szenen aus dem Bauernleben. Wenn ihr euch sein Gemälde auf dieser Seite genau anschaut, könnt ihr z. B. herausfinden, wie es damals auf einer Bauernhochzeit zuging: Was wurde gegessen? Wer durfte mitfeiern? Wo wurde gefeiert und welche Kleidung trugen die Landleute? ... Die meisten Menschen lebten im Mittelalter auf dem Land. Burgen, Klöster und Dörfer waren ihr Zuhause. Wie Ritter, Mönche und Bauern hier lebten, wie ihr Alltag aussah, was sie bedrückte und was sie freute, darum geht es auf den folgenden Seiten ...

Der Aufstieg der Ritter

Helme aus verschiedenen Jahrhunderten.

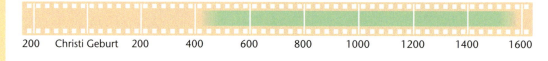

200 Christi Geburt 200 400 600 800 1000 1200 1400 1600

1 Darstellung am Zürcher Grossmünster. Um 1000.

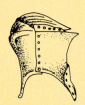

Die fränkischen Panzerreiter

An den Kreuzzügen hatten sich vor allem zahlreiche Ritter beteiligt. Ritter, also Reiterkrieger, gab es im christlichen Abendland erst seit dem 8. Jahrhundert. Die Germanen der Völkerwanderungszeit hatten noch zu Fuß gekämpft. Bewaffnet waren sie mit Kurzschwert und Schild. In Friedenszeiten waren die germanischen Krieger Bauern.

Eine neue Situation entstand, als die Araber nach Mohammeds Tod (632) die neue Religion des Islam mit militärischer Gewalt verbreiteten. Nachdem sie Nordafrika erobert hatten, setzten sie 711 nach Spanien über. Dort zerschlugen die Araber das Reich der Westgoten, überschritten im Jahr 732 die Pyrenäen und fielen in das Reich der Franken ein. Die Franken setzten sich zur Wehr, indem sie ein berittenes Heer aufstellten. Außerdem schützten sich die fränkischen Krieger vor Pfeilen und Schwerthieben durch eine Panzerrüstung. Ende Oktober 732 wurden die Araber von diesen fränkischen Reiterkriegern in den Schlachten von Tours und Poitiers besiegt. Damit war das Vordringen der Araber nach Europa gestoppt.

1 *Vergleicht die Darstellungen der Krieger auf dieser Doppelseite. Nennt Veränderungen der Bewaffnung und der Kampfweise.*
2 *Nennt den Anlass für das Entstehen eines Reiterheeres im Frankenreich.*

Wie teuer war die Rüstung?

Die neue Ausrüstung der fränkischen Krieger war teuer. Ein Reitpferd hatte den Wert von acht Ochsen, eine Panzerrüstung entsprach dem Wert eines mittleren Bauernhofs. Außerdem setzte die teure Ausrüstung stän-

2 Fränkische Panzerreiter. Buchmalerei, um 900.

Der Aufstieg der Ritter

Helmzier adliger Familien aus dem 15. Jahrhundert.

3 Schlacht bei Bornhöved 1227. Miniatur aus der Sächsischen Weltchronik, 1270.

dige Waffenübung und dauernde Kriegsbereitschaft voraus. Die Reiterkrieger mussten ihr „Handwerk" berufsmäßig betreiben. Man nannte sie Ritter. Dies war aber zunächst nur ein Berufsstand. Ritter konnte jeder sein, der ein Pferd und eine Rüstung besaß.

Ein neuer Stand entsteht

Da ein Berufskrieger sich nicht um seinen Lebensunterhalt kümmern konnte, musste er begütert sein. Etwa 150 Hektar mit seinen landwirtschaftlichen Erträgen waren nötig, um Ausrüstung und Lebensunterhalt eines Ritters zu finanzieren. Nur Adlige waren deshalb in der Lage, diesen Beruf auszuüben. Sie verfügten über ererbten Grundbesitz. Für ihre Dienste als Reiterkrieger erhielten die Adligen vom König außerdem noch weiteren Grund und Boden als Lehen.

Diese Lehen wurden bereits unter Karl dem Großen zu Eigentum. Deshalb sahen viele Adlige nicht mehr ein, warum sie überhaupt für den König Kriegsdienst leisten sollten. Lieber wollten sie ihren Besitz und Reichtum genießen, als sich den Gefahren von Kriegen auszusetzen. So weigerten sie sich ihren Kriegsdienst zu leisten.

Um trotzdem genügend Reiterkrieger zur Verfügung zu haben, wurden auch Nichtadlige mit Lehen bedacht. Diese so genannten Ministerialen* wurden Verwalter auf Burgen und waren sogar Heerführer. In ihrer gesamten Lebensweise glichen sie sich bald dem Adel an. So verschwanden die alten Unterschiede zwischen den Adligen von Geburt und den nichtadligen Reiterkriegern sehr schnell. Zusammen bildeten sie einen neuen Stand: den Ritterstand. Im Verlauf des 12. Jahrhunderts schloss sich der Ritterstand endgültig nach unten hin ab. Ritter wurde nur noch der, dessen Vater bereits Ritter war. Mit dem Aufstieg des Ritterstands sank zugleich die Bedeutung der Bauern als Krieger. Damit verschlechterte sich auch die Stellung und das gesamte Ansehen des Bauernstands in der mittelalterlichen Gesellschaft.

3 *Vermutet, warum seit dem 12. Jahrhundert nicht mehr jeder Ritter werden konnte.*

Ministeriale*: im Mittelalter Angehöriger des niederen Adels. Er verrichtete Hof- und Kriegsdienste.

Die Ausbildung zum Ritter

1 Page beim Tischdienst.

Was musste ein Ritter können?
In einer Schrift aus dem 14. Jahrhundert heißt es über die Anforderungen an einen Ritter:

Q1 … Zu einem vollkommenen Ritter gehört, dass er gut reiten, schnell auf- und absitzen, gut traben, rennen und wenden kann. Zum Zweiten muss er schwimmen, im Wasser tauchen und sich vom Rücken auf den Bauch und vom Bauch auf den Rücken drehen können. Zum Dritten muss er mit Armbrust und Bogen schießen können: Davon hat er bei Fürsten und Herzögen wohl Nutzen. Zum Vierten muss er auf Leitern klettern können, wenn es nötig ist, wie etwa im Kriege, auch an Stangen und Seilen. Zum Fünften muss er wohl turnieren können, streiten und stechen und recht und redlich im Zweikampf bestehen. Zum Sechsten muss er zu Abwehr und Angriff ringen können, auch weit springen und mit der Linken ebenso gut fechten wie mit der Rechten. Zum Siebten muss er bei Tische aufwarten können, tanzen und hofieren, auch Schach zu spielen verstehen und alles, was ihm zur Zierde gereicht. …

1 *Erstellt eine Liste der Fertigkeiten, die von einem Ritter erwartet wurden und zählt auf, bei welchen Gelegenheiten er diese brauchte.*
2 *Stellt in eurer Liste demgegenüber, welche Kenntnisse und Fertigkeiten ihr vermisst.*

Ritterliches Benehmen
Die Erziehung zum Ritter begann mit dem siebten Lebensjahr. Der Junge wurde an den Hof eines anderen Ritters gegeben. Dort lernte er – neben der ständigen kriegerischen Ausbildung – als Page zunächst höfisches Benehmen, das heißt ein Betragen, wie es an einem Adels- oder Königshof üblich war, vor allem das Benehmen bei Tisch. In einer Anweisung aus dem Jahr 1250 heißt es:

Q2 … Man schmatzt und rülpst auch nicht und schneuzt nicht in das Tischtuch. Ein Edelmann isst nicht mit einem anderen zusammen vom gleichen Löffel. … Es ist bäuerliche Sitte, mit angebissenem Brot wieder in die Schüssel einzutunken. Aus der Schüssel trinkt man nicht wie ein Schwein. Wird einem das Trinkgefäß gereicht, soll man sich den Mund abwischen und nicht in den Trunk blasen und nicht zu viel heraustrinken. …

3 *Diskutiert darüber, warum man Regeln für Tischsitten festlegte.*

Die höfische Minne
Im Turnier (vgl. S. 190) kämpfte der Ritter im Namen einer Dame, der er dienen wollte. Diese war meist höher gestellt als er selbst. Er verhielt sich ihr gegenüber vorbildlich und bemühte sich um ihre Gunst. Durch seine Anstrengungen, ihrer würdig zu sein, erhöhte er gleichzeitig ihr gesellschaftliches Ansehen. Solche Verehrung gegenüber einer Dame wurde Minne genannt und unterlag strengen Regeln. Die hohe Minne hatte mit unserem romantischen Liebesbegriff wenig zu tun und körperliche Liebe war beim Minnedienst gar nicht erlaubt. Verehrung ohne Aussicht auf Erfüllung war das Wesen der Minne. Für das Entstehen höfischer Formen und gesellschaftlicher Regeln war sie damit ein entscheidender Faktor. Unsere Vorstellungen von höflichem Verhalten haben hier ihren Ursprung. Auch der Begriff der Ritterlichkeit für selbstloses und formvollendetes Handeln geht hierauf zurück.

4 *Lest ein Minnelied und vergleicht mit den Ausführungen auf dieser Seite.*

Wappen:
Wappenzeichen auf den Schilden halfen den Rittern sich zu orientieren, wenn sie mit geschlossenen Visieren kämpften. Heiratete ein Ritter, so wurden die Wappen beider Familien auf dem Schild abgebildet. Heirateten die Nachkommen, wurde das Wappen viergeteilt usw.

Rittersaal und Ritterrüstung

2 **Rittersaal auf einer Burg.** Foto, 1995.

3 **Ritterrüstung.** Ende 15. Jahrhundert.

Ein Ritter legt sein Kettenhemd ab. Darunter erscheint ein Hemd aus dickem Stoff, das den Druck des Eisengeflechts abpolstert. Buchmalerei, um 1300.

Ritter mit Topfhelm, Streitaxt und Schuppenpanzer.

***Fehde*:**
Privatkrieg zwischen Einzelpersonen oder Familien zur Durchsetzung von Rechtsansprüchen bis hin zur Blutrache. Die Fehde galt lange Zeit als rechtens, wenn vorher alle anderen Rechtsmittel ergebnislos geblieben waren. Im Spätmittelalter nahmen die Ritterfehden allerdings solche Ausmaße an, dass sie 1495 im „Ewigen Landfrieden" verboten und von da an als Verbrechen geahndet wurden.

Der Ritterschlag

Nicht Schreiben und Lesen, sondern Jagd und Waffenhandwerk bestimmten die weitere Ausbildung zum Ritter. Als Knappe trug er mit 14 Jahren Speer und Schild des Lehrmeisters und bediente ihn beim Essen. Mit 21 Jahren wurde der Knappe zum Ritter geschlagen. Die Nacht davor verbrachte er mit Gebeten in der Kapelle, bevor ihn andere Knappen in die Messe führten. Hier empfing er nach dem Rittergelübde sein Schwert, das der Priester zuvor gesegnet hatte. Nun trat sein Herr und Lehrmeister vor, schlug ihm mit der flachen Klinge leicht auf Nacken oder Schulter: „Im Namen Gottes, des Heiligen Michael und des Heiligen Georg schlage ich dich zum Ritter; sei tapfer, unverzagt und getreu!" Nun war er offiziell ein Ritter, mit allen Rechten und Pflichten, kriegsdienst- und fehdefähig*. Sein Ansehen aber richtete sich in der Zukunft nach seinem Reichtum und dem höfisch-ritterlichen Auftreten.

5 *Seht euch die Abbildungen oben rechts an. Beschreibt die Ausrüstung eines Ritters.*

Die Rüstung eines Ritters

Kein Ritter trug ständig seine Rüstung. Dazu war sie zu schwer und unbequem. Eine Ketten- oder Maschenrüstung wog 20 Kilogramm. Nach dem Einsatz der Armbrust mit ihrer höheren Durchschlagskraft führte man den Plattenpanzer (Abb. 3) aus Stahl ein. Er wog sogar bis zu 50 Kilogramm. Zwei Knappen waren nötig, um den Ritter zu rüsten. Fiel er im Kampf vom Pferd, war er recht hilflos, wenn ihm sein Knappe nicht rechtzeitig auf die Füße half. Über der Rüstung trug der Ritter einen ärmellosen Waffenrock, der bei starkem Sonnenschein das Aufheizen des Metalls milderte. Das Aufkommen der Fern- und Feuerwaffen im 16. und 17. Jahrhundert machte die Ritter mit ihrer schweren Kleidung dann für den Krieg bedeutungslos. Die Rüstung bot keinen Schutz mehr und wurde nur noch bei festlichen Anlässen getragen oder als Prunkstück auf Gemälden dargestellt.

6 *Habt ihr euch das Rittertum anders vorgestellt? Vergleicht eure Erwartungen mit dem hier Dargestellten.*

Höfisches Leben und höfische Kultur

1 **Ein Ritterturnier***. Buchmalerei für den Herzog von Burgund, um 1470.

Rittertunier*:
Es gab drei unterschiedliche Formen des Turniers:
– der **Buhurt**, ein Massenkampf zwischen zwei gleich großen Heerhaufen;
– der **Tjost**, ein Zweikampf, bei dem die Gegner nach mehreren Runden vom Pferd absteigen mussten, um den Kampf zu Fuß und mit dem Schwert fortzusetzen;
– der **Turnei**, ein Kampf zwischen zwei Gruppen mit stumpfen Lanzen; Sieger war die Partei, die die meisten Gegner aus dem Sattel werfen konnte.

Ritter im Turnier

1 *Seht Abbildung 1 an. Benennt die Personengruppen, die beim Turnier anwesend sind.*

Nach dem Ritterschlag durfte der junge Ritter erstmals als Kämpfer an einem Turnier teilnehmen. Als Berufskrieger musste er sich ständig in der Beherrschung seiner Waffen üben. Bei diesem ursprünglich rein militärischen Charakter blieb es aber nicht. Die Turniere entwickelten sich zu prächtigen Festen der ritterlich-höfischen Gesellschaft. Siege im Turnier galten als ebenso ehrenhaft wie Siege im Krieg. Der Turnierplatz war durch Schranken abgetrennt. Dahinter drängten sich die Zuschauer. Vornehme und edle Damen saßen auf einer Tribüne.

Beim Zweikampf kam es darauf an, dass der gepanzerte Ritter beim Aufeinandertreffen im schärfsten Galopp seinen Gegner mit der 3,70 Meter langen Stechlanze aus dem Sattel hob. Der Sieger erhielt aus der Hand einer Dame den Siegespreis. Der in den Sand gestoßene Gegner verlor oft Pferd und Rüstung an den Sieger. Manch armer Ritter erkämpfte sich dabei ein wertvolles Pferd und eine moderne Rüstung.

Nach den Einzelkämpfen begannen die Gruppenkämpfe. Scharen von Rittern stürmten aufeinander los.

Q … Man gab den Rossen die Sporen, zu kräftigem Stoß sprengten die Ritter aufeinander los. Mann und Ross sah man stürzen. Mächtig krachten die Speere, heftig stießen die Schilde aneinander, davon schwollen die Knie. Beulen und Wunden von den Speeren gab es genug, die Panzerringe bereiteten Schmerzen und manches Glied war verrenkt. Das Turnier war wirklich gut. Man verstach viele große Speere und wer durch sie zu Boden gefällt wurde, der litt viel Schmerz durch Tritte. …

Nicht immer ging es mit Beulen und Wunden ab. Aus Listen, die uns überliefert sind, wissen wir, dass zahlreiche Adlige bei Turnieren getötet wurden. Für die einfachen Ritter, mithin die große Mehrheit der Turnierkämpfer, besitzen wir keine genauen Zahlen, da die Chroniken nur über Hochgestellte berichten.

Die Kampfspiele der Ritter

2 **Vom Abschied bis zur Heimkehr: Ritter im Turnier.** Buchmalerei aus der Manessischen Liederhandschrift, 14. Jahrhundert.

Zeitgenössische Darstellung eines Marionettenspiels.

Doch vereinzelte Angaben zeigen, wie hoch die Gesamtverluste bei einem Turnier sein konnten. So blieben 1241 bei einem Turnier in Neuss bei Köln 60 Ritter tot auf dem Platz.
2 *Ein Knappe begleitet seinen Herrn zum ersten Mal zu einem Turnier. Nach Hause zurückgekehrt berichtet er davon.
Überlegt mithilfe der Abbildungen dieser Doppelseite sowie des Textes, was der Knappe erzählt haben könnte. Berichtet auch, was die Zuschauer und der Ritter gesagt oder empfunden haben könnten.*

3 **Darstellung eines Tjosts.** Buchmalerei aus der Manessischen Liederhandschrift.

Das Leben auf der Burg

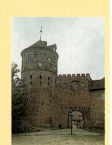

Burgruine in Neustadt-Glewe. Foto, 2002.

1 Die Burg Segeberg. Kolorierter Kupferstich, Ende des 16. Jahrhunderts.

Torturm der Burg Wittstock an der Dosse.

2 Wasserburg: Schloss Glatt in Sulz, Krs. Rottweil. Foto.

Höhenburgen und Wasserburgen

Von den etwa 19 000 Burgen, die im hohen Mittelalter im Deutschen Reich bestanden, gibt es noch etwa 6000.

Sind Burgen heute eher touristische Attraktionen, dienten sie früher Herrschafts- und Verteidigungswecken. Sie boten Schutz vor Angriffen, sicherten Handelswege und waren Wohnsitze der Burgherren. Auf Burgkuppen errichteten mittelalterliche Herrscher „Höhenburgen". Im bergarmen Norddeutschland überwog die Wasserburg, die in einem Fluss oder See gebaut oder von einem künstlichen Burggraben umgeben war.

Im Laufe des Mittelalters verschob sich die gesellschaftliche Funktion der Burgen in Richtung Repräsentation. Waren sie zu Entstehungszeiten in erster Linie militärische Festungen, die auch als Wohn- und Lebensstätten für den Herrscher, seine Familie und seine Gefolgschaft genutzt wurden, entwickelten sie sich im ausgehenden Mittelalter zu Schlössern, die vor allem die Pracht und Macht der Herrschaft verkörpern sollten.

1 *Stellt fest, welche landschaftliche Bedingungen für die Anlage einer Burg günstig sind.*
2 *Benennt die Aufgaben der einzelnen Anlagen bei einer Belagerung der Burg.*

Burgen als Wohn- und Lebensstätten

① Zugangsstraße
② Burgtor
③ Zugbrücke
④ Pechnase
⑤ Torhaus
⑥ Fallgatter
⑦ Burghof
⑧ Bergfried
⑨ Zinnenkranz
⑩ Ziehbrunnen
⑪ Stallungen

⑫ Zeughaus
⑬ Kapelle
⑭ Kemenate
⑮ Wirtschaftsgebäude
⑯ Wehrgang
⑰ Zwinger
⑱ Ringmauer
⑲ Schießscharte
⑳ Ringgraben
㉑ Ringwall

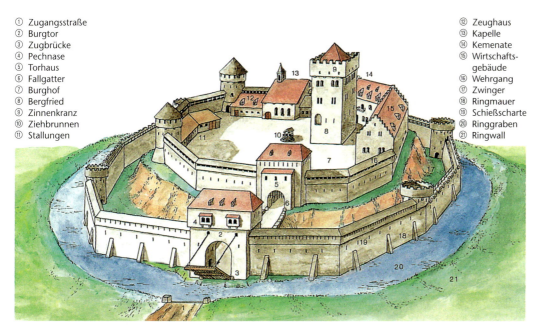

3 Eine mittelalterliche Burg. Buchillustration.

Schnitt durch einen Bergfried.
Der Bergfried war der Hauptturm der Burg und bei Belagerungen der letzte Zufluchtsort. Sein Eingang war nur über eine Leiter erreichbar, die man einziehen konnte. Im unteren Teil des Bergfrieds befand sich oft ein Gefängnis, das Verlies.

995:
Ersterwähnung der „Mecklenburg" in einer Urkunde des deutschen Königs Otto III.

Das Leben auf der Burg

3 Macht anhand der Abbildung 3 einen Rundgang durch die Burg. Erklärt die Burganlage und berichtet vom Leben der Burgbewohner. Besprecht außerdem, was ihr gerne noch genauer wissen möchtet.

Über sein Leben auf der Burg Steckelberg bei Fulda schrieb im Jahr 1518 der Reichsritter Ulrich von Hutten:

Q … Die Burg selbst, mag sie auf dem Berg oder im Tal liegen, ist nicht gebaut um schön, sondern um fest zu sein. Sie ist von Wall und Graben umgeben und innen eng, da sie durch die Stallungen für Vieh und Herden versperrt wird. Daneben liegen die dunklen Kammern, angefüllt mit Pech, Schwefel und dem übrigen Zubehör der Waffen und Kriegswerkzeuge. Überall stinkt es, dazu kommen die Hunde mit ihrem Dreck, eine liebliche Angelegenheit, wie sich denken lässt, und ein feiner Duft.
Reiter kommen und gehen, unter ihnen sind Räuber, Diebe und Banditen. Denn fast für alle sind unsere Häuser offen, entweder weil wir nicht wissen, wer ein jeder ist, oder weil wir nicht weiter danach fragen.
Man hört das Blöken der Schafe, das Brüllen der Rinder, das Hundegebell, das Rufen der Arbeiter auf dem Feld, das Knarren und Rattern von Fuhrwerken und Karren. Ja wahrhaftig, auch das Heulen der Wölfe wird im Haus vernehmbar, da der Wald so nahe ist. Der ganze Tag, vom frühen Morgen an, bringt Sorge und Plage, beständige Unruhe und dauernden Betrieb. Die Äcker müssen gepflügt und gegraben werden; man muss eggen, säen, düngen, mähen und dreschen. Es kommt die Ernte und Weinlese. Wenn es dann einmal ein schlechtes Jahr gewesen ist, wie es bei jener Magerkeit häufig geschieht, so tritt furchtbare Not und Bedrängung ein. Bange Unruhe und tiefe Niedergeschlagenheit ergreifen alle. …

4 Vergleicht den Bericht des Reichsritters (Quelle) mit euren Ergebnissen aus Aufgabe 3.
5 Vermutet mithilfe der Abbildungen und des Textes auf dieser Seite, wie sich die Burgbewohner in Kriegs- und in Friedenszeiten versorgten.
6 Informiert euch (z. B. im Internet) über Burgen in eurer näheren Umgebung, die ihr besichtigen könnt.

Adliges Frauenleben in der Ritterzeit

Hildegard von Bingen (1098–1179) – ein Beispiel für eine „Karrierefrau" im Mittelalter:
Hildegard kam mit acht Jahren in ein Benediktinerinnenkloster (zu diesem Orden vgl. S. 196). Dort lernte sie nicht nur Schreiben und Lesen, sondern erhielt auch eine umfassende wissenschaftliche Ausbildung. Sie stieg zu einer bedeutenden Vertreterin ihres Ordens auf und konnte 1150 ein eigenes Kloster gründen (Kloster Rupertsberg). Große Verdienste erwarb sie sich mit ihren Arbeiten zur Pflanzenkunde und Medizin. Sie entwickelte eine Gesundheitslehre, die auf der Verbindung von Körper, Geist und Seele beruhte. Ihr umfangreiches Wissen schrieb sie in ausführlichen Lehrbüchern nieder. Als Theologin gehörte sie in Europa zu den führenden Autoritäten ihrer Zeit. Sie stand in Briefkontakt mit Päpsten, Kaisern und Königen.

1 Frau beim Hanfschlagen. Buchmalerei, 14. Jahrhundert.

3 Ein Händler bietet der Burgherrin seine Waren an. Buchmalerei, 14. Jahrhundert.

2 Frauen im Garten. Gemälde eines unbekannten Meisters, um 1410.

Die Erziehung der Mädchen

Auch die Töchter der Ritter wurden durch eine besondere Erziehung auf ihre zukünftigen Aufgaben vorbereitet. Auf der väterlichen Burg oder bei einem benachbarten Ritter erlernten die Mädchen neben den in den Bildern dargestellten Fähigkeiten vor allem das höfische Benehmen, manchmal sogar Fremdsprachen. Doch auch die Rolle der künftigen Hausfrau war zu erlernen. Alle Kleidung z. B. musste von der Burgherrin und ihren Mägden selbst genäht werden. Die Mädchen verfügten häufig über mehr Bildung als die Jungen. Dennoch war die rechtliche Stellung der Frau schlecht. Scheidungen waren unmöglich und vor Gericht galt die Frau lange als nicht „eidesfähig". Aber einige Frauen haben schon im Mittelalter um ihre Rechte gekämpft.

1 *Beschreibt, welche Tätigkeiten von Frauen auf den Abbildungen dieser Seite ausgeübt werden.*

Werkstatt Geschichte: Das Ritter-Rätsel

Weitere Rätsel, Spiele, Rezepte und Erzählungen aus der Welt der Ritter findet ihr in dem Buch von Anne Braun und Pia Eisenbarth: Das Ritter-Spiel- und Spaßbuch. Loewe, Bindlach 1996.

Ein ritterlicher Buchstabensalat
In diesem Buchstabensalat sind 21 Dinge (immer in der Einzahl) versteckt, die zur Welt eines Ritters gehören. Wenn ihr von links nach rechts und von oben nach unten sucht, werdet ihr sie finden.

So geht es
– Kopiert die Seite.
– Markiert die Begriffe, die aus der Welt eines Ritters stammen, mit einem Stift.
– Die Buchstaben, die übrig bleiben, ergeben – von oben links nach unten rechts gelesen – den Namen dieses Burgfräuleins. Das Lösungswort könnt ihr in die freien Kästchen auf eurer Kopie eintragen.

Das Leben in den Klöstern

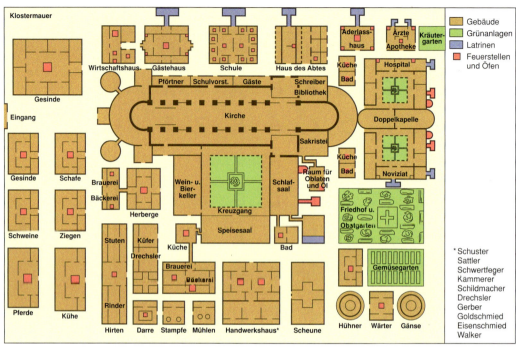

1 **Klosterplan von St. Gallen.** Die Abbildung ist eine moderne Umgestaltung des Originals von 820.

Kreuzgang des ehemaligen Ratzeburger Domklosters. Foto, 2002.

Hamburg hatte im Mittelalter drei Klöster: das St.-Maria-Magdalenen-Kloster der Franziskaner, das St.-Johannis-Kloster der Dominikaner und das Nonnenkloster in der Nähe des Dorfes Herwardeshude.

Seit 400 n. Chr.: Das Mönchstum breitet sich in Europa aus.

529 n. Chr.: Benedikt von Nursia gründet das Mutterkloster des abendländischen Mönchstums auf einem Berg über der Stadt Cassino in Süditalien.

Das Mönchstum breitet sich aus
Im 3. Jahrhundert zogen sich, zuerst in Ägypten, einzelne Christen in die Einsamkeit zurück, um als Eremiten (= Einsiedler) ihr Leben ganz Gott zu weihen. Nur ein Jahrhundert später kam es, ebenfalls in Ägypten, zur Gründung von Klöstern, in denen Mönche in einer Gemeinschaft Gott dienen wollten. Seit dem 4. Jahrhundert breitete sich dieses Mönchstum auch in Europa aus.

Ein mittelalterliches Kloster
1 Aus dem Klosterplan von St. Gallen könnt ihr die Berufe und Tätigkeiten der Mönche erkennen. Tragt in eine Liste ein:

Gebäude und Gebäudeteile	Berufe	Tätigkeit
...	...	...
...	...	...

2 Berichtet, was ihr über Klöster und die Tätigkeiten von Nonnen und Mönchen heute wisst.

Die Regeln des heiligen Benedikt
Die Mönche lebten, von der Außenwelt durch Mauern abgeschirmt, nach festen Regeln unter der Leitung eines Abtes. Gebet und Arbeit bestimmten den Tagesablauf. Diese Lebensform wurde zum Vorbild für Benedikt von Nursia in Italien. Er hatte einige Jahre als Eremit gelebt, bevor er 529 auf dem Monte Cassino ein Kloster gründete. Seine Schwester gründete als Äbtissin bald auch ein Frauenkloster in der Nähe.

Die Frauen und Männer, die in ein Kloster eintreten wollten, mussten drei Gelübde ablegen: Sie verpflichteten sich arm, also ohne persönlichen Besitz zu leben, sie gelobten ehelos zu bleiben und dem Abt unbedingt zu gehorchen. In 73 Kapiteln gab Benedikt Anweisungen für das Leben im Kloster. Im 8. Jahrhundert machten die Karolinger die „Benediktsregel" für alle Klöster in ihrem Reich verbindlich. So wurde sie nicht nur zur Grundlage des ersten Mönchsordens, der Benediktiner, sondern auch des gesamten abendländischen Mönchtums.

Ora et labora! – Bete und arbeite!

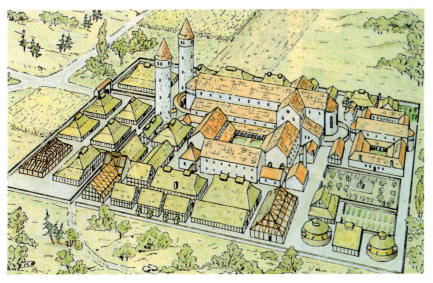

2 Rekonstruktionszeichnung nach dem Klosterplan von St. Gallen.

Mönch mit Kutte. Die Ordenskleidung bestand aus einer Kutte, einem Hemd, das bis zu den Knöcheln reichte, mit einem Strick oder Ledergürtel. Dazu kam ein Schulterumhang mit einer Kapuze (bei den Ordensfrauen der Schleier).

Mittelalterliche Benediktinerklöster in Schleswig-Holstein: Cismar, Preetz, St. Michael (Schleswig), St. Johannes (Schleswig).

In den Ordensregeln des heiligen Benedikt heißt es unter anderem:

Q ... 33: Vom Eigentum
Keiner wage es, ohne Erlaubnis des Abtes etwas wegzunehmen oder zu empfangen oder etwas zu Eigen zu besitzen, durchaus nichts, weder Buch noch Tafel, nein, überhaupt nichts. Alles sei allen gemeinsam. ...

48: Von der täglichen Handarbeit
Müßiggang ist ein Feind der Seele. Deshalb sollen sich die Brüder beschäftigen: zu bestimmten Zeiten mit Handarbeit, zu bestimmten anderen Stunden mit heiliger Lesung. Wenn die Ortsverhältnisse oder die Armut fordern, dass sie das Einbringen der Ernte selbst besorgen, sollen sie deswegen nicht missmutig werden. Sie sind nämlich erst wahre Mönche, wenn sie von der Arbeit ihrer Hände leben. ...

66: Von der Anlage des Klosters
Wenn möglich ist das Kloster so anzulegen, dass alles Notwendige, nämlich Wasser, Mühle, Garten und die verschiedenen Werkstätten sich innerhalb der Klostermauern befinden. So brauchen die Mönche nicht draußen umherzulaufen, was für ihre Seelen durchaus nicht zuträglich ist. ...

3 Erläutert mithilfe von Text und Tabelle den Tagesablauf in einem Benediktinerkloster.

Tagesablauf in einem Benediktinerkloster heute

Uhrzeit			
4.40	Wecken	12.30–13.00	Gemeinsames Mittagessen
5.00–6.00	Nachtgebet und Morgenlob	13.00–14.00	Ruhepause
6.00–7.00	Bibellesung und Besinnung der Mönche in ihren Zimmern	14.00–18.00	Arbeit
7.00–7.30	Jeder Mönch kann für sich das Frühstück einnehmen	18.00–18.30	Feierlicher Gottesdienst am Ende des Arbeitstages
7.30–11.00	Kurzes gemeinsames Morgengebet; Beginn der Arbeit	18.40–19.00	Gemeinsames Abendessen
11.15–12.00	Gemeinsamer Gottesdienst	19.00–19.40	Zeit zur eigenen Verfügung
12.20	Kurzes gemeinsames Mittagsgebet	19.45	Abendgebet
		20.00–4.40	Strenges Stillschweigen im Kloster; Mönche sind auf ihren Zimmern

Gebäudereste des Klosters Cismar. Foto, 2002.

Besuch in einem Kloster

1 **Mönche bauen ein Kloster.** Gemälde, 1430.

Mönch als Handwerker.

Mönch in der Schreibstube. Buchmalerei, um 1150.

1189:
Gründung des Zisterzienserklosters Reinfeld.

1229:
Gründung des Zisterzienserinnenklosters Reinbek.

2 **Mönche spalten bei Rodungsarbeiten einen Baum.** Buchmalerei aus dem 12. Jahrhundert.

3 **Mönche bei der Ernte.** Buchmalerei aus dem 12. Jahrhundert.

Ein Herzog besucht das Kloster

In der Abgeschiedenheit der Klöster wollten Männer und Frauen Gott allein dienen. Doch ihr Wirken ging weit über die Klostermauern hinaus.

In einer erfundenen Geschichte wird erzählt, wie der bayerische Herzog im Jahr 756 das erst zehn Jahre zuvor gegründete Kloster Tegernsee besucht:

M … Das Bild der Landschaft hat sich in wenigen Jahren völlig verändert. Früher traf man in diesen endlosen Wald- und Sumpfgebieten nur alle paar Stunden auf ein ärmliches Dorf mit niederen, strohgedeckten Hütten.

Jetzt zieht sich eine breite, ausgeholzte Fläche am östlichen Ufer des Sees dahin. Auf den Feldern treiben Mönche die Ochsengespanne, Bauern, die dem Kloster zinspflichtig sind, fällen im nahen Wald die Bäume, andere roden Bäume aus und eine Schar von Jungen verbrennt das Astwerk in großen Haufen zu Asche. …

Der Abt des Klosters führt seine Gäste durch das Klostergebiet: „Wir haben den Ackerbau wesentlich verbessert", erklärt der Abt seinen Gästen. „Vor uns kannte man in dieser Gegend nur Spelt, Hafer und Roggen. Unsere Bruderabtei Bobbio in (Nord-)Italien schickte uns vor einigen Jahren mehrere Säcke Sämereien über den Brennerpass. Nicht nur der Weizenanbau ist seitdem ansehnlich gewachsen, auch die Zucht von Edelobst haben wir eingeführt."

… Der Abt weist auf einen lang gestreckten, hölzernen Bau, aus dem Sägen, Hobeln und Hämmern erschallen. „Das ist die Schreinerei", sagt er, „ich habe angeordnet, dass ihre Erzeugnisse zusammen mit anderen Klosterarbeiten im Speisesaal ausgelegt werden."

Der Herzog wendet sich den langen, roh gezimmerten Tischen der Mönche zu, auf denen die Schaustücke bereitliegen.

Neben höfischen Kleidern, die eines Königs würdig sind, prunken gestickte Messgewänder mit Gold- und Silberborten; da gibt es wunderbar weich gegerbte Schaftstiefel aus der Klosterschusterei, Zaumzeug aus Holz, Eisen und Kupfer von den Brüdern Werkzeugmachern, Schreinern und Schmieden

198

Besuch in einem Kloster

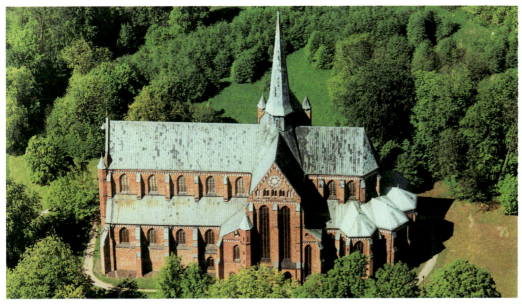

4 Das Doberaner Münster, die Klosterkirche des Zisterzienserklosters in Bad Doberan. Das Kloster wurde 1171 in Althof gegründet, 1179 bei einem Slawenaufstand zerstört und 1186 an heutiger Stelle wieder errichtet. Es war bis zu seiner Auflösung im Jahr 1552 eines der wohlhabendsten und einflussreichsten in Mecklenburg. Luftaufnahme, 2001.

Kachel vom Denkmal für den Papst Benedict V. im Hamburger Dom, Anfang 14. Jahrhundert. Foto.

Ein Papst stirbt in Hamburg:
Ein Streit zwischen Kaiser und Papst führte 964 dazu, dass Kaiser Otto I. den Papst Benedict V. absetzte und nach Hamburg in die Gefangenschaft verbannte. Dort starb Benedict V. bereits nach wenigen Monaten.

verfertigt. Wagenräder, Fässer, Truhen mit eingesetzten Bildern, mit Einlagen aus farbigem Holz, aus Metall und Elfenbein, getriebene, ziselierte und gegossene Waffen, Schilde, Helme und vor allem Kelche, Weihegeräte und Schmuck entlocken dem Herzog und seinen Mannen laute Rufe der Bewunderung. „Wer sind die Künstler, die solche Dinge schaffen?", fragt der Herzog erstaunt. „Unsere Mönche kommen aus Franken", antwortet der Abt, „aus Angelsachsen und Italien. Hier im Orden Sankt Benedikts lebt vieles fort, was schon vergessen schien."
Anschließend führt der Abt seinen Gast in die Schreibstube: „Wir erziehen unsere Schreiber zu größter Sorgfalt", bemerkt der Abt, „ein Buchstabe muss wie der andere sein." Ein fleißiger Schreiber liefert von Sonnenaufgang bis Sonnenuntergang nicht mehr als zwei Seiten. Ein besonders kunstvoll gefertigtes Buch stellt manchmal die Lebensarbeit eines Mönchs dar. „Man bezahlt es mit einem kleinen Bauerngut."
Zum Schluss besuchte der Herzog noch die Klosterschule. Junge Männer, die sich auf ihr Leben im Kloster vorbereiten, erhalten hier ihre Ausbildung im Lesen, Rechnen und Schreiben. Einige von ihnen werden später am Hof des Königs, bei einem Grafen oder Fürsten als Lehrer oder Schreiber tätig sein. …

1 Schreibt einen kurzen Bericht über die Gründung und Entwicklung des Klosters Tegernsee in den ersten zehn Jahren.
2 Nennt die unterschiedlichen Berufe, die die Mönche beherrschen mussten, um eine Kirche und andere Klostergebäude bauen zu können. Beachtet dazu die Bilder auf der linken Seite.
3 Überlegt auch, welche Planungen vorangegangen sein mussten, bevor mit dem Bau begonnen werden konnte.
4 Erklärt folgende Behauptung: Mittelalterliche Klöster waren wirtschaftliche, kulturelle und religiöse Zentren, die das Leben der Menschen stark beeinflussten.
5 Welche gesellschaftlichen Aufgaben übernehmen Klöster heute? Informiert euch in der Bücherei oder im Internet, wo es früher in eurer Nähe ein Kloster gab. Wie weit ist das nächste Kloster jetzt entfernt?

Nonne *in der Schreibstube. Holzschnitt, um 1550.*

Der Name des Stadtteils **Harvestehude** *erinnert an das Zisterzienserkloster Herwardeshude. Es wurde 1247 im heutigen Altona gegründet und 1293 an das Nordende der Außenalster verlegt. Nach der Reformation wurden 1530 die Gebäude abgerissen.*

Das Leben der Bauern

*Durch den Einsatz von **Dreschflegeln** wurde das Dreschen des Getreides einfacher und ergiebiger. Das Ausschlagen mit dem Stock und das Austreten durch Tiere oder Menschen wurde nun überflüssig.*

1 **Die Arbeit des Bauern in den zwölf Monaten eines Jahres.** Aus einer französischen Handschrift, um 1480.

Das Leben der Bauern

In einem Buch, das um 1000 n. Chr. in England geschrieben wurde, steht folgendes Gespräch:

Q1 … Lehrer: Nun, Pflüger, wie verrichtest du deine Arbeit?
Bauer: O Herr, meine Arbeit ist sehr schwer. Ich stehe auf, wenn es tagt, treibe die Ochsen auf das Feld und spanne sie vor den Pflug. Sei der Winter auch noch so streng, ich wage es nicht, im Haus zu bleiben, aus Furcht vor meinem Herrn. Jeden Tag muss ich einen vollen Morgen* Land pflügen, nachdem ich die Ochsen eingespannt und die Pflugschar angehängt habe.
Lehrer: Was tust du sonst noch den Tag über?
Bauer: Freilich ist das nicht alles. Ich muss die Krippen der Ochsen mit Heu füllen, ihnen Wasser geben und den Dung fortschaffen.
Lehrer: Ja, ja, das ist schwere Arbeit!
Bauer: Ganz recht, das ist sehr schwere Arbeit und ich muss sie tun, denn ich bin nicht frei. …

1 Berichtet mithilfe des Textes und der Bilder über die bäuerlichen Tätigkeiten im Jahresablauf.
2 Erzählt, was ihr vom Leben der Bauern heute wisst.

Morgen*:
ein altes Feldmaß; das Land, das ein Gespann an einem Morgen umpflügen kann.

Von der Freiheit in die Abhängigkeit

2 **Ein mittelalterliches Dorf.** Rekonstruktionszeichnung.

Dorf- und Siedlungsformen im Mittelalter:

Haufendorf

Straßendorf

Rundling

Angerdorf

Die Bauern verlieren ihre Freiheit

Im Mittelalter lebten die meisten Menschen von der Landwirtschaft: am Anfang fast alle, am Ende des Mittelalters – um 1500 – immer noch über 80 Prozent. So groß ist der Anteil der Landbevölkerung heute beispielsweise in Pakistan oder im Osten der Türkei.

Zur Zeit Karls des Großen (um 800) besaßen in weiten Teilen des Frankenreiches noch viele Bauern eigenes Land. Sie konnten es bearbeiten und von den Erträgen leben (Subsistenzwirtschaft*). 200 Jahre später gehörte das Land zumeist nicht mehr den Bauern, sondern adligen Herren.

Für diese Herren mussten die Bauern jetzt arbeiten. Sie durften nicht einmal mehr ihren Hof verlassen, um z. B. in ein anderes Dorf zu ziehen. Denn wie das Land, so gehörten auch sie selbst ihrem Herrn. Aus einstmals freien Bauern waren unfreie geworden.

Über sie schrieb Bischof Adalbero von Laon 1016:

Q2 … Wer könnte die Sorgen zählen, von denen die unfreien Bauern während ihrer langen Wege und ihrer harten Arbeit bedrückt werden? Geld, Kleidung, Nahrung: Die unfreien Bauern liefern alles an jedermann. Kein Adliger könnte ohne ihre Abgaben bestehen. Der Herr, der vorgibt seine Bauern zu ernähren, wird in Wahrheit von ihnen ernährt. …

Der Adlige Hugo von Trimberg meinte etwa 300 Jahre später:

Q3 … Ich kam in ein Dorf geritten. … Da kam ein Bauer auf mich zu und sprach …: „Liebster Herr, wie kommt es denn, dass es euch Herren viel besser geht als uns armen Bauern? Sind denn die einen unfrei, während die anderen frei sind?"

„Ja", sagte ich.

Das machte ihn zornig und er sagte: „Wir sind doch alle von einer Mutter geboren?" …

Da kam ein Rudel Bauern aus der Schenke. … Sie baten mich alle ihnen zu erklären, warum der edel, jener unedel, der frei, jener unfrei sei. …

3 Beschreibt die Anlage des Dorfes (Abb. 2).
4 Vermutet, was Hugo von Trimberg den Bauern geantwortet haben könnte.

Subsistenzwirtschaft:*
bäuerliche Produktion für den eigenen Bedarf (Selbstversorgungswirtschaft). Die meisten Bauern wirtschafteten im Mittelalter nur für die Versorgung der eigenen Familie; die Erträge in der Landwirtschaft waren in der Regel gering. Bei Missernten waren Hunger und Hungertote die zwangsläufigen Folgen.

Die Grundherrschaft

Grundherrschaft: Herrschaft über das Land und die Menschen, die auf ihm wohnten. Bauern erhielten vom Grundherrn Land, Schutz in Notzeiten und die Befreiung von der Heeresfolge. Die Bauern mussten dafür Abgaben entrichten und Frondienste leisten.

Leibeigener: spätmittelalterlicher Begriff für einen hörigen Bauern mit besonders vielen Dienst- und Abgabeverpflichtungen und besonders geringen eigenen Entscheidungsmöglichkeiten. So waren Leibeigene an den Boden gebunden und durften nicht wegziehen; bei Verschenkung oder Verkauf des Bodens wurden sie mit weggegeben.

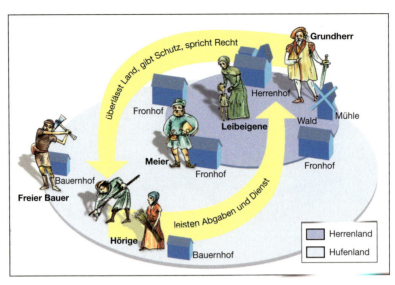

1 Vereinfachtes Schaubild der mittelalterlichen Grundherrschaft.

Warum verloren die Bauern ihre Freiheit?

Es ist nicht überliefert, welche Antwort Hugo von Trimberg den Bauern gab auf ihre Frage, warum sie unfrei seien. Die Zeit, da es noch viele freie Bauern gegeben hatte, lag schon lange zurück. Das war die Zeit Karls des Großen gewesen. Unter seiner Herrschaft hatte jeder freie Bauer die Pflicht, zusammen mit seinem König in den Krieg zu ziehen (Heeresfolge).

Karl der Große führte viele Kriege. So waren die freien Bauern manchmal mehrere Jahre nicht zu Hause, wenn es eigentlich Zeit gewesen wäre für Aussaat oder Ernte. Zahlreiche Höfe verfielen, Hunger und Not kehrten ein. Um dem Kriegsdienst zu entgehen, übergaben freie Bauern ihren Grund und Boden einem Herrn, der dadurch ihr Grundherr wurde.

Grundherren und Hörige

Grundherren konnten z. B. sein: Adlige, Grafen, aber auch Bischöfe oder Klöster. Der Grundherr übernahm für seine Bauern die Heeresfolge. Er schützte und unterstützte sie in Notzeiten. Diese Bauern brauchten also nicht mehr mit dem König in den Krieg zu ziehen. Sie konnten das ganze Jahr über den notwendigen Arbeiten im Hof und auf dem Feld nachgehen.

Als Gegenleistung mussten sie sich dazu verpflichten, jedes Jahr
- einen bestimmten Anteil an der Ernte, an Milch, Käse, Eiern und Vieh an den Grundherrn abzuliefern. Bei der Ernte handelte es sich ungefähr um den zehnten Teil. Diese Abgabe wird daher der Zehnt genannt.
- bestimmte Arbeiten für den Grundherrn zu verrichten, wie etwa Mithilfe auf den Wiesen oder Feldern, Zäune errichten, Wege anlegen oder Brücken bauen. Diese Arbeiten werden Frondienste (fron = Herr) genannt.

Aus freien Bauern wurden so unfreie; sie werden auch als Hörige bezeichnet.

Die einem Grundherrn gehörenden Güter lagen oft ganz verstreut. Um sie besser verwalten zu können, unterstellte der Grundherr mehrere nahe beieinander liegende Ländereien einem Fronhof. Hier lebte und wirtschaftete der von ihm eingesetzte Verwalter, der die Arbeiten und Abgaben der Bauern ständig kontrollierte.

1 Erklärt die Bezeichnung „Grundherr" und „Höriger".
2 Erläutert das Schaubild (Abb. 1).
3 *Spielt folgende Szene: Zwei freie Bauern, die wieder in den Krieg ziehen sollen, unterhalten sich. Der eine Bauer möchte sich jetzt in die Abhängigkeit eines Grundherrn begeben, der andere möchte frei bleiben.*

Die Grundherrschaft

2 **Bauern bei der Fronarbeit.** Buchmalerei aus dem 15. Jahrhundert.

Der Bauer Widrad und das Kloster Prüm

In welchem Umfang die hörigen Bauern Abgaben und Dienste leisteten, erfahren wir aus einem Bericht des Klosters Prüm in der Eifel. Zu diesem Kloster gehörten auch dreißig hörige Bauern in Rommersheim. Einer dieser Bauern war Widrad.
Von ihm schreibt der Abt des Klosters im Jahr 893:

Q … Widrad gibt an das Kloster jedes Jahr 1 Eber, 1 Pfund Garn, 3 Hühner, 18 Eier. Er fährt 5 Wagenladungen von seinem Mist auf unsere Äcker, bringt 5 Bündel Baumrinde für die Beleuchtung und fährt 12 Wagenladungen Holz zum Kloster. Dieses Holz dient im Winter zum Heizen. Ferner liefert Widrad dem Kloster jährlich 50 Latten und 100 Schindeln für Dachreparaturen.
Sein Brot bäckt Widrad in unserem Backhaus und das Bier braut er in unserem Brauhaus. Hierfür zahlt er an das Kloster eine Gebühr.
Eine Woche in jedem Jahr verrichtet er den Hirtendienst bei unserer Schweineherde im Wald. Er bestellt drei Morgen Land, das ganze Jahr hindurch, jede Woche drei Tage. Das bedeutet: Er muss bei der Einzäunung unserer Äcker und Weiden helfen, zur rechten Zeit pflügen, säen, ernten und die Ernte in die Scheune bringen.
Bis zum Dezember, wenn das Getreide gedroschen wird, muss er es zusammen mit anderen Hörigen bewachen, damit es nicht von Brandstiftern angezündet wird. Wachdienst muss ebenfalls geleistet werden, wenn der Herr Abt kommt, um ihn vor nächtlicher Gefahr zu schützen.
Wenn Widrad 15 Nächte den Wachdienst verrichtet, das Heu geerntet und auf unseren Äckern gepflügt hat, erhält er in einem guten Erntejahr Brot, Bier und Fleisch; in anderen Jahren erhält er nichts.
Die Frau Widrads muss leinene Tücher aus reinem Flachs anfertigen, 8 Ellen lang und 2 Ellen breit. Sie fertigt daraus Hosen für die Mönche an.

4 *Einen Überblick über Abgaben und Dienste eines hörigen Bauern erhaltet ihr, wenn ihr folgende Tabelle zeichnet:*

Jährliche Abgaben	Frondienste	Weitere Leistungen
…	…	…
…	…	…

5 *Versetzt euch in die Lage Widrads und seiner Frau. Welche Abgaben und Dienste hättet ihr als besonders hart empfunden?*

Gutsherrschaft:
Eine besondere Form der Grundherrschaft bildete sich in den meisten Siedlungsgebieten Ostelbiens im späten Mittelalter aus – die Gutsherrschaft. In dieser Wirtschaftsform entstanden große Gutshöfe als wirtschaftliche und politische Machtzentren der Gutsherren gegenüber ihren dienstverpflichteten Bauern. Zahlreiche Herrenhäuser in Schleswig-Holstein und in Mecklenburg-Vorpommern zeugen von der Macht und der Herrlichkeit der Gutsherrschaft. Der Gutsherr war sowohl Grund- als auch Gerichtsherr gegenüber den Bauern. Seine „Untertanen" hatten noch weniger Freiräume als unter der herkömmlichen Grundherrschaft. Etwa seit 1550 fingen die Gutsherren an, ihre Gutshöfe zu vergrößern und neue anzulegen. Viele Bauernhöfe wurden in das System einbezogen, die Dienst- und Arbeitsbelastung stieg rasch an. Bis weit ins 19. Jahrhundert hinein beherrschten die adligen Gutsbesitzer das politische und wirtschaftliche Leben im ländlichen Bereich Ostelbiens.

Alltag einer Bauernfamilie

Bauernregeln:
Merksprüche, die wie Sprichwörter klingen. Sie beziehen sich meist auf die Vorhersage des Wetters und seiner Auswirkungen auf die Ernte. Beispiel: „Mairegen auf die Saaten, dann regnet es Dukaten" (das heißt, die Ernte wird reichlich ausfallen und dem Bauern viel Geld einbringen).

Albrecht, ein Bauernsohn, berichtet:
Wie meine Eltern und Geschwister gehöre ich dem Grundherrn. Wenn mein Vater nicht mehr arbeiten kann, übernehme ich den Hof. Mit meinem Vater arbeite ich bis in die Dunkelheit auf dem Feld. Spielen darf ich nur am Sonntag. Ich muss im Morgengrauen aufstehen und mit dem Vater zum Ernten gehen. Er bringt mir alles bei.

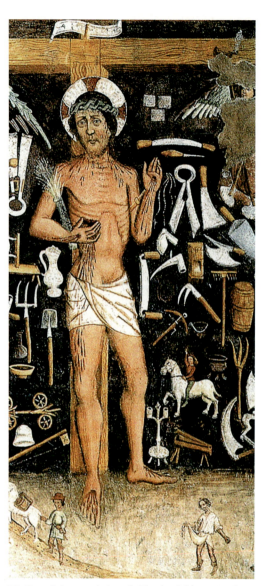

1 Der „Feiertagschristus". Die abgebildeten Werkzeuge und Tätigkeiten geben an, welche Arbeiten an Sonn- und Feiertagen verboten waren. Fresko, 1465.

Die Bauern als Selbstversorger

Die Bauern stellten fast alles, was sie brauchten, selbst her. Sie
– bauten ihre Häuser oder Hütten selbst,
– sponnen und webten,
– verarbeiteten Tierhäute und Felle zu Kleidungsstücken,
– stellten Arbeitsgeräte her,
– backten ihr Brot und verarbeiteten die Milch zu Butter und Käse.

Diese und viele andere Arbeiten erforderten den vollen Arbeitseinsatz aller Familienmitglieder. Die Arbeitszeit wurde durch die Jahreszeit bestimmt. Wenn es hell wurde, stand man auf, im Sommer zwischen 4 und 5 Uhr; die erste Hauptmahlzeit nahm man zwischen 9 und 10 Uhr ein, die zweite nachmittags zwischen 16 und 17 Uhr. Die Mahlzeiten bestanden aus Brot, Haferbrei oder gekochtem Gemüse. Zu trinken gab es Wasser oder Molke (Käsewasser). Sobald es dunkel wurde, ging man schlafen, denn eine Beleuchtung gab es kaum.

Die meisten Bauernhäuser bestanden aus einem einzigen Raum. Ein grob gezimmerter Tisch, ein paar Bänke an den Wänden, niedrige dreibeinige Hocker – das war fast die ganze Ausstattung. Betten gab es nicht. Man legte sich zum Schlafen auf einen Strohsack oder im Winter auf die große Ofenbank. Wenn dann am nächsten Morgen das Tageslicht durch kleine Luken fiel, die durch Weidengeflecht, Holzgitter oder Schweinsblasen nur notdürftig verschlossen waren, begann ein langer Arbeitstag für die ganze Familie.

Nur an Sonntagen und den zahlreichen Feiertagen waren die meisten Arbeiten streng verboten. Um die Bauern immer wieder daran zu erinnern, gab es in manchen Kirchen Bilder, die auf dieses Verbot hinwiesen.

1 Erklärt mithilfe der Abbildung, welche Arbeiten an Sonn- und Feiertagen strikt verboten waren.

2 Vermutet, warum die Verbote in den Kirchen als Bilder aufgestellt wurden.

Alltag einer Bauernfamilie

Die Bäuerin

Besonderen Belastungen waren auch die Bäuerinnen ausgesetzt. So heißt es in einem 1985 erschienenen Buch:

M … Neben der Hilfe bei Heu- und Getreideernte verrichteten sie eine Fülle von Tätigkeiten in Haus, Garten und Feld, wie Dreschen des Korns, Versorgung des Groß- und Kleinviehs, Weiterverarbeitung der Milch zu Butter und Käse und Schlachten von Haustieren. … Zu den üblichen Arbeiten der Frau im bäuerlichen Haushalt gehörten die Betreuung des Herdfeuers, die Zubereitung der Speisen und die Anlage von Vorräten. … Typisch weibliche Tätigkeiten waren die Verarbeitung von Hanf und Flachs und das Spinnen und Weben von Leinen. … Für den Zusammenhalt der bäuerlichen Hausgemeinschaft und für das Funktionieren der Bauernwirtschaft überhaupt übte die Bäuerin also eine unersetzbare Funktion aus. Einen Bauernhaushalt ohne Frau zu führen war schlechterdings nicht möglich. Harte, entsagungsvolle Arbeit vom Morgen bis zum Abend bestimmte den Alltag der Bäuerin. …

Die Kinder in der Familie

Die frühen Heiraten führten zu zahlreichen Geburten. Kinderkrankheiten, der Schmutz in den Bauernhäusern und die fehlende Hygiene ließen viele Kinder im Säuglings- oder Kleinkindalter sterben; von 12 bis 14 Neugeborenen blieben in der Regel nur drei bis fünf Kinder am Leben. Sobald sie dazu in der Lage waren, mussten sie im Haushalt, Garten oder Stall mithelfen, um möglichst bald mit allen anfallenden Arbeiten vertraut zu werden.

3 Beschreibt mit eigenen Worten den Arbeitsalltag einer Bäuerin. Berücksichtigt dabei die Abbildungen 2 bis 4.

2 Buttern und Melken. Buchmalerei (Ausschnitt), um 1500.

3 Brot backen. Buchmalerei (Ausschnitt), um 1500.

4 Spinnen von Schafwolle. Kalenderminiatur (Ausschnitt), um 1530.

Butterfass. Rekonstruktionszeichnung. Ohne Kühlgeräte konnte man frische Milch nicht lange aufbewahren. Man stellte aus Milch aber Butter und Käse her, die länger haltbar waren. Um Butter zu gewinnen, ließ man Milch einige Zeit in flachen Gefäßen stehen, bis sich eine dickflüssige Rahmschicht bildete. Der Rahm wurde abgeschöpft und im Butterfass gestoßen, bis sich das Fett absetzte. Aus etwa 30 Litern Milch konnte man ein Kilogramm Butter herstellen.

Exkursionstipps:

– Freilichtmuseum Molfsee
– Freilichtmuseum am Kiekeberg
– Agrarhistorisches Museum Alt-Schwerin

Leben in der Dorfgemeinschaft

Hildegard, eine Bauerstochter, berichtet: Wichtig ist, dass ich die Stall-, Feld- und Hausarbeit lerne. Wenn ich einmal heirate, dann kann ich den Haushalt führen. Manchmal gehe ich mit der Mutter auf den Markt. Dort verkaufen wir Eier und Hühner. Abends muss ich beim Spinnen zur hand gehen. Oft helfe ich meiner Mutter beim Sammeln von Pilzen, Beeren und Bucheckern.

Das einfache Volk sang bei Festen Volkslieder und tanzte zur Musik von Flöten und Trommeln.

1 **Ländliches Fest auf einem Dorf.** Ausschnitt aus einem Gemälde von Lucas van Valckenborch, 2. Hälfte des 16. Jahrhunderts.

Feste und Feiern

Eine willkommene Gelegenheit, der tagtäglichen schweren Arbeit zu entgehen, boten die kirchlichen Feiertage und die Familienfeste.
So heißt es in verschiedenen Berichten aus dem 16. Jahrhundert:

Q1 … In der Kirche, die in fast jedem Dorf anzutreffen ist, kommen sie an Festtagen vormittags alle zusammen und hören von ihrem Priester Gottes Wort.
Am Nachmittag trifft man sich unter der Dorflinde oder an einem anderen öffentlichen Ort um zu feiern. Einige gehen dazu ins Wirtshaus zum Zechen, andere spielen mit Kugeln.
Die Jüngeren aber, Knechte und Mägde, laufen zum Tanzen und springen herum zu den Melodien der Musikanten, die Dudelsack oder Pfeife spielen. Besonders beliebt war das Kirchweihfest, die Kirmes, und das Frühlingsfest, das häufig im Mai gefeiert wurde. Eine besondere Rolle spielte dabei das Festessen. Es konnte bestehen aus: Erbsen mit Speck, Rindfleisch mit Senf, danach Schweinefleisch mit gelber Brühe und weißem Brot. Dazu gab es in Norddeutschland selbst gebrautes Bier aus Hafer, Gerste oder Weizen. In Süddeutschland trank man selbst gekelterten Landwein oder Most. …

Besonders ausgiebig wurden Hochzeiten gefeiert. Dabei – so wird berichtet – ging es so hoch her, dass im Keller und im Viehstall kaum etwas übrig blieb. Die Adligen verachteten das Benehmen und die angebliche „Tumbheit" der Bauern.

1 Beschreibt die Tätigkeiten der verschiedenen Gruppen auf dem Gemälde (Abb. 1).

2 Beschreibt besonders die Personen links oben und sucht eine Erklärung für ihr Verhalten.

3 Berichtet von Festen und Feiertagen, die bei euch besonders begangen werden.

4 Wenn ihr in einem Kochkurs seid, dann bittet darum, verschiedene „Nationalgerichte" kochen zu dürfen.

Leben in der Dorfgemeinschaft

Entscheidungen des Dorfgerichts

Die Dörfer im Mittelalter waren klein. Jeder kannte hier jeden. Man arbeitete gemeinsam, besuchte gemeinsam den Gottesdienst und gemeinsam feierte man auch die Dorffeste. Für dieses Miteinander gab es eine Bezeichnung: Man nannte es Nachbarschaft oder Gutnachbarlichkeit. Gutnachbarlichkeit bedeutete aber nicht, dass alle Dorfbewohner immer in Eintracht miteinander gelebt hätten. Ganz im Gegenteil: Wo Menschen ziemlich dicht beieinander wohnen, wo die Höfe Zaun an Zaun stehen und jedermann eifersüchtig darüber wacht, ob ihm nicht irgendein kleiner Nachteil entsteht, kann es leicht zu Streit kommen.

Fühlte sich jemand in seinen Rechten verletzt, so klagte er vor dem Dorfgericht. Es wurde geleitet vom Schulzen (Schulten, Schultheiß*). Das war ein besonders angesehener Bauer aus dem Dorf. Er wurde von den Dorfbewohnern gewählt oder vom Grundherrn ernannt.

Das Gericht tagte mehrmals im Jahr, und zwar immer an einem Sonntag, damit niemand der Arbeit fernbleiben musste. Die Gerichtsverhandlung fand unter der Dorflinde oder auf einem anderen öffentlichen Platz statt. Dem Schulzen standen zwei oder mehr Schöffen als Berater zur Seite. Kläger und Beklagte brachten ihre Zeugen mit.

Zahlreiche Urteils- und Rechtssprüche dieser Dorfgerichte sind uns noch erhalten:

Q2 … Wenn einer dem anderen über sein Saatfeld Vieh treiben muss, soll er das Vieh an Stricken treiben, ohne der Saat zu schaden.
Will einer Mist oder anderes auf sein Feld oder Frucht und Heu heimfahren und muss er dabei über das Gebiet eines anderen, so darf er es nur mit Erlaubnis des Besitzers. Will der Besitzer aber nicht die Erlaubnis geben, so mag er zum Schultheiß gehen und sich von diesem die Erlaubnis holen. Er muss aber vor Nacht immer den Zaun wieder schließen, damit dem Besitzer kein Schaden geschieht.
Wer beim Brand nicht zum Retten mit herzuläuft und doch höret das Klingen oder Anschlagen der Glocke oder Geschrei des Volkes und lässt das aus Neid oder wegen Feindschaft, der soll Buße zahlen. Wer zuerst in die Mühle kommt, mahlt zuerst. …

2 Dorfgericht unter der Linde. Aus einer Schweizer Bildchronik, 1513.

Schultheiß*:
Er vertrat im Dorf den Grundherrn und war für die Einziehung der Abgaben zuständig.
Da er gleichzeitig über einen großen Hof verfügte, war er eine der wichtigsten Personen in der Dorfgemeinschaft und in der Regel auch der Leiter des Dorfgerichts.

Besonders streng wurde das Versetzen von Grenzsteinen bestraft:

Q3 … Wer ein merkstain freventlich aushebe, den soll man in diselbe gruben begraben bis ahn seinen gurtel und soll vier pfert an einen pflug spannen, der scharf were und ihn aus der gruben kehren. …

5 *Übersetzt den Rechtsspruch (Quelle 3) in unsere Sprache.*
6 *Erläutert die Abbildung 2.*

Fortschritte in der Landwirtschaft

Im frühen Mittelalter löste ein Räderpflug mit eiserner Pflugschar den Hakenpflug ab, der den Boden nur aufreißen konnte.

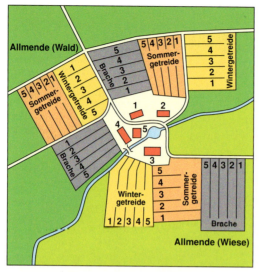

1 Die Flur einer bäuerlichen Dorfsiedlung im Mittelalter.

2 Die Zwei- und Dreifelderwirtschaft.

*Die Sichel wurde seit dem 11. Jahrhundert durch die **Sense** ersetzt. Mit ihr konnten die Bauern rascher ernten und die Getreidehalme tief unten abschneiden. Übrig blieben nur kurze Stoppeln und der Halmschnitt brachte Winterfutter für die Stalltiere.*

Die Zweifelderwirtschaft

Jahrhundertelang bearbeiteten die Bauern ihre Äcker immer auf die gleiche Art: Sie teilten ihr Land in zwei gleich große Teile. Die eine Hälfte wurde von ihnen beackert, die andere ließen sie brachliegen (ungebrochen). So konnte sich der Boden auf der brachliegenden Hälfte erholen. Dieses Verfahren nennen wir heute Zweifelderwirtschaft (Abb. 2). Die Ernteerträge waren häufig sehr gering. Sie reichten kaum aus zur Ernährung der Bevölkerung.

Die Dreifelderwirtschaft

Seit dem 12./13. Jahrhundert setzte sich in ganz Europa eine neue Art der Bodennutzung durch. Die Bauern teilten ihre Ackerfläche jetzt in drei gleich große Teile. Ein Feld bestellte man mit Wintergetreide (Weizen, Roggen oder Gerste), das zweite mit Sommergetreide (Hafer, Gerste) und das dritte blieb brachliegen. Es diente als Viehweide.
Diese Dreifelderwirtschaft brachte den Bauern große Vorteile:
– Die Getreideerträge fielen wesentlich höher aus.
– Die Arbeiten des Pflügens, Säens und Erntens konnten gleichmäßiger über das ganze Jahr verteilt werden.
– Zwei verschiedene Saaten boten größere Sicherheit gegenüber Unwettern.
– Die Felder, die brachlagen, konnten sich gut erholen. Da sie als Viehweide dienten, wurden sie gleichzeitig gedüngt.

Der Flurzwang

In vielen Dörfern ergaben sich durch die Dreifelderwirtschaft aber auch Probleme. Mancher Bauer konnte z. B. nur über den Nachbaracker sein eigenes Feld erreichen, um den Acker für die Einsaat des Sommergetreides umzupflügen. Stand auf dem Nachbaracker Wintergetreide, dann konnte er im Frühjahr seinen Acker nicht pflügen.
Man teilte deshalb das Ackerland in drei gleich große Teile, auch Gewanne genannt. Die Bauern erhielten in jedem Gewann ihren Acker (Abb. 1). Während in einem Gewann nur Sommergetreide, im zweiten nur Wintergetreide angebaut wurde, blieb das dritte brachliegen. Die Dorfgemeinschaft oder der Dorfvorsteher setzten fest, wann gesät oder wann geerntet wurde. Jeder musste sich an diese Ordnung halten. Es herrschte der so genannte Flurzwang.

1 *Beschreibt mithilfe der Schaubilder die Veränderungen von der Zwei- zur Dreifelderwirtschaft.*

Fortschritte in der Landwirtschaft

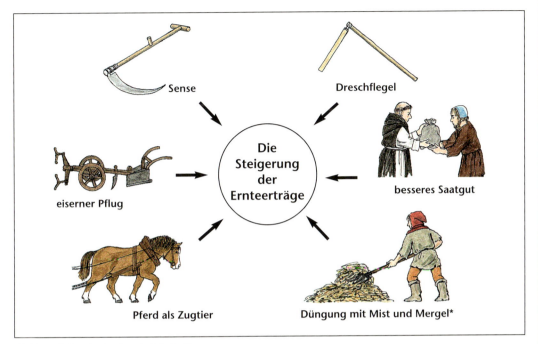

3 Fortschritte in der Landwirtschaft.

Mergel*:
Gestein aus Ton und Kalk.

Neue Arbeitsgeräte und Techniken

Seit dem frühen Mittelalter löste der Räderpflug mit eiserner Pflugschar allmählich den Hakenpflug ab, der den Boden nur aufreißen konnte. Mit dem neuen Pflug konnte der Boden stärker aufgelockert werden und die im Boden befindlichen Nährstoffe gelangten leichter nach oben.

Für die Pferde wurde im 8. Jahrhundert eine ganz neue Art des Anschirrens entdeckt. Das Kummet, ein gepolsterter, versteifter Halsring, übertrug die Zuglast auf die Schulterblätter der Pferde und erhöhte so die Zugkraft auf das Vier- bis Fünffache. Zu einem verstärkten Einsatz von Pferden in der Landwirtschaft kam es erst im 12. Jahrhundert mit der Züchtung einer schweren Landpferderasse.

Einfacher und ergiebiger wurde auch das Dreschen durch den Einsatz von Dreschflegeln. Der Dreschflegel, der das zuvor übliche Ausschlagen mit dem Stock oder das Ausstampfen oder Austreten durch Tiere oder Menschen überflüssig machte, war in Mitteleuropa bis zum 19. Jahrhundert in Gebrauch. Erst dann wurde er von der Dreschmaschine abgelöst.

2 Fertigt mithilfe der Zeichnung eine Liste an. In die linke Spalte tragt ihr ein, welche Neuerungen in der Landwirtschaft eingeführt wurden; in der rechten Spalte nennt ihr die dadurch erzielten Verbesserungen:

4 Das Verhältnis zwischen Aussaat und Ernteertrag bei der Getreideernte zwischen 800 und 1200.

Neuerungen	Verbesserungen
…	…
…	…

3 Untersucht mithilfe der Abbildung 4, wie sich das Verhältnis zwischen Aussaat und Ernteertrag zwischen 800 und 1200 veränderte. Was bedeutete das für die Menschen?

Wind- oder Wassermühlen lösten die handgetriebenen Mühlen ab. Größere Mengen Getreide konnten jetzt in kürzerer Zeit gemahlen werden.
Um 1230 wurde für eine neue Mühle in Hamburg ein Damm (heute Jungfernstieg) aufgeschüttet, der die Alster staute. In der Folge bildeten sich **Binnen- und Außenalster**.

Geschichte vor Ort: Der Kampf mit dem Meer

*Die ersten schweren **Sturmfluten** suchten Hamburg und das ganze Küstengebiet 1164 und 1219 heim. Die Bewohner der tiefer gelegenen Gebiete Hamburgs setzten ihre Häuser durch Aufschüttungen aus Viehdung, Abfällen und Bauschutt höher. Eines dieser Gebiete heißt heute Meßberg (= Mistberg).*

*Die „**zweite grote Mandränke**" ereignete sich 1634. Der Sage nach war die Flut eine Strafe Gottes, weil Betrunkene einen Pfarrer gezwungen hatten, einem Schwein die Sterbesakramente zu erteilen.*

Über den Untergang Rungholts hat Detlev von Liliencron im 19. Jahrhundert eine berühmte Ballade geschrieben:

Trutz, Blanke Hans
*Heut bin ich über Rungholt gefahren,
Die Stadt ging unter vor sechshundert Jahren.
Noch schlagen die Wellen da wild und empört
Wie damals, als sie die Marschen zerstört.
Die Maschine des Dampfers schütterte, stöhnte,
Aus den Wassern rief es unheimlich und höhnte:
   Trutz,
   Blanke Hans!
…*

1 Küstenverlauf vor der Sturmflut 1362.

2 Küstenverlauf nach der Sturmflut 1362.

Rungholt versinkt

Am 16. Januar 1362 glaubten die Menschen an der Nordsee, eine zweite Sintflut breche über sie herein. Zwar hatte man mit einer stärkeren Flut gerechnet, doch was nun kam, übertraf die schlimmsten Befürchtungen. Die Flut überstieg die Deichkronen um 2,40 Meter. Die Menschen flüchteten auf die Dächer ihrer Häuser, doch Wind und Wellen setzten den schwachen, meist aus Lehm errichteten Bauwerken stark zu. Die Küstenbewohner konnten nur auf die Ebbe warten. Doch entgegen aller Hoffnungen sank das Wasser wegen des gewaltigen Sturmes nur um wenige Zentimeter. Der nächsten Flut hielten auch die festesten Häuser nicht mehr stand. Die Stadt Rungholt sowie mehrere kleinere Siedlungen versanken für immer. Nur zwei Menschen sollen diese Flut überlebt haben, mehrere Tausend ertranken. Deshalb wird diese Jahrhundertflut bis heute „grote Mandränke" genannt.

Nachdem die große Flut zurückgewichen war, wurde dieses Gebiet zu Watt. Das Wasser war bis an den Geestrand vorgedrungen und zerstörte erhebliche Teile der nordfriesischen Marsch. Bis heute hat das Meer sie nur teilweise, oft in Form von Halligen, zurückgegeben. Doch kann man im Watt vor der Hallig Südfall Überreste der versunkenen Ortschaften finden.

1 *Vergleicht mithilfe der Karten die Küstenlinie vor und nach der „groten Mandränke".*

Geschichte vor Ort: Der Kampf mit dem Meer

3 Von den 1362 versunkenen Dörfern zeugen noch heute Spuren im Watt, z. B. Brunnenringe, Fundamente, Ziegel, Ackerbauspuren und Tonscherben. Foto.

Die Ursachen der Katastrophe

Wie konnte es zu dieser Katastrophe kommen? Wissenschaftler haben verschiedene Ursachen herausgefunden. Dazu zählen eine natürliche Absenkung des Landes und eine Verschlechterung des Klimas, für die die Menschen natürlich nichts konnten. Aber es kamen noch andere Faktoren dazu. Um 1350 hatte in Deutschland die Pest gewütet. In manchen Gebieten lebten nur noch halb so viele Menschen wie zuvor. Und diese Menschen schafften es nicht mehr, die damals ohnehin noch schwachen Deiche instand zu halten.

Torfabbau als Auslöser der Katastrophe

Hinzu kam, dass die Bewohner dem Wasser selbst den Weg ebneten, indem sie in großen Mengen Torf abbauten, um Salz zu gewinnen. In diesen „Salzkögen" stach man den mit Salzwasser durchtränkten Torf. Er wurde getrocknet und verbrannt. Aus der Asche siedete man dann das Salz heraus. Man schätzt, dass auf diese Weise aus 400 Kilogramm Salzasche etwa 150 Kilogramm Salz gewonnen werden konnten. Weil Salz damals fast das einzige Konservierungsmittel war, war es sehr wertvoll. Obwohl es nur sehr wenige Quellen über Rungholt gibt, da das Wasser diese zusammen mit der Stadt zerstörte, nimmt man an, dass sie wegen des Salzhandels eine der reichsten Städte der Westküste war. So nahmen es die Bewohner Rungholts auf sich, bei Ebbe Torf zu stechen und auf höher gelegenen Gebieten zu trocknen. Bei Flut standen die Abbaustellen dann bereits unter Wasser. Umso leichter hatte es das Meer, das Land später ganz zu überfluten.

2 Schaut euch das Gedicht auf den Randspalten an. Welche Ursache nennt Liliencron für den Untergang Rungholts?

3 Diskutiert, was die entscheidenden Faktoren für den Untergang Rungholts gewesen sein könnten.

Auf allen Märkten, auf allen Gassen Lärmende Leute, betrunkene Massen. Sie ziehn am Abend hinaus auf den Deich: „Wir trutzen dir, Blanker Hans, Nordseeteich!" Und wie sie drohend die Fäuste ballen, Zieht leise aus dem Schlamm der Krake die Krallen.
    Trutz,
    Blanke Hans!
...

Ein einziger Schrei – die Stadt ist versunken, Und Hunderttausende sind ertrunken. Wo gestern noch Lärm und lustiger Tisch, Schwamm andern Tags der stumme Fisch. Heut bin ich über Rungholt gefahren, Die Stadt ging unter vor sechshundert Jahren.
    Trutz,
    Blanke Hans!

An der **Ostsee** sind die Gezeiten kaum zu spüren. Doch auch hier haben Wind und Wellen sowie der Mensch die Küstenlinien stark verändert. Ein Vergleich alter und neuer Karten macht dies deutlich. Reste wie der nur noch halb vorhandene slawische Ringwall von Cap Arkona zeigen, dass das Meer hier viele Meter Land abgetragen haben muss.

Die deutsche Ostsiedlung

1 Rekonstruktion eines slawischen Blockhauses. Freilichtmuseum Groß-Raden (Mecklenburg). Foto.

2 Doppelköpfige slawische Kultfigur von der Fischerinsel bei Neubrandenburg. Foto.

Slawische Ortsnamen:
Viele Ortsnamen stammen von slawischen Bezeichnungen ab. Beispiele: Stargad = alte Burg, Plön = am See gelegen, Preetz = am Fluss gelegen.
Andere Ortsnamen sind Übersetzungen. Beispiel: Oldenburg wurde von den Slawen Starigard genannt.
Wie eng die Verwandtschaft zwischen Wagriern und Obotriten war, zeigt sich auch in der Ähnlichkeit der Ortsnamen. Beispiel: (Malente-)Gremsmühlen – Grevesmühlen.

Siedlungsgebiete der Slawen

Nach dem Abzug der Germanen zur Zeit der Völkerwanderung zogen im 6. und 7. Jahrhundert slawische Stämme in die Gebiete zwischen Elbe und Oder nach.

Um 800 erstreckte sich das Siedlungsgebiet der Slawen auch westlich der Elbe auf die Altmark, auf die Gegend um Braunschweig und Lüneburg, auf Thüringen und in Nordbayern bis zum Main.

Helmold von Bosau, der im 12. Jahrhundert als Missionar an den Plöner See geschickt wurde, berichtet in seiner Slawenchronik:

Q1 ... Hinter dem ruhigen Lauf der Oder tritt uns nach den verschiedenen Stämmen der Pommern vom Westufer an das Gebiet der Wenden entgegen. ... Von da kommt man zu den Zirzipanen und Kessinern, welche der Fluss Peene und die Burg Demmin von Tollensern und Redariern scheiden. Kessiner und Zirzipanen wohnen diesseits, Tollenser und Redarier jenseits der Peene. Diese vier Stämme werden wegen ihrer Tapferkeit Wilzen oder Lutizen genannt.

Hinter ihnen wohnen die Linguonen und Warnaven, welchen die Obotriten folgen, deren Hauptort Mecklenburg heißt. Auf uns zu folgen die Polaben mit dem Hauptort Ratzeburg. Von dort setzt man über den Travefluss in unsere Landschaft Wagrien. Deren Hauptort war einst das meernahe Oldenburg.

Es gibt auch Inseln in der Ostsee, die von Slawen bewohnt werden; eine von ihnen heißt Fehmarn. Sie liegt den Wagriern gegenüber, sodass man sie von Oldenburg aus sehen kann. Die andere, weit größere Insel gegenüber den Wilzen bewohnen die Ranen oder Rugianer, ein sehr tapferer Slavenstamm, der als einziger einen König hat.

1 Zeichnet eine Karte mit der Küstenlinie der Ostsee von der Kieler Förde bis zur Odermündung. Tragt in diese Karte ein, welche slawischen Stämme wo wohnten. Welche Orte, die es heute noch gibt, werden im Text von Helmold von Bosau genannt? Tragt sie ebenfalls ein.

2 Erkundigt euch nach der Herkunft der Ortsnamen in eurer Nähe und klärt, ob sie slawischen Ursprungs sind.

Bauern und Handwerker

Die frühen Slawen lebten im Wesentlichen von der Viehzucht und der Bearbeitung des Bodens mit dem hölzernen Hakenpflug, der für die sandigen Böden ausreichte. Angebaut wurde vor allem Roggen, Weizen, Hirse und Gerste. Das Getreide wurde mit handgetriebenen Mühlen zu Mehl verarbeitet und in Lehmöfen gebacken.

Bei Ausgrabungen entdeckte Tierknochen geben Auskunft darüber, welche Haustiere sich die Slawen hielten: Rinder, Schweine, Schafe und Geflügel. Selbst Pferde dienten als Nahrungsmittel.

Die Lebensweise der Slawen

3 Luftbildaufnahme vom slawischen Burgwall und der Vorburgsiedlung (Tempelort) von Groß-Raden (Mecklenburg).

4 Ein slawischer Fernhandelskaufmann in seinem Kontor. Rekonstruktion aus dem Oldenburger Wall-Museum.

7. Jahrhundert: Errichtung einer großen slawischen Burganlage beim heutigen Dorf Mecklenburg, die urkundlich erstmals 995 genannt und namensgebend für das ganze Land Mecklenburg wird.

Die Bauern lebten in Holzhäusern, die kreisförmig um einen Dorfplatz angelegt waren. Sie waren verpflichtet, Abgaben und Frondienste zu leisten, wurden dafür aber von den Fürsten durch ihre Soldaten geschützt.
Die Handwerker lebten und arbeiteten in den Burgorten zur Versorgung der Burgbevölkerung. Bedeutend waren die Keramiker. Einen weiteren wichtigen Handelszweig stellte die Produktion von Kleidungsstücken, Decken und Tüchern dar. Neben der Pelz- und Lederverarbeitung bildeten das Schmiedehandwerk und die Eisenverarbeitung einen wichtigen Handelszweig.

Slawische Fürstensitze
Die slawischen Fürsten hatten ihre Herrschaftssitze in großen Burganlagen, die sie in ihrem Stammesgebiet errichten ließen. Archäologen haben in den letzten Jahrzehnten einige dieser Burgen ausgegraben. Teile ihrer Funde und Rekonstruktionen davon, wie die Menschen dort wohl gelebt haben, kann man u. a. in Oldenburg in Holstein oder in Groß-Raden in Mecklenburg besichtigen.

Der Handel
Handwerkliche Produkte wurden vermutlich seit dem 9. Jahrhundert exportiert. Die wichtigsten Handelsgüter waren Pferde, Getreide, Honig und Wachs, Eisenwaren und im großen Maß slawische Sklaven. Waren- und Silberfunde – unter anderem arabische Münzen – lassen auf einen regen Fernhandel mit Skandinavien und Byzanz schließen.

Slawische Götter und Heiligtümer
Unser Wissen über die Glaubensvorstellungen der Slawen stammt vorwiegend aus Beschreibungen christlicher Mönche und Priester, deren Berichte oft voreingenommen sind. Thietmar von Merseburg beschreibt ausführlich das Heiligtum von Rethra:

Q2 … Innen aber stehen von Menschenhänden gemachte Götter, jeder mit eingeschnitztem Namen. Furchterregend sind sie mit Helmen und Panzern bekleidet. Der höchste heißt Svarovic und alle Heiden achten und verehren ihn. …

Helmold von Bosau schreibt:
Q3 … Rethra [ist] ein Sitz der Abgötterei. Ein großes Heiligtum ist dort den Götzen errichtet, deren vornehmster Redegast heißt. …

3 Untersucht die Schilderungen des Heiligtums in Rethra genau. Benennt die Wörte, die zeigen, wie die Schreiber dazu stehen.

Die Slawenmission

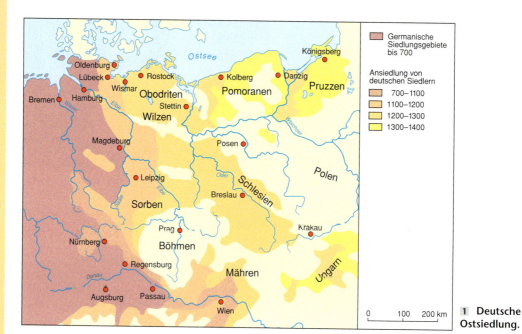

1 Deutsche Ostsiedlung.

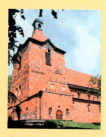

Oldenburger Bistumsglocke, um 956. Foto.

St. Johanniskirche in Oldenburg, die älteste Kirche Schleswig-Holsteins. Foto.

Starigard – Oldenburg

Ende des 7. Jahrhunderts wurde im heutigen Oldenburg in Holstein eine erste Burganlage mit einem Ringwall angelegt. Mitte des 8. Jahrhunderts wurde die Anlage erweitert und zum Fürstensitz der Wagrier ausgebaut. Um den Wall, der noch heute höher als die zweistöckigen Häuser der Stadt ist, aufschichten zu können, wurden Baumstämme in den Boden gerammt und die Zwischenräume in jahrelanger Arbeit mit Erde aufgefüllt. Durch eine Wasserverbindung zur Ostsee war die Burg auch für den Handel mit Skandinavien gut gelegen. Deshalb siedelten sich innerhalb der Burg viele Handwerker und Händler an.

Oldenburg wird Missionsbistum

Otto I. (siehe S. 165) hatte sich vorgenommen, die Slawen zum Christentum zu bekehren. Zusammen mit dem Hamburg-Bremer Erzbischof Adalag gründete er deshalb um 956 in Oldenburg ein Missionsbistum. Von hier aus sollte der christliche Glaube über ganz Wagrien und darüber hinaus verbreitet werden. Doch schon im Jahr 983 kam es in Hamburg und Holstein zu erneuten Kämpfen mit den Slawen. Um die Jahrtausendwende musste das Bistum Oldenburg für mehr als 80 Jahre aufgegeben werden. Nach der endgültigen Entmachtung der Wagrier und Polaben war Oldenburg für einige Zeit der letzte Rückzugpunkt der besiegten Slawen. 1149 wurde Vizelin zum Missionar des slawischen Restgebietes in Holstein ernannt. Sein Amtssitz war offiziell weiterhin Oldenburg. Wegen der Unruhen missionierte er jedoch hauptsächlich von Neumünster und Bosau aus. Sein Nachfolger Gerold verlegte den Bischofssitz dann 1160 von Oldenburg in das von den Schauenburgern neu gegründete Lübeck. Diese Stadt lief Oldenburg bald in jeder Hinsicht den Rang ab. Die Slawen vermischten sich nach und nach mit den sächsischen Siedlern und nahmen schließlich auch ihren Glauben an.

1 *Findet heraus, wann in eurem Ort die erste christliche Kirche errichtet wurde.*

Deutsche Städte auf slawischem Gebiet

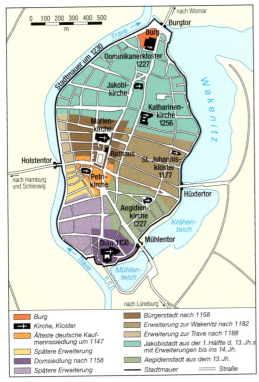

2 Die Hansestadt Lübeck im Spätmittelalter.

3 Welfischer Löwe vor dem Lübecker Dom. Foto, 2002.

Der Löwe vor dem Ratzeburger Dom. Foto.

Heinrich der Löwe* *(1129–1195): Herzog von Sachsen (1142–80) und Bayern (1156–80). Der Ausbau seiner herzoglichen Macht vor allem in Norddeutschland (Eroberung Mecklenburgs und Pommerns, Neugründung Lübecks, Ausbau seiner Residenz Braunschweig) führte zu Streitigkeiten mit den Reichsfürsten und zur Entfremdung von Kaiser Friedrich Barbarossa. Als Heinrich diesem 1176 die Waffenhilfe bei einem Feldzug versagte, ließ Friedrich 1180 die Reichsacht über ihn verhängen. Nach seiner Unterwerfung und der Rückkehr aus der Verbannung in England verblieb Heinrich nur noch der welfische Familienbesitz um Braunschweig und Lüneburg. Mit dem Fall des Herzogs scheiterte der Versuch einer einheitlichen Herrschaftsbildung im Nordosten des deutschen Reiches.*

Lübeck – Von der slawischen Siedlung zur schauenburgischen Stadtgründung

Schon die Slawen hatten festgestellt, wie gut sich die von Trave und Wakenitz umflossene Landzunge, die den heutigen Stadtkern Lübecks bildet, für eine Siedlung eignete, da sie sich gut verteidigen ließ. Deshalb errichteten sie hier eine Burg. Nachdem der bisherige Graf im Kampf gegen die Slawen gefallen war, ernannte der deutsche Kaiser Adolf von Schauenburg zum neuen Grafen von Holstein und Stormarn. Um ihre Macht im slawischen Gebiet zu festigen, gründeten die Schauenburger in ihrem Herrschaftsbereich viele neue Orte, in denen sie deutsche Handwerker und Kaufleute ansiedelten. Ihre erfolgreichste Neugründung war Lübeck, das sie auf dem Gebiet der alten Slawenburg anlegten und 1143 mit dem Stadtrecht versahen. 1158 mussten die Schauenburger ihre Stadt allerdings an ihren mächtigen Lehnsherrn, Heinrich den Löwen*, abtreten. Doch den Aufschwung der Stadt bremste das nicht.

Lübeck als Vorbild

Nach dem Vorbild Lübecks wurden zahlreiche weitere Städte auf ehemals slawischem Gebiet errichtet, denn es hatte sich gezeigt, dass man auf diese Weise nicht nur die Herrschaft über die Slawen sichern und ausbauen konnte. In den Städten wurde auch Geld verdient, von dem der jeweilige Stadtherr in Form von Abgaben einiges erhielt. Viele der Städte, die nun entlang der Ostseeküste entstanden, nahmen sich auch die Verwaltung Lübecks zum Vorbild und übernahmen das lübische Recht als ihr Stadtrecht.

2 Schaut euch die Karte von Lübeck genau an. Zeichnet mehrere Karten von den verschiedenen Besiedlungsabschnitten. Wo lebten die Bewohner Lübecks um 1147? Wie weit reichte die Besiedlung um 1160?

3 Erklärt, welche Bedingungen die Landzunge zum günstigen Siedlungsplatz machten.

Zum Weiterlesen: Neues Land wird urbar gemacht

Mittelalterliche Rodungen

Um das Jahr 1000 liegen die Dörfer Europas weit verstreut inmitten der großen Wälder und Brachlandwüsten. Mit ihren bestellten Äckern gleichen sie verlorenen Oasen in einer unwirtlichen Natur. Aber die Menschen in Europa werden immer zahlreicher. Die Felder der Dörfer und Güter reichen nicht mehr aus, um sie zu ernähren. So beginnt die Zeit der großen mittelalterlichen Rodungen. Um der Not und der Unsicherheit des dörflichen Lebens zu entrinnen, lassen sich viele als Rodungsbauern in die Wälder schicken. Klöster, Städte und Adel, denen als Grundherren das ganze Land, auch Wälder und Sümpfe gehören, bieten ihnen vorteilhafte Verträge, wenn sie sich an der Urbarmachung von Neuland beteiligen. Man stellt ihnen Pferdegespanne und Werkzeuge zur Verfügung, streckt ihnen Lebensmittel für ein, zwei Jahre vor, bis endlich die ersten Ernten eingebracht werden können. Manche dieser Urbarmacher erlangen dabei die Freiheit. Ehemalige Leibeigene, ehemalige Tagelöhner erhalten von den Grundherren ein paar Hektar dieses neu gewonnenen Landes, die sie bebauen und ihr Eigen nennen dürfen.
Sie erwerben sich von ihnen Freiheiten und Rechte, auf die ihre Vorfahren nie hoffen durften.
Aber die Grundherren sind in Geldnöten, sie müssen ihre Einkünfte steigern. So gestehen sie den Ansiedlern günstige Verträge zu, nehmen einmal im Jahr eine festgelegte Summe ein und lassen sie im Übrigen frei schalten und walten. Unzählige Dörfer werden neu gegründet. Häuser, Straßen, Kirchen entstehen, aber auch Windmühlen, Kornspeicher und Hallen, in denen das Getreide verkauft wird. Man gewinnt Zehntausende Hektar Land für die Feldbestellung hinzu. Die Ebenen Nordfrankreichs, Belgiens, Englands und Deutschlands werden entwaldet. Nur noch in Gebirgsgegenden bleibt der Wald erhalten. An den Küsten Flanderns und an der französischen Atlantikküste werden die Marschen trockengelegt, Kanäle gezogen und Deiche gebaut.

Weitere interessante Informationen über das Leben der Bauern finden sich in dem Band von Pierre Miquel: So lebten sie zur Zeit der Ritter und Burgen. Tessloff, Nürnberg 1993.

Zum Weiterlesen: Neues Land wird urbar gemacht

Die schon im Altertum bekannte Wassermühle ist ein großer Fortschritt gegenüber der alten Handmühle. Doch die Mühle gehört nicht dem Müller, sondern dem Grundherrn, der sie bauen ließ und auf dessen Boden sie steht. Seit dem 12. Jahrhundert tauchen auch Windmühlen auf. Jeder Dorfbewohner muss sein Korn in der Mühle des Grundherrn mahlen lassen. Der Grundherr hat das Monopol für den Betrieb der Mühle und erhebt von den Bauern Gebühren für das Mahlen. Er lässt sogar die alten Handmühlen beschlagnahmen, damit niemand heimlich mahlen kann.

Die Urbarmacher benutzen beim Roden eine große Axt, die schwerer ist als das Beil. Die Äste werden mit der Hippe, einem sichelförmigen Messer, abgeschlagen, die Baumstümpfe mit Pferdegespannen ausgerissen. Das Unterholz wird abgebrannt.

Die Gemüsegärten retten die Bauern oft vor dem Verhungern. Es wird viel vitaminreicher Kohl angebaut. Man kennt drei Salatsorten, Karotten, Zwiebeln, Knoblauch und Petersilie, Schalotten, Kerbel und vor allem Erbsen, die mit Speck gekocht werden.

Heu ist im Mittelalter knapp und Sensen sind sehr teuer. Der Bauer behandelt sie sorgfältig und schärft sie mit dem Wetzstein. Wenn es nach einem trockenen Sommer nicht genug Heu gibt, muss das Vieh bereits im November geschlachtet werden. Es ist der „blutige Monat" auf dem Land.

Das Schaf ist ein besonders wertvolles Tier. Seine Wolle wird geschoren, gesponnen und verwebt. Man isst sein Fleisch und verwertet sein Fett. Aus den Därmen stellt man Saiten für Musikinstrumente her. Aus der Milch der Mutterschafe wird Käse gewonnen.

217

Werkstatt: Ernährung im Mittelalter

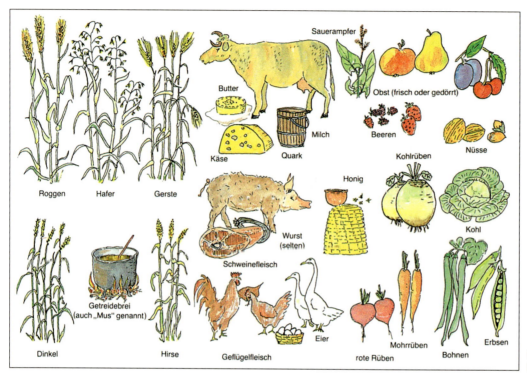

Nahrungsmittel im Mittelalter.

1. Was gab es zu essen?
Das könnt ihr ganz einfach herausfinden:
- Fasst die Nahrungsmittel in dem Schaubild in Gruppen zusammen.
- Nennt Möglichkeiten, die im Schaubild aufgeführten Nahrungsmittel haltbar zu machen, z. B. als Wintervorrat. Findet heraus, wie wir heute Nahrungsmittel haltbar machen.
- Fertigt eine Collage von den Nahrungsmitteln an, die ihr gern esst. Vergleicht mit dem Speiseplan des Mittelalters. Was fehlt? Welche Nahrungsmittel sind für uns heute noch von Bedeutung?
- Schlagt im Lexikon nach, woher die Kartoffel kam und seit wann sie in Europa Nahrungsmittel ist.

2. Jeden Tag „Mus"? – Guten Appetit!
Hauptnahrungsmittel der bäuerlichen Familie war der Getreidebrei, in einigen Gegenden auch „Mus" genannt. Wenn ihr wissen wollt, wie der Brei, den es fast jeden Tag gab, geschmeckt hat, dann kocht ihn nach dem folgenden Rezept:

Zutaten:
1,5 Liter Wasser
etwas Salz
1 Pfund Weizen
evtl. noch 2 Esslöffel Milch
2 Esslöffel Schweineschmalz

Vorbereitung:
Das Mehl wird aus dem vollen Weizenkorn hergestellt. Die Weizenkörner werden auf einem Backblech im Backofen gebräunt; dann werden sie z. B. in einer Kaffeemühle geschrotet; sie müssen aber noch kernig sein.

Zubereitung:
Wasser in einem Topf erwärmen, dann das Mehl langsam einstreuen und mit dem Schneebesen umrühren; auf kleiner Flamme eine gute Stunde langsam kochen lassen.
Wenn der Brei zu dick erscheint, etwas Wasser dazugeben. Immer wieder umrühren, damit nichts anbrennt.
Man kann an den fertigen Brei ein paar Esslöffel Milch geben, damit er etwas milder schmeckt.
Zum Schluss wird das Schmalz erhitzt und dazugegeben, wobei der Brei gerührt wird. Man kann auch mit dem Esslöffel ein paar Vertiefungen machen, damit das Schmalz hineinläuft.

Zusammenfassung

Das Leben in den Klöstern
Seit dem 5. Jahrhundert zogen sich in Europa Christen aus der Alltagswelt zurück, um in der Einsamkeit ihr Leben ganz Gott zu weihen. Manche von ihnen schlossen sich zusammen und gründeten Klöster. Der Tageslauf der Mönche und Nonnen vollzog sich in einer strengen Ordnung von Gebets- und Ruhezeiten. Durch die vielen Tätigkeiten der Mönche wurden die Klöster zu Mittelpunkten von Bildung, Wissenschaft, Landwirtschaft und Handwerk.
Seit dem 12. Jahrhundert gründeten die Zisterzienser im Norden Klöster. Sie waren stark an der kulturellen und wirtschaftlichen Entwicklung beteiligt.

Ausbildung des Ritterstands
Zu Beginn des 8. Jahrhunderts entwickelten die Franken eine neue Art der Kriegführung: das gepanzerte Reiterheer. Die teure Ausrüstung und das langwierige Erlernen des Waffenhandwerks machten den Beruf des Kriegers zu einer Vollzeitbeschäftigung. Ende des 11. Jahrhunderts hatte sich aus diesen Reiterkriegern ein eigener, abgeschlossener Stand gebildet. Die Ritter wurden mit einem Lehen versehen, das ihren Lebensunterhalt sicherte. Die Burg war ihr typischer Wohn- und zugleich Herrschaftssitz. Der Ritterstand besaß feste Vorstellungen davon, wie standesgemäßes Leben von Mann und Frau auszusehen hatte. Den Idealen der Treue und Gerechtigkeit sollte sich jeder Ritter verpflichtet fühlen, während die Frauen bereits im Mädchenalter auf ihre zukünftige Rolle als Dame des Hofes vorbereitet wurden.

Das Leben der Bauern
Im Mittelalter lebten die meisten Menschen auf dem Land. Um 800, zur Zeit Karls des Großen, gab es noch viele freie Bauern. Diese freien Bauern hatten jedoch die Pflicht, mit ihrem König in den Krieg zu ziehen. Da Karl der Große viele Kriege führte, konnten sich die Bauern nicht um ihr Land kümmern. Sie mussten es an einen Herrn übergeben, der ihre Kriegspflicht übernahm und ihr Grundherr wurde. Nun mussten die Bauern zwar nicht mehr in den Krieg ziehen, waren dafür jedoch zu Diensten oder Abgaben verpflichtet.
Das Leben der Bauern war hart und die Landwirtschaft warf kaum genug Erträge ab, um die eigene Familie am Leben zu erhalten. Durch neuartige Arbeitsgeräte und die Dreifelderwirtschaft setzte sich im Mittelalter aber allmählich eine effektivere Nutzung des landwirtschaftlichen Bodens durch.

529

Benedikt von Nursia gründet das Kloster auf dem Monte Cassino und verfasst die in Europa bestimmende Ordensregel für das klösterliche Leben.

Seit 700

Entstehung und gesellschaftlicher Aufstieg des Ritterstands

800–1000

Die Bauern werden von Grundherren abhängig und müssen Abgaben und/oder Frondienste leisten.

Seit 1100

Fortschritte in der Landwirtschaft

8. Städte im Mittelalter

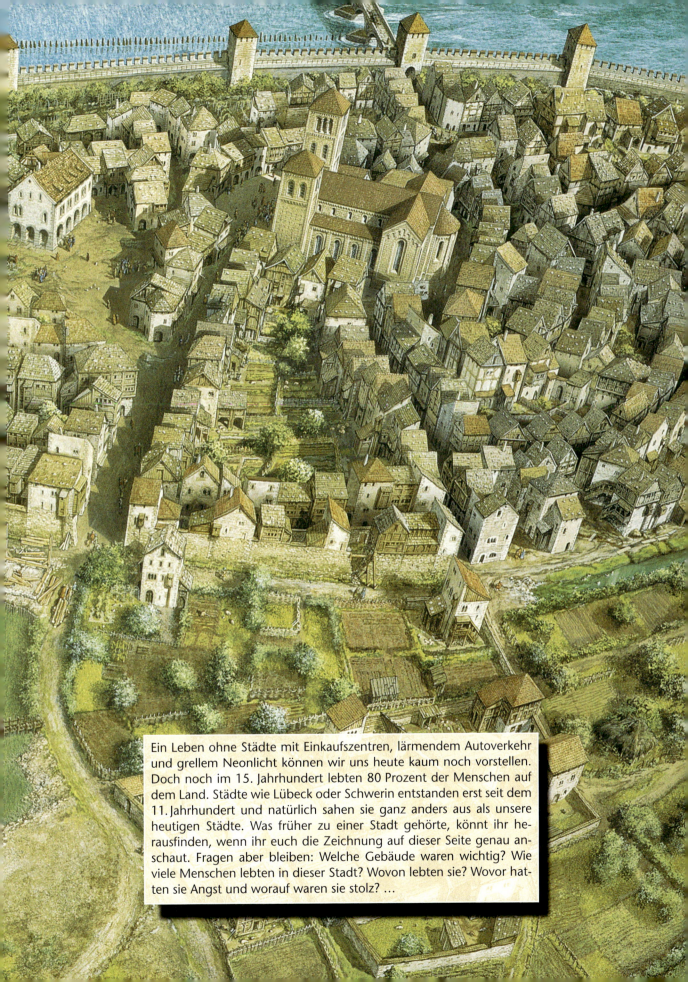

Ein Leben ohne Städte mit Einkaufszentren, lärmendem Autoverkehr und grellem Neonlicht können wir uns heute kaum noch vorstellen. Doch noch im 15. Jahrhundert lebten 80 Prozent der Menschen auf dem Land. Städte wie Lübeck oder Schwerin entstanden erst seit dem 11. Jahrhundert und natürlich sahen sie ganz anders aus als unsere heutigen Städte. Was früher zu einer Stadt gehörte, könnt ihr herausfinden, wenn ihr euch die Zeichnung auf dieser Seite genau anschaut. Fragen aber bleiben: Welche Gebäude waren wichtig? Wie viele Menschen lebten in dieser Stadt? Wovon lebten sie? Wovor hatten sie Angst und worauf waren sie stolz? ...

Alltag in einer mittelalterlichen Stadt

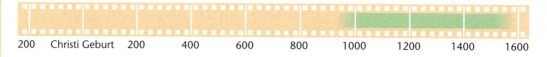

Über das Leben in einer mittelalterlichen Stadt könnt ihr euch u. a. in folgenden **Museen** informieren:
- Museum für Hamburgische Geschichte
- Holstentormuseum Lübeck
- Schloss Gottorf
- Stadtgeschichtsmuseum Schwerin

Stadtmauer*:
Bei feindlichen Angriffen besetzten und verteidigten die Bürger die Tore und die Stadtmauer. Für ihren Bau und den Erhalt erhob der Rat der Stadt eine Steuer. Da Steine sehr teuer waren, begnügten sich viele Städte mit dem Bau eines Stadtgrabens und mit Wallanlagen, die aus Erde und Holz bestanden.

Ab 1240 legt man in **Hamburg** eine neue Stadtbefestigung an mit Mauern, Gräben und Toren, die heute noch in manchen Straßennamen fortleben (Lange Mühren, Kurze Mühren, Steintor u. a.).

Nordertor in Flensburg. Foto, 2001.

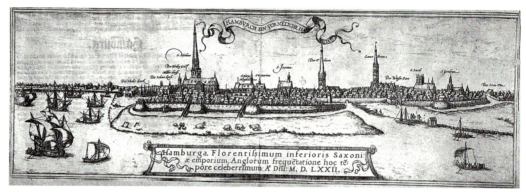

1 Ansicht von Hamburg. Kupferstich, 1572.

Ein Besuch in der Stadt

Im Mittelalter gab es im Deutschen Reich rund 4000 Städte. Sie reichten von mächtigen Reichsstädten wie Hamburg, Bremen und Köln bis hin zu den kleinsten Residenzstädtchen. Nur etwa zwanzig Prozent der Bevölkerung lebten innerhalb der Stadtmauern*.

Die im 12. Jahrhundert direkt an der Elbe gegründete Stadt Lauenburg ist typisch für die zahlreichen kleinen historischen Städte, die in Schleswig-Holstein und Mecklenburg-Vorpommern anzutreffen sind. Lauenburg lebte im Mittelalter von der Schifffahrt. Der Mittelpunkt der Stadt waren das Rathaus, die Kirche und der Markt, die sich nebeneinander befanden. In einer heutigen Erzählung heißt es über den Alltag damals:

M Heute ist Markttag. Die Bauern der umliegenden Dörfer kommen nach Lauenburg, um ihre Waren zu verkaufen. Mit Pferdewagen rumpeln sie über das Kopfsteinpflaster der Elbstraße, bis sie beim Markt angelangt sind. Dort laden sie ihre Körbe mit Gemüse, Eiern, Geflügel, Äpfeln und Birnen ab.
Aus dem Rathaus hat der Stadtbüttel Ammann gerade den roten Wimpel herausgehängt. Solange der Wimpel weht, dürfen auch stadtfremde Bauern und Händler ihre Waren anbieten. An der Rathaustreppe stellt Büttel Ammann einen Tisch auf. Hier soll er nun als Marktrichter sitzen. Er hat eine Waage und eine eiserne Elle dabei. Damit kann jeder prüfen, ob richtig gewogen und gemessen wurde.
Bäcker Brandt aus Artlenburg hat seinen Stand mit feinen Broten und leckeren, süßen Kringeln aufgebaut. Gleich nebenan stellt Töpfer Wallert vorsichtig seine Krüge, Töpfe und Schüsseln auf eine Decke. Er muss aufpassen, dass umherlaufenden Tiere seine Waren nicht zerstören.
Auch Reepschläger (Seiler), Schlachter, Korbmacher und ein Scherenschleifer sind da. Heute sollen sogar ein Gaukler und Musikanten kommen.
Der Junge, Franz Böttcher, freut sich, dass er heute mit den Mägden Lina und Stine zum Markt darf. Er soll ihnen beim Tragen helfen. Zuerst kaufen sie beim Bauern vier schöne Kohlköpfe und einige Äpfel. Franz findet die Musikanten lustig, weil sie so bunt angezogen sind. Nun brauchen sie noch Brot von Bäcker Brandt. Lina legt acht Brote in den Korb. Stine kommt hinzu und nimmt ein Brot prüfend in die Hand. Es sieht lecker und knusprig aus, doch halt – es kommt ihr seltsam leicht vor. Stine geht schnurstracks mit dem Brot in der Hand zu Ammann, dem Marktrichter. „Das Brot ist viel zu leicht!", ruft sie erbost. Marktrichter Amman legt das Brot in die Waagschale und sagt: „Das haben wir gleich!" Und tatsächlich stellt er fest, dass

Alltag in einer mittelalterlichen Stadt

Holstentor zu Lübeck mit schlafendem Löwen. Foto, 2000.

2 Alltag in der Torstraße 1476. Buchillustration einer mittelalterlichen Straßenansicht.

Bäcker Brandt wirklich ein zu leichtes Brot verkauft hat. Ammann läuft zu ihm. Er nimmt alle Brote und bringt sie zu seiner Gerichtswaage. Alle Brote sind zu leicht! Diese unerhörte Neuigkeit verbreitet sich wie ein Lauffeuer über den gesamten Markt.
Büttel Ammann waltet seines Amtes. Er verurteilt Bäcker Brandt an Ort und Stelle, für den Rest des Markttages am Pranger zu stehen. Weiß wie die Wand lässt der Bäcker sich abführen. Die aufgebrachte Menge begleitet ihn mit lauten Schmährufen zum Pranger, wo er angekettet wird. Jetzt darf ihn jeder anspucken und mit faulen Eiern bewerfen. Franz hat sogar ein bisschen Mitleid mit ihm. Nach diesem aufregenden Erlebnis tragen Franz, Stine und Lina ihre schweren Körbe nach Hause. Sie haben zu ihren leichten Broten drei weitere dazubekommen.

3 Der Pranger in Lauenburg. Foto, 2002.

Straßenbeleuchtung wurde in deutschen Städten frühestens im 18., oft erst im 19. Jahrhundert eingeführt. Zuvor behalfen sich die Stadtbewohner bei Einbruch der Dunkelheit mit Fackeln, Kerzen und Laternen.

Über die Trostbrücke wurden die Verurteilten zur Hinrichtung geführt. Foto.

1 Nennt mithilfe der Abbildungen und des Textes Merkmale, durch die sich damals eine Stadt von einem Dorf unterschied.
2 Übertragt die Geschichte in M auf heute.

Von der Siedlung zur Stadt

Einwohnerzahlen europäischer Städte um 1300:

Paris	300 000
Florenz	100 000
Venedig	100 000
Brügge	50 000
Köln	30 000
Lübeck	25 000
Straßburg	20 000
Danzig	20 000
Rostock	20 000
Hamburg	18 000
Mainz	6 000

Der Domplatz südlich der Petrikirche ist der Standort der Keimzelle Hamburgs, der **Hammaburg**, die zwischen 810 und 832 als Brückenkopf des Frankenreichs in Form eines Ringwalls von ca. 120 Meter Durchmesser entstanden ist (siehe S. 226).

Kastell*: burgartige Befestigungsanlage.

Stadtrecht: Entscheidend für eine Stadt war die Verleihung der Stadtrechte durch einen Landesherrn. Die Stadtrechte ermöglichten den Bewohnern der Stadt, sich selbst zu verwalten und ein eigenständiges Wirtschaftsleben zu führen. Die Stadt stellte somit eine für die Bürger unmittelbare Obrigkeit im Machtbereich des Landesherrn dar.

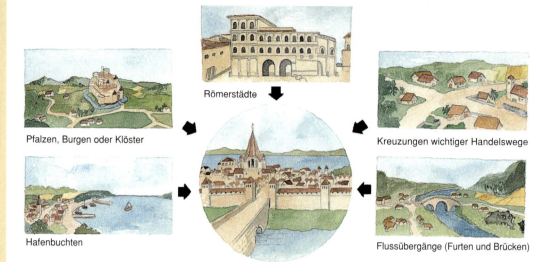

1 Voraussetzungen für die Stadtentwicklung.

Städte entwickeln sich

Ein Wissenschaftler schrieb über die Entstehung von Städten im Mittelalter:

M … Die ältesten Städte auf deutschem Boden sind römischen Ursprungs. Dort, wo die Römer an Rhein und Donau ihre Kastelle* und Niederlassungen angelegt hatten, wuchsen auch die ältesten stadtartigen Siedlungen, in denen Soldaten und Kaufleute wohnten. In den Zeiten der Völkerwanderung wurden sie zerstört und geplündert. In der Zeit der fränkischen Könige aber, also im 8. und 9. Jahrhundert, ließen sich hier Grafen und die Bischöfe nieder. Sie fanden in Kriegszeiten Schutz hinter den starken alten römischen Mauern.

Solche sicheren Plätze waren auch den Kaufleuten sehr willkommen. Sie schlossen sich zusammen in Niederlassungen, nahe genug an der Burg des Grafen oder Bischofs um sicheren Schutz zu haben. …

Bevorzugt wurden von den Kaufleuten insbesondere Niederlassungen an wichtigen Handelsstraßen, an Flussübergängen und Hafenbuchten, denn hier waren Verkehrsknotenpunkte und meist bestanden auch schon kleine Siedlungen.

Über die Entstehung der Stadt Brügge im heutigen Belgien heißt es in einem Bericht aus dem 9. Jahrhundert:

Q1 … Vor dem Burgtor, an der Brücke, sammelten sich allmählich Gewerbetreibende, um für die zu arbeiten, die in der Burg wohnten. Außer Kaufleuten, die alles Mögliche feilboten, gab es Schank- und Gastwirte. Sie machten es sich zur Aufgabe, diejenigen, die beim Grafen zu tun hatten, zu beköstigen und zu beherbergen. Mit der Zeit begannen die Zuzügler Häuser zu bauen und sich wohnlich einzurichten; dort fanden alle Aufnahme, die nicht in der Burg selbst wohnen konnten. Die Siedlung wuchs, sodass in kurzer Zeit ein großer Ort entstand. …

So wie hier bei Brügge entstanden auch an vielen anderen Orten zunächst kleine Siedlungen, die sich allmählich zu Städten entwickelten.

1 *Erklärt mithilfe der Abbildung 1 die Voraussetzungen für die Entstehung von Städten.*

Städteboom in ganz Europa

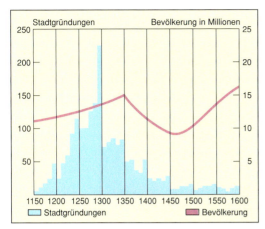

2 Stadtgründungen und Bevölkerungsentwicklung in Mitteleuropa von 1150 bis 1600.

Städte werden planmäßig gegründet

Jede Stadt hatte einen Stadtherrn. Das war meistens ein Graf, Herzog oder Bischof, auf dessen Grund und Boden die Stadt stand. Er sorgte für einen geordneten Handel in der Stadt und auf dem Markt, indem er Maße und Gewichte festsetzen und die Einhaltung aller Vorschriften überwachen ließ. Von den Kaufleuten und Händlern zog er dafür Zölle und Marktgebühren ein. Viele Landesherren gingen dazu über, planmäßig neue Städte zu gründen. Mit jeder neuen Stadt festigten sie ihre Herrschaft, zumal die Städte auch unentbehrliche Einnahmequellen waren.

Eine wichtige Rolle spielte dabei die jeweilige rechtliche Grundlage, das so genannte Stadtrecht. Berlin hatte sein Stadtrecht von Brandenburg erhalten. Es entsprach im Wesentlichen dem Magdeburger Stadtrecht. Die spätere Stadtgründung Frankfurt an der Oder erhielt 1253 wiederum Berliner Stadtrecht. Auf diese Weise entstand eine Art Stadtrechtsfamilie, in der die Berliner Stadtverfassung überliefert wurde, obwohl ihre Originalniederschrift verloren gegangen ist:

Q2 Wir, Johann, von Gottes Gnaden Markgraf von Brandenburg, tun kund, ... dass wir Unserem Lehnsmann Gottfried von Herzberg das Recht gegeben haben, die Stadt Frankfurt anzulegen, mit der Bestimmung, dass ein Drittel aller Abgaben auf Baugrundstücken und (Ackerland) ihm gehören soll, ebenso ein Drittel der Einkünfte aus dem Stadtgericht.

Wir weisen der Stadt Weide- und Ackerland zu. Wenn nun die sieben steuerfreien Jahre zu Ende sind, die wir der Stadt zugestanden haben, soll sich diese desselben Rechts erfreuen wie unsere Stadt Berlin.

Weiter sollen in der Stadt Käufer und Verkäufer keinerlei Marktsteuern zahlen. Für alle Großhandelswaren muss der übliche Zoll gezahlt werden. Von jedem Verkaufsstand haben wir uns eine festliegende Abgabe ausbedungen, wovon der ... Schultheiß* auch ein Drittel haben soll.

Ein Brückenzoll wird festgelegt.

Der Schultheiß* soll zwei Mühlen haben (und den Gewinn daraus ziehen). ...

2 Mithilfe der Gründungsurkunde könnt ihr diese Fragen beantworten: Wer ist der Stadtgründer und damit Stadtherr? Welche Bürger interessieren den Stadtherrn? Wie versucht er sie für die Ansiedlung in der Stadt zu gewinnen?

3 Rolandsstatue* in Wedel. Foto, 2002.

Schultheiß*:
hier: Bürgermeister.

Lübisches Recht:
das Stadtrecht der Stadt Lübeck. Es wurde auf ca. 100 Städte im Ostseeraum übertragen. Wesentliches Merkmal des Lübischen Rechts war die relativ starke Stellung des Rates gegenüber der Bürgerschaft. Das Lübische Recht war im Wesentlichen ein Gewohnheitsrecht und wurde erst im 16. Jahrhundert schriftlich niedergelegt. Es hatte im Grunde bis zur Einführung des Bürgerlichen Gesetzbuches (BGB) im Jahr 1900 Geltung.

1229:
Gründung der Stadt Wismar.

1238:
Stadtrecht für Itzehoe und Oldesloe.

Roland/Rolandsstatuen*:
Die Figur des Rolands mit Schild und Schwert war Zeichen des besonderen städtischen Rechts, zu dem die Handelsfreiheiten und der Marktfrieden gehörten.

225

Geschichte vor Ort: Die Anfänge Hamburgs

1 Modell der Hammaburg im 9. Jahrhundert. Foto.

2 Modell der Hammaburg im 11. Jahrhundert. Foto.

Übergang über die Alster

Grabungen von Archäologen haben ergeben, dass schon in der Steinzeit das Gebiet der heutigen Innenstadt bewohnt war, denn es hatte eine günstige Lage. Auf dem uralten Höhenweg von Lauenburg und Bergedorf nach Westen gab es an der Einmündung der Alster in die flache Elbniederung einen relativ bequemen Übergang über die Alster. Der Alsterübergang liegt noch heute beim Großen Burstah. Die nächstgelegene Elbfurt befand sich damals elbaufwärts bei Artlenburg.

Die Hammaburg

Archäologische Forschungen, die im Bereich des ehemaligen Domplatzes durchgeführt wurden, haben erwiesen, dass die Siedlungsgeschichte dieses Areals sich mindestens bis in das 7. Jahrhundert zurückverfolgen lässt. Zu dieser Zeit wurde von den Sachsen eine Befestigungsanlage errichtet, die aus zwei parallel verlaufenden Gräben bestand und ein Gebiet von 55 Meter Durchmesser sicherte. Dieses befestigte sächsische Dorf mit Namen Hamm (altsächsisch für „Gelände am Fluss") stand auf dem Gebiet, das heute von der Domstraße, Curienstraße,

Geschichte vor Ort: Die Anfänge Hamburgs

Schopenstehl und Altem Fischmarkt umschlossen wird.
Die Anfänge der Stadt Hamburg reichen gesichert bis in die Zeit um 830 zurück. Zu diesem Zeitpunkt wurde auf dem zwischen Bille und Alster liegenden Geesthügel von den Franken nach ihrem Sieg über die Sachsen die „Hammaburg" errichtet, die gleichzeitig Missionsstützpunkt und Befestigungsanlage an der Grenze des fränkischen Reiches war. Die Keimzelle der Stadt Hamburg liegt also gut 1,5 Kilometer von der Elbe entfernt an der Alster!
Im Jahr 831 gründete Kaiser Ludwig der Fromme das Bistum Hamburg. Im folgenden Jahr wurde es vom Papst zum Erzbistum erhoben.

Erste Handelssiedlung
Unterhalb und westlich der Hammaburg mit ihren ca. 50 Bewohnern wurden Reste einer Hafenanlage mit hölzernen Kaimauern, mit Hafentreppe, Handwerker-, Wohn- und Speicherhäusern ausgegraben. Westlich der Hammaburg hatten sich vor allem Kaufleute sowie Handwerker und Fischer niedergelassen. Viel mehr als 200 Personen werden hier aber zunächst nicht gewohnt haben. Den Hafen bildete ein kleines Gewässer, das spätere, 1877 zugeschüttete Reichenstraßenfleet.

Wikingerüberfall 845
Im Sommer 845 wurden die Burg und die Handelssiedlung von Wikingern überfallen und zerstört. Daraufhin wurde das Erzbistum Hamburg mit dem Bistum Bremen vereinigt, der Hauptsitz war in Bremen. Außer dem Erzbischof gab es im Bereich der Hammaburg noch einen Vertreter des fränkischen Königs, der sich mit dem Erzbischof die Herrschaft über Hamburg teilte. Sie ar-

3 Der Freibrief Kaiser Friedrich Barbarossas für Hamburg vom 7. Mai 1189 in der um 1265 entstandenen Nachahmung. Der 7. Mai gilt seitdem als Hafengeburtstag. Foto.

beiteten zunächst gut zusammen, auch nachdem 915 und 983 die Slawen den allmählich wachsenden Ort zerstört hatten. Erst ab 1100 konnte die Gefahr durch die Slawen eingedämmt werden, weil Ostholstein immer stärker von Einwanderern aus dem Deutschen Reich besiedelt wurde, wodurch die Slawen zurückgedrängt wurden. So verlor Hamburg den Charakter eines immer wieder gefährdeten Grenzortes.

Hamburg im Aufschwung
Um 1050 zählte Hamburg ca. 800 Einwohner, etwa die Hälfte davon waren Geistliche. Der Handel entwickelte sich gut. 1188 wurde von Adolf III., dem Landesherrn für Hamburg, die Neustadt gegründet. Ferner verschaffte er der Stadt eine Reihe wichtiger Privilegien. So gewährte Kaiser Friedrich Barbarossa 1189 auf Veranlassung von Adolf III. den Kaufleuten den freien Handelsverkehr und Zollfreiheit auf der Elbe bis zur Mündung. Vor allem die Zollfreiheit begünstigte Hamburgs Aufstieg als Handelsstadt und erlaubten es ihr, die Freiheit ihrer Schiffe mit Hamburger Kaufmannsgütern vom Elbzoll zu bewahren. Nur Schiffe, die nicht Hamburger Kaufleuten gehörende Güter beförderten, mussten danach in Stade eine Abgabe entrichten.

1 Berichtet über die Entstehung Hamburgs.
2 Beschreibt die Abbbildungen 1 u. 2.
3 Vergleicht die beiden Abbildungen.
4 Erläutert, welche Gründe für eine Stadtentwicklung gerade an diesem Ort sprachen.
5 Plant einen Besuch im Museum für Hamburgische Geschichte und besichtigt dort die beiden Modelle (Abb. 1 u. 2).
6 Erstellt eine Wandzeitung über die ersten Jahrhunderte Hamburgs.

Städte erkämpfen ihre Freiheit

Lübecks Stadtsiegel mit der Hansekogge aus dem 12. Jahrhundert. Foto.

Hamburgs Stadtsiegel um 1290. Foto.

1 **Vor dem Stadtherrn, einem Bischof, und seinen Beratern erscheinen ein Bürger, ein Bauer und ein Patrizier.** Buchmalerei, um 1500.

2 **Ein Patrizier mit seiner Familie.** Gemälde von Jean Bourdichon (etwa 1457–1521).

Leipziger Patrizier in der Kleidung des 16. Jahrhunderts.

Kampf der Bürger gegen ihre Stadtherrn

Wie die Bauern auf dem Land einem Grundherrn unterstanden, so unterstanden anfangs auch die Stadtbewohner ihrem Stadtherrn. Im Lauf der Jahrhunderte wurden die Städte aber immer größer und mit der Größe einer Stadt wuchs auch das Selbstbewusstsein ihrer Bürger. Vor allem die Kaufleute, die es zu beachtlichem Wohlstand gebracht hatten, wollten sich nicht länger von ihrem Stadtherrn bevormunden lassen. Voller Stolz nannten sie sich in vielen Städten selber Patrizier, ebenbürtig den Adligen.

Zu den Freiheiten, die die Patrizier anstrebten, gehörten neben einer eigenen Gerichtsbarkeit und Verwaltung vor allem Handelsprivilegien wie Zollfreiheit, Messeprivilegien sowie das Münz- und Stapelrecht. In einigen Städten widersetzten sie sich immer mehr den Anordnungen des Stadtherrn. Es kam zu langjährigen bewaffneten Auseinandersetzungen. In anderen Städten kauften die Bürger ihrem Stadtherrn ein Recht nach dem anderen ab. In einer erfundenen Erzählung heißt es:

M … Stadtherr war Graf Bernhard. Von den reichen Kaufleuten seiner Stadt borgte er immer wieder Geld: Er wollte für seine Tochter eine teure Aussteuer kaufen. Er nahm an einem prunkvollen Turnier teil. Er schuldete einem Mailänder Händler eine größere Summe. Er begleitete den König zur Kaiserkrönung nach Rom. – Die Kaufleute gaben ihm das Geld. Sie verlangten aber jedes Mal, dass der Graf ihnen bestimmte Rechte überließ. Eines Tages hatten sie ihr Ziel erreicht. Im großen Rathaussaal legten die versammelten Bürger dem Grafen eine Urkunde vor. Darin stand: „Ich schwöre den Bürgern der Stadt für immer und ewig alle Freiheiten zu gewähren." Der Graf schwor und unterschrieb. …

Die Stadtbewohner: frei, aber nicht gleich

3 Eine Handwerkerfamilie. Gemälde von Jean Bourdichon (etwa 1457–1521).

4 Tagelöhner mit seiner Frau. Gemälde von Jean Bourdichon (etwa 1457–1521).

Bettlerfamilie auf dem Weg zur Stadt. Holzschnitt, 1510.

Denkmal von Bischof Ansgar, dem Ebgründer des Doms und damit der Altstadt. Foto, 2004.

Denkmal von Graf Adolf III., dem Begründer der Neustadt. Foto, 2004.

1 Spielt folgende Szene: Der Graf bittet die Landsleute, ihm Geld zu leihen. Die Kaufleute beraten, was sie ihrem Stadtherrn antworten sollen.

Die Bevölkerung in den Städten ist nicht gleich

Am Ende des 12. Jahrhunderts hatten fast alle Stadtherren ihre Rechte an die Bürger abgetreten. Jetzt wurden die Städte von den mächtigen und angesehenen Kaufleuten, den Patriziern, regiert, die es durch ihren Fernhandel zu großem Wohlstand gebracht hatten. Die Patrizier wählten aus ihren Reihen die Ratsherren und stellten auch den Bürgermeister. Der Rat setzte die Steuern fest, zog die Zölle ein und entschied, für welche Maßnahmen diese Gelder verwendet werden sollten. Ebenso setzte der Rat Löhne und Preise fest und die Zeiten für das Öffnen und Schließen der Stadttore. Er bestimmte sogar, wie lange Familienfeste und Hochzeitsfeiern dauern durften. Die Patrizier zählten sich in der Stadt zum ersten Stand. Ihre prächtigen Häuser standen um den Marktplatz im Zentrum der Stadt.

In den anschließenden Straßenzügen wohnten Handwerker und Krämer sowie die Mitglieder eines Gewerbes häufig zusammen in der gleichen Straße. Sie bildeten die Mittelschicht. Unter ihnen gab es Wohlhabende wie z. B. die Goldschmiede, aber auch Ärmere wie etwa die Leineweber.

Nicht zu den Bürgern zählten die Juden (vgl. S. 234/235) sowie die Angehörigen der Unterschicht. Sie wurden lediglich als „Stadtbewohner" bezeichnet. Dazu gehörten Mägde, Gesellen, Lehrlinge, Bettler, Krüppel, Arme, Außenseiter sowie die „unehrlichen" Berufe wie z. B. Henker und Totengräber.

2 Beschreibt mithilfe der Abbildungen 2–4 die Lebensbedingungen von Patriziern, Handwerkern und den Angehörigen der Unterschicht.

Stadtmauer:
Ein Ausdruck der städtischen Selbstständigkeit war die Stadtmauer. Diese diente nicht nur zur militärischen Verteidigung gegen angreifende Heere, sondern auch sonst zur Sicherung der Stadt. Die Stadttore wurden abends geschlossen und bewacht. Der Zutritt zum Stadtgebiet wurde somit strengstens kontrolliert.

Schwertgroschen.
Leipzig, 1457.
Seit Mitte des 14. Jahrhunderts wurden in Freiberg, Dresden und Leipzig Münzen unter der Aufsicht landesherrlicher Münzmeister geprägt.

Die Mark:
Als alte Gewichts- und Rechnungseinheit ist die Mark seit dem 11. Jahrhundert in Deutschland bekannt. Die Kölner Mark wog 234 Gramm und war von 1524 das Münzgrundgewicht – heute würde man Leitwährung sagen. 1876 wurde mit der Goldmark die Unterteilung in 100 Pfennige eingeführt. 1948 wurde die Deutsche Mark (DM) Rechnungseinheit. Falschmünzerei wurde im Mittelalter mit dem Tod bestraft.

Handwerkliche Produkte aus dem mittelalterlichen Hamburg. Foto.

Die Bevölkerung in den Städten

1 Die Ehefrau führt für ihren Mann, der Geldwechsler ist, die Bücher. Gemälde, 1538.

Die Kaufleute

In jeder Stadt gab es die Kleinhändler, Krämer genannt, die die Waren des täglichen Bedarfs anboten. Auch die umliegenden Dörfer wurden von ihnen mitversorgt. Hoch angesehen waren jene Kaufleute, die im Fernhandel tätig waren. Oft waren sie wochen- oder monatelang unterwegs, um ihre Waren in Frankreich oder Italien anzubieten. Wenn sie von dort nach Hause zurückkehrten, brachten sie kostbare Tuche mit, aber auch orientalische Gewürze, Weine vom Mittelmeer, Parfüm oder Südfrüchte. Auch viele fremde Kaufleute kamen in die Städte, um ihre Waren anzubieten. Auf der Ratswaage mussten sie ihre Güter wiegen und kontrollieren lassen sowie Zölle und Schutzgelder entrichten. Außerdem waren selbst durchreisende Händler gezwungen, einen Teil ihrer Ware in der Stadt zu verkaufen. Alle Kaufleute wollten für ihre Gegenstände natürlich auch „gutes Geld". Da fast jede Stadt ihre eigene Währung hatte, wurde der Wert des Geldes nach der Menge an Silber oder Gold berechnet, das in jeder Münze eingeschmolzen war.

1 Erklärt mithilfe der Abbildung 1, wie der Wert einer Münze festgestellt wurde.

Gilden und Handelsniederlassungen

In den großen Fernhandelsstädten schlossen sich die Kaufleute in Gilden zusammen, um den Handel erfolgreich durchführen zu können. Die Gilden vertraten auch die Interessen ihrer Mitglieder vor dem Rat der Stadt. Als die Städte immer größer wurden und der Handel immer mehr zunahm, konnten die Fernhandelskaufleute nicht mehr selbst ihre zahlreichen Warentransporte begleiten. Fuhrleute brachten jetzt die Güter, die vorher durch Boten bestellt und bezahlt worden waren. Mächtige Kaufmannsfamilien, wie z. B. die Fugger in Augsburg, errichteten in vielen Städten eigene Niederlassungen: die Handelskontore. So konnten vor Ort die besten Einkaufs- und Verkaufsmöglichkeiten erkundet werden. Wie reich man durch den Handel werden konnte, zeigt das Testament eines Kaufmanns aus Regensburg:

Q … Ich vermache meiner Frau Agnes 1600 Pfund Silber, meinen Töchtern Katrin und Anne je 200 Pfund, meinen vier Söhnen Hans, Matthäus, Wolfgang und Jörg mein Wohnhaus, meine zwei Badstuben, mein Brauhaus und meine übrigen Höfe und Häuseranteile in Stadt und Umgebung. …

Kaufleute, Handwerker und Zünfte

Ein Schmied an seinem „mittelalterlichen" Arbeitsplatz. Foto, 2002.

2 **Bäuerliches Ehepaar beim Schuster.** Holzschnitt, 16. Jahrhundert.

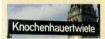

Straßenname in der Hamburger Altstadt. Foto, 2004.

Zunftwappen:

Müller

Fleischer

Maler

Schuster

Einem Pfund Silber entsprachen etwa 480 Pfennige. Es kosteten damals: ein Huhn ungefähr 2–3 Pfennige, ein Pfund Butter 2 Pfennige und 100 kg Gerste etwa 44 Pfennige.

Die Handwerker

Die Handwerker stellten in den Städten den größten Teil der Stadtbevölkerung. In Leipzig beispielsweise wurden um 1500 bereits 155 verschiedene gewerbliche Berufe ausgeübt, besonders in der Textilherstellung und in der Verarbeitung von Metall und Leder. Doch auch innerhalb des Handwerks gab es eine Kluft zwischen Arm und Reich. Die Leineweber beispielsweise galten als sehr arme Handwerker und auch die Wollweber und Tuchmacher waren nicht reich.

Die Aufgaben der Zünfte

Zur Verteidigung gemeinsamer Interessen schlossen sich die Handwerker seit dem 12. Jahrhundert zu Zünften zusammen. Jedes Handwerk hatte seine eigene Zunft. Jede Zunft
- erließ feste Regeln zur Ausbildung;
- setzte die Zahl der Lehrlinge und Gesellen für jeden Betrieb fest;
- überwachte die Qualität der Produkte und die Einhaltung der vorgeschriebenen Preise;
- schrieb den Mitgliedern genau vor, wie viel Ware sie produzieren durften;
- schlichtete Streitigkeiten der Zunftmitglieder untereinander.

Die Vorschriften waren für alle verbindlich. „Schaumeister" überwachten die Zunftgenossen. Pfuschern, d. h. Handwerkern, die nicht Mitglied waren, „legten sie das Handwerk". Minderwertige Erzeugnisse wurden eingezogen und die Hersteller bestraft.
In Hamburg wurden die Zünfte „Ämter" genannt. Aufnahme konnte nur finden, wer das Bürgerrecht besaß. Um das zu bekommen, musste man den Bürgereid leisten und sich damit zu regelmäßiger Steuerzahlung und zum finanziell aufwendigen Wehrdienst für die Stadtverteidigung verpflichten.

2 *Besprecht, welches Ziel die einzelnen Zunftordnungen hatten.*

3 *Erklärt folgende Behauptung: Die Zunftmitglieder wollten nicht Reichtum, sondern Sicherheit.*

Die enge Verbundenheit der Zunftmitglieder zeigte sich auch im alltäglichen Leben. An den Stadt- und Kirchenfesten nahm man gemeinsam teil. Kranke und arme Mitglieder wurden unterstützt und gemeinsam sorgte man für Witwen und Waisen verstorbener Zunftgenossen. Auch an der Verteidigung der Stadt waren die Zünfte beteiligt. Jede Zunft hatte ein bestimmtes Stück der Stadtmauer zu verteidigen.

4 *Sucht auf einem Stadtplan Straßennamen, die an mittelalterliches Handwerk erinnern. Wo liegen diese Straßen?*

Die Frauen in der Stadt

Das Nikolaifleet mit den Resten des alten Hamburg. Foto, 2004.

Krämerinnen und *Hökerinnen* mussten ihre Ware an fliegenden Ständen verkaufen und suchten sich Nischen auf den Märkten.

1 **Eine Stadtbürgerin bei der Hausarbeit.** Szenenfoto aus dem Film „Stadt im Wandel", 1985.

Frauen in Handwerk und Handel

Neben den Handwerksmeistern gab es selbstständige Meisterinnen wie Fleischerinnen, Bäckerinnen, Fassbinderinnen oder Gerberinnen. Fast immer handelte es sich dabei um Witwen, die nach dem Tod ihres Mannes die Werkstatt leiteten. Von den Zünften erhielten diese Frauen meist den Auftrag, einen erfahrenen Gesellen einzustellen, der der Zunft angehörte. Eine wichtige Rolle spielten Frauen im Handel. Eine heutige Wissenschaftlerin schreibt:

M ... In erstaunlichem Umfang waren Frauen am Groß- und Fernhandel beteiligt. Möglich war dies nur, weil die Frau seit dem 13. Jahrhundert als voll geschäftsfähig galt. Sie konnte eigenständig Geschäfte tätigen, Prozesse führen, über ihr Eigentum testamentarisch verfügen und haftete bei Schulden oder Konkurs. Frauen führten die Bücher, vertraten den Mann in Zeiten der Abwesenheit oder wenn dieser durch städtische Ämter belastet war. Sie besuchten Märkte und Messen, unternahmen Handelsreisen. ...

Er verdient – sie führt das Haus: Männer- und Frauenrollen im Mittelalter

Die meisten Frauen heirateten im Alter zwischen 18 und 22 Jahren, manche waren auch jünger. Die Hausfrau hatte selbstständig für den manchmal recht großen Haushalt zu sorgen. Neben Eltern, Großeltern und Kindern konnten dazu auch die unverheirateten Verwandten sowie Knechte und Mägde zählen. Überarbeitet und von den vielen Schwangerschaften erschöpft, überlebten viele Frauen die Geburt eines Kindes nicht. So kam es vor, dass viele Männer dreimal und mehr heirateten und die Kinder nacheinander bei verschiedenen „Stiefmüttern" aufwuchsen.

2 **Kauffrau in ihrer Schreibkammer.** Holzschnitt.

Familien und Kinder

3 **Eine Geburt.** Darstellung auf einer Altartafel, 1481.

4 **Mittelalterliche Stube einer Kaufmannsfamilie.** Holzschnitt, 15. Jahrhundert.

Sorgfältige Kinderpflege. Damit der Säugling nicht in die Wanne rutschen und ertrinken konnte, wurde er mit einem Band festgebunden. Kupferstich, 15. Jahrhundert.

Kinderspielzeug:

Holzpuppe, 13./14. Jahrhundert

Dreirad

Drachen

Im Mittelalter gab es zahlreiche „Hausbücher". In ihnen wurden die Aufgabenbereiche von Männern und Frauen genauer beschrieben. In einem Hausbuch 1393 lässt der unbekannte Verfasser einen über 60-jährigen Ehemann zu seiner 15-jährigen Ehefrau sagen:

Q ... Pflegt euren Ehemann sorgsam und bitte haltet ihn in sauberer Wäsche, denn das ist eure Aufgabe.
Und weil die Sorge für die Geschäfte draußen Männersache ist, muss der Ehemann ... hierhin und dorthin reisen, bei Regen, Wind und Schnee, schlecht verpflegt, schlecht untergebracht, schlecht gewärmt und schlecht gebettet. Und alles macht ihm nichts aus, denn ihn tröstet die Hoffnung auf die Fürsorge seiner Frau, wenn er zurückkommt, und auf die Gemütlichkeit, ... die sie ihm bereitet: die Schuhe beim warmen Feuer anziehen, die Füße waschen lassen, frische Schuhe und Strümpfe anziehen, gutes Essen und Trinken vorgesetzt bekommen, schön bedient und versorgt werden. ...

1 *Beschreibt die Rollenverteilung von Männern und Frauen, wie sie hier geschildert wird.*

Frau und Familie

Kinder wurden zu Hause geboren. Zehn, aber auch vierzehn oder sechzehn Kinder im Verlauf einer Ehe waren keine Seltenheit. Mangelnde Hygiene und für uns heute harmlose Kinderkrankheiten führten dazu, dass in der Regel die Hälfte oder mehr aller Kinder starben, bevor sie das 14. Lebensjahr erreicht hatten.
Bis zum Alter von sechs Jahren trugen Jungen und Mädchen die gleiche Kleidung, spielten zusammen und wuchsen zusammen auf. Erst dann entschied es sich, ob Jungen und Mädchen auch eine Schule besuchten und eine Ausbildung erhielten. Häufig ließen die Eltern aber die Mädchen im Haus. Sie lernten von der Mutter Nähen, Kochen, Weben und Spinnen, um sich auf ihre künftige Rolle als Haus- und Ehefrau vorzubereiten.

2 *Erläutert, was der frühe Tod der Ehefrau für die Kinder bedeutete.*
3 *Überlegt, warum so viele Ehefrauen und Mütter schon nach wenigen Ehejahren starben.*

Jüdische Mitbürger

Judenordnungen:
In den so genannten Judenordnungen wurden die Juden unter königlichen Schutz gestellt. Sie besaßen keine volle Rechts- und Handlungsfreiheit wie die Christen und hatten an die königliche Kammer gesonderte Abgaben zu leisten.

Ein am Judenhut zu erkennender Arzt am Krankenbett des heiligen Basilius.

Thora*:
die fünf Bücher Mosis.

Getto*:
Das aus dem Italienischen stammende Wort bezeichnet allgemein ein abgeschlossenes Wohnviertel. Als Synonym für Judenviertel bürgerte es sich erst allmählich seit dem 16. Jahrhundert ein, nachdem die bedeutende Judengemeinde in Venedig 1516 in das „Getto" genannte Viertel der Stadt umgezogen war. Im deutschsprachigen Raum waren bis ins 20. Jahrhundert die Bezeichnungen „Judenviertel", „Judengasse" oder auch „Städtl" viel gebräuchlicher.

1 Mehrfach war die Würzburger Judengemeinde im Mittelalter schweren Bedrohungen ausgesetzt. Die Juden – zu erkennen an dem gelben Fleck auf der Kleidung – werden niedergeschlagen, ihre Häuser ausgeraubt. Kolorierter Holzschnitt, 17. Jahrhundert.

Juden in Deutschland

Seit dem frühen Mittelalter wohnten die Juden im Heiligen Römischen Reich in den Städten. Sie hatten ihr eigenes Bethaus, die Synagoge, und eigene Schulen, die Thora-Schulen*. Bei den christlichen Herrschern waren sie hoch angesehen wegen ihrer bedeutenden Rolle im Fernhandel. Waren die Juden zunächst den übrigen Stadtbewohnern weitgehend gleichgestellt, begann frühzeitig ihre gesellschaftliche Ausgrenzung. In vielen Städten durften sie nur noch in gesonderten Stadtvierteln leben, den Gettos*. Das Getto war von einer Mauer umgeben. Die Tore wurden von Stadtknechten bewacht und abends verschlossen.

Im ausgehenden Mittelalter verschlechterte sich die Lage der Juden zusehends. Die Ghettos waren meist übervölkert, verwinkelt, dunkel und schmutzig. Seit dem 12. Jahrhundert wurden die Juden von bürgerlichen Gewerben ausgeschlossen. Mit dem Beginn der Kreuzzüge wurden die „Ungläubigen" im Land, so auch die Juden, Verfolgungen ausgesetzt. Bereits im 11. Jahrhundert fanden in rheinischen Städten die ersten Pogrome* statt. Im 14. Jahrhundert erreichten die Verfolgungen einen vorläufigen Höhepunkt, als man den Juden vielerorts die Schuld an der europäischen Pestepidemie anlastete.

Spuren jüdischen Lebens in Mecklenburg

Jüdisches Leben ist erstmalig im 13. Jahrhundert in Wismar urkundlich nachweisbar. Seit dem Ausgang des Mittelalters gestatteten die mecklenburgischen Landesherren, dass sich Juden ansiedeln und Geld- und Handelsgeschäften nachgehen konnten. Sie lebten zwischen dem 13. und 15. Jahrhundert in der Mehrzahl der mecklenburgischer Städte.
Im Zuge der Pestkatastrophe im 14. Jahrhundert ging man auch in Mecklenburg gegen Juden vor. Sie wurden hauptsächlich der Brunnenvergiftung und Hostienschändung beschuldigt und angeklagt. Die Anzahl der unschuldigen Opfer ist nicht bekannt. Die Juden wurden aus den Hansestädten Wismar und Stralsund vertrieben.

Der Sternberger Hostienschändigungsprozess

Eine Zäsur bildete die Vertreibung der Juden aus ganz Mecklenburg nach dem „Sternberger Hostienschändigungsprozess" 1492. Wie die Legende berichtet, erhielt der Jude Eleasar von einem Sternberger Messpriester geweihte

Jüdische Mitbürger

Hostien. Diese wurden am 20. Juli 1492 angeblich von den Juden zerstochen und zerschnitten, wobei Blut aus ihnen floss, das „Heilige Blut" von Sternberg. Als Eleasars Frau versucht haben soll, die Hostien ins Wasser zu werfen, ist sie mit beiden Füßen in einen Stein eingesunken. Dieses „Beweisstück" für die Schuld der Juden ist auch heute noch, eingemauert in der Wand der heiligen Blutskapelle (Stadtkirche), zu sehen. Als Folge dieses Verrats wurden in Sternberg Scheiterhaufen errichtet, auf denen 27 Juden verbrannten.

Die Stadt Sternberg zog ihren Vorteil aus dieser Begebenheit. Zum „Heiligen Blut" und den ausgestellten Hostien machten um 1500 jährlich Tausende Gläubige Wallfahrten. Mit den Wallfahrern kamen Gold und Geschenke nach Sternberg.

Nach 1492 blieb das Land fast 200 Jahre Juden verschlossen. Erst im Zuge der Verwüstungen und des wirtschaftlichen Niedergangs infolge des Dreißigjährigen Krieges 1618–48 kam es zu Neuansiedlungen von Juden.

Wie in allen Teilen Deutschlands wurde die rechtliche Stellung der Juden in Mecklenburg durch den so genannten Judenschutz in Gestalt des „Schutzbriefes" festgelegt. Diese Schreiben hielten die Rechte und Pflichten fest, die den Juden von der Obrigkeit vorgegeben wurden. Die Besitzer dieser „Privilegien" durften an bestimmten Orten des Landes ihren Wohnsitz mit ihren Familien nehmen und ein genau bestimmtes Gewerbe ausüben. Mit dem „Schutzbrief" wurde der Jude unter den landesherrlichen Schutz gestellt.

Juden in Schleswig-Holstein und Hamburg

Erste jüdische Ansiedlungen und Gemeinden in Schleswig-Holstein sind seit Ende des 16. Jahrhunderts nachweisbar. 1584 wurde den Juden das Recht eingeräumt, in Altona und Ottensen zu wohnen. 1630 erhielten sie das Recht der Ansiedlung in Glückstadt, seit etwa 1650 wohnten sie in Friedrichstadt. Ab 1656 durften sie in Lübeck-Moisling und 1692 in Rendsburg-Neuwerk wohnen. Einzelne Familien gab es in anderen Orten.

Der erste in Hamburg namentlich nachweis-

2 Verbrennung der Juden in Sternberg am 24. Oktober 1492. Kolorierter Holzschnitt, 1492.

bare Jude war der Arzt Rodrigo de Castro, der um 1594 hier eintraf. 1603 verlangte die Hamburger Bürgerschaft die Ausweisung der Juden, lebhaft unterstützt von der Kirche.

Handwerksämter und politische Betätigung waren den Juden verwehrt. Schul- und Universitätsbesuch wurde ihnen ebenfalls nicht gestattet. Diesen weitreichenden Einschränkungen des Lebens der Juden standen einige Sonderrechte gegenüber. In Altona, Glückstadt und Friedrichstadt durften sie ihre Religion öffentlich ausüben. Zugestanden war ihnen auch die niedere Gerichtsbarkeit in allen weltlichen und religiösen Angelegenheiten am jüdischen Gericht in Altona. Fälle von pogromartigen Verfolgungen der Juden in Schleswig-Holstein sind nicht bekannt. Sie lebten im Land mit dem Status einer diskriminierten Minderheit mit Sonderregelungen.

1 *Fasst die Entwicklung der rechtlichen Stellung der jüdischen Bevölkerung anhand des Textes kurz zusammen.*

2 *Informiert euch in einer Bücherei oder im Internet über die Geschichte der jüdischen Mitbürger in eurer Heimatgemeinde oder nächstgelegenen Stadt.*

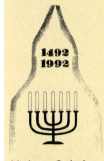

Motiv zur Gedenkveranstaltung an die Judenverbrennung in Sternberg 1492.

Synagoge in Lübeck. Foto, 2002.

Ein jüdischer Geldverleiher.

Pogrom*:
*Ausschreitungen gegen nationale oder religiöse Minderheiten.
So kam es 1270 zu einem Judenpogrom in Wismar, 1325 in Krakow, 1330 in Güstrow und 1492 in Sternberg.*

Der Kampf um das Stadtregiment

Stände einer mittelalterlichen Stadt:

Patrizier: Angehörige der städtischen Oberschicht.

Bürgertum: Handwerker, Händler und Stadtbeamte.

Unterschicht: Dienstboten, Handelsgehilfen, Handwerksgesellen.

„Unehrliche": Gaukler, Krüppel, Bettler, Bader, Henker, Totengräber.

1 Vertreter der Zünfte betreten die Ratsstube. Im Hintergrund die Patrizier, in der Mitte die Bibel und der Schlüssel für die Truhe mit der Stadtkasse. Aus dem Zunftehrenbuch der Stadt Augsburg, 16. Jahrhundert.

Wer regiert die Stadt?

Es waren vor allem die kleinen Kaufleute und die in Zünften organisierten Handwerker, die mit ihrem Steueraufkommen den Bau des prächtigen Rathauses und der Kirchen, des Spitals und der hohen Mauern ermöglichten. Wenn es in der Stadt brannte, organisierten sie die Löscharbeiten; im Kriegsfall trugen sie die Hauptlast bei der Verteidigung der Stadt. Vom Stadtregiment aber blieben sie ausgeschlossen. In zahlreichen Städten Deutschlands kam es zu regelrechten Zunftkämpfen mit Toten und Verletzten. In einem Innungsbrief an die Schuhmacher zu Berlin bestimmten die Ratsmannen 1284, dass über die Aufnahme eines Handwerkers die Zunft nur mit Zustimmung des Stadtrats entscheiden dürfe.

In den folgenden hundert Jahren verkehrten sich die politischen Kräfte dann weitgehend ins Gegenteil. 1381 steht in einer Urkunde:

Q1 … Wir, die alten und die neuen Ratsmannen …, bezeugen … mit Willen und Wissen der Gewerbe und der Bürgergemeinde …

Die Zünfte erkämpfen sich ihr Recht

In einer Chronik der Stadt Augsburg heißt es:

Q2 … Am 22. Oktober 1368 versammelten sich die Zünfte bewaffnet am Perlachturm. Sie schlossen alle Stadttore und besetzten alle Straßen und Plätze der Stadt. … Sturmglocken riefen in der Frühe des 23. Oktober die Ratsherren zu einer außerordentlichen Ratssitzung zusammen. Schweigend eilten die Ratsherren durch die Reihen der bewaffneten Handwerker dem Rathaus zu. Dann besetzten Wachen der Zünfte die Rathauspforten und schlossen so die Falle. … Nach stundenlangen Debatten gaben die Ratsherren schließlich nach. … Der Rat übergab als Unterpfand seines Wortes die Hoheitszeichen der Stadtregierung. … Dann schworen Ratsherren und Handwerker eine zünftliche Regierung einzuführen. …

Im brandenburgischen Stendal stellten in dieser Zeit die Zünfte acht Ratsherren, die übrige Bürgerschaft nur noch vier. Weniger erfolg-

Die Unruhen breiten sich aus

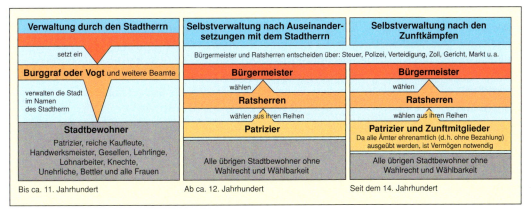

2 Die Entstehung der städtischen Selbstverwaltung. Schematische Darstellung.

reich waren die Aufständischen in Cölln und Berlin. Hier durften die Zünfte zwar zwei bis vier Ratsmitglieder wählen, aber selbst dieser kleine Erfolg hielt nur fünf Jahre an, bis zum Jahr 1351. Dann waren die Patrizier wieder unter sich. Auch in einigen anderen Städten konnten sie ihre Macht noch länger behaupten, wie z. B. in Stralsund, wo ein Aufstand der Bürger niedergeschlagen wurde.

1 Erklärt mithilfe der Grafik die Entstehung der städtischen Selbstverwaltung.

Aufstand gegen Familie Wulflam

In Stralsund hatte die Familie Wulflam über Generationen das Sagen in der Stadt. Zusammen mit seinem Sohn Wulf Wulflam spielte Bertram Wulflam auch innerhalb der Verwaltung der Hanse (siehe S. 247) eine wichtige Rolle. Als Verwalter der Stadtfinanzen änderte er die Ordnung eines von ihm betreuten Spitals zum Schaden der armen Leute. Das brachte das Fass zum Überlaufen, denn die Stralsunder hatten sich schon vorher über die selbstherrliche Regierungsweise der Wulflams geärgert. Sie machten 1391 den Gewandschneider Karsten Sarnow zu ihrem neuen Bürgermeister und verlangten einen Rechenschaftsbericht von Bertram Wulflam. Dieser wurde als viel zu ungenau zurückgewiesen. Wenn Sarnow sich nicht dazwischengeworfen hätte, wäre Bertram Wulflam von den aufgebrachten Stralsundern sogar gelyncht worden. Vor einem weiteren Verfahren floh Wulflam zusammen mit seinen Anhängern.

In Stralsund wurde eine neue Stadtverfassung erlassen, bei der von allen Bürgern zwölf Gemeindeältermänner gewählt werden sollten. Doch lange hielt diese neue Ordnung nicht, da die Hanse Druck auf die Stadt ausübte. Sie drohte Stralsund auszuschließen, wenn sie die Wulflams nicht wieder aufnahm und das alte Recht wieder einführte. 1393 wurde Karsten Sarnow den wirtschaftlichen Interessen der Stadt geopfert und enthauptet.

2 Spielt den Aufstand gegen Bertram Wulflam nach.

3 Rathaus von Lübeck. Foto, 2001.

1300–1400:
Die wohlhabenden Kaufleute saßen im Stadtrat und regierten über die Städte. Dagegen empörten sich im 14. Jahrhundert in vielen Städten die Handwerker erfolgreich. Sie wollten mitregieren, schließlich zahlten sie auch Steuern.

Erste Ratswahl in Hamburg:
Die beiden Teile der Stadt – die erzbischöfliche Altstadt und die gräfliche Neustadt mit zusammen etwa 1200 Einwohnern – wählen 1190 einen gemeinsamen Rat. Um 1200 werden zwei Rathäuser errichtet.

Hamburg wird dänisch:
1214 tritt König Friedrich II. aus innenpolitischen Gründen das Gebiet nördlich der Elbe an das Königreich Dänemark ab. Die Altstadt und die Neustadt Hamburgs schließen sich daraufhin eng zusammen. Ab 1216 hat die vereinte Stadt nur noch einen Rat, ein Rathaus und ein Gericht. Der Sieg in der Schlacht von Bornhöved (siehe S. 187) beendet die dänische Herrschaft über Hamburg.

Kaufleute und Handwerker der aufblühenden Stadt Hamburg formulierten 1270 ein eigenes Stadtrecht (**Ordeel-Book**).

Das Leben in der Stadt

Das Marktkreuz wird aufgestellt

Jeder Markt wurde durch die Kirchenglocken eingeläutet. Das Marktkreuz oder der Roland galt als Zeichen des Marktfriedens und signalisierte, dass es auf dem Markt eine strenge Gewerbeaufsicht gab. Verstöße gegen die Regeln wurden in der Gerichtslaube unter dem Rathaus verhandelt. Die dabei verhängten Geldbußen stellten eine wichtige Einnahmequelle für die Stadtkasse dar. Es gab aber auch andere Strafen: Zänkischen Marktleuten z. B. wurde ein schwerer „Schimpfstein" umgehängt.

Einkünfte hatte die Stadt neben den Gerichtsgebühren auch durch den „Stapelzwang", der jeden stadtfremden Kaufmann dazu verpflichtete, seine Waren für eine bestimmte Zeit in der Stadt anzubieten, zu „stapeln", bevor er sie andernorts verkaufte. Dafür musste er außerdem noch Zoll zahlen. Von diesem Zoll waren nur die einheimischen Kaufleute befreit.

An den Markttagen hatten neben den Kaufleuten auch andere Anbieter ihre Stände aufgestellt, z. B. die Bader (Abb. 2). Sie behandelten kleinere Beschwerden, zogen Zähne und schröpften Adern. Auch Schreiber fanden sich auf dem Markt (Abb. 3). Über sie heißt es in einer heutigen Erzählung:

M … Weil nur wenige lesen und schreiben konnten, war der Schreiber am Markttag ein viel besuchter Mann. Bei ihm ließen sich die Leute Briefe oder Verträge, Listen und Abrechnungen schreiben. Als Werkzeuge diente ihm das Tintenhorn, Federn und Messerchen zum Radieren. Man schrieb auf Pergamentblätter, die aus Kalbs- oder Schafhäuten hergestellt waren. …

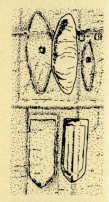

Maß für Brot und Dachziegel am Freiburger Münster.

Schrangen:
So wurden die beweglichen oder ortsfesten Verkaufsstände der Bäcker und Schlachter in den mittelalterlichen Städten genannt. In Lübeck erinnert die Straßenbezeichnung Schrangen an den Ort, während in Flensburg der 1595 erbaute Schrangen am Nordermarkt noch zu sehen ist.

1290 entsteht in Hamburg das erste **gemeinsame Rathaus** von Alt- und Neustadt nahe der Trostbrücke.

Unruhen in Hamburg führen 1410 zu Zugeständnissen des Rates an die Bürger. Diese wurden in einem „Rezess" festgehalten, es gilt als die **erste Verfassung Hamburgs**.

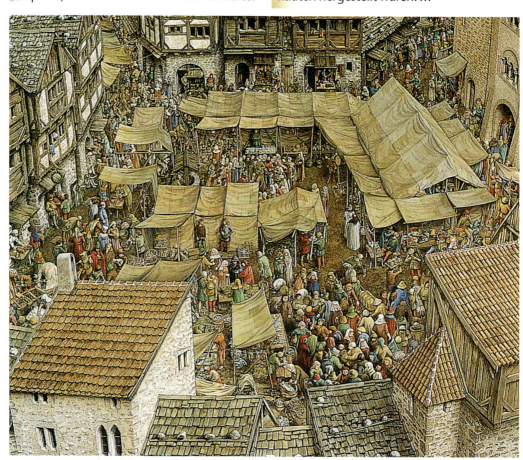

1 **Markt in einer mittelalterlichen Stadt.** Rekonstruktionszeichnung nach schriftlichen und archäologischen Quellen von Jörg Müller, Biel, 1994.

Die Stadt als Markt

2 Stand eines Baders auf dem Markt. Rekonstruktionszeichnung nach schriftlichen und archäologischen Quellen von Jörg Müller, Biel, 1994.

1 Beschreibt den Markttag auf den Abbildungen 1–3.
2 Vergleicht anhand des Textes und der Abbildungen einen Markt im Mittelalter mit einem heutigen Wochenmarkt.

Die Marktordnung

In einer Rechtsbelehrung der Berliner Richter für die das gleiche Stadtrecht anwendende Stadt Frankfurt (Oder) aus dem Jahr 1253 erfahren wir, wie die Marktangelegenheiten in Berlin und Cölln geregelt waren:

Q ... Falschen Scheffel*, unrechtes Gewicht und unrichtige Elle* verbieten wir, wer aber überführt wird, solcherlei falsches Maß angelegt zu haben, soll ... zur Strafe 36 Schillinge [zahlen]. ... Die Bäcker ... sollen ihr Brot an den Markttagen an ihren Ständen ungehindert verkaufen können; aber in der Woche ... dürfen sie es nur in ihrem Haus verkaufen. ... Es soll dem Urteil der Ratsmannen überlassen sein, wer wegen falschen und betrügerischen Kaufs oder Verkaufs verdient hat, auf dem „Schubstuhl*" zu sitzen. In gleicher Weise sollen die Ratsmannen in Betreff der „Schimpfsteine" richten, welche die Weiber für ihre Vergehen zu tragen haben. ...

3 Ein Schreiber auf dem Markt. Rekonstruktionszeichnung nach schriftlichen und archäologischen Quellen von Jörg Müller, Biel, 1994.

3 Erläutert, welche Bedeutung die Marktregeln für den Marktfrieden hatten. Welchen Zweck hatten Bestrafungen wie der „Schimpfstein" oder der „Schubstuhl"?

Öffentliche Bestrafung eines Bäckers, der zu kleine Brote gebacken hat. Darstellung auf einer Postkarte um 1900. Betrügerische Bäcker wurden häufig in einen Käfig gesperrt und so lange immer wieder unter Wasser getaucht, bis sie fast zu ertrinken drohten.

Scheffel*:
ein altes Hohlmaß, ca. 50 Liter.

Elle*:
eine alte Längeneinheit, ursprünglich die Länge des Unterarms.

Schubstuhl*:
Pranger- und Folterinstrument.

Internettipp:
www.mittelalterlich-kochen.de

Tierknochenfunde lassen Rückschlüsse auf die Ernährungsgewohnheiten der Hamburger im Mittelalter zu. Danach verzehrten die Handwerker überwiegend Rindfleisch, die Kaufleute das damals teurere Schweinefleisch.

Wohnungen, Straßen und Gassen

Trippen wurden als Überschuhe getragen. Die schlechten Straßenverhältnisse erforderten einen wirksamen Schutz gegen Schmutz und Nässe. Die Trippen funktionierten wie kleine Stelzen, mit denen man sauberen und trockenen Fußes durch die üblichen Schmutz- und Wasserlachen auf den matschigen Straßen kam. Von dem etwas unsicheren Gang auf diesen Stelzenschuhen leitet sich das Wort „trippeln" ab.

„Entsorgung" im Mittelalter: Ein Nachttopf wird ausgeleert.

Schwemme*: flache Uferstelle als Badeplatz des Viehs.

1 Eine vornehme und eine einfache mittelalterliche Stadtwohnung. Buchillustration, 1994.

Städte aus Holz und Lehm
Nur sehr reiche Händler oder Stadtadlige konnten sich Häuser aus Stein leisten. Das teure Baumaterial verwendete man nur beim Bau der Stadtmauer, für das Rathaus, für Kirchen oder Klöster. Bei allen anderen Bauten handelte es sich um Holz- oder Fachwerkbauten, für die einfachstes Baumaterial verwendet wurde (Holz, Lehm, Sand). Viele Menschen wohnten zur Miete und die Wohnungen hatten meist nur ein oder zwei Räume. Wer nicht einmal dafür Geld hatte, lebte in Bretterhütten unter den Bögen der Stadtmauer.

1 Vergleicht die beiden Räume (Abb. 1). Notiert Unterschiede von Bauweise und Ausstattung. Bedenkt dabei auch, dass das Zimmer der vornehmen Familie nur eines von mehreren war.

Gestank in Straßen und Gassen
In einer modernen Darstellung über die mittelalterliche Stadt heißt es:

M … Wer am Morgen die Stadt betritt, der begegnet sicher zuerst dem Stadtvieh. In den Gassen der Stadt traben die Kühe, ein Schäfer führt mit seinem Hund die Schafherde auf die nahe Höhe. Große Tauben heben sich aus den Gassen, sie sind Lieblinge der Bürger. Noch mehr Mühe machen dem Rat die Borstentiere und ihr Schmutz, denn die Schweine fahren durch die Haustüren in die Häuser und suchen auf dem Weg ihre unsaubere Nahrung. In den Flussarmen, welche durch die Stadt führen, hat das Vieh seine Schwemmen*. Dort brüllt und grunzt es und verengt den Weg für Menschen und Karren. Da fehlt auch der

Armut und Krankheit

2 Aussätzige vor der Stadt. Ausschnitt aus einer französischen Buchillustration (zwischen 1333 und 1350).

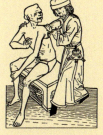

Ein Pestkranker. Holzschnitt. Der Arzt sticht die Pestbeule aus.

Mist nicht. Auf abgelegenen Plätzen lagern große Haufen. Wenn die Stadt sich einmal zu einem Kaiserbesuch oder einer großen Messe schmückt, dann lässt sie, um säuberlich auszusehen, nicht nur die Gehängten vom Galgen nehmen, sondern auch den Dung von Straßen und Plätzen schaffen. ...

Viele Städte erließen daher Vorschriften wie diese:

Q ... Niemand soll Mist oder Kot vor sein Haus legen, wenn er ihn nicht gleich wegfahren will, außer auf den hierzu bestimmten Plätzen, nämlich neben dem Fleischmarkt, ferner neben dem Brunnen auf dem Pferdemarkt und bei dem Platze, welcher Gewirke heißt. ... Jeder, der sein Nachtgeschirr auf die Straße entleeren will, muss nach dem Öffnen des Fensters zunächst rufen: Achtung, Wasser! ...

2 Nennt Maßnahmen, mit denen heutzutage die Sauberkeit der Städte und ihrer Abwässer gewährleistet wird.

Spitäler und Siechenhäuser

Die Unsauberkeit in den engen Straßen begünstigte die Entstehung und Ausbreitung von Krankheiten. In manchen Jahren rafften Seuchen bis zu einem Drittel der Bewohner hinweg. Zur Behandlung der Kranken gab es in allen Städten Spitäler. Die Krankenzimmer waren teilweise äußerst klein, manchmal nur sechs Quadratmeter, häufig mussten sich zwei Kranke ein Bett teilen und daher war die Ansteckungsgefahr sehr groß. Menschen mit schweren ansteckenden Krankheiten, wie der Lepra, mussten außerhalb der Stadt in den Siechenhäusern wohnen. Ihnen war das Betreten der Städte bei Strafe untersagt. Mit Klappern warnten sie jeden, der sich ihnen näherte.

Die Pest im 14. Jahrhundert

Die Unsauberkeit in den Städten begünstigte auch die rasche Ausbreitung der Pest. Die Seuche, die vermutlich durch Kaufleute und Matrosen im Jahr 1347 aus dem Orient nach Italien eingeschleppt worden war, breitete sich innerhalb kürzester Zeit über fast ganz Europa aus. Sie hinterließ verödete Städte und verlassene Dörfer. Fast ein Drittel der europäischen Bevölkerung – so schätzt die heutige Forschung – starb an dieser sich schnell ausbreitenden Infektionskrankheit, die allein im 14. Jahrhundert noch weitere drei Mal auflöderte.

3 Überlegt, welche wirtschaftlichen Folgen die Pest hatte. Denkt z. B. an den Handel, das Handwerk und die Landwirtschaft.

Pest: 1350 trat die erste Pestwelle im Norden auf. Danach kam es wiederholt zum Auftreten der Seuche. Bis Mitte des 16. Jahrhunderts wurden 19 Pestepidemien in verschiedener Stärke gezählt. Die Bevölkerungsverluste waren zum Teil sehr hoch und gingen bis zu 50 Prozent. Im 14. Jahrhundert wurden durch die Pest viele Bauernstellen und in einigen Regionen ganze Dörfer „wüst", das heißt für immer oder zeitweilig von den Bewohnern verlassen. Der letzte Pestzug trat um 1713 auf, hatte jedoch nur noch lokale Bedeutung.

Die Leprakranken wurden in Hamburg im St.-Georg-Spital untergebracht, das um 1220 gegründet wurde und auf dessen Lage noch heute die Spitalerstraße verweist.

Lesen ist eine Kunst für wenige

Darstellung des Lesenlernens. Holzschnitt, um 1480.

Schulgeräte:

Tintenfass

Griffel mit Griffelbehälter und Rechenpfennige

Schreibtafeln

Schandesel

1 Inneres einer Schule. Holzschnitt, 1519.

Der König kann nicht lesen

Lesen und Schreiben – das kann heute jedes Kind. Im Mittelalter war dies anders: Weder die Bauern auf dem Land noch die Bürger in den Städten sahen darin einen Sinn, waren doch selbst Adlige und Könige in der Regel Analphabeten. Noch weniger erwartet wurde diese Fähigkeit von Frauen.
Ein heutiger Wissenschaftler schreibt:

M … Um sich als Frau Ansehen zu verschaffen, war zu dieser Zeit Lesen und Schreiben nicht unbedingt nötig. Dies gilt vor allem für die Frau auf dem Land. Es gab andere Möglichkeiten, sich Ansehen zu verschaffen: Getreide musste zu Mehl, Fladen und Brot verarbeitet werden, Bier musste man sieden, die Viehhaltung war wichtig, Milch musste zu Butter, Käse und Quark verarbeitet werden, spinnen und weben musste man können. …

Die Handwerkerfrau war angesehen, wenn es im Laden und in der Werkstatt klappte. Was hatte man schon davon, in der Bibel lesen zu können; das meiste wusste man ohnehin auswendig und hörte es täglich in der Kirche.

1 Überlegt, welche Konsequenzen es für die Menschen hatte, weder lesen noch schreiben zu können.

Nonnen und Mönche unterrichten in den Klosterschulen

Lesen und Schreiben – so sagte man damals – sei eine Pfaffen- und Weiberkunst. Tatsächlich waren es in erster Linie angehende Priester, Mönche und Nonnen, die in den Dom- und Klosterschulen Unterricht erhielten. An erster Stelle stand „Religion", d.h., die Schüler und Schülerinnen lernten die Bibel und Kirchenlieder bzw. -gebete kennen. Weitere Fächer waren: Lesen, Schreiben, Singen und etwas Latein. Außerdem beschäftigte man sich mit dem Leben der Heiligen und erwarb so auch Grundkenntnisse in Geschichte, Geographie und Völkerkunde.
Insbesondere Nonnen lernten außerdem Krankheiten aller Art zu behandeln. Berühmt wegen ihrer Arzneikenntnisse war z.B. Hildegard von Bingen (vgl. S. 194), deren Bücher heute wieder viel gelesen werden.
In der Schule herrschte eine sehr strenge Disziplin mit harten Bestrafungen. Zu den üblichen Schulstrafen zählten: Ohrfeigen, Stockschläge, Schulpranger, Karzer (Arrest), Knien auf harten Erbsen, Sitzen auf der Strafbank. Daneben gab es den „Eselskopf", den ein Schüler tragen musste, wenn er seine Hausaufgaben nicht gemacht hatte.

2 Derartige Schulstrafen sind heute verboten. Nennt mögliche Gründe für das Verbot.

Schulen und Universitäten entstehen in den Städten

2 **Ein Schulmeister und seine Frau bringen drei Knaben und einem Mädchen das Lesen bei.** Kupferstich, Ambrosius Holbein, 1516.

Erste Schulen in der Stadt

Die Veränderungen in der Art des Handels machten es im ausgehenden Mittelalter jedoch notwendig, dass auch Kaufleute lesen und schreiben lernten, um mit anderen Handelshäusern und Kontoren im Ausland Vereinbarungen treffen zu können, ohne jedes Mal selbst dorthin reisen zu müssen. Doch das, was ein angehender Handelsherr lernen musste, unterschied sich so grundlegend von dem, was in den Klosterschulen unterrichtet wurde, dass in den Städten eigene Schulen entstanden. Hier lernten die Schüler vor allem auf Deutsch zu lesen und zu schreiben, denn Niederdeutsch war die gängige Verständigungssprache im ganzen Ostseeraum. Zudem erwarben sie Kenntnisse in Buchführung, im Rechnen sowie im Umrechnen von Maßen, Gewichten und verschiedenen Währungen.

Mit dem Aushang eines Schildes warben der Schulmeister oder die „Lehrfrau" für den Besuch ihrer Schulen. Sie brachten dann ein Schild an, auf dem zu lesen war:

Q ... Alle, die gern lernen möchten Deutsch zu schreiben oder zu lesen, die eine Rechnung ausstellen oder sie lesen können müssen, Alt und Jung, Bürger und Handwerksgeselle, Frauen oder Jungfrauen, mögen hier hereinkommen.

Die Schulmeister und Lehrfrauen lebten von dem Schulgeld, das ihre Schüler für den Unterricht zahlen mussten.

3 *Spielt folgende Szene: Ein Vater möchte seinen Sohn in der Schule anmelden, findet aber das Schulgeld zu hoch. Der Lehrer versucht ihm klarzumachen, weshalb es für den Sohn so wichtig ist, lesen, schreiben und rechnen zu lernen.*

Frauen lernen lesen

Jetzt änderte sich auch die Einstellung dazu, ob Mädchen lesen können sollten. Gerade in Handwerksbetrieben waren es oft die Frauen, die ihren Männern die Bücher führten (siehe S. 230, Abb. 1 und S. 232, Abb. 2). Viele von ihnen verwalteten das Geld und spielten somit auch im Betrieb ihres Mannes eine wichtige Rolle.

4 *Spielt folgende Szenen:*
– *Eine Handwerkerfrau möchte lesen lernen und versucht ihren Mann davon zu überzeugen, wie wichtig das ist.*
– *Ein Handwerker möchte seine Frau zur Schule schicken, sie findet es aber nicht so wichtig, schreiben zu können.*

Die Universitäten

Im frühen Mittelalter gab es nur wenige Universitäten im Süden Europas. Als älteste deutsche Universität wurde 1348 die Universität von Prag gegründet. Nach einem Grundstudium in drei sprachlichen und vier mathematischen Bereichen (den sieben „freien Künsten") folgte ein Studium in den Fächern Theologie, Recht oder Medizin. Im Norden Deutschlands erwarb sich besonders die Universität von Greifswald einen guten Ruf. Bald studierten junge Männer aus Norddeutschland und ganz Skandinavien hier.

Gründungsdaten von ausgewählten Universitäten im deutschsprachigen Raum:

Prag	1348
Wien	1365
Heidelberg	1368
Erfurt	1392
Leipzig	1409
Rostock	1419
Greifswald	1456
Freiburg	1457
Ingolstadt	1472
München	1472
Trier	1473
Tübingen	1477
Mainz	1477
Wittenberg	1502
Frankfurt/O.	1506
Marburg	1527
Jena	1558
Helmstedt	1576
Würzburg	1582
Herborn	1584
Graz	1585
Kiel	1665
Berlin	1810
Hamburg	1919

*Ein alter Reim beschreibt die Bewohner der **Hamburger Kirchspiele**:*

*Petri de Riken,
Nicolai desgliken,
Katharinen de Sturen,
Jacobi de Buren,
Michaelis de Armen,
Daröver mag sik
Gott erbarmen!*

Gotische Kirchen wachsen in den Himmel

Chartres

Notre-Dame, Paris

Reims

Canterbury

1 Kölner Dom. Baubeginn 1248. Foto.

Die gotische Kirche – Zeugnis städtischen Selbstbewusstseins

Mittelpunkt jeder Stadt war nicht der Markt mit den schönen Patrizierhäusern, nicht das neu erbaute Rathaus, sondern die Kirche.
Die romanischen Kirchen, wie man sie seit dem 11. Jahrhundert gebaut hatte, waren zumeist von Klöstern, Bischöfen, dem Kaiser oder Fürsten errichtet worden. Das ändert sich im 13. Jahrhundert. Jetzt ist es die Bürgerschaft der einzelnen Städte: Patrizier, Zünfte und die Armen – sie alle helfen durch Spenden und eigene Tätigkeit mit beim Bau der Kirche. Jahrhundertelang dauerte es manchmal, bis eine Kirche fertig war. Die Kirchen, die jetzt zum Lob Gottes gebaut werden, sehen ganz anders aus als vorher. In einer erfundenen Geschichte heißt es dazu:

M … Es war an einem trüben Herbstabend des Jahres 1180, da zog durch das Gereonstor der Stadt Köln ein fremder Wanderbursche. Er erkundigte sich nach der Zunftherberge der Bauleute und bald saß er am Tisch und erzählte:
„Daheim im Schwäbischen habe ich das Steinmetzhandwerk gelernt und bin dann auf Wanderschaft gegangen. Zuerst bin ich über die Alpen gewandert bis in die heilige Stadt Rom. Dort hörte ich davon, dass man in Frankreich auf eine neue Art baut, und das wollte ich sehen. Meine römischen Freunde spotteten wohl über diesen barbarischen Baustil. So wanderte ich zurück und zog rheinabwärts.
Dann wandte ich mich nach Westen bis zur großen Stadt Paris. Da bauen sie gerade dem heiligen Denis eine Kirche, wie ich sie in noch keinem Land gesehen habe. Sie hat fast keine Wände, man meint, es gäbe nur Fenster. Diese reichen vom Boden bis zum Dach, sind lang und schmal und haben dort einen spitzen Abschluss. Die Glasmaler haben dort goldene Zeiten! Und im Kircheninnern steigen schlanke Säulen empor, dass man meint, man wäre in einem deutschen Wald mit hohen Tannen. Das Dach ist nicht flach, von den Säulen streben Rippen in die Höhe, die sich hoch oben zu einem Schlussstein vereinigen. Alles drängt in die Höhe, hinauf zu Gott, unserem Ziel."
Da meinte einer der Umsitzenden: „Wie kann man eine Kirche bauen ohne Wände, aber mit vielen Fenstern und einem Dach? Der nächste Sturm wird das ganze Bauwerk umblasen!" Der Fremde erklärte: „Daran haben die Baumeister wohl gedacht. Nicht mehr die Wände tragen das schwere Dach; das besorgen die vielen Säulen. Damit diese Säulen sich nicht nach außen biegen, bringt man außen schwere Stützpfeiler an." – Und schon zeigte er Zeichnungen von Gotteshäusern mit schlanken Säulen, hohen Fenstern und Bogenrippen an der Decke. …

Gotische Baukunst

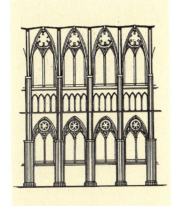

2 Gotische Fenster.

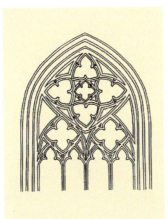

3 Spitzbogen.

4 Maßwerk.

Ganz allmählich setzte sich diese Art des Bauens auch in Deutschland durch. Die Italiener bezeichneten diesen Baustil als „gotisch", was so viel wie „barbarisch" oder „fremd" hieß.

Bis zum Beginn des 16. Jahrhunderts wurden jetzt überall gotische Kirchen errichtet.

1 *Nennt mithilfe des Textes und der Abbildungen jene Merkmale, die für eine gotische Kirche typisch sind.*

5 Mittelschiff des Kölner Doms. Foto.

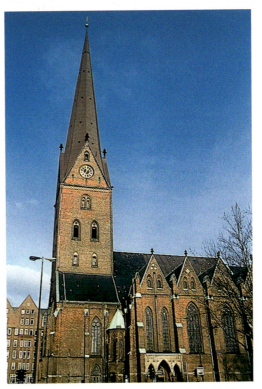

6 St. Petri, älteste Kirche der Altstadt. 1844-49 nach dem Stadtbrand von 1842 Wiederaufbau im neugotischen Stil. Foto, 2002.

Backstein:
durch Brand gehärteter Baustein aus Lehm oder Ton. Backsteine sind seit der Antike bekannt. Übernommen aus Italien kam die Technik in der zweiten Hälfte des 12. Jahrhunderts in den Ostseeraum.

Backsteingotik:
Aus dem Bedürfnis der Kaufleute, Reichtum und Selbstbewusstsein gegenüber den herrschenden Fürsten zu demonstrieren, gaben sie nicht nur repräsentative Stadthäuser, sondern auch große Kirchenbauten in Auftrag. Durch den Mangel an natürlichem Sand- oder Hausstein erlebte die Backsteinarchitektur, d. h. die Fassadenverblendung mit gebrannten Ziegeln, eine enorme Blüte.

Die „Straße der Backsteingotik" führt heute von Lübeck nach Stralsund an zahlreichen bedeutenden Bauten der Backsteingotik vorbei.

Ältestes Kunstwerk Hamburgs:
An der Petrikirche ist am Hauptportal mit dem linken Türgriff in Form eines Löwenkopfes das älteste Kunstwerk Hamburgs zu sehen. Es stammt aus dem 14. Jahrhundert.

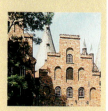

Salzspeicher am Holstentor in Lübeck. Foto, 2002.

Stecknitzfahrt:
Hering war ein Hauptnahrungsmittel im Mittelalter – nicht zuletzt wegen vieler kirchlicher Feiertage ohne Fleischkost. Und Salz war das Konservierungsmittel dafür. Lüneburg hatte die Solen, aus denen das feinste Salz dieser Zeit gemacht wurde, und Lübeck den nächstgelegenen Zugang zum Meer. Mit dem Lüneburger Salz sicherte sich Lübeck das Kernstück des Salzhandels. Von Lüneburg wurde das Salz per Schiff bis Lauenburg und von dort auf flachen Kanalkähnen in mehrwöchiger Fahrt nach Lübeck gebracht. Der Kanaltransport war sicherer und wirtschaftlicher als auf der Alten Salzstraße.

Wandernde Händler. Zeichnung nach einem Holzschnitt.

Fernhandel und Städtebünde

1 Die überschwemmte Landstraße. Gemälde von Jan Breughel dem Älteren, 1614.

Handelswege im Mittelalter

Die Bewohner der mittelalterlichen Städte mussten ständig mit frischen Lebensmitteln versorgt werden. Die Handwerker benötigten außerdem zahlreiche Rohstoffe. Viele Waren wurden von weit her gebracht. Tag für Tag rollten die Planwagen der Fernhandelskaufleute durch die Stadttore. Sie brachten Getreide, Mehl, Fisch, Wein, Salz und Honig, aber auch Tuche, Pelze, Leder, Farbstoffe, Eisen, Zinn usw.

Der Warentransport über weite Strecken bereitete den Kaufleuten große Schwierigkeiten. Die „Fernverkehrsstraßen" waren meist in schlechtem Zustand; es handelte sich häufig um holprige, unbefestigte Wege, die bei Regen oder im Winter kaum passierbar waren. Die von mehreren Pferden gezogenen Lastkarren blieben nicht selten mit Achsenbruch liegen, stürzten um oder versanken im Morast. Gefährlicher für die Kaufleute als diese natürlichen Hindernisse waren Wegelagerer und Raubritter. Ständig mussten sie damit rechnen, durch Raubüberfälle ihr Hab und Gut, wenn nicht sogar das Leben zu verlieren. Die Landesherren beauftragten oft regionale Adlige mit dem Schutz der Straßen, die dafür von den Marktstädten Schutzgelder einziehen durften, sich aber nicht selten selbst als Raubritter erwiesen. So schlossen sich schon im 12. Jahrhundert Kaufleute aus verschiedenen Städten zu Fahrtgenossenschaften zusammen, so genannten Hansen (= Schar).

In großen Geleitzügen, von Söldnern gegen Überfälle und Plünderungen geschützt, wurden die Waren jetzt zu ihren Bestimmungsorten gebracht. Im 13. Jahrhundert, als die Macht der Könige in Deutschland sehr geschwächt war, kleinere Herren überall neue Zollstellen errichteten und die Überfälle immer mehr zunahmen, kam es zur Bildung von verschiedenen Städtebünden, die jetzt den Schutz der Transporte übernahmen.

1 *Schreibt mithilfe von Text und Abbildung eine kleine Geschichte: „Bauern und Händler auf dem Weg zur Stadt".*

Die Hanse

2 Das Wirtschaftsgebiet der Hanse um 1400.

Der Aufbau der Hanse

Einer dieser Städtebünde, der sich schließlich über den gesamten Nord- und Ostseeraum erstreckte, war die Hanse. Sie wurde nie richtig gegründet. Es gab keine Mitgliedslisten und kein gemeinsames Gesetz. Als Mitglieder wurden die Städte angesehen, die ihre Gesandten regelmäßig zu den Beratungen schickten.

Der erste dieser „Hansetage" fand 1356 in Lübeck statt. Auf den Hansetagen wurde über das gemeinsame Vorgehen der Hansestädte beraten. Wer sich nicht an diese Beschlüsse hielt oder den anderen Städten schadete, konnte „verhanst", d. h. aus der Hanse ausgeschlossen werden. Zur Blütezeit der Hanse hatte sie ca. 180 Mitglieder. Da es häufig Probleme gab, die nur die Städte eines bestimmten Gebietes etwas angingen, traf man sich zwischen den großen Hansetagen in so genannten Viertelstagen. Hier wurde auch besprochen, wie man sich gegenüber der gesamten Hanse verhalten wollte. 1384 trafen sich die Vertreter der preußischen Hansestädte am Sonntag vor Weihnachten in Marienburg. Dort beriet man:

Q … über den Hansetag, der am 5. März mit den gemeinen Städten in Lübeck abgehalten werden soll: Soll man dort mit Briefen oder durch Boten vertreten sein?
Es wird einstimmig beschlossen, Boten von hier aus zu dem Tage zu schicken wegen allerlei Dingen, die uns, die gemeinen Städte und Kaufleute, angehen. …

Zum Viertel der wendischen Hanse gehörten die Städte der südwestlichen Ostseeküste und Pommerns. Diese Städte standen unter der Vorherrschaft Lübecks. Während sich die rheinisch-westfälischen Hansestädte unter der Leitung Kölns und die sächsischen unter der Braunschweigs trafen, war der Hauptort der preußisch-livländischen Hansestädte Danzig. Da Lübeck die wichtigste Hansestadt überhaupt war und hier die meisten Hansetage stattfanden, wurde Lübeck auch das Haupt oder die Königin der Hanse genannt.

2 Zeigt die Hauptorte der Hanseviertel auf der Karte.

3 Erklärt, weshalb man in Marienburg erst darüber beraten hat, ob man Briefe oder Boten nach Lübeck schicken soll.

Hanseschiff um 1500. Die Kogge war das Handels- und Kriegsschiff der Hanse. Sie war 23 m lang, 7 m breit und erheblich größer und schneller als die bis dahin gebräuchlichen Schiffe. Die neue Bauweise, die erstmals den Einsatz von gesägten Brettern und Balken erlaubte (für die Planken der Wikingerschiffe mussten die Stämme noch gespalten werden), verringerte die Baukosten erheblich. Die Koggen wurden zuerst mit einem Ruder an der in Fahrtrichtung rechts liegenden Seite gesteuert (daher bis heute Steuerbord). Das Beladen einer Kogge – sie konnte bis zu 200 Tonnen Fracht aufnehmen – dauerte zwei bis drei Wochen. Um 1400 verfügte die Hanse über etwa 1000 Schiffe.

Hansestädte in Holstein und Mecklenburg-Vorpommern: Kiel, Lübeck, Wismar, Rostock, Stralsund, Greifswald, Demmin und Anklam. Im Herzogtum Schleswig gab es keine Hansestädte.

Geschichte vor Ort: Hamburg in der Hansezeit

Hamburg und die Hansestadt Lübeck

Der bevorzugten Verkehrslage zwischen Nord- und Ostsee sowie dem durch die Elbe erschlossenen Hinterland verdankt Hamburg seine Bedeutung für die Hanse. Mit der zunehmenden Besiedlung des Ostseeraums im Mittelalter war Lübeck sehr bald zur wichtigsten Handels- und Hafenstadt dieser Region geworden, während Hamburg zu Lübecks Nordseehafen wurde. Die Bürger der Hamburger Neustadt erhielten das Lübecker Stadtrecht (siehe S. 225, Randspalte), und um 1230 wurde ein Freundschaftsbündnis zwischen den beiden Hafenstädten beschlossen. 1255 wurde sogar eine gemeinsame Währung eingeführt: die Hamburgisch-Lübsche Mark, die Mark zu 16 Schillingen, der Schilling zu 12 Pfennigen.

Durch den Beitritt zum mächtigen Bund der Hanse im Jahr 1321 erreichte die Entwicklung Hamburgs einen Höhepunkt. Hamburg und Lübeck waren fortan bestrebt die Land- und Flussverbindungen zwischen den beiden Städten unter ihre Kontrolle zu bringen. Dadurch sollte besonders der Handel zwischen den Städten gesichert werden. So eroberten zum Beispiel 1420 die beiden Hansestädte gemeinsam Bergedorf, die Vierlande und Geesthacht.

Hamburg wächst

Hamburgs Stadtgebiet wuchs stetig an. So erweiterte sich Hamburg u. a. 1375 um Moorburg, 1395 um Ochsenwerder, Moorwerder und Billwerder. 1440 wurden Wohldorf, Schmalenbek und Volksdorf, 1442 Groß-Hansdorf und Beimoor erworben.

Vor allem zur besseren Bekämpfung des See- und Strandraubes (siehe S. 253) wurden im 14. Jahrhundert Neuwerk und Ritzebüttel von Hamburg eingegliedert. 1310 wurde auf Neuwerk ein Turm errichtet, der als Seezeichen diente und mit den im Turm stationierten Soldaten zur Sicherung der für Hamburg sehr wichtigen Elbmündung von Nutzen war. Der Turm ist Hamburgs ältestes Baudenkmal, das die Jahrhunderte überdauert hat.

Auch im Binnenland tat Hamburg einen weiteren Schritt zu seiner Sicherung: Bereits im 13. Jahrhundert wurden die Marscheninseln Grimm und Cremon durch Eindeichung in das eigentliche Stadtgebiet einbezogen. Die Stadt erwarb daneben zu Beginn des 14. Jahrhunderts vom Grafen von Holstein die Besitzrechte an der Alster. Die Alster war wichtig für die Wasserzufuhr der Mühle am Reesendamm. Ferner bezog Hamburg über die Alster Kalk aus Segeberg, der für die rege Bautätigkeit in der Stadt notwendig war. Darüber hinaus lief über die Alster der Handel mit Holz, denn um 1350 hatten die Hamburger alle umliegenden Wälder bereits abgeholzt.

Gewerbe und Handel

Zu Beginn des 14. Jahrhunderts war Hamburg eine aufstrebende Gewerbestadt. An Handwerkern sind als Vertreter des Textil- und Ledergewerbes die Gerber und Schuhmacher zu nennen. Ferner war das Metallgewerbe mit einer Anzahl von Gold- und Silberschmieden vertreten. Auch das Gewerbe der Kupferschläger, die das Kupfer zu Kesseln verarbeiteten, und der Becken- und Messingschläger sowie schließlich der Zinngießer war vorhanden. Daneben gab es Handwerker, die sich mit der Herstellung von Kriegsgerät (Harnisch-, Armbrustmacher) beschäftigten. Von den in Hamburg ansässigen Gewerben besaß das Braugewerbe und in Verbindung damit die Böttcherei als dem wichtigsten Gewerbe für Transportbehälter große Bedeutung.

Wurden in Hamburg zwar vor allem Textilien und Lederwaren hergestellt und Metalle verarbeitet, so war das wichtigste Handelsprodukt der Stadt das vielgerühmte Hamburger Bier. So gab es 1369 in Hamburg über 450 Brauereien, die sich vor allem an der alten Deichstraße befanden. Der Name Hopfenmarkt rührt in diesem Zusammenhang von dem seit Mitte des 14. Jahrhunderts dort betriebenen Hopfenhandel her.

An zweiter Stelle des Handels standen Leinwand und Tuch aus dem Binnenland. Außer von seinem Bier lebte Hamburg vor allem von den Einnahmen aus dem Zwischenhandel. Die meisten Erzeugnisse aus dem Gebiet zwischen Elbe und Oder nahmen ihren Weg dank der günstigen Elbverbindung über Hamburg und von hier aus wurden die Waren dann auf seetüchtigen Schiffen weiterverschifft.

Wichtig war ferner der Handel mit Getreide. Hamburg verfügte über ein vom Kaiser verliehenes Stapelrecht. Danach musste alles in Hamburg eintreffende Getreide ausgeladen und zum Verkauf angeboten werden. Umschlagplatz war das an der Reimersbrücke gebaute Kornhaus. Das nicht in Hamburg verkaufte Getreide wurde dann weiterverschifft.

Geschichte vor Ort: Hamburg in der Hansezeit

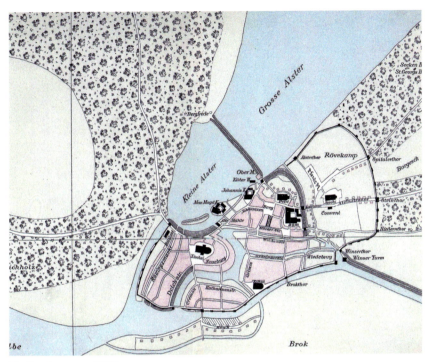

1 Hamburg um 1250.

3 Der Hafen Hamburgs gegen Ende des 15. Jahrhunderts. Links der Kran, rechts die Zollbude, vor der bärtige Schiffer stehen. Miniatur aus dem Hamburger Stadtrecht von 1497.

Die Einwohner

Um 1300 zählte Hamburg etwa 5000 Einwohner. Bis um 1350 hatte sich die Zahl verdoppelt. Aber dann erreichte in diesem Jahr die Pest die Stadt, und ungefähr 6000 Menschen starben. Um 1450 lebten bereits wieder 16 000 Menschen in Hamburg, aber die Pest und die Pocken sorgten dafür, dass die Einwohnerzahl bis zum Jahr 1500 auf 14 000 zurückging. Schwere Schäden richteten auch Sturmfluten an und 1462 vernichtete ein Großfeuer Teile der Innenstadt.

Dass die Bevölkerungszahl nicht stärker zurückging, verhinderte der stetige Zustrom von Einwanderern, hauptsächlich Friesen, Niederländern, Niedersachsen und Mecklenburgern.

1 Beschreibt die Abbildungen 1 und 2.
2 Vergleicht die beiden Abbildungen.
3 Erläutert die Abbildung 3.
4 Plant einen Besuch im Museum für Hamburgische Geschichte und informiert euch dort genauer über Hamburg in der Hansezeit.

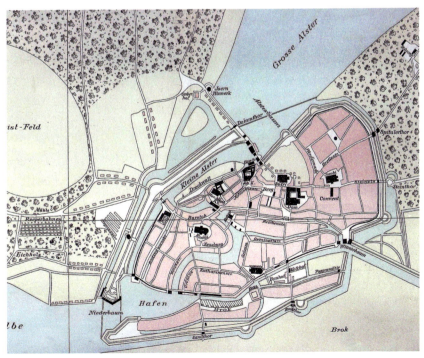

2 Hamburg um 1550.

Hansekaufleute im Ausland

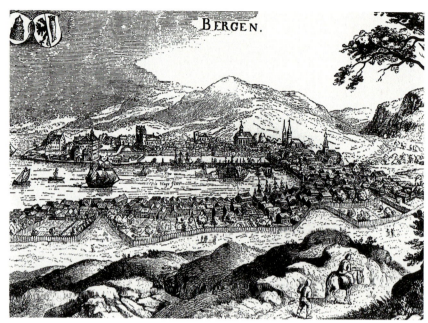

1 Ansicht von Bergen 1572. Kupferstich, 17. Jahrhundert.

Kontor*:
Handelsniederlassung im Ausland.

So wurden einige wichtige Hansestädte genannt:
Lübeck – ein Kaufhaus
Hamburg – ein Brauhaus
Köln – ein Tuchhaus
Lüneburg – ein Salzhaus
Braunschweig – ein Zeughaus
Magdeburg – ein Backhaus
Rostock – ein Malzhaus
Stettin – ein Fischhaus
Danzig – ein Kornhaus
Krakau – ein Kupferhaus
Riga – ein Hanf- und Butterhaus
Reval – ein Wachs- und Flachshaus
Wisby – ein Pech- und Teerhaus

Die Hansekontore*

Die Hanse hatte vier bedeutende Kontore: den Stalhof in London, die deutsche Brücke in Bergen, den Peterhof in Nowgorod und das Kontor in Brügge. Von hier aus wurde der Handel mit dem jeweiligen Land geführt und der Warenverkehr nach Deutschland und den anderen Ländern organisiert. Außerdem führten die Ältcrlcute, die Vorsitzenden des jeweiligen Kontors, Verhandlungen mit den Herrschern des Landes und versuchten die Vormacht der Hansekaufleute weiter auszubauen.

Besonders gut war ihnen das in Bergen gelungen. Da der norwegische König bei der Hanse verschuldet und das Land auf die Getreideversorgung durch sie angewiesen war, konnten die Kaufleute viele Sonderrechte erzwingen. Der gesamte Seehandel mit dem südlichen Norwegen lag in der Hand der Hanse. Lediglich nördlicher als Bergen durften die deutschen Kaufleute nicht segeln. Deshalb wurde Bergen zum großen Umschlagplatz: Hansekoggen brachten vor allem Bier und Getreide nach Norden, das dort gegen getrockneten Fisch (Klippfisch) von den Lofoten und der nordnorwegischen Küste

2 Die deutsche Brücke in Bergen. Foto, um 1930.

getauscht wurde. Viele norwegische Fischer waren bei den Hansekaufleuten hoch verschuldet und mussten ihren Fang auf Jahre hinaus im Voraus verpfänden.

1 Schaut im Atlas nach, in welchen heutigen Ländern die Hansekontore liegen.

2 Erstellt mithilfe der Karte 2 auf Seite 247 und der Aufzählung in der Randspalte eine Liste der wichtigsten Handelswaren der Hanse, ihrer Herkunfts- und ihrer Absatzorte.

Hansekaufleute im Ausland

3 Bildnis des Danziger Hansekaufmanns Georg Gisze in London. Gemälde, Hans Holbein d. J., 1532.

Marzipan
war ursprünglich ein orientalisches Konfekt aus Mandeln und Zucker. Seit dem Mittelalter war es in Lübeck als Heilmittel, exklusive Leckerei und Fürstengeschenk bekannt und wurde in der Apotheke verkauft. Die Herstellung erfolgte seit Ende des 18. Jahrhunderts durch Zuckerbäcker, deren bekanntester in Lübeck Johann Georg Niederegger (1777–1856) aus Ulm wurde.

Transportarten im Mittelalter:

Vom Lehrling zum Kaufmann

Um Hansekaufmann zu werden, besuchte man vom sechsten Lebensjahr an die Schule, in der man vor allem Lesen, Schreiben und Rechnen lernte. Zwischen dem 12. und dem 15. Lebensjahr begann man dann bei einem Kaufmann, meist bei einem Verwandten, eine Lehre. Der Lehrling begleitete entweder die Kapitäne oder Gesellen des Kaufmanns auf ihren Reisen und lernte unterwegs Buchführung, Rechnungswesen, das Prüfen der Waren und den Handel, oder er lebte mehrere Jahre in einem der Hansekontore. Dann wurde er Geselle und tätigte nun selbst im Auftrag seines Handelsherrn Geschäfte im Ausland. Da er nebenher eigene Geschäfte machen durfte, konnte er so langsam genug Geld verdienen, um sich schließlich selbst als Kaufmann in einer Hansestadt niederzulassen.

3 Betrachtet das Bild von Georg Gisze genau. Findet heraus, welche Hinweise zur Arbeitsweise eines Hansekaufmanns der Maler gibt.

4 Berichtet aus der Sicht Georg Giszes, wie er Hansekaufmann geworden ist. (Beispiel: Ich war sechs Jahre alt, als mein Vater mich zu einem Schulmeister brachte ...)

4 Hofgänge im Kontor Bergen. Foto, um 1936.

Die Hanse macht Politik

Internettipp:
„Schulprojekt Hanse" der Realschule und Grundschule im Hanseviertel Rostock über „Maritime Traditionen der Hanse" unter www.hro.shuttle.de/hro/hansaschule/hanse.htm.

1 Margarethe die Große. Büste.

2 Friedensurkunde von 1370. Foto.

Regierungszeiten einiger dänischer Könige:
Waldemar Atterdag
1340–76
Olav das Kind
1376–87
Margarethe
1387–1412

Die Hanse führt Krieg
Im 14. Jahrhundert war die Hanse so mächtig, dass sie nicht nur die Sonderrechte für ihre Kontore sichern und ausbauen konnte, sie war sogar in der Lage, zeitweise in die Politik einiger Länder einzugreifen. Als der dänische König 1361 Wisby eroberte und zerstörte, um so die Macht der Hanse im Ostseeraum zu verringern, führte diese selbst einen Krieg. Einem von den Hansestädten bezahlten Heer gelang es 1370, Waldemar Atterdag zu besiegen. Er musste den Frieden von Stralsund unterzeichnen, bei dem die Hanse sogar das Recht erhielt, bei der Wahl zukünftiger dänischer Könige mitzubestimmen.

Die Hanse wählt den dänischen König
Von diesem Mitbestimmungsrecht machte die Hanse beim Tod Waldemars auch Gebrauch. Sie entschied sich für Olav das Kind, den Sohn von Waldemars Tochter Margarethe und dem norwegischen König, und gegen den Sohn von Waldemars Tochter Ingeborg, die mit dem Herzog von Mecklenburg, dem Bruder des schwedischen Königs, verheiratet war. Da Olav noch unmündig war, führte Margarethe für ihn die Regierungsgeschäfte und wurde nach seinem Tod offiziell als Regentin bestätigt.
1388 erhob sich ein großer Teil des schwedischen Adels gegen seinen König und beschloss Margarethe auch zur Königin von Schweden zu machen.

3 Die Kogge, das Handels- und Kriegsschiff der Hanse im 14./15. Jahrhundert. Modellnachbau.

1 Zeichnet mithilfe der Angaben aus dem Text einen Stammbaum des dänischen Königshauses.
2 Die Hanse hatte die Wahl zwischen den beiden Enkeln Waldemar Atterdags. Begründet aus Sicht der Hanse, weshalb Olav König von Dänemark werden sollte.

Piraten in Ost- und Nordsee

4 Flugblatt zum 300. Jahrestag der Hinrichtung Störtebekers, 1701.

Die Sage von Störtebekers Ende:
Störtebeker soll den Hamburgern als Gegenleistung für sein Leben eine goldene Kette geboten haben, die einmal um die ganze Stadt reicht. Da sie ablehnten, bat er, als Erster geköpft zu werden. Diejenigen seiner Kameraden, an denen sein Leichnam noch ohne Kopf vorbeigehe, sollten ihr Leben behalten. So ist es der Sage nach auch geschehen. Der kopflose Leichnam ging an 13 seiner Männer vorbei, ehe der Henker ihm einen Knüppel zwischen die Beine warf.

Ein auf einen Holzbalken genagelter Piratenschädel. Foto.

Piraten gegen Dänemark

Lediglich die Stadt Stockholm hielt unter dem Einfluss der deutschen Kaufleute, die hier wohnten, weiter zu Albrecht von Mecklenburg. Die Dänen versuchten die Stockholmer auszuhungern, doch die beiden Hansestädte Rostock und Wismar heuerten im Auftrag ihres Herzogs Piraten an, die die dänische Schiffe überfallen und gleichzeitig Lebensmittel nach Stockholm bringen sollten. Dies führte zu einem Streit zwischen Rostock, Wismar und den übrigen Hansestädten, deren Handel durch die Piraten empfindlich gestört wurde, weil diese auch vor Hanseschiffen nicht Halt machten. Schließlich sorgte die Hanse für einen Friedensvertrag zwischen Albrecht und Margarethe.

Die Piraten, die nun nicht mehr gebraucht wurden, wurden aus der Ostsee verjagt und trieben von da an in der Nordsee ihr Unwesen. Erst 1401 konnte der bekannteste von ihnen, Klaus Störtebeker, von Hamburger Kriegsschiffen gefangen genommen werden. Er wurde zusammen mit seinen Kameraden auf dem Grasbrook, der Hamburger Hinrichtungsstätte, geköpft. Die Köpfe wurden zur Abschreckung auf Holzbalken genagelt.

3 *Spielt die Besprechung auf einem Hansetag nach, bei dem darüber beraten wird, ob Rostock und Wismar wegen ihrer Unterstützung für die Piraten bestraft werden sollen. Ein Teil der Klasse vertritt Lübeck und Stralsund, der andere Rostock und Wismar.*

Der Niedergang der Hanse

Im ausgehenden Mittelalter wurden die nordeuropäischen Staaten schließlich wieder stärker und mussten sich von der Hanse nicht mehr in alles reinreden lassen. 1494 wurde die deutsche Brücke in Bergen geschlossen und 1598 musste auch der Stalhof in London seine Tätigkeit aufgeben. Dennoch hielten einige Städte weiter an der Verbindung fest, während andere schon lange keine Gesandten mehr zu den Hansetagen schickten. Erst im Jahr 1669 fand das letzte Treffen statt, an dem allerdings nur noch Bremen, Hamburg und Lübeck teilnahmen. Die Idee der Zusammenarbeit verschiedener Städte rund um die Ostsee lebt aber bis heute fort. Seit einigen Jahren finden auch wieder neuzeitliche Hansetage statt, bei denen es besonders um die Förderung der Wirtschaft und des Tourismus im ehemaligen Gebiet der Hanse geht.

4 *Informiert euch im Internet über die neuzeitlichen Hansetage.*

253

Die Macht der Handelshäuser

1 Jakob Fugger, der Reiche, in seinem Augsburger Kontor mit seinem Buchhalter. An der Wand finden sich Ordner für die Niederlassungen der Fugger. „Ofen" und „Antorff" meinen Budapest und Antwerpen. Buchillustration, 1520.

Schautaler mit dem Bildnis **Jakob Fuggers**. Der Kaufmann ließ die Münze 1518 prägen.

Monopol*
(lat. monopolium = Alleinhandel): wirtschaftliche Machtstellung eines Unternehmens, das den größten Teil eines Marktzweiges beherrscht. Es schaltet damit den Wettbewerb aus und kann die Preise diktieren.

„Geld darf nicht im Kasten ruhen"

In einem kleinen Buch mit dem Titel „Ratschläge über den Handel", das in Florenz im 15. Jahrhundert erschien, wandte sich ein Kaufmann mit folgenden Worten an einen jungen Geschäftsmann: „Deine Hilfe, deine Ehre, deine Verteidigung, dein Gewinn: das ist das Geld. Geld, das in Umlauf sein muss und nicht in einem Kasten ruhen darf."

So dachten damals viele Menschen in ganz Europa. Seit dem 12. Jahrhundert entwickelte sich zunächst in Italien als bedeutendes neues Gewerbe das Bankwesen. Reiche Bürger konnten ihr Geld bei einer Bank anlegen und erhielten dafür regelmäßig Zinsen. Die Bank konnte das eingezahlte Geld unterdessen weiterverleihen. Da sie für solche Kredite höhere Zinsen forderte, als sie dem Anleger zahlte, machte sie Gewinn. Dem Anleger bot so eine Geldanlage weitere Vorteile: Er konnte sich das Geld nicht nur dort wieder auszahlen lassen, wo er es eingezahlt hatte, sondern überall in Europa bei den Niederlassungen der Bank oder ihren Partnerbanken. Das Bankwesen eröffnete so ganz neue Möglichkeiten für Kaufleute. Eine der wichtigsten Banken in Europa gehörte der Familie Fugger, die in Augsburg eine bedeutende Handelsgesellschaft aufgebaut hatte.

Der Aufstieg der Fugger

Hans Fugger, der Sohn eines Bauern und Webers aus einem kleinen Dorf nahe bei Augsburg, war noch ein kleiner Händler gewesen. Seine Ware verkaufte er im 14. Jahrhundert – wie damals allgemein üblich – auf dem Markt der eigenen Stadt. Seine Söhne und Enkel schlugen andere Wege ein, um schnell reich zu werden. Sie stellten keine Tuche mehr her, sondern ließen andere Weber für sich arbeiten. Die Fugger selber wurden Händler und „Verleger". Das heißt: Sie kauften Flachs und Baumwolle in großen Mengen auf und gaben diese an ärmere Weber und Bauern weiter, die etwas dazuverdienen wollten. Neben den Rohstoffen wurden von ihnen bei Bedarf auch die notwendigen Geräte zur Verfügung gestellt oder – wie man damals sagte – „vorgelegt". Von ihren Webern kauften die Fugger die fertigen Tuche zu einem möglichst niedrigen Preis und verkauften sie überall in Europa mit großem Gewinn. Diese Arbeitsweise nennt man „Verlagssystem".

1 Erklärt mithilfe des Textes den Begriff „Verlagssystem".

Die Fugger werden Monopolisten* und Bankiers der Fürsten

Die Fugger errichteten in zahlreichen Städten Europas Handelshäuser und Niederlassungen. Gut bewachte Schnelltransporte brachten die Waren in kürzester Zeit an jeden gewünschten Ort. Außerdem richteten die Fugger eine eigene Post ein, sodass sie über wichtige wirtschaftliche und politische Entscheidungen oft früher informiert waren als ihre Konkurrenten. Außer mit Stoffen handelten die Fugger auch mit Fellen, Schießpulver, mit Gewürzen und Zitrusfrüchten, mit Pelzen, Samt und Seide. Vor allem gelang es ihnen,

Geld regiert die Welt

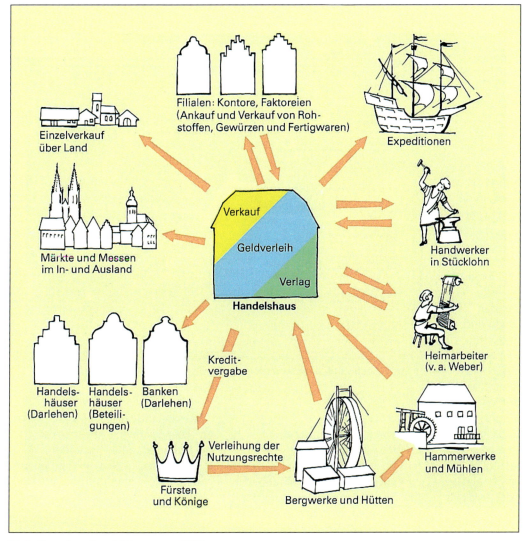

2 Aufbau eines Handelshauses um 1500.

Die Goldmünzen aus Florenz, der Fiorino oder Florino, dienten als Modell für zahlreiche europäische Münzen. Der Fiorino zeigte auf der Rückseite die Lilie von Florenz.

alle Gewürze aufzukaufen, die die Portugiesen nach Mitteleuropa lieferten, und ohne Konkurrenz weiterzuverkaufen. Reich wurden die Fugger ferner mit dem Verleihen von Geld. Aus zahlreichen Bankgeschäften mit Päpsten, Königen und Fürsten zogen sie großen Gewinn. Da die Fürsten die geliehenen Gelder oft nicht zurückzahlen konnten, überließen sie den Fuggern Kupfer- und Silberbergwerke zur Ausbeutung. In kürzester Zeit sicherten diese sich das Monopol auf Kupfer und Quecksilber: Nur die Fugger durften nun diese beiden Metalle verkaufen; sie allein bestimmten auch den Preis. Wie viel Einfluss sie auch auf die Politik nehmen konnten, zeigte sich im Jahr 1519, als sich Karl V. um die Kaiserkrone bewarb. Von den Fuggern erhielt Karl über 500 000 Gulden. Mit diesem Geld kaufte er die Stimmen der deutschen Kurfürsten und wurde von ihnen zum deutschen Kaiser gewählt.

2 *Beschreibt mithilfe der Abbildung 2 Geschäftstätigkeiten der Fugger.*

3 *Stellt dar, was die finanzielle Abhängigkeit des Kaisers für ihn selbst und für die Fugger bedeutete.*

Methode: Recherche im Internet

Das Internet als riesengroße Bücherei
Wenn ihr mehr über ein Thema erfahren wollt, so gibt es viele Möglichkeiten: Ihr könnt eure Lehrkraft fragen, im Lexikon nachschlagen, euch passende Bücher aus der Bücherei ausleihen, ins Museum gehen oder im Internet nach Informationen suchen. Das Internet ist wie eine riesige Bibliothek, in der sehr viele Bücher aus allen Ländern stehen.

Aber Vorsicht!
Genau wie eine Bücherei hat auch das Internet mehrere Fallen. Manchmal sucht man in der Bücherei nach einem Buch und entdeckt auf dem Weg dorthin einen spannenden Titel zu einem ganz anderen Thema. Auch im Internet kann es passieren, dass ihr von dem, was ihr eigentlich sucht, abkommt. Nehmt euch also vor, immer beim Thema zu bleiben. So, wie es gute und schlechte Bücher gibt, gibt es auch gute und schlechte Internetseiten. Achtet also immer darauf, wer der Anbieter eurer Information ist.

Suchen, aber wie?
1. Schritt:
Schlagwort finden
Wenn ihr z. B. wissen wollt, wie das Segel eines Wikingerschiffes ausgesehen hat, müsst ihr euch ein passendes Stichwort überlegen. Unter dem Stichwort „Segel" erhaltet ihr vermutlich sehr viele Hinweise, müsst aber endlos suchen, bis ihr bei eurem Thema seid. Unter „Wikingerschiffsegel" findet ihr vermutlich gar nichts.

Wie könnte ein gutes Stichwort lauten?

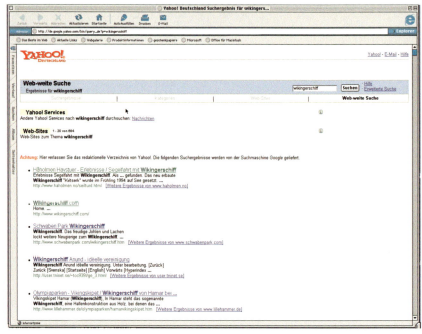

1 Suchergebnis im Internet nach dem Begriff „Wikingerschiff". Screenshot.

2. Schritt:
Suchmaschine benutzen
Im Internet gibt es mehrere Anbieter von Suchmaschinen, bei denen ihr euer Stichwort nur eingeben müsst, dann durchforstet die Suchmaschine für euch alle Internetseiten. Ihr erhaltet dann eine Liste der passenden Internetseiten zu eurem Stichwort. Die bekanntesten Suchmaschinen sind: www.yahoo.de, www.lycos.de, www.google.de.

3. Schritt:
Stichwort eingeben
Wenn ihr zu eurem Stichwort keine Einträge bekommt, solltet ihr die Rechtschreibung überprüfen. Wenn ihr euer Schlagwort falsch eingegeben habt, kann die Suchmaschine nichts finden. War dies nicht der Fall, so müsst ihr euch ein anderes Stichwort überlegen. Solltet ihr aber mehrere Hundert Einträge angezeigt bekommen, so ist euer Stichwort zu allgemein. Versucht ein neues, genaueres zu finden, oder gebt eine kombinierte Suche ein, indem ihr nach zwei Stichwörtern gleichzeitig suchen lasst.

4. Schritt:
Aus dem Angebot auswählen
Jetzt habt ihr eine Reihe von Einträgen und normalerweise stehen noch ein paar Angaben dabei. So könnt ihr einen Teil der Adressen gleich aussortieren, weil es hier nicht genau um das geht, was ihr gesucht habt. Die übrigen Seiten könnt ihr jetzt aufrufen, indem ihr die Internetadresse anklickt.

Los geht's!

Zusammenfassung

Von der Siedlung zur Stadt

Städte, wie wir sie aus dem alten Griechenland oder dem Römischen Reich kennen, entwickelten sich in Europa aus den alten Römer- und Bischofsstädten oder aus Kaufmannssiedlungen. Seit 1100 wurden immer häufiger Städte von einem Stadtherrn gegründet, der dadurch seine Herrschaft sicherte und wichtige zusätzliche Einnahmen erhielt. Die Rechte des Stadtherrn wurden seit 1200 fast überall von den reichen Kaufleuten übernommen. Sie wählten aus ihren Reihen den Rat der Stadt und stellten den Bürgermeister. Erst um 1400 erkämpften sich die Zünfte in vielen Städten ein Mitspracherecht. Von der politischen Mitwirkung ausgeschlossen blieben die Frauen ebenso wie Angehörige der Unterschichten und die Juden, die in Notzeiten zum „Sündenbock" gemacht und grausam verfolgt wurden. Der Markt, Kauf und Verkauf bestimmten das Leben in der Stadt. Der Rat erließ hierfür genaue Vorschriften. Der Mittelpunkt jeder Stadt waren aber nicht der Marktplatz oder die schönen Patrizierhäuser, sondern die Kirchenbauten, die nun in einem neuen, dem gotischen Baustil errichtet wurden.
Geprägt war jede Stadt aber auch vom Gestank und Schmutz auf Gassen und Straßen. Diese Unsauberkeit trug zur raschen Verbreitung von Seuchen wie der Pest entscheidend bei.

Die Städte schließen sich zur Hanse zusammen

Ständigen Gefahren ausgesetzt waren die Fernhandelskaufleute: Seeräuber, Wegelagerer oder Raubritter überfielen ihre Warentransporte. Die Kaufleute schlossen sich daher zu Genossenschaften zusammen. Aus einem derartigen Bund entstand auch die Hanse, die schnell zu einer bedeutenden Wirtschaftsmacht heranwuchs und in zahlreichen europäischen Städten Handelsniederlassungen unterhielt.

Zum Nachdenken

1 Begründet, für welche Transportmöglichkeit ihr euch

Von Lübeck nach Danzig			
	Ladung	Reisezeit	Personal
Kogge	bis 200 t	4 Tage	25 Seeleute
Fuhrwerk	etwa 2 t	14 Tage	2 Mann

entschieden hättet.
2 Errechnet mithilfe eines Atlas, wie viele Tage ein Fuhrwerk ungefähr von Lübeck nach Stralsund brauchte.

Seit 1100

Städte entstehen in ganz Europa.

Um 1400

Zünfte erkämpfen sich ein Mitspracherecht im Stadtregiment.

1150–1500

Mit der Gotik entsteht in Europa eine neue Stilrichtung der Baukunst.

1356–1500

Aufstieg und Niedergang der Hanse

9. Zusammenleben in der Familie

In diesem Kapitel könnt ihr herausfinden, wie Kinder früher gelebt haben und dass Familien heute ganz verschieden aussehen.
Ihr werdet entdecken, dass es unterschiedliche Rollen und Aufgaben in der Familie gibt, und könnt euch Gedanken über eure eigene Rolle machen.
Arbeitet anschließend zur Gleichberechtigung von Mann und Frau und warum die Gleichberechtigung uns alle angeht.

Meine Familie und ich

1 Vater und Sohn. Foto.

3 Mutter und Tochter. Foto.

2 Familie bei einer Mahlzeit. Foto.

4 Familie in Afrika. Foto.

Formen des Zusammenlebens

1 *Stell dir vor, du wirst, bevor du auf die Welt kommst, gefragt, in welcher der vier auf dieser Seite abgebildeten Familien du aufwachsen möchtest. Begründe deine Entscheidung.*

Der Wissenschaftler Ulrich Beck beschreibt Formen des Zusammenlebens in der Zukunft so:

M1 … Es ist nicht mehr klar, ob man heiratet, wann man heiratet,
ob man zusammenlebt und nicht heiratet,
heiratet und nicht zusammenlebt,
ob man ein Kind innerhalb oder außerhalb einer Familie bekommt oder aufzieht …

2 *Gib mit eigenen Worten die Aussagen von Ulrich Beck (M1) wieder.*

Die Familie ist die kleinste Gemeinschaft in unserer Gesellschaft. Sie ist der Ort, an dem man lernen soll miteinander zu leben und auszukommen. Hier kann man erfahren, dass einer für den anderen da ist und sich gegenseitig Liebe, Trost und Hilfe geben.

Früher bestand eine Familie meist aus Vater, Mutter und Kindern, oft lebten auch Großeltern oder andere Verwandte mit in der Gemeinschaft. Heute gibt es allein erziehende Mütter und Väter. Es bestehen auch Wohngemeinschaften mit mehreren Familien, Frauen und Männern, die mit oder ohne Kinder unverheiratet zusammenleben. Großfamilien wie früher sind selten geworden.

3 *Hat deine Familie Ähnlichkeiten mit der Familie der Zukunft, die Ulrich Beck beschreibt? Begründe deine Aussage.*

Formen des privaten Zusammenlebens

5 „Ich bin Fränze, heute habe ich 12. Geburtstag. Seit ungefähr drei Wochen lebt mein Vater nicht mehr bei uns. Heute hat er nur angerufen und mir Glück gewünscht. Ein Geschenk hat er mit der Post geschickt."
„Ich bin Anna mit dem rosa Kleid. Ich bin Fränzes beste Freundin. Ich merke, dass Fränze zum Heulen zumute ist. Ich kann das so gut nachfühlen, meine Mutter lebt auch seit einem Jahr mit mir alleine."
„Ich bin Benjamin. Der Fränze geht's ganz schön schlecht. Wenn ich ihr doch nur helfen könnte! Ich will mal mit meinen Eltern reden, vielleicht haben die eine Idee."

Die Geschichte von Fränze
4 *Versuche dich anhand der Abbildung oben in die Lage von Fränze, Anna oder Benjamin zu versetzen. Welche Gefühle und Gedanken hast du jeweils? Sprich in deiner Gruppe darüber.*

In der Geschichte „Fränze" von Peter Härtling erlebt die 13-Jährige, wie die Ehe ihrer Eltern scheitert:
M2 … Seit Johannes ausgezogen ist, fühlt sich Fränze angespannt wie ein Flitzebogen. Zwar schaut er noch alle zwei oder drei Wochen mal rein, aber er benimmt sich wie ein freundlicher Fremder. Jedes Mal, wenn er wieder weg ist, bricht Mams in Tränen aus. Fränze meist auch. Auf alles und auf alle reagiert Fränze überempfindlich. Sofort mischt sie sich ein, sofort geht sie hoch. Keiner begreift, warum. Immer häufiger werfen Lehrer ihr Zerstreutheit und mangelnden Fleiß vor. Sie weiß, dass sie nachgelassen hat. …

5 *Rede mit deinem Nachbarn über die Reaktionen von Fränze auf den Auszug ihres Vaters (M2).*

Wenn bei einer Trennung ein Elternteil aus der Wohnung auszieht, können verschiedene Probleme auftreten. Es kann zum Beispiel sein, dass die Wohnung oder das Auto zu groß oder zu teuer werden.
6 *Überlege, welche Veränderungen im Alltag es bei der Trennung der Eltern noch geben kann.*

Kinderleben heute

Kinderleben heute

Schule und freie Zeit
Vieles ist bei euch ähnlich wie auf den Bildern. So müssen alle Kinder in eurem Alter zur Schule gehen, alle haben zur gleichen Zeit Ferien. Aber da fangen schon Unterschiede an. Manche von euch verreisen in den Ferien, andere bleiben zu Hause.
1 Sucht euch zwei Bilder dieser Doppelseite aus und erzählt, was euch dazu einfällt.
2 Beschreibt, was bei euch anders ist als bei den abgebildeten Kindern. Das kann bei jedem Einzelnen von euch unterschiedlich sein.
3 Stellt eine Liste über eure Tätigkeiten in der Freizeit auf. Unterstreicht, was ihr am liebsten macht.
4 Zeichnet einen Wochenstundenplan und tragt dann ein: Schulzeit, Schularbeitenzeit, Freizeit.
5 Vergleicht eure Wochenstundenpläne.
6 Schreibt eine Geschichte mit der Überschrift „Meine Spielplätze".

Früher war das Leben der Kinder und Jugendlichen auch in Deutschland anders als heute. Oft war auch ihre Not sehr groß.
7 Berichtet, was ihr bisher über die Kinder in vergangenen Zeiten gehört oder gelesen habt.
8 Sprecht ältere Leute aus eurer Straße an und befragt sie: Wo spielten die Kinder früher? Wie sah ihr Tagesablauf aus?

Kinderleben früher

Bekannte Gegner der Römer:

Häuptling Majestix

Barde Troubadix

Druide Miraculix

Obelix und Idefix

Asterix

1 Aus dem Leben eines römischen Kindes. Relief.

Kinder in Rom

1 Betrachtet das Relief (Abb. 1) wie ein Fotoalbum. Findet zu den vier Lebensabschnitten passende Überschriften.
2 Sucht nach Bildern, die eure Kindheit darstellen. Stellt sie zu einem Bildstreifen zusammen.

Ein Wissenschaftler schrieb 1989 über die römische Schule:

M … Ein recht beträchtlicher Teil der kleinen Römer besuchte die Schule bis zum 12. Lebensjahr, die Mädchen ebenso wie die Knaben (wie der Arzt Soranos bestätigt). Es gab sogar gemischte Schulen. Im Alter von zwölf Jahren trennten sich die Wege der Knaben und der Mädchen, ebenso die von Reich und Arm. Einzig die Knaben setzten ihre Studien fort, sofern sie aus vermögendem Hause stammten. … In den guten Familien sind die Mädchen ab diesem Zeitpunkt ins gitterlose Gefängnis der Handarbeit gesperrt: augenfälliger Beweis dafür, dass sie ihre Zeit nicht nutzlos vertun. …

3 Gebt mit eigenen Worten wieder, was der Autor mit dem „gitterlosen Gefängnis" meint.
4 Beschreibt die unterschiedlichen schulischen Wege der römischen Kinder.

5 Informiert euch noch einmal auf Seite 125 über die römischen Schulen.
6 Stellt eure Schulsituation der römischen gegenüber. Was ist ähnlich, was anders? Erstellt mithilfe von Abbildung 2 ein Wachstäfelchen, wie es römische Schulkinder benutzten. Ihr könnt es immer wieder beschreiben, wenn ihr das Wachs zuvor glatt streicht.

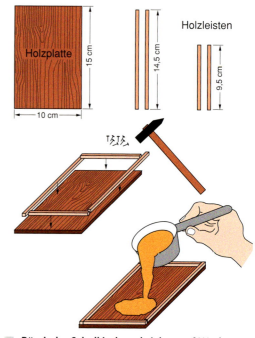

2 Römische Schulkinder schrieben auf Wachstäfelchen.

Kinderleben in der Antike

3 Leben auf einem größeren germanischen Gehöft. Rekonstruktionszeichnung nach Ausgrabungsfunden aus Warendorf/Westfalen 1985.

Kinder im freien Germanien
Über die Kindheit der germanischen Jungen und Mädchen berichtet der römische Schriftsteller Tacitus seinen Landsleuten Folgendes:

Q ... Die Kinder sind oft nackt und schmutzig. In allen Häusern wachsen sie zu diesen starken und großen Gestalten heran, die wir so bewundern. Die eigene Mutter stillt das Kind selbst und überlässt es nicht Dienerinnen oder Ziehmüttern. In der Erziehung wird der Sohn eines Herrn nicht anders behandelt als der eines Dieners: Sie treiben sich zwischen dem gleichen Vieh herum, wälzen sich auf dem gleichen Boden. ... auch beeilt man sich nicht, die Mädchen rasch zu vermählen, die die gleiche Frische zeigen und ähnlich groß sind wie die Jungen. ...

7 Beantwortet zu der Quelle die Fragen zur Arbeit mit Textquellen von Seite 90. Zusätzliche Informationen über den Autor findet ihr in der Randspalte auf Seite 140.
8 Tacitus stellt das Leben der Germanen als vorbildlich dar. Findet anhand der Quelle heraus, worin sich die Kindheit bei den Germanen von der römischen Kindheit unterschied und was Tacitus für besser hielt.
9 Beschreibt die Ereignisse in Abbildung 3 aus der Sicht des kleinen Mädchens und aus der Sicht des alten Mannes.
10 Versetzt euch in die Rolle eines germanischen Kindes und beschreibt seinen Tagesablauf. Vergleicht mit eurem eigenen. Hättet ihr lieber damals oder heute gelebt?

Kinder vor 400 Jahren

1 **Bettlerfamilie am Feuer.** Gemälde, 16. Jahrhundert.

Kinder – kleine Erwachsene
1 Erzählt, was euch an den Abbildungen dieser Doppelseite auffällt.
2 Vergleicht die Kleidung der Kinder.
3 Betrachtet die Kleidung von Mutter und Tochter auf Abbildung 2. Was fällt euch auf?
4 Denkt euch zu den Abbildungen Geschichten aus. Teilt dazu diese unter euch auf.

Wenn man vor 400 Jahren durch einen Ort ging und dabei Menschen begegnete, konnte man schon von weitem erkennen, zu welcher Gruppe sie gehörten. Dabei war es gleich, ob es sich um Kinder oder Erwachsene handelte. Alle Menschen kleideten sich, wie es sich für ihren Stand* gehörte oder wie sie es sich leisten konnten.
Entsprechend ihrer Erwachsenenkleidung sollten sich die Kinder wie kleine Erwachsene verhalten. Die Bettlerkinder wurden schon von klein auf zum Betteln angehalten. Eine Schule kannten sie nicht. Alles, was sie brauchten, lernten sie von den Älteren.

Stand*:
eine für sich fest gefügte gesellschaftliche Gruppe mit gemeinsamen Lebensformen. Man spricht vom Stand des Adels, des Bürgertums und der Bauern.

Erziehung auf dem Land
Bei den Bauernkindern war es ähnlich. Die Vier- und Fünfjährigen wurden schon zum Gänsehüten gebraucht. Wurden sie älter, nahmen die Eltern sie mit und zeigten ihnen alle bäuerlichen Arbeiten. Schon mit zwölf Jahren galten die Kinder als richtige Arbeitskräfte. Da es auf den Dörfern fast keine Schulen gab, lernten die Kinder weder Lesen noch Schreiben.

2 **Bäuerin mit Kind.** Ausschnitt aus einem Gemälde, 16. Jahrhundert.

Kinder vor 400 Jahren

3 Sohn eines wohlhabenden Handwerkers. Gemälde, 1516.

4 Kinder eines Adligen. Gemälde, 1649.

Zeit zum Spielen hatten sie bestenfalls am Sonntagnachmittag. Aber da legten sie sich häufig in eine ruhige Ecke zum Schlafen. Werktags dauerte die Arbeit nämlich von Sonnenaufgang bis Sonnenuntergang.
Auch im Handwerkerhaushalt war für die Kinder wenig Zeit zum Spielen. Selbstverständlich wurden Jungen und Mädchen früh angehalten, alle Arbeiten der Eltern mitzumachen. Mädchen lernten früh Spinnen und wurden in der Küche zur Hilfe herangezogen. Die Jungen wurden zu Hilfsarbeiten in der Werkstatt eingesetzt.

Erziehung in der Stadt
In den Städten gab es dagegen Schulen für die Handwerkersöhne. Diese lernten dort biblische Geschichten, Lesen, Schreiben und vor allem Rechnen. Das war für den späteren Beruf wichtig. Eine Schulpflicht gab es noch nicht.
Größere Städte hatten „Lateinschulen", in die nur Jungen gegen Schulgeld aufgenommen wurden. Die Schüler lernten den Katechismus*, Kirchenlieder, Lesen und Schreiben, vor allem aber Latein und Griechisch. Am Nachmittag nahmen dann die Hausarbeiten viele Stunden in Anspruch.

Erziehung bei den Adligen
Bei den meisten Adligen sah die Erziehung anders aus. In der Zeit bis zum siebten Lebensjahr wurden die Kinder von der Mutter erzogen. Dann übernahm ein Hauslehrer die Erziehung der Jungen. Selbstverständlich lernten die Jungen Lesen, Schreiben, Rechnen, Latein, Katechismus und Kirchenlieder, aber auch Fechten, Reiten und gutes Benehmen. Es gehörte zum Lehrplan mindestens ein Musikinstrument zu erlernen.
Die Mädchen wurden von der Mutter in allem unterwiesen, was eine adlige Hausfrau können musste. Schon mit 13 bis 14 Jahren galten die Mädchen als erwachsen.
5 *Fasst zusammen, was ihr über die Kindheit vor 400 Jahren erfahren habt.*

Katechismus*:
ein Buch für den christlichen Glauben, in dem in Frage und Antwort der Lernstoff angeboten wird.

Kinderarbeit in der Zeit eurer Urururgroßeltern

1 Kinderarbeit im Bergwerk um 1840. Stich.

Kreuzer*:
alte deutsche Münze. Ein Kreuzer entsprach vier Pfennigen.

Kinderarbeit
Vor etwa 150 Jahren wurden in Deutschland zahlreiche Fabriken gegründet. Die Dampfmaschinen in diesen Fabriken benötigten zum Antrieb sehr viel Kohle. Deshalb wuchsen Anzahl und Größe der Kohlenbergwerke und zahlreiche Arbeitskräfte wurden gesucht. Eine große Zahl von Kindern musste in Bergwerken und Fabriken arbeiten, weil ihre Eltern nicht genug Geld verdienten.

1 Beschreibt die drei Abbildungen.
2 Betrachtet den Gesichtsausdruck der Kinder auf den Abbildungen dieser Doppelseite. Besprecht, welche der folgenden Adjektive die Stimmung der Kinder beschreiben: fröhlich, heiter, entspannt, traurig, ernst, angestrengt, erschöpft, müde.

Über die Kinderarbeit in einer Ziegelei wird um 1880 berichtet:
Q1 ... Der Junge erhielt 85 Pfennig Tagelohn bei zehnstündiger Arbeitszeit. Er hatte in dieser Zeit zwischen dem Presser und dem rotierenden Aufzug 36 km zurückzulegen und hatte 1260 kg geformten Ziegelton zu transportieren. Da gab's kein Warten und kein Verschnaufen. ... Wenn schließlich die Pause da war, hatte der Junge keinen Hunger und keinen Durst mehr; er war so müde. Am Abend waren ihm die Knochen wie zerschlagen. ...

Aber nicht nur in Bergwerken und Fabriken mussten Kinder arbeiten, auch mit Heimarbeit verdienten viele von ihnen Geld.
Adelheid Popp berichtete über ihre Erlebnisse als Zwölfjährige um 1880:
Q2 Ich lernte Tücher häkeln. Bei zwölfstündiger fleißiger Arbeit verdiente ich 20 bis 25 Kreuzer* am Tage. Wenn ich noch Arbeit für die Nacht ... nahm, so wurden es einige Kreuzer mehr. Wenn ich morgens um 6 Uhr ... begann, dann schliefen andere Kinder meines Alters noch. Und wenn ich abends um 8 Uhr aufhörte, dann gingen die anderen gut genährt und gepflegt zu Bett. Während ich gebückt bei meiner Arbeit saß und Masche an Masche reihte, spielten sie, gingen spazieren oder sie saßen in der Schule.

In der Landwirtschaft war es auch nicht anders.
Max Hoelz berichtete 1929:
Q3 Ich besinne mich, dass ich als vierjähriger Kerl dem Vater das Mittagessen ... bringen musste. ... Als ich etwas über sieben Jahre alt geworden war, musste ich nun schon auf dem Felde mithelfen, Gänse und Kühe hüten, Kartoffeln hinter der Maschine auflesen oder Rüben ausziehen und hacken. ... Ich habe während der acht Schuljahre nur wenige Male meine Schularbeiten machen können; wir Kinder mussten

Kinderarbeit in der Zeit eurer Urururgroßeltern

Aus einem Gedicht von Thomas Scherr über Kinderarbeit um 1850:

*Noch zählte ich acht
 Sommer kaum,
Musst ich verdienen
 gehn,
Musst dort in dem
 Maschinenhaus
Stets auf die Spindeln
 sehn,
Stand da gebannet
 Jahr und Tag,
Und Tag und Nächte
 gleich:
Drum welkten mir
 die Lippen blau
Und meine Wangen
 bleich.*

2 **Heimarbeit von Kindern.** Foto, um 1890.

3 **Junge als Kuhführer beim Pflügen.** Foto, um 1900.

die Schule meistens schwänzen, um durch Arbeit bei den Bauern für unsere Familie verdienen zu helfen.

3 Fasst zusammen, was ihr über Kinderarbeit erfahren habt. Denkt dabei an Arbeitszeiten, Schwere der Arbeit, Lohn …

4 Vergleicht das Leben der Kinder damals mit eurem.

Alltag in der Familie früher

1 **Wohnung in der Vorstadt.** Foto, um 1920.

Familienleben früher
Heute gibt es zahlreiche Ehepaare ohne Kinder. Viele Eltern leben mit einem oder zwei Kindern zusammen. Wie groß die Familien früher waren, könnt ihr in den folgenden Texten nachlesen. Der erste stammt von einer 16-Jährigen, die 1911 in einer armen Familie im Münchner Stadtteil Giesing lebte:

Q Ich bin das älteste von sechs Kindern. Meine Mutter hat 19 Kinder geboren, aber nur wir sechs leben noch. Unsere Wohnung in der Lohstraße ist nicht sehr bequem: Wir haben zwei Zimmer, in denen wir essen, schlafen und auch arbeiten müssen.
Ich schlafe zusammen mit meiner kleineren Schwester in einem Bett und nur mein jüngster Bruder hat sein Kinderbett für sich alleine. … Wenn ich abends nach der Arbeit nach Hause komme, so gegen 19 Uhr, dann esse ich schnell meine Suppe und mache mich an meine Heimarbeit.
Ich nähe noch verschiedene Blusen, so bis vielleicht 11 Uhr nachts. Von diesem Verdienst, den ich zusätzlich bekomme, möchte ich mir ein ordentliches Kleid kaufen. Mit dem möchte ich mich in der Innenstadt bei einer „Herrschaft" vorstellen für eine Stelle als Dienstmädchen …

1 *Fasst die Aussagen des Mädchens aus der Quelle mit eigenen Worten zusammen.*
2 *Beschreibt die Wohnungseinrichung in der Abbildung 1.*
3 *Überlegt, wie man sich in einem Raum fühlt, in dem gewohnt, geschlafen, gegessen und gearbeitet wird.*
4 *Versucht durch ein Gespräch mit euren Großeltern herauszufinden, wie viele Kinder eure Großeltern und deren Eltern hatten.*

Im nächsten Text kommt ein Großvater zu Wort, der von der 13-jährigen Laura befragt wurde. Er ist 1909 geboren und verbrachte seine Kindheit in einer bayerischen Kleinstadt:

M Laura: „Opa, wie war es damals bei dir zu Hause?"
Opa: „Wir waren vier Kinder, drei Buben und ein Mädchen. Ich war der Zweitälteste."
Laura: „Und deine Eltern, was haben die gemacht?"
Opa: „Mein Vater hatte den Betrieb der Eltern übernommen. Das war ein kleines Granitwerk. Es lag am Ende der Gartenstraße, wir wohnten am Anfang dieser Straße in einem großen Haus, die Oma wohnte auch noch bei uns, also deine Urgroßmutter."

Alltag in der Familie früher

2   Aus dem Familienalbum von Lauras Großvater. Foto, um 1918.

Laura: „Und was hat deine Mutter gearbeitet?"
Opa lacht: „Meine Mutter war immer nur zu Hause. Sie hat sich um uns gekümmert, gekocht hat aber die Oma. Ein Kindermädchen war auch noch beschäftigt."
Laura: „Dann hatte ja deine Mutter nicht viel zu tun!"
Opa: „Doch, doch. Sie hat unsere Hausaufgaben überwacht und außerdem schöne Handarbeiten gemacht: Stickereien und Häkelspitzen."
Laura: „Das fände ich auch gemütlich, wenn die Mama bei mir sitzen und handarbeiten würde!"
Opa: „Einmal im Monat fand im Wohnzimmer ein ‚Kaffeekränzchen' statt. Es kamen befreundete Damen zu Kaffee und Kuchen. Da durften wir Kinder aber nicht dabei sein."
Laura: „Und wo seid ihr Kinder dann gewesen?"
Opa: „Im Sommer haben wir im großen Garten gespielt. Die Kinderzimmer lagen im ersten Stock, aber geheizt war im Winter nur ein Zimmer, da haben wir alle gesessen. Im Erdgeschoss waren wir Kinder eigentlich nur zum Essen, mein älterer Bruder durfte manchmal dort Radio hören."

Laura lacht: „Kann ich mir gar nicht vorstellen! Wir Kinder sitzen doch immer im Wohnzimmer zusammen beim Fernsehen! Danke, Opa, ich glaube, jetzt weiß ich schon ein bisschen über deine Kindheit früher!"

5 *Vergleicht die Kleidung der Personen in den Abbildungen 1 und 2.*
6 *Erzählt mit eigenen Worten, was der Großvater von Laura von seiner Kindheit berichtet.*
7 *Vergleicht die Aussagen des 16-jährigen Mädchens (Q) und des Großvaters von Laura (M). Schreibt auf, worin sich ihre Kindheit unterschied. Denkt dabei auch an die Wohnung und die Freizeit.*
8 *Sprecht mit eurem Nachbarn über die Aufgaben der Mutter im Text (M) und vergleicht mit den Aufgaben eurer Mutter.*

Rollenbilder im Wandel

„Die braucht nur zu heulen, dann bekommt sie Recht."

„Lass das die Jungen machen! Die verstehen mehr von Technik."

„Hausarbeit ist Frauensache!"

„Früher warst du viel hilfsbereiter."

„Du bist wie ein Junge!"

„Dazu bist du viel zu schwach."

„Zieh dich anständig an!"

„Werde bloß keine Emanze!"

„Du brauchst keine Ausbildung, du heiratest ja sowieso."

„Zu viel Selbstbewusstsein schreckt die Jungen eher ab!"

„Du wirst nie eine richtige Frau!"

„Frauen müssen auf ihre Figur achten."

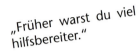

1 Typisch weiblich?

Rollen

Im Leben nehmen wir häufig ganz unterschiedliche Rollen an, z. B. in der Schule, bei den Eltern, im Jugendzentrum, im Freundeskreis, bei Verwandten. Die Vorstellungen über „typisch weibliches" und „typisch männliches" Verhalten sind heute nicht mehr so festgeschrieben und eindeutig wie früher. Dennoch wird uns immer wieder vorgeschrieben, wie wir uns als Junge/Mann und Mädchen/Frau verhalten sollen. Bestimmte Rollenerwartungen, Ratschläge und Ansprüche wollen wir vielleicht erfüllen, andere empfinden wir aber als Vorurteile, nervig, einschränkend und ungerecht.

1 Bearbeitet folgende Aufgaben schriftlich sowie für Mädchen und Jungen getrennt: Lest euch die Aussagen zu den beiden Abbildungen durch. Schreibt in Gruppen zu 4–6 Personen auf ein großes Blatt Papier die Aussagen, die euch schon einmal als Mädchen bzw. Junge gesagt wurden. Ihr könnt sie verändern und ergänzen.

2 Nennt Beispiele, die ihr als berechtigte und hilfreiche Aussagen einordnen würdet.

3 Begründet, welche Aussagen eher unnötige Vorschriften sind, die ihr ungerecht, einschränkend, bevormundend oder abwertend empfindet.

4 Beschreibt die Körperhaltungen der beiden Personen.
Welchen Eindruck machen sie? Wie würdet ihr reagieren, wenn euch so etwas gesagt würde?

5 Untersucht, welche Ratschläge, Ansprüche, Verbote und Erwartungshaltungen an euch gestellt werden, weil ihr ein Mädchen bzw. Junge seid. Welche gelten für Jungen und Mädchen gleichermaßen?

6 Kennzeichnet die Aussagen auf eurem Blatt mit den Symbolen W (Mädchen) und/oder M (Jungen).

Rollenbilder im Wandel

„Ein Indianer kennt keinen Schmerz."

„Bei Mädchen musst du rangehn."

„Nimm Rücksicht auf die Mädchen!"

„Du musst dich durchsetzen können!"

„Ein richtiger Junge weint nicht!"

„Du bist gar kein richtiger Mann!"

„Jungen sind gefühllos."

„Männer müssen hart sein."

„Jungen sind vorlaut."

„Sei kein Mädchen!"

„Ein Gentleman macht das nicht!"

„Männer müssen die Familie ernähren."

2 Typisch männlich?

7 Vergleicht in der Gesamtgruppe eure Ergebnisse. Stellt euch vor, euch würden als Mädchen die „Ratschläge" der Jungen gesagt werden und als Jungen die der Mädchen. Wie würdet ihr dann reagieren?

8 Überlegt, welche Gründe Erwachsene gegenüber Mädchen und Jungen bzw. Jugendlichen für ihre „gut gemeinten Ratschläge" angeben, und bezieht Stellung dazu.

Ich bin ich!
Bildet Kleingruppen zu 4–6 Personen. Jede Person schreibt auf ein Blatt ihren Namen in Großbuchstaben. Ergänzt kreuzworträtselartig die Buchstaben mit euren Interessen, Eigenschaften, Fähigkeiten, Wünschen usw. (s. Beispiel). Bildet in der Kleingruppe einen Sitzkreis. Eine Person beginnt und liest ihren Namen mit den Ergänzungen vor, die sie der Gruppe mitteilen möchte. Sie kann zu den einzelnen Stichworten Weiteres erzählen und die anderen können genauer nachfragen.

Beispiel

```
        L A U T
            A
          R U H E
            C              L
          A H       S O N N E
         A N G E L A        S
        T   G   K           E
      F R I E D E N   T A N Z E N
      E   N   I
      U   E   V
          H
          M
```

Wahrnehmungen und Erfahrungen

1 Rosa bedeutet Mädchen – blau bedeutet Junge?
Foto, 1990.

Als Mädchen und Jungen erzogen
In einem Heft von 1992/93 zur Frage der Gleichberechtigung hieß es:
M1 … Niemand weiß genau, wo es herkommt. Und doch ist es für die meisten gar keine Frage: Rosa bedeutet Mädchen und blau bedeutet Junge. Bereits im Krankenhaus wird vielen Babys unmittelbar nach der Geburt ein Bändchen mit der entsprechenden Farbe angehängt.
Und dann kann es losgehen: „Ein kräftiger Junge, und so unternehmungslustig. Und wie laut er schon brüllen kann! Ganz der Papa!" Oder anders herum: „Eine richtige kleine Schönheit! Und diese zierliche Nase! Der Mama wie aus dem Gesicht geschnitten."
Alles klar? Mit der Farbe wird der kleine Unterschied dokumentiert, die Geschlechterrolle wird festgelegt. …

Heidrun Hoppe, die über Frauenleben 1993 ein Buch geschrieben hat, meinte dazu:
M2 … Die heutigen Mütter behandeln Mädchen und Jungen nicht mehr so ausgeprägt geschlechtsspezifisch, sondern immer mehr ihren individuellen Neigungen, Fähigkeiten, Wünschen und Problemen entsprechend. …
Und dennoch: Obwohl Jungen am Puppen- und Mädchen am Fußballspiel teilnehmen könnten, tun das die meisten von ihnen nur selten oder gar nicht. …
Diejenigen, die sich untypisch verhalten, erregen das besondere Interesse ihrer Umgebung. Dabei gibt es auffallende Unterschiede: Ein Mädchen darf – oder soll – sich eher „jungenhaft" verhalten als umgekehrt. Viele Mädchen handhaben heute z. B. gern und geschickt Werkzeug und Eisenbahn, sind sportlich und wagemutig. Eher anerkennend als tadelnd bemerken Eltern und Bekannte, an ihr sei „ja ein richtiger Junge verloren gegangen".
Spielt ein Junge dagegen bis ins Schulalter am liebsten mit Puppen, … so gilt er als auffällig. Wer sieht schon gerne, dass ein fünfjähriger Junge einen Puppenwagen schiebt? Allenfalls ein Schmusetier ist erlaubt. …
Beispiele zeigen, dass die Fähigkeiten und Eigenschaften von Mädchen sich zunehmend um die der Jungen erweitern. Sie orientieren sich auf Familie und Beruf. Die meisten Jungen dagegen … werden nicht darauf vorbereitet, als Vater neben der Berufstätigkeit die Hausarbeit und Kinderbetreuung als ihr Arbeitsgebiet wahrzunehmen. …

1 Bringt Fotos aus eurer Kindheit mit. Erzählt euch Geschichten aus dieser Zeit.
2 Schaut euch die Abbildung 1 an. Nennt typische Kleidung und Spielsachen für kleine Mädchen und Jungen.
3 Lest M1 und M2 durch und klärt schwierige Begriffe und Fragen zum Verständnis.
4 Beschreibt mithilfe von M1 und M2, wie Kinder zu Mädchen/Jungen erzogen werden.

Ein Mädchen erlebt ihre Schule

2 In einer 9. Schulklasse. Foto, 1994.

Im Unterricht
Sirah, eine Schülerin der 9. Klasse, erlebte ihren Unterricht so:

M3 Mathematik
Sie muss heute endlich ihre Kurswahl treffen. Die Mathematiklehrerin hat sie gefragt, ob sie nicht Mathematik als Wahlpflichtfach machen will, sie ist doch so gut in diesem Fach. Aber eigentlich will sie nicht. Schließlich wird sie dieses Fach später auch in der Oberstufe nicht als Leistungskurs wählen, weil die Anforderungen da viel zu hoch sind.
Außerdem sind auch immer so viele Jungen in solchen Kursen und nur wenige Mädchen. …
Nein, sie wählt lieber Biologie, in dem Kurs ist auch Julia, ihre beste Freundin.

M4 Deutsch
Sie sprechen über den letzten Test. Jan hat ihn total verhauen, „glänzend verhauen", wie er sagt. „Für dich müsste man die Notenskala nach unten erweitern", hat die Lehrerin zu ihm gesagt, als sie ihm die Arbeit zurückgab. „Das wäre mir eine Ehre und eine Freude", hat Jan geantwortet. Die ganze Klasse hat gebrüllt vor Lachen und die Lehrerin konnte sich das Lächeln auch nicht verkneifen. …
Jan ist überhaupt ein irrer Typ. Stinkfaul und ziemlich frech, aber alle mögen ihn, auch die Lehrer und Lehrerinnen. „Wenn du dich ein bisschen anstrengen würdest, könntest du es wirklich zu was bringen", sagen sie immer zu ihm, „intelligent genug wärst du, bloß leider zu faul."

M5 Kunst
Der Kunstlehrer ist ein älterer Typ, ziemlich steif und redet immer so altmodisch daher. „Meine Herren, ich muss doch bitten", sagt er zu den Jungen, weil die reichlich laut sind.
„Und nun zeigt mal, was ihr könnt", sagt er und gibt eine ziemlich schwierige Zeichenaufgabe. Sie sollen ein Gebäude räumlich darstellen. Sirah liegt das, es ist so ähnlich wie Geometrie, so was macht ihr Spaß. Sie vertieft sich darin, zeichnet schön sauber und sorgfältig, wie sie es gerne hat.
„Lass doch mal sehen", flüstert Jan neben ihr. Sie schiebt das Blatt in seine Richtung, sodass er rüberschielen kann.

M6 Physik
Sirah döst vor sich hin … Den letzten Test hat sie ganz gut erreicht, also was soll sie sich groß anstrengen. Auch die anderen Mädchen sagen nicht viel, dafür sind die Jungen umso aktiver. Der Physiklehrer redet auch nicht viel mit ihnen und fragt die Mädchen sowieso nicht so oft. Vielleicht ist es eben mehr ein Fach für Jungen. Die ganzen Experimente, diese ganze Aktion, um irgendwas Theoretisches zu erklären, was praktisch sowieso kein Mensch braucht. …

5 Lest M3 bis M6 durch und beschreibt die Erfahrungen, die Sirah in den einzelnen Unterrichtsstunden macht.
6 Wie verhält sich Sirah im Unterricht?
7 Beschreibt ihre Stärken und Interessen.
8 Wie verhalten sich die Lehrer und Lehrerinnen? Stellt euch vor, Sirah wäre ein Junge und Jan ein Mädchen. Was wäre dann vermutlich anders?
9 Nennt Gründe, warum ihr einige Fächer besonders gerne habt bzw. ablehnt.
10 Erkundigt euch nach Angeboten nur für Jungen bzw. Mädchen an eurer Schule.

Gleichberechtigung geht uns alle an

1 / 2 **Bei der Hausarbeit.** Fotos.

Hausarbeit – (k)ein Thema für mich!
Hausarbeit umfasst praktische Arbeiten wie Einkaufen, Kochen, Abwaschen, Aufräumen, Putzen allgemein, Wäschewaschen, Bügeln, Nähen, usw., aber auch Arbeiten wie Tapezieren, die Einrichtung und Gestaltung der Wohnräume, Blumenpflege, kleinere Reparaturen durchführen, Verwaltung der Haushaltskasse, Rechnungen bezahlen usw.
Darüber hinaus zählen zur Hausarbeit auch Tätigkeiten, die zum Zusammenleben und Wohlbefinden aller Personen im Haushalt gehören, wie z. B. Kindererziehung, Krankenpflege, Vorbereitung und Durchführung von Geburtstagen und Festen, Urlaubsplanungen und vieles mehr.

1 Nennt reihum unterschiedliche Tätigkeiten, die zur Hausarbeit gehören.
2 Beschreibt an Beispielen den genauen Arbeitsablauf der im Text genannten Tätigkeiten, indem ihr ihnen einzelne, konkrete Arbeitsvorgänge zuordnet, z. B.: Putzen allgemein: saugen, fegen, reinigen, Staub wischen, Fenster putzen, Betten machen, Müll raustragen …
Kindererziehung: zum Kindergarten begleiten, Freizeitgestaltung, Hausaufgabenhilfe, Elternabende, Arztbesuche …

3 Erstellt jeweils eine Strichliste für Mädchen und Jungen getrennt.
– Schreibt in die linke Spalte auf zwei große Wandtapeten die unterschiedlichen Tätigkeiten der Haus- und Erziehungsarbeit aus dem Text untereinander.
– Zeichnet rechts daneben sechs weitere Spalten für folgenden Personenkreis: Mutter/weibliche Bezugsperson, Schwester, ich, Vater/männliche Bezugsperson, Bruder, andere.
– Markiert in diesen Spalten jeweils mit einem Strich, wer bei euch zu Hause die verschiedenen Arbeiten überwiegend erledigt.
– Klärt vor der Befragung das genaue Verfahren. Beteiligt euch auch an der Befragung, wenn bei euch zu Hause nicht alle genannten Personen leben. Ordnet andere im Haushalt lebende Personen nach Möglichkeit einer der Spalten zu.
4 Markiert die Tätigkeiten mit unterschiedlichen Farben danach, wie oft sie im Haushalt durchschnittlich anfallen (z. B. rot: sehr oft, täglich, mindestens einmal in der Woche; grün: etwa einmal im Monat; blau: selten bzw. unregelmäßig, in größeren Zeitabständen).

Gleichberechtigung geht uns alle an

Übersicht 1:
Erwerbstätige Personen im Alter zwischen 25 bis 30 Jahren in der Bundesrepublik Deutschland (Stand 2000):

Männer	79,9 %
Frauen	64,0 %

Übersicht 2:
Erwerbstätige Personen mit einem Teilzeitarbeitsplatz in der Bundesrepublik Deutschland (Stand 2004):

Anteil insgesamt:	18,9 %
davon:	
Frauen	42,6 %
Männer	4,6 %

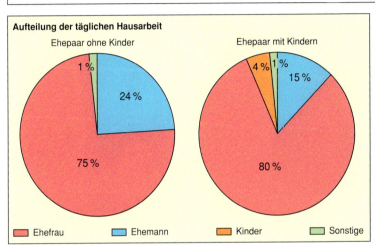

3 Die Aufteilung der täglichen Hausarbeit (geschätzt).

5 Vergleicht die Ergebnisse der Mädchen und Jungen miteinander und wertet sie aus.
– Zählt Beispiele auf, in welchen Bereichen eine festgelegte Arbeitsteilung in der Hausarbeit vorliegt und nennt mögliche Gründe dafür.
6 Beschreibt die Kreisdiagramme (Abb. 3).
7 Vergleicht und bewertet die Zahlenangaben in der Übersicht 1.
8 Beschreibt, wie eine gleichberechtigte Arbeitsteilung zwischen Frauen und Männern aussehen könnte.
– Nennt die Hausarbeiten, für die sich alle Personen im Haushalt zu gleichen Teilen verantwortlich fühlen sollten.
– Welche Absprachen könnten für Tätigkeiten im Haushalt getroffen werden, die alle als besonders belastend, unangenehm, langweilig oder anstrengend, aber als notwendig empfinden?
9 Erläutert die Übersicht 2.
– Überlegt euch mögliche Gründe für die großen Unterschiede in der Teilzeitbeschäftigung zwischen Frauen und Männern.
– Informiert euch über die Beweggründe, Vor- und Nachteile für eine Teilzeitbeschäftigung.

Teilzeitarbeit – aber nicht nur für Frauen
Die meisten streben eine partnerschaftliche Arbeitsteilung an. Sie wird aber in der Wirklichkeit wenig umgesetzt. 70% der kindbezogenen Aufgaben sollen nach Angaben von Befragten unter den Eltern gleichmäßig aufgeteilt werden. Ideal und Realität klaffen allerdings auseinander. Die alte Rollenaufteilung wandelt sich immer dann, wenn Frauen berufstätig sind und eine gleichberechtigte Teilung der Aufgaben erwarten und einfordern.
Beide, Frauen und Männer, müssen für ein partnerschaftliches Miteinander umdenken.

Familien in anderen Regionen

1 Esta, ein Mädchen der Massai. Foto.

2 Estas Eltern und Geschwister, im Hintergrund die Lehmhütte der Familie. Foto.

2 Esta und ihre Freundinnen in der Schule. Foto.

Estas Familie in Tansania
In dem Buch „Kinder aus aller Welt" wird über die Geschichte einer Familie in Ostafrika berichtet:
M1 ... Esta ist zwölf Jahre alt und gehört zum Stamme der Massai in Ostafrika. Sie lebt an einem Ort namens Sanya Station in Tansania. Früher waren die Massai Nomaden, die mit ihrem Vieh immer auf Wanderschaft waren. Heute haben viele Massai, wie auch Estas Familie, einen festen Wohnsitz. ...

Weiter heißt es in dem Buch:
M2 ... Wie bei den Massai üblich hat Estas Vater zwei Frauen. Estas Mutter Swelali und ihre Kinder wohnen in einer Hütte, die andere Frau von Estas Vater und deren Kinder in einer anderen. Esta hat zwei Brüder, eine Schwester und mehrere Halbgeschwister. Ihr Vater versorgt die Tiere, ihre Mutter sammelt Feuerholz, holt Wasser und kümmert sich um das Heim. ...

1 Sucht mithilfe des Atlas das Land Tansania.
2 Informiert euch in einem Lexikon über das Leben der Massai.
3 Gebt an, was euch in den Abbildungen 1–3 auffällt.
4 Vergleicht das Leben in der Familie von Esta mit eurer Familie und notiert die Unterschiede.

Familien in anderen Regionen

4 Hasans Familie aus dem Iran beim Einkauf auf einem Markt. Foto.

5 Sucht im Atlas die Heimat von Hasan.
6 Betrachtet die Familie von Hasan in Abbildung 4. Beschreibt die Kleidung der männlichen Familienmitglieder. Wie sind die Frauen angezogen?
7 Erkundigt euch bei moslemischen Mitschülerinnen und Mitschülern nach „Kleidervorschriften".
8 Erläutert, welchen Eindruck die einzelnen Familienmitglieder auf euch machen. Vermutet, welche Rollen die jeweiligen Personen in der Familie Hasans spielen könnten.
9 Sucht Bilder anderer Familien in der Zeitung, in Zeitschriften oder in Büchern. Ihr könnt auch in einer Bücherei nachschauen. Für die Suche in der Bücherei informiert euch noch einmal auf den Methodenseiten 36 und 37. Stellt im Anschluss eure Ergebnisse zu einem Plakat mit dem Thema „Familienbilder" zusammen.

5 Schulklasse in der Türkei. Foto.

Zum Weiterlesen: Fidan – langer Weg ...

Fidan – langer Weg in eine neue Zukunft

Fidan, ein zwölfjähriges kurdisches Mädchen, lebt mit ihrer Familie in Österreich. Die Eltern wollen später wieder in die Türkei zurückkehren und erwarten von ihren Kindern, dass sie sich an die Regeln der islamischen Tradition halten.

Die Mutter kramte in ihrer Geldbörse und schob dem Vater einige Münzen für den Telefonautomaten hin. Der Vater nahm die Jacke vom Haken, schlüpfte in die Schuhe und verließ mit schnellen Schritten die Wohnung. Fidan spürte ihr Herz bis zum Hals klopfen. Warum war Zozan noch immer nicht zurück? Sie hatte doch zu ihr gesagt, dass sie pünktlich um zehn daheim sein würde. Es war doch ein Wahnsinn, einen Diskobesuch zu erschwindeln und dann noch nicht einmal pünktlich heimzugehen. Fidan verstaute das Heft in ihrer Schultasche. Eigentlich sollte sie nun schlafen gehen. Doch wie kann man schlafen, wenn man Angst hat um die Schwester? Die Mutter trocknete die letzten Teetassen ab, aber zwischendurch lief sie immer wieder zum Fenster, schob den Vorhang beiseite und spähte die Straße hinunter, ob Zozan nicht doch heimkäme. Endlich hörte man Schritte im Stiegenhaus. Es war der Vater.

„Das ist eine schlimme Geschichte", sagte er. „Unter der Telefonnummer der Firma läuft ein Tonband, das die Öffnungszeiten bekannt gibt, sonst nichts. Und Köstner gibt es ganze fünf im Innsbrucker Telefonbuch. Keine Ahnung, welcher Name und ob überhaupt einer davon der richtige ist." Er wischte sich mit der Hand über die Stirn. Er schaute müde aus. Plötzlich ärgerte sich Fidan über die Schwester. Gut, wenn sie schon unbedingt einmal in die Disko wollte, das konnte sie verstehen. Aber dann den Eltern noch Sorgen und Kummer bereiten, indem sie nicht rechtzeitig heimging! Schließlich lebte sie nun einmal in einer kurdischen Familie und nicht in einer österreichischen. Hier herrschten eben andere Sitten. Und eigentlich waren ihre Eltern verhältnismäßig tolerant. Sie arbeiteten den ganzen Tag. Es war sicher oft schwer, als Gastarbeiter in einem österreichischen Betrieb zu arbeiten. Oft klagten sie, dass man ihnen immer die unangenehmsten Arbeiten, die kein Österreicher machen mochte, zuschob. Dazu kamen noch die dummen und überheblichen Bemerkungen mancher Kollegen. Die blieben sich gleich, ob man als Gastarbeiter in einem Betrieb arbeitete oder als Gastarbeiterkind in einer Schulklasse saß. Die Eltern fühlten sich oft noch fremder hier, hatten mehr Heimweh. Sie hatten ihre Kindheit und Jugend in einer ganz anderen Welt verlebt, den Kindern war trotz allem dieses österreichische Leben vertrauter.

Inzwischen war es elf geworden. Fidan überlegte fieberhaft, ob sie den Eltern sagen sollte, wo Zozan wirklich war. Vielleicht war ihr etwas zugestoßen? War dies der Grund, warum sie nicht heimkam? Brauchte sie Hilfe?

„Was meinst du, Mehmet, sollten wir die Polizei verständigen? Ich habe solche Angst um Zozan." Der Vater fuhr auf. „Nein, das können wir nicht. Nicht die Polizei. Du weißt doch, man ist so schnell seine Arbeitsbewilligung los, wenn man auffällt."

„Was ist das nur für ein Betrieb, der junge Mädchen nicht zur gegebenen Zeit nach Hause schickt! Du solltest dich beschweren, Mehmet. Das haben wir nun davon, dass wir sie eine Lehre machen lassen!"

„In erster Linie wolltest ja du das!", sagte der Vater. „Du und Zozan. Und mein Bruder Ökcay. Mir wäre es lieber gewesen, wenn sie zu Hause geblieben wäre und ihre Geschwister versorgt hätte. So wichtig eine Berufsausbildung auch ist, die verlorene Ehre ist das Schlimmste, was einer Familie passieren kann."

Die Mutter senkte den Kopf und schwieg. Fidan stand leise auf, um ins Bad zu gehen. In diesem Augenblick schellte die Türglocke. „Ah, das wird sie sein. Mir fällt ein Stein vom Herzen", rief die Mutter, und der Vater sagte: „Nun wird sie was erleben! Das wird sie nicht noch einmal machen."

Aber es war nicht Zozan, die vor der Tür stand, sondern Belinda. Sie trug einen Morgenmantel und über die Schultern hatte sie ein großes buntes Wolltuch geschlungen. „Darf ich kurz hereinkommen? Es ist wegen Zozan."

Die Mutter stieß einen Schrei aus. „Ist etwas passiert? Ein Unfall? Was ist mit ihr?"

Wie es mit Zozan weitergeht und wie es Fidan gelingt, die Probleme mit ihren Eltern zu lösen, könnt ihr in dem Jugendbuch von Rosmarie Thüminger: „Fidan. – Langer Weg in eine neue Zukunft", Dachs, Wien 1999 nachlesen.

Zusammenfassung

1 Das bin ich im Jahr 1997. Ich bin die Enkelin von der Frau auf dem Bild rechts unten. Ich bin 1984 geboren. Foto.

2 Das ist meine Mutter. Sie ist die Tochter von der Frau unten. Sie ist 1960 geboren. Foto.

Ein eigenes Familienalbum anlegen

Zum Abschluss des Kapitels könnt ihr selbst ein Familienalbum anlegen. Ihr solltet dazu Fotos aus der eigenen Familie suchen und kopieren. Klebt dann diese Fotos auf ein Blatt und schreibt eure Erklärungen dazu. Stellt die einzelnen Blätter aus und ladet eure Eltern zur Ausstellung ein.

Wenn ihr eure Ausstellung erweitern möchtest, könnt ihr auch
- Geschichten aus eurer Familie sammeln und aufschreiben;
- Vornamen, Rufnamen oder Spitznamen von Familienmitgliedern suchen und notieren.

Vielleicht fallen euch noch andere Möglichkeiten ein, eure Familie vorzustellen.

3 Das ist meine Großmutter. Sie ist 1935 geboren. Foto.

Altsteinzeit

Jungsteinzeit

Altertum

Metallzeit

5 Millionen | 8000 v. Chr. | 3000 v. Chr.

10000 v. Chr.   Erster Getreideanbau und erste Viehzucht im Vorderen Orient
7000 v. Chr.   Erste stadtähnliche Siedlung in Jericho

Bronzezeit/Eisenzeit
um 3000 v. Chr.   Erste Bronzeverarbeitung im Vorderen Orient
um 2000 v. Chr.   Ausdehnung der Bronzetechnik bis Mitteleuropa
um 1300 v. Chr.   Erste Eisenverarbeitung in Kleinasien
um 500 v. Chr.   Eisenzeit in ganz Deutschland

Griechenland

Ägypten

750–550 v. Chr.   Griechische Kolonisation
776 v. Chr.   Erste Olympische Spiele
490–449 v. Chr.   Blütezeit Athen

vor ca. 5 Mio. Jahren   Erste Menschen
vor ca. 600000 Jahren   Ältester Menschenfund in Deutschland
vor ca. 17000 Jahren   Frühmenschen in der Höhle von Lascaux

3000 v. Chr.   Staatsgründung in Ägypten
1900 v. Chr.   Ägypten wird Großmacht
1000 v. Chr.   Ägyptens Großreich zerfällt
30 v. Chr.   Ägypten wird römische Provinz

In der gesamten Altsteinzeit lebten die Menschen als Jäger und Sammler.

v. Chr.   Christi Geburt   200   400

Rom

753 v. Chr.	Gründung Roms (Sage)
500 v. Chr.	Beginn der römischen Republik
um 250 v. Chr.	Rom ist stärkste Landmacht im Mittelmeerraum
44 v. Chr.	Alleinherrschaft Caesars

Germanen

bis zum 1. Jh. n. Chr.	Die Germanen leben als Jäger und Bauern
9 n. Chr.	Schlacht im Teutoburger Wald
1.–3. Jh. n. Chr.	Errichtung des Limes gegen die Germanen

31 v. Chr.–14 n. Chr.	Herrschaft des Kaisers Augustus
395 n. Chr.	Teilung des Römischen Reiches
476 n. Chr.	Der letzte weströmische Kaiser wird von den Germanen abgesetzt
1453 n. Chr.	Ende des Oströmischen Reiches

Mittelalter

500　　　　　　　　　　　　　　　　900　　　　　　　1000

Vom Frankenreich zum Reich der Deutschen

482	Chlodwig wird König der Franken
722	Bonifatius wird mit der Missionierung der Germanen beauftragt
768	Karl der Große wird König der Franken
722–804	Sachsenkriege
800	Kaiserkrönung Karls des Großen
814	Tod Karls des Großen

919	Wahl Heinrich I. zum ersten deutschen König
936–973	Otto I.
955	Sieg über die Ungarn auf dem Lechfeld
962	Otto I. wird in Rom zum Kaiser gekrönt

Leben im Mittelalter

seit dem 8. Jh.	Ausbreitung des Mönchtums; viele Orden, zahllose Klöster
800–1000	Aus der Mehrzahl der freien Bauern werden Unfreie
seit 1096	Ausgrenzung und Verfolgung der Juden
10.–12. Jh.	Entstehung des Ritterstandes
12. Jh.	Im Deutschen Reich gibt es 19 000 Burgen
12. und 13. Jh.	Aufstieg der Fürsten zu Landesherren/Besiedlung der Gebiete östlich der Elbe (deutsche Ostsiedlung)

Neuzeit

1200　　1300　　1400　　1500

12.–15. Jh.	Städteboom in Europa
seit 1300	Gotische Kirchen werden in ganz Europa errichtet
1300–1400	Zünfte erkämpfen sich in zahlreichen Städten ein Mitspracherecht

1356–1500	Aufstieg und Niedergang der Hanse Hamburg wird zur bedeutenden Hansestadt
um 1500	Mächtige Handelshäuser (Fugger, Welser) entstehen

Gewusst wie ...

Eine Zeitleiste herstellen
Zeitabschnitte aus der Vergangenheit könnt ihr in einer Zeitleiste darstellen. So könnt ihr veranschaulichen, was früher, später oder auch gleichzeitig stattgefunden hat.

... und so wird's gemacht:

1. Bildmaterial sammeln und ordnen
Tragt Bilder, Fotos und Gegenstände zusammen und beschafft euch Informationen dazu. In Geschichtsbüchern, Lexika oder in alten Zeitungen könnt ihr euch informieren. Sortiert ähnliche Abbildungen aus. Macht Fotokopien von Bildern, die euch nicht gehören. Fotografiert Gegenstände, über die ihr nicht verfügen könnt. Notiert, aus welchem Jahr die Bilder oder Gegenstände stammen. Berechnet, wie viele Jahre seitdem vergangen sind.

2. Zeitleiste anlegen
Nehmt eine Tapetenbahn und zeichnet einen Zeitstrahl darauf. Überlegt, welchen Zeitraum ihr darstellen wollt. Schreibt das Jahr, das am weitesten zurückliegt, an die linke Seite des Zeitstrahls. Der Zeitpunkt, der unserer Zeit am nächsten ist, wird an die rechte Seite geschrieben. Unterteilt dann den Zeitstrahl in sinnvolle Abschnitte.

3. Zeitleiste gestalten
Legt euer Bildmaterial auf und probiert verschiedene Gestaltungsmöglichkeiten aus. Klebt die Abbildungen auf und beschriftet sie.

Mündliche Quellen
Informationen kann man nicht zu allen Fragen aus Büchern beschaffen. Man kann Zeitzeugen- oder Expertenbefragungen durchführen. Das, was die Leute dabei erzählen, wird „mündliche Quelle" genannt. Aber auch viele Materialien im Buch sind als mündliche Quellen aufgezeichnet worden.

... und so wird's gemacht:

1. Fragen stellen
Geht vor wie bei einer Zeitzeugen- oder Expertenbefragung.

2. Informationen entnehmen
Fragt nach, wenn euch etwas unklar bleibt. Formuliert nachher die Antworten auf eure Fragen kurz mit eigenen Worten.

3. Informationen vergleichen und überprüfen
Wenn man Leute zu Dingen befragt, die sie selbst erlebt haben, wollen sie sich so gut wie möglich darstellen: Manch einer ist ein Angeber, ein anderer ist allzu bescheiden. Die Wahrheit könnt ihr meist nur schwer überprüfen. Manchmal hilft es, mündliche Quellen zu vergleichen. Manchmal gibt es schriftliche Quellen oder Abbildungen, die den Erinnerungen widersprechen. Wichtig: Zeigt der befragten Person möglichst nicht, dass ihr ihre Erzählungen prüfen wollt, sondern bewertet sie erst nachher alleine.

Textquellenarbeit
Schriftliche Überlieferungen werden Textquellen genannt, weil man aus ihnen Informationen über die Vergangenheit entnimmt, so wie man Wasser aus einer Quelle schöpft. Dabei kann es sich z. B. um Gesetzestexte, Briefe oder Inschriften handeln. Die Textquellen können auf Papier oder Stein, in Büchern oder an Gebäuden stehen. Um eine Textquelle genauer untersuchen zu können, sind folgende Fragen hilfreich:

1. Fragen zum Text
- Wovon berichtet der Text? (W-Fragen: Wer? Wo? Wann? Was? Wie? Warum?)
- Wie ist der Text untergliedert? Welcher Gesichtspunkt steht im Mittelpunkt?
- Wie kann man den Inhalt kurz zusammenfassen?
- Welche Widersprüche, Übertreibungen oder Einseitigkeiten enthält der Text?

2. Fragen zum Verfasser (Autor)
- Welche Informationen besitzen wir über den Verfasser?
- Kannte der Schreiber die Ereignisse, über die er berichtet, aus eigener Anschauung?
- Welche Absichten verfolgte der Verfasser mit seinem Text?
- Versucht der Autor möglichst neutral zu sein oder ergreift er Partei für bestimmte Personen?

... arbeiten mit Methode

Schaubild
Schaubilder stellen komplizierte Zusammenhänge vereinfacht dar.

... und so wird's gemacht:
1. Was ist dargestellt?
a) Inhalt feststellen (Um was geht es?)
b) Symbole entschlüsseln (Bedeutung von Farben, Form der Elemente, Pfeile …)

2. Wie ist die Darstellung aufgebaut?
a) Aufbau und Ablauf erkunden (Wo ist der „Einstieg", läuft alles in eine Richtung? Gibt es Verzweigungen, soll ein Kreislauf angedeutet werden?)
b) Zusammenhänge herstellen (Wo sind z. B. Ursachen, wo ergeben sich Folgen?)

3. Auswertung
a) Gesamtaussage erkennen (Wie könnte man die Aussage des Schaubildes mit wenigen Worten wiedergeben?)
b) Kritisch überprüfen (Was fehlt, was wird zu einfach dargestellt oder übertrieben …?)

Statistik und Diagramme
Die bei Umfragen erhobenen Daten sollten ausgewertet und grafisch aufbereitet werden. Wenn ihr die dafür notwendigen Schritte einmal selber gemacht habt, fällt euch die Deutung und Beurteilung fremder Statistik viel leichter.

... und so wird's gemacht:
1. Fragebögen auswerten
Strichlisten zu den einzelnen Antworten anlegen, Teilergebnisse zusammenfassen, eine Tabelle mit dem Gesamtergebnis aufstellen – das sind die notwendigen Vorarbeiten für eine grafische Aufbereitung von erhobenen Daten.

2. Diagrammart wählen
Diagramme sollen übersichtlich und aussagekräftig sein. Der ausgewählte Typ muss zum Inhalt passen.

3. Diagramme anlegen
Hierfür ist es manchmal günstig, die absoluten Zahlenwerte in Prozente umzurechnen.

4. Interpretation
Hierzu werden die Grafiken „gelesen" und in Worte übersetzt.

5. Kritik
Ihr werdet schnell feststellen, dass man durch die Art der Darstellung Dinge übertreiben oder abschwächen kann. Da hilft bei fremden Statistiken nur ein kritischer Blick auf die zugrunde liegenden Zahlenwerte. Eine seriöse Statistik muss nämlich nachvollziehbar und damit überprüfbar sein.

Geschichtskarten
Im Geschichtsunterricht arbeitet ihr mit Geschichtskarten. Sie stellen ein Thema aus der Geschichte dar. Das kann eine bestimmte Situation sein. Es kann auch die Entwicklung über einen längeren Zeitraum hinweg sein. Bei der Arbeit mit Geschichtskarten helfen folgende Arbeitsschritte weiter:

1. Thema und Zeitraum bestimmen
Antwort gibt meist der Titel der Karte. Er ist in diesem Buch über den Karten abgedruckt. Wenn der Zeitraum im Titel nicht zu erkennen ist, muss man einen Blick in die Legende werfen oder auf der Karte eingetragene Jahreszahlen sammeln.

2. Das dargestellte Gebiet bestimmen
Sicher könnt ihr nur sein, wenn ihr euch am Kartenbild orientiert habt. In diesem Buch hilft euch oft der kleine Kartenausschnitt.

3. Farben und Zeichen erklären
Fast jede Karte hat eine Zeichenerklärung, die so genannte Legende. Dort findet ihr die Erklärungen, die nicht in der Karte stehen.

4. Aussagen der Karte zusammenfassen
Wenn ihr Schwierigkeiten habt, versucht ihr am besten zu der Karte eine kurze Geschichte zu erzählen. Was passierte in welcher Reihenfolge?

Jugend- und Sachbücher

Überleben in der Ur- und Frühgeschichte

- Beyerlein, Gabriele/Lorenz, Herbert: *Die Sonne bleibt nicht stehen.* Arena, Würzburg 2002. Am Schicksal zweier Kinder wird das Aufeinanderprallen von altsteinzeitlicher Jägerkultur und jungsteinzeitlicher Bauernkultur geschildert.
- Gayrard-Valy, Yvette: *Fossilien, Zeugen der Urzeit.* Abenteuer Geschichte. Ravensburger Buchverlag, Ravensburg 1994. Mit vielen Fotos, Zeichnungen und Dokumenten wird eindrucksvoll die Geschichte der Urzeitforschung erzählt.

- Hohler, Franz: *Tschipo in der Steinzeit.* Ravensburger Buchverlag, Ravensburg 1995. Tschipo, ein kleiner Junge, kann so stark träumen, dass am nächsten Morgen tatsächlich etwas von seinen Träumen übrig bleibt. Diesmal wacht er in der Steinzeit auf.
- Lornsen, Dirk: *Tirkan.* Thienemann, Stuttgart 1994. Die Abenteuergeschichte aus der Jungsteinzeit erzählt vom Waisenkind Tirkan. Und sie erzählt vom Jäger Harp, dessen Frau von Unbekannten getötet wurde.
- Nougier, Louis-René: *So lebten sie zur Zeit der Urmenschen.* Tessloff, Nürnberg 1980. Mit Geschichten und vielen Bildern wird der Alltag der Menschen in der Ur- und Frühzeit anschaulich dargestellt.
- Schnieper, Claudia: *Auf den Spuren des Menschen.* Kinderbuchverlag Luzern, Aarau 1999. Antworten auf viele Fragen zur Vorzeit der Menschheit.

Die Welt der Griechen

- Connolly, Peter: *Die Welt des Odysseus.* Tessloff, Nürnberg 1986. Bildersachbuch, das die bekannte Sage miterleben lässt und über ihren kulturhistorischen Hintergrund informiert.
- Lechner, Auguste: *Alexander der Große.* Arena, Würzburg 2002. Ein Roman für Kinder ab 10 Jahre über die Lebensgeschichte Alexanders des Großen.
- Tietze, Christian: *Die Griechen bauten eine Stadt.* Kinderbuchverlag, Berlin 1990. Die Erzählung vom Umbau und Neubau der griechischen Stadt Priene verdeutlicht die Stadtanlage, Architektur und Bautechnik der Griechen.

Das römische Weltreich

- Chrisp, Peter: *Entdeckt und nachgebaut – Die Römer und ihre Welt.* Tessloff, 2001. Reich illustrierte Darstellung der Kultur der Römer.
- Langley, Andrew/de Souza, Philip: *Die römische Zeitung.* Kinderbuchverlag Luzern, Aarau 1999. Packende Reportagen und Augenzeugenberichte versetzen die Leser in die Römerzeit.
- Sienkiewicz, Henryk: *Quo vadis?* Arena, Würzburg 1993. Im Mittelpunkt des Romans stehen der wahnsinnige Kaiser Nero, der Brand Roms und die Schicksale der ersten Christen.
- Stöver, Hans Dieter: *Drei Tage in Rom.* Artemis, München. Ein 14-Jähriger erlebt den Alltag in Rom zur Zeit Caesars.
- Stöver, Hans Dieter: *Spartacus – Sklave und Rebell.* Arena, Würzburg 1993. Lebensgeschichte des Führers des Sklavenaufstandes im 1. Jahrhundert v. Chr.
- Tanaka, Shelley/Ruhl Greg: *Pompeji – die begrabene Stadt.* Carlsen, Hamburg 1999. Die Autorin berichtet in einer spannenden Erzählung vom Untergang der römischen Provinzstadt am 24. August 79 n. Chr.
- Wallace, Lewis: *Ben Hur.* Arena, Würzburg 1991. Die abenteuerlichen Schicksale des von den Römern als Galeerensklave verurteilten jungen Juden zur Zeit Christi.
- Winterfeld, Henry: *Caius ist ein Dummkopf.* dtv, München 1981. Eine lustige und spannende Schülergeschichte, die sich auf den Schauplätzen des alten Rom abspielt.

Germanen und Römer

- Stöver, Hans Dieter/Gechter, Michael: *Report aus der Römerzeit – Vom Leben im römischen Germanien* Arena, Würzburg 1994.
- Tippelskirch, Wolf-Dieter von: *Die Stunde der Germanen.* Hoch, Düsseldorf 1978.

Jugend- und Sachbücher

Das Leben im Mittelalter
- Corbishley, Mike: *Das Buch vom europäischen Mittelalter.* Arena, Würzburg 1992. Der erste Teil beschreibt Aufstieg und Untergang der wichtigsten Reiche, die die Grenzen des mittelalterlichen Europas bestimmen. Der zweite Teil berichtet über die Staaten Europas, wie wir sie heute kennen.
- Dambrosio, Monica: *Die Völkerwanderung.* Tessloff, Nürnberg. Sachbuch zu Geschichte und Lebenswelt der Menschen in der Völkerwanderungszeit.
- Fussenegger, Gertrud/Singer, Elisabeth: *Elisabeth von Thüringen.* Tyrolia, Innsbruck.
- Gronett, Christopher: *Ritter – Rüstungen und Waffen, Schlachten und Turniere, Kreuzzüge und Ritterorden.* – Gerstenberg, Hildesheim 1993.
- Hernandez, Xavier/Bollonga, Jordi: *Hambeck – eine Hansestadt im Norden.* Tessloff, Nürnberg 1991.
- Kruse, Max: *Der Ritter.* Ueberreuter, Wien 1988.
- Macauly, David: *Sie bauten eine Kathedrale.* dtv junior, München 1977.
- Ott, Gertrud: *Widukind.* Freies Geistesleben, Stuttgart 1992. Eine spannende Geschichte um Freiheit und Glauben aus der Zeit Karls des Großen und seiner Kriege gegen die Sachsen.
- Parigger, Harald: *Der schwarze Mönch.* dtv, München 1998.
- Peschke, Hans-Peter von: *Gertrud und Michael. Auf den Spuren der Entführer.* Aare by Sauerländer, Aarau 1993.
- Pierce, Tamora: *Die schwarze Stadt.* Arena, Würzburg.
- Pleticha, Heinrich: *Ritter, Bürger, Bauersmann.* Arena, Würzburg 1985.

- Sancha, Sheila: *Das Dorf.* Gerstenberg, Hildesheim 1988.
- Stephan-Kühn, Freya: *Viel Spaß im Mittelalter.* Arena, Würzburg 1993.
- von Thadden, Wiebke: *Brun, Geisel des Königs – Vom Frankenreich zum Reich von Aachen.* dtv junior, München 1993.
- von Thadden, Wiebke: *Judith, die junge Priorin* (Klosterleben im Mittelalter). Artemis, München 1990.
- Zitelmann, Arnulf: *Unter Gauklern.* Beltz & Gelberg, Weinheim 1987.

Lexikon

Abt Der von Mönchen gewählte Vorsteher eines Klosters. Die von Nonnen gewählte Vorsteherin eines Frauenklosters wurde Äbtissin genannt.

Adlige Die Edlen – Angehörige einer in der Gesellschaft hervorgehobenen Gruppe, eines Standes, ausgestattet mit erblichen Vorrechten. Adliger konnte man von Geburt aus sein (Geburtsadel); Adliger konnte man aber auch werden, indem man im Dienst des Königs tätig war (Amts- oder Dienstadel).

Alemannen Germanischer Stamm, in der Zeit vom 3. bis zum 6. Jahrhundert. Ansässig im heutigen südlichen Baden-Württemberg.

Altsteinzeit Zeitabschnitt, der vor etwa zwei Millionen Jahren begann. Die Altsteinzeit endete mit der letzten Eiszeit um 8000 v. Chr. In dieser Zeit lebten die Menschen ausschließlich als Jäger und Sammler. Sie zogen in familienähnlichen Lebensgemeinschaften von etwa 20 bis 30 Personen umher. Ihre Geräte und Waffen stellten sie aus Steinen, Knochen und Holz her.

Antike „Alte Zeit". Heute meint man damit den Zeitraum der griechischen und römischen Geschichte bis etwa zum Ende des römischen Kaiserreiches.

Arbeitsteilung Wenn ein Mensch mehr produzieren kann, als er selber für seine Ernährung braucht, kann es zur Arbeitsteilung kommen; die einen arbeiten z. B. in der Landwirtschaft, die anderen als Spezialisten im Handwerk oder als Händler usw. Mit der Arbeitsteilung und der Möglichkeit, Besitz anzuhäufen, kam es zu einer immer stärkeren Gliederung der Bevölkerung in verschiedene Gruppen.

Archäologie Eine Wissenschaft, die mithilfe von Ausgrabungen und Bodenfunden alte Kulturen erforscht. Vieles wird zufällig entdeckt, z. B. beim Straßenbau, und von Archäologen sorgsam ausgegraben. Die Auswertung der Funde erfolgt in der Regel detailliert im Labor.

Atrium In der Eingangshalle (lateinisch atrium) empfingen reiche Römer ihre Gäste. Durch die Öffnung im Dach fiel Licht ein. Regenwasser wurde in dem darunter liegenden Becken aufgefangen und half den Raum zu kühlen.

Bibel (griechisch biblia = Bücher). Die Heilige Schrift der Christen, gegliedert in zwei Teile, das Alte und das Neue Testament.

Bischof (weibl.: Bischöfin). In der christlichen Kirche der oder die leitende Geistliche eines größeren Bezirks. In der katholischen Kirche gibt es keine weiblichen Bischöfe.

Demokratie (griechisch demos = Volk; kratos = Herrschaft). Die alten Griechen unterschieden drei Staatsformen: die Demokratie (Herrschaft des Volkes), die Aristokratie (Herrschaft der Wenigen, d. h. des Adels) und die Monarchie (Herrschaft des Einzelnen, d. h. des Königs). Die Demokratie ist in Athen entstanden. In der Volksversammlung wurden alle politischen Entscheidungen per Mehrheitsbeschluss getroffen.

Eiszeiten Durch den weltweiten Rückgang der Temperaturen kam es in verschiedenen Epochen der Erdgeschichte zum Vorrücken von Gletschern. Von Nordeuropa kommend schoben sich die Eismassen immer weiter nach Mitteleuropa. Die Zeiträume zwischen den Eiszeiten nennt man Warmzeiten.

Forum Markt- und Versammlungsplatz in einer römischen Stadt.

Franken Westgermanischer Stamm zur Zeit Chlodwigs. In seiner Blütezeit ansässig in dem Gebiet des Rheins bis an die Küste des Atlantischen Ozeans.

Frondienst (althochdeutsch fron = Herr). Dienste, die hörige Bauern ihrem Grundherrn unentgeltlich leisten mussten, wie z. B. Säen, Ernten, Pflügen.

Gaugrafen Grafen, die die Verwaltungsbezirke des karolingischen Reiches, die Gaue, verwalteten.

Generation Die Gesamtheit der Menschen, die innerhalb eines bestimmten Zeitabschnittes lebt. Eine Generation umfasst die Zeitspanne, bis Kinder wieder Kinder bekommen. Das sind ungefähr 25 Jahre.

Germanen Sammelbegriff für die Stämme mit germanischen Sprachen, die in der Bronzezeit in Norddeutschland, Dänemark und Südschweden lebten.

Germanien (lateinisch Germania). Das von den Germanen bewohnte Land teilte sich in zwei von den Römern besetzte Gebiete (Germania inferior und Germania superior) und den viel größeren freien Teil (Germania libera oder magna). Beide Gebiete waren durch den Limes voneinander getrennt.

Gesinde Knechte und Mägde eines Hauses, eines Hofes.

Lexikon

Gilden siehe Zünfte.
Gotik Sie folgt im 13. Jahrhundert auf die Romanik und endet zu Beginn des 16. Jahrhunderts. In der Gotik streben die Kirchen in die Höhe, die Pfeiler werden zu Bündelpfeilern und die Fenster haben keinen Rund-, sondern einen Spitzbogen.
Grundherrschaft Der Eigentümer des Bodens übte zugleich die Herrschaft über jene Bauern aus, die auf seinem Grund wohnten und ihn bearbeiteten.

Hanse Kaufleute aus verschiedenen Städten, die sich zu ihrem Schutz ab dem 12. Jahrhundert zu Fahrtengenossenschaften zusammenschlossen.
Höriger Ein von seinem Grundherrn abhängiger Bauer. Er erhält von ihm Land zur Bewirtschaftung und muss dafür Abgaben und Dienste leis-ten. Hörige waren an das ihnen übergebene Land gebunden und konnten zusammen damit verkauft oder verschenkt werden.
Hufe Bäuerliche Hofstätte mit so viel Land, wie für die Ernährung einer Familie nötig war.

Investitur (lateinisch investitura = Einkleidung). Die Einsetzung in ein geistliches Amt. Im Mittelalter stritten Kaiser und Papst um das Recht zur Investitur von Bischöfen und Äbten.
Islam (arabisch = heil, unversehrt sein). Die von Mohammed begründete Weltreligion.

Jungsteinzeit In dieser Zeit (10 000 bis 3000 v. Chr.) gingen die Menschen zum Ackerbau und zur Viehzucht über. Sie wurden sesshaft und lebten in Siedlungen.

Kaiserkult Als Rom zum Kaiserreich wurde, betrachtete man auch die Kaiser als Götter und baute Tempel, in denen sie angebetet wurden. Mehrere Kaiser wurden schon vor ihrem Tod als Götter verehrt.
Karolingisches Reich Reich, das nach dem karolingischen Adelsgeschlechts Karls des Großen benannt wurde. Es entstand aus dem Fränkischen Reich.
Ketzer Im Mittelalter und in der beginnenden Neuzeit Bezeichnung für Menschen, die einer religiösen Lehre anhingen, die im Widerspruch zur amtlichen kirchlichen Lehre stand und somit verboten war.

Kirchenbann Durch den Kirchenbann wurde eine Person aus der Kirche ausgeschlossen. Einem Gebannten war es z. B. verboten, eine Kirche zu betreten, und er konnte auch nicht kirchlich bestattet werden. Kein Christ durfte mit einem Gebannten sprechen, Geschäfte betreiben usw. Nach auferlegter Buße konnte der Kirchenbann wieder aufgehoben werden.
Knappe siehe Page.
Kolosseum Große Arena in Rom; hier veranstalteten die Kaiser seit 80 n. Chr. Gladiatorenkämpfe und Tierhetzen. Für Seegefechte konnte man den Innenraum unter Wasser setzen.
Konzil Eine Versammlung von Bischöfen und anderen hohen Geistlichen zur Beratung und Entscheidung von Glaubensfragen und kirchlichen Angelegenheiten.
Koran (arabisch = Lesung, Vortrag). Die heilige Schrift des Islam.
Kreuzzüge Von der Kirche im Mittelalter geförderter Kriegszug gegen Andersgläubige. Es gab zwischen 1096 und 1270 insgesamt sieben Kreuzzüge.
Kronvasall Adlige, die vom König Grund und Boden erhielten als Gegenleistung für die Bereitstellung von bewaffneten Kriegern.
Kurfürst Wahlfürst, von küren = wählen. Im Deutschen Reich waren bei der Königswahl wahlberechtigt die Erzbischöfe von Mainz, Köln, Trier, der Pfalzgraf bei Rhein, der Herzog von Sachsen, der Markgraf von Brandenburg und der König von Böhmen. Die Kurfürsten bestimmten entscheidend die Politik des Reiches.

Lehen Im Mittelalter gab der Lehnsherr (z. B. König oder Fürst) seinem Lehnsmann ein Gut oder Amt für bestimmte Leistungen wie Kriegsdienst oder die Übernahme von Verwaltungsaufgaben. Das Lehen blieb Eigentum des Lehnsherrn. Es fiel nach dem Tod des Lehnsmannes an den Lehnsherrn zurück. Als das Karolingerreich zerfiel, setzten die großen Adelsgeschlechter durch, dass sie das Lehen in ihrer Familie weitervererben konnten.
Leibeigener Bauer, der in völliger Abhängigkeit von seinem Herrn lebte. Er durfte ohne Genehmigung des Lehnsherrn weder wegziehen noch heiraten.
Limes (lateinisch = Grenze, Grenzwall). Die Anlage des Limes begann im 1. Jahrhundert n. Chr. und wurde im 2. und 3. Jahrhundert weiter ausgebaut. Schon damals aber wurde er immer wieder überrannt.

Lexikon

Markgraf Marken waren Gebiete an den Grenzen des Reiches (nach dem altgermanischen Wort „marka" = Grenzland). Für die Verwaltung dieser Gebiete und zur Sicherung der Grenzen ernannte der König Markgrafen, die über besondere Rechte verfügten.

Markt Handelsplatz, der mit dem Marktrecht ausgestattet war und eine eigene Rechtsordnung besaß. Der Marktherr (König, Bischof oder Fürst) garantierte den Marktfrieden und die Sicherheit. Streitigkeiten wurden vor einem eigenen Marktgericht verhandelt. Aus Marktplätzen entwickelten sich häufig mittelalterliche Städte.

Merowinger Fränkisches Königsgeschlecht; der Name stammt von „Merowech", der einer Sage nach ein Vorfahre dieser Familie war.

Missionare (lateinisch missio = Auftrag, Sendung). Bezeichnung für Glaubensboten, die im Auftrag der Kirche den christlichen Glauben unter Nichtchristen verkünden.

Mittelalter Die Zeit zwischen Altertum und Neuzeit. Sie beginnt mit der Auflösung des Römischen Reiches (4. Jh.) und endet mit den Entdeckungen (um 1500).

Moschee (arabisch = „Ort des Sichniederwerfens", Gebetshalle). Versammlungsraum und Gemeindezentrum einer muslimischen Gemeinde. Die Moschee besitzt einen oder mehrere Türme, die Minarette, von denen der Muezzin (Gebetsrufer) die Gebetsstunden ausruft.

Nomaden Die Jäger und Sammler der Altsteinzeit mussten dem wandernden Wild nachziehen und Gebiete aufsuchen, in denen es ausreichend pflanzliche Nahrung gab. Deshalb hatten sie keine festen Wohnsitze und lebten als Nomaden (= Hirten- oder Wandervölker).

Olymp (griechisch Olympus). Der Olymp ist ein Gebirge in Griechenland an der Grenze Thessaliens und Makedoniens. Es ist bis 2917 m hoch. Nach der Vorstellung der alten Griechen lebten auf den Gipfeln des Olymps die griechischen Götter.

Olympische Spiele Sportliche Wettkämpfe, die zu Ehren des Gottvaters Zeus in Olympia veranstaltet wurden. 293 Mal – von 776 v. Chr. bis 393 n. Chr. – konnten die Spiele in ununterbrochener Reihenfolge stattfinden. Danach wurden sie durch den römischen Kaiser Theodosius verboten. Der Franzose Baron de Coubertin rief sie erst 1896 wieder ins Leben.

Orakelstätten Hier befragten die alten Griechen ihre Götter. Gegen eine Gebühr erteilten Priester – im Auftrag der Götter – Voraussagungen über die Zukunft. Delphi gehörte zu den berühmtesten Orakelstätten in Griechenland. Seine Weissagungen ließen mehrere Deutungen zu. Orakel nannte man die Weissagungsstätte und die Weissagung selbst.

Orden Gemeinschaft von Männern oder Frauen, die sich feierlich durch ein Gelübde verpflichten, ihr Leben in den Dienst Gottes zu stellen. Sie geloben Armut, ein eheloses Leben und Gehorsam gegenüber dem Abt bzw. der Äbtissin. Mönche und Nonnen leben nach festen Regeln, zurückgezogen von der Welt in einem eigens dazu errichteten Gebäude, dem Kloster. Es gibt Klöster für Männer (= Mönche) und für Frauen (= Nonnen). Ihnen steht ein Abt oder eine Äbtissin vor.

Oströmisches Reich (auch Byzantinisches Reich); aus dem östlichen Teil des Römischen Reiches entstandenes Reich. Dessen Blütezeit war im 6. Jahrhundert.

Page/Knappe Ein Page war ein Junge von vornehmer, adliger Herkunft, der an einem Fürstenhof erzogen wurde. Mit Eintritt in das 14. Lebensjahr wurde aus dem Pagen ein Knappe. Damit begann die letzte Phase der Ausbildung zum Ritter als direkter Begleiter seines Lehrmeisters.

Patrizier Wohlhabender Bürger einer Stadt mit besonderen Vorrechten bei der Stadtregierung.

Pfalz (lateinisch pallas = Palast). Prachtvoller Königshof mit Königshalle und Kapelle, Unterkunftsräumen, Ställen usw. Pfalzen dienten den deutschen Königen des Mittelalters als wechselnde Wohnsitze und waren über das ganze Reich verteilt.

Plebejer (lateinisch plebs = Menge, Masse). Freie Bauern, Handwerker, Händler und Kaufleute in Rom, die nicht zum römischen Adel gehörten.

Pogrom Ausschreitungen gegen nationale oder religiöse Minderheiten.

Polis (griechisch = Burg, Stadt). Bezeichnung für die im alten Griechenland selbstständigen Stadtstaaten, z. B. Athen, Sparta und Korinth.

Lexikon

Proletarier (lateinisch proles = die Nachkommenschaft). Bezeichnung der Römer für Besitzlose, die nichts außer ihrer Nachkommenschaft besaßen.
Prophet Stammt aus der griechischen Sprache und bedeutet „Verkünder des göttlichen Willens".

Quellen Alle Zeugnisse und Überlieferungen aus der Vergangenheit. Wir unterscheiden zwischen drei Quellenarten: Sachquellen, Bildquellen und Schriftquellen. Hinzu kommt die mündliche Überlieferung, z. B. durch Zeitzeugen (Eltern, Großeltern …).

Reichsacht Bei schweren Verbrechen (z. B. Mord) können der König oder ein von ihm beauftragter Richter den Täter ächten. Dieser ist damit aus der Gemeinschaft ausgestoßen und im gesamten Reich „vogelfrei", d. h., jeder hat das Recht, ihn zu töten. Er verliert seinen Besitz, seine Kinder werden als Waisen, seine Frau als Witwe angesehen. Wer einen Geächteten aufnimmt, verfällt selbst der Reichsacht.
Reichsinsignien Schmuckstücke, die die deutschen Kaiser bis zum Jahr 1806 bei ihrer Krönung trugen. Dazu gehörten u. a. die goldene Krone und das vergoldete Zepter.
Reichsritter Ritter des niederen Adels. Die Reichsritter unterstanden keinem Landesherrn, sondern direkt dem Kaiser.
Reichsstadt Freie, unmittelbar dem Kaiser unterstehende Stadt. Im Unterschied zur Landstadt, die einem Landesherrn unterstellt war.
Republik (lateinisch res publica: die öffentliche Sache). Der Begriff für eine Staatsform, in der das Volk oder ein Teil des Volkes die Macht ausübt.
Ritterorden Orden sind Gemeinschaften von Männern oder Frauen, die sich feierlich verpflichten, ihr Leben in den Dienst Gottes zu stellen. Am bekanntesten sind die Orden von Mönchen oder Nonnen. Bei den Ritterorden gehörte zum gottgeweihten Leben der Krieg gegen die Nichtchristen.
Romanik Mittelalterliche Stilepoche vom 10. bis zum 13. Jahrhundert. Sie übernahm die römische Bauweise wie Rundbögen, Gewölbe und Säulen.

Sachsen Germanischer Stamm zur Zeit Karls des Großen. Ansässig im heutigen Gebiet von Westfalen und Niedersachsen.

Sagen Geschichten, die zunächst durch Erzählung von Generation zu Generation weitergegeben wurden. Obwohl die Erzähler ihre Geschichten frei ausschmückten, enthielten die Sagen oft einen wahren Kern.
Schultheiß Er vertrat im Dorf den Grundherrn und war für die Einziehung der Abgaben zuständig. Da der Schultheiß gleichzeitig über einen großen Hof verfügte, war er eine der wichtigsten Personen in der Dorfgemeinschaft und in der Regel auch der Leiter des Dorfgerichts.
Sklave Ein Mensch, über den sein Herr nach Belieben verfügen kann.
Slawen Völkergruppe, die ursprünglich aus der Gegend nordöstlich des Karpatengebirges kommt. Im 5. und 6. Jahrhundert wanderten die Slawen nach Südosteuropa und nach Westen bis an die Elbe.
Stadtmauer Mauer, die zum Schutz der Stadt errichtet wurde. Für ihren Bau und Erhalt erhob der Rat der Stadt eine Steuer.
Stadtrecht Besondere Rechte einer Stadt, z. B. das Recht sich eine Mauer zu bauen, das Recht Münzen zu prägen oder das Recht sich selbst zu verwalten.
Stand Ein Stand umfasste im Mittelalter und in der frühen Neuzeit Menschen gleicher sozialer Herkunft. Die Geburt entschied darüber, zu welchem Stand man gehörte. So bildeten die Adligen den ersten Stand, die Geistlichen den zweiten Stand, die Bauern den dritten Stand. Mit dem Entstehen der Städte bildeten die Bürger einen neuen Stand über den Bauern.

Territorialherrschaft Herrschaft eines Fürsten über ein Gebiet (= Territorium), in dem er alle Herrschaftsrechte ausübte. Der Landesherr erkannte zwar den König als obersten Herrn an, dieser hatte aber praktisch keine Macht über ihn.
Territorium (lateinisch terra = Erde, Land). Gebiete, die in sich eine Einheit bilden, werden Territorien genannt.

Vasall (lateinisch vassus = Knecht). Als Vasall wird der mit einem Lehen ausgestattete Gefolgsmann bezeichnet. Als Kronvasallen werden jene bezeichnet, die ihr Lehen direkt vom König haben.
Verfassung Eine Verfassung legt fest, welche Aufgaben und Rechte die Bürger haben und wer den Staat regiert.

Lexikon

Villa (lateinisch = Landhaus). Bei den Römern war die Villa das zu einem Landgut gehörende Herrenhaus. Später bezeichnete die Villa auch die vornehmen Stadtwohnungen. Ihre reichen Besitzer verfügten in der Regel über landwirtschaftliche Güter.

Völkerwanderung Vom 3. bis 6. Jahrhundert n. Chr. wanderten zahlreiche germanische Stämme aus ihren nordosteuropäischen Gebieten nach Süden, die Goten z. B. nach Spanien und auf den Balkan, die Franken nach Frankreich und die Vandalen sogar bis nach Afrika. Es kam zu einer großen Umverteilung der europäischen Bevölkerung.

Volksversammlung Versammlung der männlichen Bürger in Athen. Sie entschieden über Krieg und Frieden, beschlossen Gesetze und wählten Beamte. Die Mehrheit der Bewohner in Athen bestand aus Frauen und Kindern, Mitbewohnern und Sklaven. Sie durften nicht an der Volksversammlung teilnehmen.

Wappen Wappenzeichen auf den Schilden halfen den Rittern sich zu orientieren, wenn sie mit geschlossenen Visieren kämpften. Heiratete ein Ritter, so wurden die Wappen beider Familien auf dem Schild abgebildet. Heirateten die Nachkommen, wurde das Wappen viergeteilt usw.

Werkzeuge Die Menschen der Altsteinzeit stellten ihre Werkzeuge und Waffen aus Steinen, Knochen und Holz her. Ihr wichtigstes Gerät war zunächst der Faustkeil. Im Laufe der Zeit entwickelten sich zahlreiche Werkzeuge mit Spezialformen für die unterschiedlichsten Aufgaben: Schaber, Messer, Bohrer, Kratzer usw.

Wesir Stellvertreter des ägyptischen Königs. Er war oberster Richter, Polizeichef und Heerführer.

Zar Titel der russischen Herrscher, der auf das Oströmische Reich zurückgeht. Die oströmischen Kaiser sahen sich als Caesaren, also als Nachfolger der römischen Kaiser.

Zehnt Regelmäßige Abgabe der Bauern an die Grundherren. Ursprünglich musste ein Zehntel des landwirtschaftlichen Ertrages (Getreide, Vieh, Wein, Früchte) abgegeben werden.

Zeitleiste Damit wir die lange Geschichte der Menschheit überhaupt darstellen können, benutzen wir eine Zeitleiste. Sie ist eine Linie, auf der man Jahre, Jahrzehnte, Jahrhunderte oder gar Jahrtausende einträgt.

Zeitzeugen Wichtige Ereignisse wurden früher häufig mündlich überliefert und über Generationen weitergegeben. Einiges wurde später aufgeschrieben und ist z. B. als Sage erhalten geblieben. Auch wenn heute Menschen über Ereignisse aus ihrer Vergangenheit berichten, erfahren wir etwas über die Geschichte und das Leben in der damaligen Zeit.

Zunft In den mittelalterlichen Städten ein Zusammenschluss von Handwerkern mit demselben Beruf. Nur Meister konnten Mitglieder einer Zunft werden; jeder Meister musste sogar seiner Zunft beitreten (Zunftzwang).

Die Zünfte gaben sich eine Verfassung, regelten die Berufsausübung und die Ausbildung von Lehrlingen und Gesellen. Im Kampf mit den Patriziern die Zünfte im 14. Jahrhundert die politische Mitwirkung im Stadtrat.

Register / Verzeichnis der Worterklärungen*

A

Aachen 162, 164
Aborigines 49
Abt 156*, 161, 163, 196f., 203
Ackerbau 39
Adlige/Adel 70, 72f., 98f., 142, 158, 163, 187, 190, 201, 202, 206, 228, 242, 246, 252, 267
Adolf III. 227
Adolf von Schauenburg, Graf 215
Afrika 22f., 102
Agora 83, 84
Ägypten 72, 88, 173, 196
Akropolis 60*, 76, 85
Alamannen 153, 156
Albrecht von Mecklenburg 253
Alexander der Große 86ff.
Alexandria 88f., 173
Allah 170f.
Alster 248
Altsteinzeit 30*, 33
Ämter s. Zünfte
Analphabeten 242
Apostel 132*f., 135
Aquädukt 119
Arabien 170f., 175
Arbeitslose 115
Arbeitsteilung 52*
Arbeitszeit 204
Archäologen/Archäologie 16*, 46f., 97, 140, 213, 226
Arminius, germ. Feldherr 146f.
Armut 115, 149, 177
Asien 150
Athen 60f., 70f., 72ff.
Atrium 118*
Attila 150*
Attischer Seebund 73, 74
Aufstände 68, 72, 107, 146
Augsburg 254
Augustus, röm. Kaiser 109ff., 126, 132, 146
Australien 49

B

Banken 254f.
Bauern 38f., 40, 42, 58, 61, 71, 97, 99, 104f., 149, 186f., 200ff., 213, 228, 242, 266
Bauernfürsten 52
Beamte 98f., 109, 110f., 156, 174
Belgien 224

Benedikt von Nursia 196f.
Bergen 250f., 253
Bergwerke 50, 80, 116, 268
Bevölkerungsentwicklung 61, 225
Bibel 132*
Bibliotheken 174
Bildung/Ausbildung 79, 124f., 164, 175, 189, 194, 199, 230, 233
Bischof 135, 156*f., 158, 161, 163, 224f., 228, 244
Bistum 214, 227
Bodenschätze 54
Bohlenwege 53
Bonifatius 157
Braunschweig 247
Bremen 227, 253
Bronze(-zeit) 50f., 52f., 54
Brügge 224, 250
Burgen 58, 192f., 213, 214f.
Bürger 60f., 70f., 100, 228f., 236, 242, 244
Bürgerkrieg 107, 108, 110
Burgund 165
Byzanz/Byzantinisches Reich 149, 151, 170, 213

C

Caesar, Gaius Julius 108f., 110
Caligula, röm. Kaiser 111
China 173
Chlodwig, fränk. König 156
Christen(tum) 132ff., 156f., 158, 164, 167, 170f., 177, 214
Christenverfolgung 134f.
Christogramm 135*
Cimbern und Teutonen 106, 146
Circus Maximus 115
Cordoba 174, 180

D

Dänemark 106, 142, 167, 252f.
Danzig 247
Darius, pers. König 72
Darius III., pers. König 87, 88
Demokratie 70*
Deutsches Reich 192, 227
Deutschland 165, 234f., 236, 263, 268, 277
Diadochenreiche 89*
Diktator 108f.
Dio, Cassius 109*, 110
Diokletian, röm. Kaiser 149
Diözese 166*

295

Register / Verzeichnis der Worterklärungen*

Dörfer 44, 52, 60, 201
Dorfgericht 207
Drachenboote 167
Dreifelderwirtschaft 208
Dreißigjähriger Krieg 235

E

Eisen(-zeit) 50, 53
Eiszeiten 26*, 27
Elle 239*
Epoche 9
Eremit 196
Etrusker 96f., 102
Europa 26f., 50, 150f., 164, 167, 168, 176, 180, 186, 196, 225, 241, 243, 254f.
Evangelium 132
Evans, Arthur 59

F

Fabriken 268
Familie 69, 78, 81, 124, 143, 204f., 260f., 264f., 270f.
Fehde 189*
Fernhandel 53, 180, 213, 229, 230, 232, 234, 246
Flensburg 13
Flurzwang 208
Forum Romanum 95, 114*
Franken/Frankenreich 151, 156ff., 173, 176, 186, 201, 227
Frankreich 102, 165
Frauen 52, 78f., 80, 124, 141, 142f., 169, 175, 180, 194, 205, 232f., 243
Freizeit 115, 263
Friedrich Barbarossa 227
Fronhof 202
Frondienste 202, 213
Frühmensch 22
Fugger, Jakob 230, 254f.
Füllen 116*
Fürsten 58, 141, 163, 213, 244, 255

G

Gallien 108, 156
Generation 9*
Genua 180
Germanen/Germanien 124f., 140*f., 142ff., 157, 158, 186, 212, 265
Geschichte 8*
Gesellschaft 260

Gesetze 69, 71, 98, 124, 134, 149, 151
Getreide 38, 42, 104, 213, 248, 250
Gewürze 255
Ghetto 234*
Gilden 230
Gladiatoren 115, 117
Gleichberechtigung 274, 276f.
Gotik/Backsteingotik 244f.
Götter 61, 62f., 76, 79, 87, 89, 96f., 109, 132f., 142, 156, 169, 213
Gracchus, Tiberius und Gaius 104f., 106
Grafen 161, 162f., 202, 224f.
Granada 179
Gregor VII., Papst 176
Griechenland 58ff.
Grundbesitzer 99, 105, 187
Grundherrschaft 202
Gutnachbarlichkeit 207
Gutsherrschaft 203
Gutshöfe 128f.

H

Hagia Sophia 151*
Haithabu 168f.
Hamburg 18f., 28, 142, 166, 199, 214, 222, 226f., 231, 235, 237, 248f., 253
Handel/Händler 54, 58, 61, 68, 74f., 80, 97, 99, 104, 113, 128, 167, 168, 213, 214, 225, 253
Handelskontore 230, 243
Handwerk/Handwerker 52, 58, 68, 80, 99, 116, 142, 213, 214, 225, 229, 246, 248
Hannibal 102
Hanse 237, 246f., 248, 250f., 252f.
Hansetage 247f., 253
Harem 175
Hausarbeit 276f.
Hausmeier 160
Hedschra 172*
Heeresdienst 68, 99, 100f., 105, 163, 202
Heidelbergmensch 16, 23
Heinrich I, Herzog von Sachsen 165
Heinrich IV., dt. Kaiser 176
Heinrich der Löwe, Herzog 215*
Hellenen 58*
Hellenismus 89*
Helms-Museum 46f.
Heloten 68*
Herzöge 163, 198
Hessen 157

296

Register / Verzeichnis der Worterklärungen*

Hildegard von Bingen 194, 242
Hippokrates 77
Hochkulturen 59
Hofämter 160
Höhlenmalerei 35
Holstein 214
Hopliten 69*
Hörige 202f.
Hünengräber 33
Hunnen 150f.
Hygiene 205, 233

I

Indien 72, 173
Innovation 167*
Iran 279
Islam 170*ff., 186
Israel 132
Italien 102, 108, 165, 196, 254

J

Jäger und Sammler 29, 30, 33
Jerusalem 176, 178f.
Jesus Christus 15*, 132, 134, 156, 171, 177
Jetztzeitmensch 23, 25
Judäa 132
Juden 171, 177, 229, 234f.
Jungsteinzeit 38*, 42, 44
Justinian, oström. Kaiser 151

K

Kaaba 170f., 172
Kaiser 109, 110f., 112, 135, 164*f., 244
Kaiserkult 111*
Kalif 173*, 176
Kämmerer 160
Karl der Große 158, 160ff., 187, 201, 202
Karl V., dt. Kaiser 255
Karolinger 162
Karthago 102f.
Kastell 223*
Katechismus 267*
Kaufleute 172, 180, 228, 230, 236, 238, 243, 253, 254
Kinder 44, 69, 80f., 116, 124f., 175, 194, 205, 233, 264f., 268f.
Kinderarbeit 268f.
Kirche 135, 158
Kleidung 30, 42

Klienten 99
Klima 148, 211
Kloster 196ff., 202f., 238
Knappe 189
Kogge 250, 252
Köln 247
Kolonien 61*, 102
Kolosseum 115*
Könige 58f., 60, 69, 97, 109, 141, 160f., 242, 244, 252, 255
Konstantin der Große 134f., 149
Konstantinopel 149, 174, 176
Konsuln 98, 106, 110
Kontor 250*, 252
Konzil 176*
Koran 170*, 173, 175
Korinth 60f.
Krankheiten 63, 233, 239, 241
Kredite 254
Kreta 59
Kreuzer 268*
Kreuzfahrerstaaten 179
Kreuzzüge 176ff., 186, 234
Kriege 86f., 98, 102f., 104f., 108, 141, 163, 164, 202, 242
Kronvasallen 163
Kultur 61, 76, 128, 174
Kunst 76
Kupfer 50

L

Laetoli 22f.
Landwirtschaft 52, 201, 208f., 268
Lascaux 32
Latiner 97
Lehen 163*, 187
Lehrer 80, 116, 267
Leibeigenschaft 202
Leo III., Papst 164
Limes 126*f., 130f., 142, 144, 148
London 250, 253
Lübeck 214f., 247, 248, 253
Ludwig der Fromme 164, 227

M

Makedonien 86f.
Marathon, Sieg von 72
Margarethe die Große 252f.
Marius, röm. Konsul 106

Register / Verzeichnis der Worterklärungen*

Markgrafen 162*
Markt 60, 222f., 238f., 254
Marktordnung 239
Marschall 160
Märtyrer 134*
Mecklenburg(-Vorpommern) 142, 212f., 234
Medina 172
Medizin 77
Mekka 170f., 172
Mergel 209*
Merowinger 156*
Metallzeit 50*
Metöken 71*, 80
Milet 72
Militärdienst 80
Ministeriale 187*
Minne 188
Minoische Kultur 59
Mission/Missionare 157*, 166, 212, 227
Mohammed 170ff.
Mönche 157, 166, 196ff., 213, 242
Monopol 254*f.
Moorleichen 144*
Moschee 170*, 174
Mundschenk 160
Muslime 170, 172f., 175, 176f.

N

Naturvölker 49*
Neandertaler 23, 24
Nero, röm. Kaiser 133
Neuwerk 248
Nomaden 38*, 40, 171, 278
Nonnen 242
Normandie 167
Norwegen 167, 250
Nowgorod 250

O

Octavian s. Augustus
Olaf das Kind 252
Oldenburg 212f., 214
Olympische Spiele /Olymp 61, 62*, 64*f., 66f.
Orakel/Orakelstätten 61, 63*
Orient 180
Ostsiedlung (deutsche) 212ff.
Otto I., dt. Kaiser 165, 214
Ötzi 48

P

Page 188
Papst 135*, 157, 165, 176, 227, 255
Parzelle 106*
pater familias 124
Patrizier 99*, 100, 228f., 236f., 244
Patron 99
Paulus, Apostel 132f.
Perikles, athen. Politiker 70f., 76, 80, 82ff., 86
Periöken 68*
Perserkriege 72f.
Persien/Perser 86ff., 148
Pest 86, 211, 234, 241, 249
Petrus, Apostel 133, 135
Pfalzen 160*, 162
Phalanx 69*
Philipp II. von Makedonien 86^
Piraten 253
Piräus 60, 75, 86
Plebejer 99*, 100
Pogrom 235*
Polis 58*, 60
Pompeji 119, 120f., 123
Pontius Pilatus 132
Portugal 173
Post 254
Prag 243
Pranger 223
Proletarier 104*, 106f.
Prophet 171*
Provinzen 101*, 104, 110, 124, 128, 132, 140, 142

Q

Quellen 12*, 17

R

Rathaus 222, 236, 238, 240
Reform 105*, 106
Religion 97, 134f., 150, 186, 235, 242
Republik 98*, 109, 110
Reservat 49*
Residenzstädte 149
Ritter 163, 187ff.
Ritterorden 179*
Ritterschlag 189, 190
Ritterturnier 190*f.
Rodungen 216
Rohstoffe 246, 254
Roland/Rolandsstatue 225*, 238

Register / Verzeichnis der Worterklärungen*

Rollenbilder 272 f., 277
Rom/Römisches Reich 96 ff., 264
Romulus und Remus 96
Rostock 253
Rungholt 210 f.
Russland 167

S

Sachsen 158 f., 164, 226
Saladin, Sultan 179
Salzhandel 211
Sarmaten 149*
Schachspiel 180*
Schalenguss 50*
Scheffel 239*
Schleswig 168 f.
Schleswig-Holstein 29, 142, 235
Schliemann, Heinrich 59
Schottland 157
Schrift 59
Schubstuhl 239*
Schule 8, 125, 174, 199, 233, 234, 242 f., 251, 263, 264, 266 f., 272, 275
Schultheiß 207*, 225*
Schutzgelder 246
Schweden 167, 252
Schwemme 240*
Selbstversorger 204
Selbstverwaltung 237
Seldschuken 176
Senat/Senatoren 98, 105, 106, 108 f., 110
Seneschall 160
Sesshaftigkeit 38 f., 40
Skandinavien 166 f., 213, 214, 243
Sklaven 78, 80*, 99, 103, 104, 107, 116 f., 123, 124 f., 133, 149, 177, 213
Slawen 212 ff., 227
Soldaten 73, 87, 88 f., 100 f., 102 f., 106 f., 108 f., 112, 127, 128, 140, 146 f., 213, 248
Soldatenkaiser 148
Solon, athen. Politiker 70
Spanien 102, 173, 179, 186
Sparta 60 f., 68 f., 86
Spartacus 107
Spartiaten 68*
Spitäler 241
Staat 58, 68
Städte 58, 60 f., 68, 222 ff., 246 f., 267
Stadtherr 225, 228 f.

Stadtmauer 222*, 229, 231, 240
Stadtrecht 224 f., 239, 248
Stadtregiment 236
Stand 99*, 187, 236, 266*
Ständekämpfe 99, 100 f.
Stapelzwang/-recht 238, 248
Starigard 214
Statthalter 110, 126, 132
Stecknitzfahrt 246
Sternberg 234 f.
Steuern 60, 80, 103, 104, 111, 126, 149, 162, 225, 229, 236
Störtebeker, Klaus 253
Stralsund 237, 252
Straßen(bau) 112, 128
Sturmfluten 210, 249
Subsistenzwirtschaft 201*
Synagogen 177, 234

T

Tacitus 140*
Tagelöhner 229
Tansania 278
Teilzeitarbeit 277
Teutoburger Wald 146 f.
Theater 76
Theben 60 f.
Theodosius, röm. Kaiser 135, 151
Thermen 115, 122 f.
Thing 142 f.
Thora 234*
Thüringen 157
Töpferei 42, 82
Torfabbau 211
Tundra 26 f., 29
Turnier 188

U

Unfreie 201
Universitäten 243
Unterschicht 229, 236
Urban II., Papst 176
Urmensch 22

V

Varus, röm. Feldherr 146 f.
Venedig 180
Verfassung 69*, 100, 110
Verlagssystem 254

Register / Verzeichnis der Worterklärungen*

Verleger 254
verlorene Form(guss) 51*
Verwaltung 161, 162 f., 187, 215, 237
Veteran 106*
Vetorecht 100
Viehzucht 39, 213
Villa 118*f., 149
Völkerwanderung 148, 164, 186, 212, 224
Volkstribunen 104 f.
Volksversammlung 69, 70 f.*, 73, 84
Vorderer Orient 44
Vormensch 22

W

Wappen 188
Watt 210 f.
Werkzeuge 31*, 34, 42, 44, 50, 52
Wesire 174
Westgoten 186
Widukind, sächs. Herzog 158
Wikinger 166 f., 227
Wismar 253
Wissenschaft 76 f., 124, 164, 174, 180
Wohngemeinschaften 260
Wulflam, Bertram 237

X

Xerxes, pers. König 72 f.

Z

Zehnt 202
Zeitleiste 10 f., 15
Zeitrechnung 14
Zeitzeugen 8*
Zinsen 254
Zivilisation 49*
Zölle 225, 227, 228, 238, 246
Zünfte 231, 232, 237, 244
Zweifelderwirtschaft 208

Textquellenverzeichnis

Leben in der Frühzeit
S. 26: Ivar Lissner: Der Mensch und seine Gottesbilder. Freiburg, Olten Verlag 1980. – **S. 29:** Christian Degn: Schleswig-Holstein – eine Landesgeschichte. Wachholtz Verlag, Neu-münster 1994, S. 18. – **S. 31:** Friedrich Behn: Vorgeschichtliche Welt. Stuttgart 1962, S. 11–26 – **S. 32:** Material 1 und 2: Herbert Kühn: Auf den Spuren der Eiszeitmenschen. Wiesbaden 1956. S. 86 ff. (stark gekürzt). – **S. 33:** Material 3: Otto Hauser. Zit. nach: Unsere Welt. Henn, Ratingen. Bd. 1, S. 27 – **S. 38:** Gabriele Beyerlein/Herbert Lorenz: Die Sonne bleibt nicht stehen. Eine Erzählung aus der Jungsteinzeit. Würzburg, Arena Verlag 1995 – **S. 49:** Material 1: Gerhard Ilgenstein: Die Steinzeitmenschen von Australien. Frankfurt am Main, RG Fischer Verlag 1993, S. 46; Material 2: Peter Münch: Das Elend des verlorenen Stolzes, in: Süddeutsche Zeitung vom 13. 05. 1996, S. 3

Die Welt der Griechen
S. 60: Thukydides: Der Peloponnesische Krieg 2, 15. Zit. nach: Erinnern und Urteilen, Bd. 6. Stuttgart, S. 55. – **S. 62:** Curriculum Geschichte, Altertum I, Bd. 1. – **S. 63:** Isokrates, Zit. nach: Ludwig Drees: Olympia. Stuttgart. Kohlhammer 1967, S. 68. – **S. 64:** Material: Ludwig Drees: a. a. O., S. 59; Quelle: Kleinknecht/Krieger: Materialien für den Geschichts-unterricht, Band II/Altertum. Frankfurt am Main, Diesterweg 1982. S. 72. – **S. 69:** K. Ziegler: Plutarch. Artemis, München 1954. S. 154 ff. – **S. 70 f.:** Kleinknecht/Krieger: a. a. O., S. 96. – **S. 73:** Herodot: Historien, Band V. Übersetzt nach J. Feix. München 1977. S. 78. – **S. 74:** Kleinknecht/Krieger, a. a. O., S. 120 f. – **S. 76:** J. Garder: Sofies Welt. Roman über die Geschichte der Philosophie. München/Wien, C. Hanser Verlag 1993, S. 96. – **S. 77:** Hippokrates: Fünf auserlesene Schriften. Zürich/Stuttgart 1955, S. 162. – **S. 78:** R. Flacelière: Griechen-land. Stuttgart. Reclam 1977. S. 97. – **S. 80:** Tarn/Griffith: Die Kultur der hellenistischen Welt. Darmstadt, Wissenschaftliche Buchgesellschaft 1966, S. 302 f. – **S. 87:** Zit. nach: Kleinknecht/Krieger: Materialien für den Geschichtsunterricht, Bd. 2: Altertum. Frankfurt/Main 1978, S. 168. – **S. 88:** Zit. nach: W. Ax: Plutarch, 1933. S. 225. – **S. 90:** Material 1: Zit. nach: H.-G. Fink u. a.: Geschichte kennen und verstehen 7. Auer. Donauwörth 1985. S. 93; Quelle 1: Briant: Alexander. Eroberer der Welt. Ravensburger Buchverlag, Ravensburg 1990, S. 46; Material 2: S. Fischer-Fabian: Alexander. Der Traum vom Frieden der Völker. Lübbe, Bergisch-Gladbach 1994, S. 87 f. – **S. 91:** Quelle 2: Zit. nach: Geschichte kennen und verstehen 7, a. a. O., S. 97; Quelle 3: W. Ax: Plutarch, a. a. O., S. 225

Das Weltreich der Römer
S. 96: Erzählung des Autors. – **S. 103:** Plutarch, zit. nach: Geschichte in Quellen (GiQ), Bd. I, München, Bayrischer Schulbuchverlag 1970, S. 527. – **S. 104:** Kleinknecht/Krieger: a. a. O., S. 265. – **S. 105:** Struwe: Geschichte der alten Welt. Volk und Wissen, Berlin 1957, S. 112. – **S. 106:** J. Köhn: Die Wölfin vom Kapitol. Berlin (DDR). Kinderbuchverlag 1985. S. 86. – **S. 108:** GiQ, a. a. O., Bd. I. S. 527. – **S. 109:** GiQ, a. a. O. Bd. I. S. 535. – **S. 110:** Kleinknecht/Krieger, a. a. O., S. 317 f. – **S. 111:** J. Carpocino: Rom – Leben und Kultur in der Kai-serzeit. Stuttgart 1977. S. 247. – **S. 114:** Quelle 1 u. 2: GiQ, a. a. O., Band I. S. 599 u. 666. – **S. 116:** Plutarch: Große Griechen und Römer; Cato der Ältere, cap. 21. Übersetzt und eingeleitet von Konrad Ziegler, Bd. 1. Zürich/Stuttgart, Ar-temis Verlag 1954. S. 347 f. – **S. 117:** M. Pohlenz: Stoa und Stoiker. S. 265. – **S. 118:** Tacitus. Annalen II. S. 52–53. – **S. 119:** GiQ, a. a. O., Bd. 1. S. 667. – **S. 120:** R. Etienne: Pompeji. Das Leben in einer antiken Stadt. Stuttgart 1974. S. 113. – **S. 121:** Nach: R. Etienne, a. a. O., S. 37. – **S. 125:** J. Carpocino, a. a. O., S. 155. – **S. 127:** Frontinus, Feldherrenliste. In: GiQ, a. a. O., Band I. S. 647. – **S. 132:** Gutschera/Thierfelder: Brennpunkte der Kirchengeschichte. S. 24. – **S. 133:** Quelle 2 u. 3: Gutschera/Thierfelder, a. a. O., S. 88. – **S. 134:** Kleinknecht/Krieger, a. a. O., S. 408. – **S. 135:** Quelle 2 u. 3: Rinn/Jüngst: Kirchengeschichtliches Lesebuch. Tübingen/Leipzig 1904. S. 42.

Die Völkerwanderung
S. 140: Tacitus: Germania. Joseph Lindauer (Hrsg.). München, dtv 1979. Zusammenstellung aus cap. 2, 4 u. 5. – **S. 141:** Tacitus: Germania, a. a. O., Zusammenstellung aus cap. 15, 16 u. 23. – **S. 142:** Westfälisches Museum für Archäologie/Landschaftsverband Westfalen-Lippe: 2000 Jahre Römer in Westfalen. Verlag Philipp von Zabern. Mainz 1989. S. 132. – **S. 143:** Tacitus: Germania, a. a. O., cap. 19. – **S. 146:** Zit. nach: 2000 Jahre Römer in Westfalen, a. a. O., S. 132. – **S. 147:** Schilderung des Autors. – **S. 148:** GiQ, a. a. O., Bd. I. S. 699. – **S. 150:** Quelle 1: nach Ammianus Marcellinus 31, 3 f.; Quelle 2: GiQ, a. a. O., Bd. I. S. 763.

Vom Frankenreich zum Deutschen Reich
S. 156: nach: Gregor von Tours, Historiarum libri decem, II, cap. 28–31, in: Geschichte in Quellen (GiQ) Bd. 2. München 1975, S. 27. – **S. 157:** J. Bühler: Das Frankenreich. Leipzig 1923, S. 415 f. – **S. 158:** J. Bühler: a. a. O.: S. 393 – **S. 159:** Wiebke von Thadden: Brun. Geisel des Königs im Reiche der Franken. dtv Junior 7923 – **S. 161:** J. Bühler: a. a. O., S. 370 f. – **S. 164:** Siegfried Epperlein: Karl der Große. Berlin 1971, S. 128 – **S. 165:** Nithardi historiarum libri IV.III, cap. 5 (Straßburger Eide), in: GiQ Bd. II, München 1975, S. 118/119 – **S. 166:** Rimberti vita Ankarii/rimbert, Leben Ansgars, in: Ausgewählte Quellen zur Deutschen Geschichte des Mittelalters. Freiherr vom Stein – Gedächtnisausgabe, Bd. IX, Kap. 16. Berlin. – **S. 169:** Hildegard Elsner: Wikinger-Museum Haithabu – Schaufenster einer frühen Stadt; hrsg. vom Archäologischen Landesmuseum der Christian-Albrechts-Universität. Schleswig 1989. S. 16. – **S. 171:** GiQ Bd. 2 München 1975, S. 246/247 – **S. 172:** GiQ Bd. 2, München 1975, S. 39 f. – **S. 173:** (Quelle 2) ebenda; (Quelle 3) nach: S. Hunke: Allahs Sonne über dem Abendland. Stuttgart 1976. S. 148. – **S. 174:** Heinloth, Geschichte 2, Ausgabe B. München, S. 31 – **S. 175:** (Quelle 1 und 2) nach: M. Fitzgerald u. a.: Mensch, Welt und Staat im Islam. Graz 1977. S. 119 f. – **S. 176:** Robert von Reims: Historien; übers. von Arno Borst: Lebensformen im Mittelalter. München 1979. S. 318 ff. – **S. 177:** Arno Borst/Josef Fleckenstein (Hrsg.): Idee und Wirklichkeit der Kreuzzüge. Germering 1965. S. 19 – **S. 178:** Guggenbühl-Weiß: Quellen zur allgemeinen Geschichte, Bd. 2, Zürich 1954. – **S. 179:** Gabrieli (Hrsg.): Die Kreuzzüge in arabischer Sicht aus arabischen Quellen. München 1973, S. 49. – **S. 180:** Peter Milger: Die Kreuzzüge. München 1988, S. 223. – **S. 181:** Robert

Textquellenverzeichnis / Bildquellenverzeichnis

von Reims: Historien; übers. von Arno Borst: Lebensformen im Mittelalter. München 1979, S. 318 ff.

Das Leben im Mittelalter
S. 188: (Quelle 1) Wolfgang Kleinknecht/Herbert Krieger: Materialien für den Geschichtsunterricht, Bd. 3, Frankfurt am Main 1978 S. 154 f. (im folgenden als: Kleinknecht/Krieger); (Quelle 2) T. P. Thornton: Höfische Tischzuchten. Texte des späten Mittelalters. Bd. 4, Berlin 1957, S. 39 f. – **S. 190:** Burgen und Städte des Mittelalters. Wiesbaden 1968, S. 53. – **S. 193:** H. Pleticha: Ritter, Burgen und Turniere. Würzburg 1963, S. 32 ff. – **S. 197:** W. Fässler in: H. U. von Balthasar: Die großen Ordensregeln. 1994, S. 149 f. – **S. 198:** nach: Otto Zierer: Bilder der Jahrhunderte. Gütersloh 1969, S. 73 f. – **S. 200:** nach: H. C. Kirsch: England aus erster Hand. Würzburg, 1971, S. 183. – **S. 201:** (Quelle 2) nach: Jaques le Goff: Das Hochmittelalter (Fischer Weltgeschichte Bd. 27), Frankfurt am Main, S. 27; (Quelle 3) nach: G. Franz: Der Bauernstand im Mittelalter. Darmstadt 1967, S. 135 f. – **S. 203:** G. Franz: Der Bauernstand im Mittelalter, a. a. O., S. 82. – **S. 205:** H. G. Goetz: Leben im Mittelalter. München 1986, S. 157. – **S. 206:** O. Borst: Alltagsleben im Mittelalter. Frankfurt am Main 1965, S. 146. – **S. 207:** (Quelle 2 u. 3) O. Borst: Alltagsleben, a. a. O., S. 146. – **S. 212:** Helmold von Bosau: Slawenchronik; hrsg. von B. Schmeidler, neu übertragen und erläutert von H. Stoob. Wissenschaftliche Buchgesellschaft Darmstadt 1983 – S. 41 u. 43. – **S. 213:** (Quelle 3) ebenda, S. 41

Städte im Mittelalter
S. 222: Erzählung des Autors. – **S. 224:** (Material u. Quelle 1) H. Pleticha: Deutsche Geschichte, Bd. 2. Gütersloh 1982, S. 213. – **S. 225:** A. F. Riedel (Hrsg.): Codex Diplomaticus Brandenburgensis. Bd. A XXIII, Berlin 1862, G. Reimer Verlag. – **S. 228:** Erzählung des Autors. – **S. 230:** Regensburger Urkundenbuch. Bearb. von J. Wiedemann. Monumenta Boica, Bd. 2. München 1912, S. 365. – **S. 232:** Ingeborg Seltmann: Frauenleben – Frauenarbeit. In: Praxis Geschichte, Heft 2, 1994, S. 37. – **S. 233:** Arno Borst: Lebensformen im Mittelalter. Ullstein Sachbuch, Berlin 1979, S. 66. – **S. 236:** (Quelle 2) W. Ripper: Von den bürgerlichen Revolutionen bis zum Imperialismus. Diesterweg Verlag, Frankfurt am Main 1973, S. 165. – **S. 238:** Anita Siegfried: Auf der Gasse und hinter dem Ofen. Eine Stadt im Mittelalter. Sauerländer Verlag, Frankfurt am Main 1995, S. 40. – **S. 239:** E. Fidicin (Hrsg.): Berlinische Chronik, I. Berlinische Urkunden. Berlin 1868, S. 8 f. – **S. 240:** Arno Borst: Alltagsleben im Mittelalter. Insel TB, a. a. O., S. 213. – **S. 241:** GiQ, a. a. O., Bd. 2, S. 724 f. – **S. 242:** Johann Georg Prinz von Hohenzollern/Max Liedke (Hrsg.): Der weite Schulweg der Mädchen. Klinckhardt Verlag, Bad Heilbrunn 1990, S. 119. – **S. 243:** G. Arnhardt: Zur Ausgestaltung des höheren Schulwesens in Sachsen zur Zeit des Kurfürsten August; in: Sächsische Heimatblätter 1987, S. 13. – **S. 244:** Erzählung des Autors. – **S. 247:** Rezess des Tages der preußischen Städte von 1384; zit. nach: Philippe Dollinger: Die Hanse. Kröner Verlag, Stuttgart 1981, S. 526.

Zusammenleben in der Familie
S. 261: Peter Härtling: Fränze. Verlag Beltz & Gelberg, Weinheim 1995, S. 58. – **S. 265:** Tacitus: Germania. Joseph Lindauer (Hrsg.) München, dtv 1979. cap. 20. – **S. 268:** (Quelle 1) nach: N. Osterroth: Vom Beter zum Kämpfer. Berlin 1920, S. 49; zit. nach: Erna M. Johannsen: Betrogene Kinder. Frankfurt am Main 1978, S. 93 f. – (Quelle 2) Adelheid Popp: Jugend einer Arbeiterin. Hrsg. von Hans J. Schütz. Bonn 1983 – (Quelle 3) Max Hoelz: Vom „Weißen Kreuz" zur „Roten Fahne". Jugend-, Kampf- und Zuchthauserlebnisse. Berlin 1929; zit. nach: Wolfgang Emmerich (Hrsg.): Proletarische Lebensläufe, Bd. 1. Reinbek 1974, S. 305–307 (leicht bearbeitet) – **S. 270:** (Quelle) Richard Bauer/Eva Graf: Nach-barschaften. Hugendubel, München 1984, S. 33 – (Material) privates Interview – **S. 274:** (Material 1) A. Kitsche u. a. (Hrsg.): Gleichberechtigung. Verlag Dr. Neufang KG, Bonn 1992/1993, S. 14 – (Material 2) Heidrun Hoppe: Frauenleben. Kleine Verlag, Bielefeld 1993, S. 18 bis 21 – **S. 275:** (Material 3–6) zit. nach: Franziska Stalmann: Die Schule macht die Mädchen dumm. Piper Verlag, München 1991, S. 13–17 – **S. 278:** Barnabas und Anabel Kindersley: Kinder aus aller Welt. Loewes Verlag, Bindlach 1995, S. 42

Bildquellen
S. 6/7: Oechtering, Elisabeth, Geesthacht (Wdh. S. 4)
S. 8: Bildarchiv Preußischer Kulturbesitz (1), Ullsteinbild Berlin (2)
S. 9: Müller, Karl-Heinz, Gleichen
S. 10: Weber-Kellermann, Marburg (1), Puller, Rolf, Düsseldorf (2), Ullsteinbild Berlin (3)
S. 11: Puller, Rolf, Düsseldorf (1), DIZ München, Bilderdienst (2)
S. 12: Archiv Helms-Museum Hamburg, Foto: Maren Petersen (1), Oechtering, Elisabeth, Geesthacht (2, 3)
S. 13: Oechtering, Elisabeth, Geesthacht (4, 6), Bold, Helmut, Leipzig (5), Archiv für Kunst und Geschichte (7)
S. 16: Geologisch-Paläontologisches Institut der Universität Heidelberg (1), Archiv Helms-Museum Hamburg (2)
S. 17: Archiv Helms-Museum Hamburg (3, 4)
S. 18: Landesmedienzentrum Hamburg (1)
S. 19: Landesmedienzentrum Hamburg (2, 3)
S. 20/21: Tessloff Verlag Nürnberg (Wdh. S. 4)
S. 24: Neandertalmuseum Mettmann, Fotos: Eurelios (1, 2, RS), Stephan, Thomas, Munderkingen (4)
S. 25: aus: Colors 4/93. United Colors of Benetton, Foto: Todd Eberle (6)
S. 27: Mauritius Bildagentur (2)
S. 29: Brandenburgisches Landesmuseum für Ur- und Frühgeschichte, Foto: S. Gustavs (2)
S. 30: Urgeschichtliches Museum Blaubeuren (1), Archiv Helms-Museum Hamburg (2), Anthony Verlag Starnberg (3)
S. 32: Bildarchiv Preußischer Kulturbesitz (1, Wdh. S. 55)
S. 33: Oechtering, Elisabeth, Geesthacht (2, RS), Niedersächsisches Landesmuseum Hannover (3)
S. 34: Archiv Helms-Museum Hamburg (1)
S. 35: Museum für Ur- und Frühgeschichte Frankfurt am Main
S. 36: Gerken, Bernd, Borken (1, 2)
S. 37: Potente, Dieter, Dülmen (4)
S. 44: Dausien Verlag Hanau (1), Archiv Helms-Museum Hamburg (RS a)
S. 45: Dausien Verlag Hanau (2, 3), Archiv Helms-Museum Hamburg (RS)
S. 46: Archiv Helms-Museum Hamburg, Foto: R. Articus

Bildquellenverzeichnis

S. 47: Archiv Helms-Museum Hamburg (2)
S. 48: aus: Friedhelm Heitmann: Lernspiele Geschichte: Antike und Vorgeschichte. Verlag an der Ruhr, Mülheim 1999, S. 11
S. 49: Friedel, M., Steingau
S. 51: Museum für Ur- und Frühgeschichte Frankfurt am Main (4)
S. 55: Landesdenkmalamt Baden-Württemberg Stuttgart (d)
S. 56/57: Architektur Bilderservice Kandula, Witten (Wdh. S. 4)
S. 62: Antikenmuseum Basel (1–3)
S. 64: British Museum London (1, 3 Wdh. Bild 3 S. 93), Museum of fine arts Boston (2)
S. 65: dpa Frankfurt am Main (4–6)
S. 68: Hirmer Verlag München (1)
S. 70: Bildarchiv Preußischer Kulturbesitz (RS)
S. 71: Bildarchiv Preußischer Kulturbesitz (RS)
S. 75: Artephot/Held (RS)
S. 76: dpa Frankfurt am Main (1 Wdh. S. 93)
S. 77: Bildarchiv Preußischer Kulturbesitz (2, RS a, b), Jürgens Ost- und Europaphoto Berlin (3)
S. 78: Ashmoleanmuseum Oxford (2)
S. 79: Staatliche Antikensammlung München (3), Hirmer Verlag München (4)
S. 80: Ashmoleanmuseum Oxford (1), Wagner-Museum Würzburg (2)
S. 81: Tessloff Verlag Nürnberg (3, 4)
S. 82: Museum of fine arts Boston (1–3)
S. 85: Gouvouris, N., Athen
S. 86: Bildarchiv Preußischer Kulturbesitz (1)
S. 91: Archiv für Kunst und Geschichte
S. 94/95: Archiv für Kunst und Geschichte (Wdh. S. 4)
S. 96: Bildarchiv Preußischer Kulturbesitz (1), Bildarchiv Scala (RS)
S. 98: Bildarchiv Scala (1 Wdh. S. 137)
S. 100: Staatliche Münzsammlung München (RS)
S. 105: Bildarchiv Preußischer Kulturbesitz
S. 106: Verlag Philipp von Zabern Mainz (1), Grohmann, G., München (2)
S. 107: Tessloff Verlag Nürnberg
S. 108: Ehapa Verlag Stuttgart (1), Archiv für Kunst und Geschichte (RS b)
S. 109: Archiv für Kunst und Geschichte (3), Bildarchiv Preußischer Kulturbesitz (RS)
S. 111: Archiv für Kunst und Geschichte
S. 112: aus: Emanuel Greco/Adelia Pelosi: Italien-Archäologischer Führer. Herder Verlag Freiburg 1991 (RS)
S. 115: Archiv für Kunst und Geschichte (2, 3)
S. 117: Archiv für Kunst und Geschichte (2, 3)
S. 119: Bildarchiv Preußischer Kulturbesitz (2), Artemis Verlag München (3), Oechtering, Elisabeth, Geesthacht (RS c, d)
S. 120: Oechtering, Elisabeth, Geesthacht (RS a. b)
S. 121: Bildarchiv Preußischer Kulturbesitz (4), Museo Nazionale, Neapel (RS a–d)
S. 122/123: Arena Verlag Würzburg
S. 124: Bildarchiv Scala (1, 2)
S. 125: Rheinisches Landesmuseum Trier (3, RS), Bildarchiv Foto Marburg (4)
S. 127: Wiesler, Günter (2 Wdh. S. 153), Becker, Klaus, Frankfurt am Main (RS a)
S. 128: Mauritius Bildagentur (RS a), Rheinisches Landesmuseum Trier (RS b)
S. 129: Limesmuseum Aalen (3)
S. 133: Rheinisches Landesmuseum Karlsruhe (2)
S. 134: Bildarchiv Scala
S. 135: Staatliche Münzsammlung München (2), Landesmuseum Luxemburg (3)
S. 137: Archiv für Kunst und Geschichte (c), Bildarchiv Scala (d)
S. 141: Verein zur Förderung des Archäologischen Landesmuseums Schleswig, Schloss Gottorf (2)
S. 142: Verein zur Förderung des Archäologischen Landesmuseums Schleswig, Schloss Gottorf (1-3)
S. 144: Verein zur Förderung des Archäologischen Landesmuseums Schleswig, Schloss Gottorf (1, RS b Wdh. Bild RS b S. 153), Limesmuseum Aalen (3), Archiv Helms-Museum Hamburg (RS a)
S. 147: Landschaftsverband Osnabrücker Land e. V./Außenstelle Kalkriese (2), Bildarchiv Preußischer Kulturbesitz (3)
S. 149: Holle Bildarchiv Baden-Baden (2), Archiv für Kunst und Geschichte (RS)
S. 150: aus: Geschichte kennen und verstehen 7. Auer Verlag, Donauwörth 1988 (RS a), aus: Hans Reichardt: Die Völkerwanderung. In: Was ist was? Band 67, Tessloff Verlag Nürnberg 1982 (RS b)
S. 154/155: Archiv für Kunst und Geschichte (Wdh. S. 5, S. 183)
S. 157: Archiv für Kunst und Geschichte (Wdh. S. 183)
S. 160: Archiv für Kunst und Geschichte (2 Wdh. S. 183)
S. 165: Bibliotheque Nationale Paris (2)
S. 166: aus: Asterix Bd. 9: Asterix und die Normannen. Delta Verlag Stuttgart 1971 (1), Wikinger-Museum Haithabu (2, RS a, b)
S. 167: Wikinger-Museum Haithabu (RS)
S. 168: Verein zur Förderung des Archäologischen Landesmuseums Schleswig, Schloss Gottorp
S. 169: Wikinger-Museum Haithabu (3, 4)
S. 170: Focus Hamburg (1), Archiv für Kunst und Geschichte (2)
S. 172: Topkapy Saray Museum, Istanbul (1, 2)
S. 174: Getty Images
S. 175: Focus Hamburg (2), Oechtering, Elisabeth, Geesthacht (RS)
S. 176: Bibliotheque Nationale Paris (Wdh. S. 183)
S. 178: Bibliotheque Nationale Paris
S. 180: Focus Hamburg (1), Archiv für Kunst und Geschichte (2)
S. 181: British Library London (Wdh. S. 198)
S. 184/185: Archiv für Kunst und Geschichte (Wdh. S. 5)
S. 187: Bildarchiv Preußischer Kulturbesitz (Wdh. S. 219)
S. 188: Archiv für Kunst und Geschichte (1)
S. 189: Boswank, Herbert, Dresden (2), Archiv für Kunst und Geschichte (3)
S. 190: Tessloff Verlag Nürnberg
S. 191: Universitätsbibliothek Heidelberg (2, 3)
S. 192: Stadtbücherei Bad Segeberg (1), Bürgermeisteramt Sulz/Neckar (2), Oechtering, Elisabeth, Geesthacht (RS a)
S. 194: Archiv für Kunst und Geschichte (1, 3), Bildarchiv Preußischer Kulturbesitz (2)
S. 196: Oechtering, Elisabeth, Geesthacht (RS)
S. 197: Oechtering, Elisabeth, Geesthacht (RS b)
S. 198: Landesbildstelle Baden, Karlsruhe (1 Wdh. S. 219), Bibliotheque municipale Dijon (2, 3)

Bildquellenverzeichnis

S. 199: Evangelisch-Lutherische Kirchengemeinde Bad Doberan (4)
S. 200: Archiv für Kunst und Geschichte
S. 201: Landesmedienzentrum Hamburg (3)
S. 203: British Library London (Wdh. S. 219)
S. 205: Bayerische Staatsbibliothek München (2, 3), Bibliotheca Nazional Marciana, Venedig (4)
S. 206: Kunsthistorisches Museum Wien (1)
S. 207: Kooperationsgemeinde Luzern (2)
S. 211: Stadt Westerland, Sylter Archiv (3)
S. 212: Oechtering, Elisabeth, Geesthacht (1, 2)
S. 213: aus: M. Müller-Wille: Opferkulte der Germanen und Slawen. Theiss Verlag Stuttgart 1999 (3), Bowien, Petra, Geesthacht (4)
S. 214: Wattmuseum Oldenburg (RS)
S. 215: Oechtering, Elisabeth, Geesthacht
S. 216/217: Tessloff Verlag Nürnberg
S. 220/221: Sauerländer Verlag Aarau: Jörg Müller, Biel (Wdh. S. 5)
S. 222: Museum für Hamburgische Geschichte (1), Völker, Johannes, Geesthacht (RS a, b), Oechtering, Elisabeth, Geesthacht (RS c)
S. 223: Boehart, William, Mölln (3), Lübeck und Travemünde Tourist-Service GmbH (RS a), Pro Juventute, Zürich (RS b), Oechtering, Elisabeth, Geesthacht (RS c)
S. 225: Oechtering, Elisabeth, Geesthacht (3)
S. 226: Museum für Hamburgische Geschichte (1, 2)
S. 227: Freie und Hansestadt Hamburg, Staatsarchiv
S. 228: Brigdeman Giraudon (1, 2), Freie und Hansestadt Hamburg, Staatsarchiv (RS b)
S. 229: Brigdeman Giraudon (3, 4), Oechtering, Elisabeth, Geesthacht (RS b, c)
S. 230: Archiv für Kunst und Geschichte (1), Landesmedienzentrum Hamburg (RS b), Archiv für Kunst und Geschichte (2), Oechtering, Elisabeth, Geesthacht (RS a, b)
S. 232: Südwestfunk Baden-Baden (1), Kunstmuseum Basel (2)
S. 233: Oberösterreichisches Landesmuseum Linz, Foto: F. Gangl, Helmonsödt (3)
S. 234: Stadtarchiv Würzburg (1)
S. 235: Heimatmuseum Sternberg (2), Oechtering, Elisabeth, Geesthacht (RS b), Bundeszentrale für politische Bildung Bonn (RS c)
S. 236: Bayerisches Nationalmuseum München (1 Wdh. S. 257)

S. 237: Lübeck und Travemünde Tourist-Service GmbH (3)
S. 238: Sauerländer Verlag Aarau: Jörg Müller, Biel (1)
S. 239: Sauerländer Verlag Aarau: Jörg Müller, Biel (2, 3), Archiv für Kunst und Geschichte (RS)
S. 240: Sauerländer Verlag Aarau: Jörg Müller, Biel (1)
S. 242: Archiv für Kunst und Geschichte (1)
S. 243: Artothek Weilheim
S. 244: CESA, Kölbe (1)
S. 245: CESA, Kölbe (5), Oechtering, Elisabeth, Geesthacht (6, RS)
S. 246: Archiv für Kunst und Geschichte (1), Oechtering, Elisabeth, Geesthacht (RS a)
S. 247: Bildarchiv Preußischer Kulturbesitz (RS Wdh. S. 257)
S. 249: Museum für Hamburgische Geschichte (3)
S. 250: Bildarchiv Preußischer Kulturbesitz (1, 2)
S. 251: Bildarchiv Preußischer Kulturbesitz (3, 4)
S. 252: Museum für Kunst und Kulturgeschichte Lübeck (1), Stadtarchiv Hansestadt Stralsund (2), Archiv für Kunst und Geschichte (3)
S. 253: Museum für Hamburgische Geschichte (4, RS)
S. 254: Herzog-Anton-Ulrich-Museum Braunschweig (1)
S. 258/259: Ullsteinbild Berlin (Wdh. S. 5), dpa Frankfurt am Main (Einklinker links), Mauritius Bildagentur (Einklinker rechts)
S. 260: Anthony Verlag Starnberg (1–3), Das Fotoarchiv Essen (4)
S. 261: Lucarde de Vries, München
S. 262/263: Mauritius Bildagentur (Hintergrund, d), Pflügner, Annette, Mörfelden-Walldorf (a), Gerken, Bernd, Borken (b, c), Springer-Geldmacher, Monika, Ratingen (e), Seifert, Michael, Hannover (f)
S. 263: Mauritius Bildagentur (a), Corel Library (b), Pohl, Henrik, Berlin (c), Wirtz, Peter, Dormagen (d)
S. 264: Brigdeman Giraudon (1)
S. 266: Bildarchiv Foto Marburg (1), Artothek Peissenberg (2)
S. 267: Städelsches Kunstinstitut Frankfurt am Main (3), Vista Point Verlag Köln (4)
S. 268: Archiv Gerstenberg, Wietze
S. 269: Jacobeit, H., Fürstenberg/Havel (2), Weber-Kellermann, Marburg (3)

S. 270: Ullsteinbild Berlin
S. 271: Lucarde de Vries, München
S. 274: Mauritius Bildagentur (1, 2)
S. 275: Drescher, Angela, Hannover
S. 276: B + B Werbeagentur Hannover (1, 2)
S. 278: Mauritius Bildagentur (1–3)
S. 279: Mauritius Bildagentur (4, 5)
S. 281: Vogel, A., Berlin (1), Becker, Klaus, Frankfurt am Main (2), Ullsteinbild Berlin (3)

Umschlag: Museum für Hamburgische Geschichte

Zeichnungen, Karten und Grafiken:
Becker, Klaus, Frankfurt am Main; Binder, Thomas, Magdeburg; Binder, Volker, Berlin; Borrell, Carlos, Berlin; Galas, Elisabeth, Köln; Heinisch, Gabriele, Berlin; Teßmer, Michael, Hamburg

Nicht in allen Fällen war es uns möglich die Rechteinhaber der Abbildungen ausfindig zu machen. Berechtigte Ansprüche werden selbstverständlich im Rahmen der üblichen Vereinbarungen abgegolten.